Der Samurai von Savannah

Zu Weihnachten '96
vom Sohn

Viel Spaß ...

T. CORAGHESSAN BOYLE
DER SAMURAI VON SAVANNAH
ROMAN

Aus dem Amerikanischen von
Werner Richter

Büchergilde Gutenberg

Die Originalausgabe erschien 1990 unter dem Titel
East is East
bei Viking Penguin in New York.

Lizenzausgabe für die Büchergilde Gutenberg,
Frankfurt am Main und Wien,
mit freundlicher Genehmigung
des Carl Hanser Verlags, München und Wien

Umschlaggestaltung: Angelika Richter, Mainz
Satz: Fotosatz Reinhard Amann, Aichstetten
Druck und Bindung: Pustet, Regensburg
Gedruckt auf chlorfrei gebleichtes
und säurefreies Werkdruckpapier
Printed in Germany 1993
ISBN 3 7632 4153 1

Für Georges und Anne Borchardt

Wer sich entscheidet, fürchterlich zu leben und fürchterlich zu sterben, der hat ein schönes Leben gewählt.

Yukio Mishima: *Der Weg des Samurai*

Gebor'n und groß gewor'n im Gestrüpp, Br'er Fox. Gebor'n und groß gewor'n.

Joel Chandler Harris: *Uncle Remus*

Erster Teil
Tupelo Island

Kleinigkeiten

Im Schwimmen drehte er sich vom Rücken auf den Bauch, schlug mit Armen und Beinen um sich, atmete prustend und schwer und hatte das Gefühl, schon ewig zu schwimmen. Vom Kraulen wechselte er zum Brustschwimmen, dann zum Yokohama-Beinschlag. Erschöpft klammerte er sich an den Rettungsring aus Kork wie ein amorphes Geschöpf der Tiefe, ein bleicher Lappen Haut. Irgendwann in der fünften Stunde dachte er an Suppe. An *miso-shiru*, Reistopf, eine dünne, nach Meer stinkende Brühe, die seine Großmutter immer aus Fischköpfen und Aal machte. Und er dachte an Bier – an Flaschen wie goldgelbe Juwelen in einem Bett aus Eis –, und schließlich dachte er an Wasser, nur noch an Wasser.

Als die Sonne unterging, alle Farbe mit sich nahm und eine Wasseroberfläche so glatt und kalt wie gehämmertes Zinn zurückließ, da klebte ihm die Zunge am Gaumen und die innersten Sehnsüchte seiner Eingeweide nagten an ihm wie herrische kleine Tiere. Seine Hände waren aufgedunsen und wund, der Rettungsring scheuerte ihm die Arme auf, Möwen stießen dicht auf ihn herab, um ihn mit professionellem Blick zu fixieren. Am liebsten hätte er aufgegeben. Wäre in den Traum von Bett und Abendessen und Zuhause geglitten, hätte sich Zentimeter um Zentimeter in die Meeresbrühe hineinrutschen lassen, bis der Ring leer dahintrieb und die anonymen Wellen sich über ihm schlossen. Doch er widerstand. Er dachte an Mishima und an Jōchō und an das Buch, das er unter dem jetzt schweren, ausgeleierten Rollkragenpulli um die Brust gebunden trug. Gewickelt in eine Plastikschutzhülle mit Gleitverschluß, befestigt mit schwarzem Isolierband, klebte es an der Stelle, wo sein Herz schlug, und in dem Buch lagen vier komische, kleine, grüne amerikanische Geldscheine.

Wichtige Überlegungen sollte man auf die leichte Schulter nehmen, sagte Jōchō. *Kleinigkeiten sollte man ernst nehmen*. Ja. Natürlich. Was machte es schon aus, ob er lebte oder starb, ob er ans Ufer gespült wurde und dort ein Topf voll brodelnder Nudeln mit

Schweinefleisch und grünen Zwiebeln auf ihn wartete oder ob die Haie ihm die Zehen anknabberten, die Füße, die Waden, die Schenkel? Was wichtig war, das war ... der Mond. Ja: der kleine Bogen eines vollkommen geformten Mondes, wie eine Parenthese in den dunkler werdenden Horizont gemeißelt. Weiß und unberührt stieg er auf, schmal wie ein abgeschnittener Fingernagel. So vergaß er seinen Hunger, seinen Durst, vergaß die unzähligen Zähne des Meeres und machte sich den Mond zu eigen.

Gleichzeitig wußte er natürlich genau, daß er es schaffen würde, womit sich Jōchōs Ratschlag wesentlich leichter verdauen ließ. Nicht nur die vielen Vögel – Pelikane, Kormorane und Möwen, die westwärts zu ihren Schlafplätzen davonzogen –, auch die Gerüche der Küste sagten ihm das. Matrosen sprechen vom süßen Duft des Landes, der sie dreißig Meilen weit draußen auf dem Meer aufweckt, wenn er heranweht, er aber hatte ihn auf dieser seiner Jungfernfahrt nie wahrgenommen. Jedenfalls nicht an Bord der *Tokachimaru*. Erst hier, als er flach auf dem Wasser lag und die zwanzig kurzen Jahre seines Lebens sich aufdröselten wie die Fasern einer ausgefransten Schnur, da spürte er ihn. Auf einmal war seine Nase ein Instrument von scharfer, präzise kalibrierter Empfindlichkeit, hundehaft und akkurat: Er konnte die einzelnen Grashalme an dem schwarzen Ufer unterscheiden, das da irgendwo vor ihm lag, und er wußte auch, daß dort Menschen waren, Amerikaner, mit ihrem Buttergestank, ihren Töpfen voll Mayonnaise und Ketchup und dergleichen, und daß sich unter ihnen toter, trockener Sand befand und Schlamm, in dem es wimmelte von Krabben und Fadenwürmern und all den unsichtbaren Partikeln der Verwesung, aus dem er sich zusammensetzt. Und mehr noch, viel mehr: der Moschusduft wilder Tiere, der gesunde Gestank von Haustieren, von Hunden und Katzen und Papageien, der metallische Geruch nach Sprühlack und Dieselöl, das etwas süßliche Aroma der Auspuffgase von Außenbordmotoren, der Duft – so schwer und mächtig, daß ihm die Tränen kamen – von nachtblühenden Blumen, von Jasmin und Geißblatt und tausend anderen Dingen, die er noch nie gerochen hatte.

Er war zum Sterben bereit gewesen, und jetzt würde er es schaffen.

Er war kurz davor. Das wußte er. Er stieß mit den Beinen in das dunkler werdende Wasser.

»Sollten wir nicht ein Licht anmachen oder so was?«

»Mmh?« Seine Stimme war ein warmes Murmeln an ihrer Kehle. Er war halb eingeschlafen.

»Positionslampen«, sagte Ruth, ebenfalls ganz leise, fast flüsternd. »So heißen die doch, oder?«

Das Boot schaukelte sanft in der Dünung, sachte und schwingend wie in einer Wiege, wie das große, schwere Bett mit der »Zauberfinger«-Massage in dem Motel, wo sie in ihrer ersten Nacht in Georgia gelandet waren. Eine leichte Brise wehte auch, süß und salzig zugleich, milde, aber doch kräftig genug, um die Moskitos in Schach zu halten. Das einzige Geräusch kam vom Wasser, das das Boot umschmeichelte, ruhig und rhythmisch, ein Plätschern und Fließen, in dem die Melodie eines alten Liedes anklang, das sie seit zehn Jahren vergessen hatte. Die Sterne waren lebendig und wach. Die Flasche mit Champagner war kalt. Er antwortete nicht.

Ruth Dershowitz lag nackt im Bug von Saxby Lights' fünfeinhalb Meter langem Motorboot. (Eigentlich gehörte das Boot seiner Mutter, so wie alles in dem Großen Haus auf Tupelo Island und darum herum.) Saxby lag ausgestreckt neben ihr, die Wange schläfrig gegen ihre Brust gedrückt. Jedesmal, wenn das Boot in ein Wellental sackte, entfachte die Reibung seines modischen Stoppelbarts winzige Feuer, die bis hinunter in ihre Zehen loderten. Fünf Minuten vorher hatte Saxby vor ihr gekniet, hatte ihre Hüften auf der breiten, flachen Planke des Sitzes zurechtgeschoben, ihre Schenkel gestreichelt, so daß sie sich öffneten, und war in sie eingedrungen. Zehn Minuten davor hatte sie zugesehen, wie er im schwindenden Licht einen Ständer bekam, während er auf der Ruderbank vor ihr saß und vergeblich versuchte, eine Luftmatratze aufzublasen, damit sie es bequem hätten. Sie hatte ihn beobachtet, nachdenklich und erregt, bis sie schließlich raunte: »Laß es gut sein, Sax – los, komm schon!« Und jetzt war er eingeschlafen.

Eine Zeitlang horchte sie auf das Wasser und dachte an gar nichts. Und dann stieg das Bild von Jane Shine, ihrer Feindin, vor ihr auf, doch sie verscheuchte es mit einer Vision des eigenen, unausweichlichen Triumphes, ihre noch unstrukturierten Erzählungen kristallisierten zu Kunst, eroberten Literaturmagazine und erstaunten die Welt, und dann dachte sie an das Große Haus, dachte an ihre Schriftstellerkollegen, an die Bildhauer und Maler und an die schieläugige Komponistin, deren Musik wie der schleppende Tod in einer Metronomenfabrik klang. Eine Woche war sie jetzt schon mit ihnen zusammen, die erste Woche eines unbefristeten Aufenthalts – einer Serie von Monaten, die nun in ihrer Phantasie zum Leben erwachten: Monate mit kleinen Koboldgesichtern und eingezogenen Köpfen, beim fröhlichen Bockspringen hinein in eine ruhmreiche, grenzenlose, sonnenhelle und mietfreie Zukunft. Keine Servierjobs und keine Zeilenschinderei mehr, nie wieder Restaurant-Kritiken, Banalitäten für Käseblätter wie *Parade* oder *Cosmopolitan*-Peinlichkeiten über Safer Sex, Sex in der Dusche oder »Frühstück bei ihm zu Hause«. Sie konnte so lange bleiben, wie sie wollte. Für immer.

Sie hatte jetzt Verbindungen.

Der Gedanke lullte sie ein, und ehe sie sich's versah, driftete sie davon, wurde vom Champagner, der Nacht, die wie eine Decke war, und dem wohligen Schaukeln des Bootes in die verschwommenen Gefilde des Unbewußten gezogen, und bald streiften weiße Meeresgeschöpfe durch ihren Traum. Sie trieb im Wasser, und auf einmal schoß ein Dutzend blasser Wesen wie Torpedos auf sie zu, sie schrie auf ... aber es war alles gut, sie lag in Saxbys Boot, die Sterne blinkten, und sie war wach – einen Augenblick lang –, ehe sie in den Traum zurückglitt. Delphine, nur Delphine waren es, das sah sie jetzt, und sie spielten mit ihr, stupsten ihr die Flaschenschnauzen zwischen die Beine und hoben sie auf ihre glitschigen Stromlinienschultern ... aber dann ging etwas schief, und sie war wieder allein im Wasser, und da war noch etwas anderes: ein Schatten stieg aus der Tiefe auf, düster und schnell, und rempelte sie an, mit einem so festen Stoß, daß sie aufwachte. »Sax?« Zuerst glaubte sie, sie seien mit einem anderen Boot kollidiert, weil sie kein Licht gemacht hatten – ihre Gedanken waren noch etwas wirr –, »Sax? Hast du das auch gespürt?«

Saxby hatte einen festen Schlaf. Einmal in Kalifornien, da hatte er weitergeschlafen, obwohl der Radiowecker sich dreimal anschaltete, ein Erdbeben die Bilder von den Wänden schüttelte und die Marschkapelle der Universität auf der Wiese hinter seiner Wohnung eine Probe abhielt. »Wie?« fragte er, »häh?« und hob dann langsam den Kopf von ihrer Brust. »Gespürt? Was denn?«

Aber dann erstarrte Saxby plötzlich. Sie lag auf dem Rücken und betrachtete ihn, als seine Muskeln sich mit einem Mal anspannten und er verblüfft »Was zum Teufel?« knurrte, und da blickte auch sie auf und sah direkt in die Augen einer Erscheinung. Gespenstisch und unvermutet stieg im fahlen Mondschein über dem Heck ein Gesicht auf. Es dauerte einen Moment, aber dann begriff sie: das war ein Mensch. Ein Mensch, der sich an ihr Boot klammerte, mitten in der Nacht draußen auf dem Peagler Sound. Sie sah ihn, ja, die Haare hingen ihm in die Augen, seine Züge hatten etwas Eigenartiges, sie sah seinen verwirrten, erschöpften Gesichtsausdruck, der sich nun wie in Zeitlupe zu einer Miene des Entsetzens wandelte. Er stieß ein Quietschen aus – ein Quietschen, das die kleinlichen Grenzen von Sprache und Kultur transzendierte –, und dann, ehe sie noch Zeit hatte, sich ihrer Nacktheit bewußt zu werden, war er wieder verschwunden.

Im nächsten Augenblick waren sie und Saxby auf den Füßen, kämpften sich in ihre Kleider und verhedderten sich mit Armen und Beinen, weil das Boot schwankte und schaukelte. »Verdammt!« fluchte Saxby, der mit der einen Hand seine Shorts zusammenhielt und mit der anderen an der Ankerleine zerrte. »Du blöder Scheißkerl! Komm sofort zurück!«

Wer es auch gewesen war – Gespenst, Voyeur, Scherzbold, Schiffbrüchiger oder Surfer in Seenot –, er hatte nichts dergleichen im Sinn. Im Gegenteil: er war auf der Flucht. Ruth hörte ihn durchs Wasser pflügen, und jetzt, da sie sich abrupt aufsetzte und nach ihrem T-Shirt tastete, nahm sie ihn auch schemenhaft wahr: der dunkle Keil seines Kopfes teilte das schwarze Wasser, etwas Weißes blitzte auf – eine Rettungsweste? ein Surfbrett? –, und die Gischt, in der das Plankton phosphoreszierte, zog hinter ihm einen Chimärenschweif.

Fluchend wuchtete Saxby den Anker ins Boot und schleuderte ihn in den Kiel. Ein Gestank nach Schlamm, nach kotiger Verwesung, stieg ihr in die Nase. »Was ist mit dem Typen bloß los?« fauchte Saxby, und seine Hände zitterten, als er den Außenborder anwarf. »Ist das ein Perverser oder was?«

Ruth saß am Bug und blickte immer noch dem Schatten des fernen Schwimmers nach. »Er sah so« – sie wußte gar nicht, was sie sagen wollte, noch war ihr nicht klar, was ihr an ihm Besonderes aufgefallen war –, »er sah irgendwie merkwürdig aus.«

»Allerdings«, knurrte Saxby, als der Motor aufheulte, »chinesisch oder so.« Und dann gab er Gas, das Boot drehte sich um seine Achse, und sie schossen davon, dem Schwimmer hinterher.

Der Wind fing sich in Ruths Haar, als sie die Shorts anzog. Ihr Herz hämmerte. Sie war durcheinander. Was war passiert? Was taten sie eigentlich? Es blieb keine Zeit zum Nachdenken. Unter ihr klatschten die Wellen gegen das Boot, sie klammerte sich an die Sitzbank und spürte die Gischt im Gesicht. Gleich hatten sie den hektischen Schwimmer eingeholt, da fuhr sie zu Saxby herum und schrie auf.

Auf einmal hatte sie Angst vor Saxby, zum erstenmal in all den Monaten, die sie ihn nun kannte. Er war ein anständiger, netter, ruhiger Typ, der Campari mit Soda trank und dem seine großen Füße peinlich waren, das wußte sie, dennoch ließ sich unmöglich voraussagen, wie er in einer Situation wie dieser reagieren würde. »Du Dreckskerl!« fauchte er, und sie sah im kalten Mondlicht, wie er die Zähne zusammenbiß. Einen Moment lang stellte sie sich vor, wie der unglückliche Schwimmer von der glatten, schimmernden Faust des Bootsrumpfes plattgewalzt wurde. »Nein!« schrie sie, aber als sie mit der dunklen, um sich schlagenden Gestalt im Wasser auf gleicher Höhe waren, nahm er das Gas weg.

»Jetzt wollen wir uns dieses Arschloch mal ansehen«, sagte Saxby und ließ die Taschenlampe aufleuchten.

Zum erstenmal sah sie den Störenfried genauer. Da war er, keine zwei Meter vor ihnen kämpfte er mit der Bugwelle des Bootes. Sie sah Strähnen rötlichen Haars, seltsam verzerrte Gesichtszüge, unergründliche Augen, in denen sich Entsetzen spiegelte, und dann schwamm er in voller Panik weg vom Boot, aber Saxby schwang das Ruder herum und folgte ihm. Er drehte durch, dieser Mann da im Wasser, er schlug um sich und keuchte, kämpfte um den Rettungsring, den er hielt, und plötzlich war ihr klar, daß er kurz davor war, zu ertrinken. »Er ist am Ersaufen, Sax!« rief sie. »Vielleicht ist er von einem Schiff über Bord gegangen.« Der Motor sang, Vollgas, dann Leerlauf. Die Wellen klatschten gegen das Boot. »Wir müssen ihn retten.«

Sie wandte sich Saxby zu. Seine Wut war verraucht, sein Gesicht gefaßt, ja beinahe zerknirscht. »Ja«, sagte er, »hast recht. Ja, klar.« Und er stand auf, glich mit den Knien die schaukelnden Bewegungen des Bootes aus und hielt die Taschenlampe hoch, als könnte die Kraft des Lichtstrahls den Ertrinkenden an Bord hieven.

»Wirf ihm ein Seil zu«, drängte sie. »Schnell!«

Der blind um sich schlagende Mann im Wasser erinnerte sie an den kleinen, sechzig Zentimeter langen Alligator, den Saxby eines Nachts im Schein einer Taschenlampe mit einem spitzen Stab aufgespießt hatte, draußen am Teich hinter dem Großen Haus. Das Vieh war reglos dahingetrieben, nicht belebter als ein Baumstamm oder Grasbüschel, bis auf das Feuer, das seine Augen im Licht reflektierten, und dann hatte Saxby zugestoßen, und es war zusammengeklappt wie ein Taschenmesser, verschwunden, abgetaucht in die verschlungenen Tiefen, um gleich darauf blitzschnell wieder hochzufahren wie ein Stilett, wild und verletzt und zähneblitzend und sterbend. »Los, pack ihn, pack seinen Arm«, sagte Saxby und steuerte das Boot dicht heran.

Aber der Ertrinkende wollte sich nicht am Arm packen lassen. Er erstarrte, stieß den Rettungsring von sich und brüllte sie an, brüllte ihr ins Gesicht, daß sie das Gold in seinen Zähnen blitzen sah. »Gehn weg!« brüllte er. »Gehn weg!« Und dann tauchte er unter dem Boot hindurch.

Danach war er verschwunden. Kein Geräusch, keine Bewegung. Der Motor spotzte, das Boot trieb ab. Auspuffgase hüllten sie ein, bitter und metallisch.

»Total bekloppt«, stellte Saxby fest. »Muß ein Entsprungener aus Milledgeville sein oder so.«

Sie antwortete nicht. Ihre Finger krallten sich in das bleiche, gesplitterte Holz des Dollbords, bis sich die Knöchel weiß färbten. Sie hatte noch nie jemanden sterben sehen, hatte noch nie einen Toten gesehen, nicht einmal ihre Großmutter, die netterweise während ihrer Europareise dahingeschieden war. Etwas stieg in ihrer Kehle hoch, ein dicker Klumpen aus Kummer und Bedauern. Die Welt war verrückt. Eben noch hatte ihr Geliebter sie im Arm gehalten, alles war ruhig und still gewesen, die Nacht über sie gebreitet wie eine Decke … und jetzt war ein Mensch tot. »Sax«, sagte sie flehend zu ihm, »kannst du nicht irgendwas tun? Kannst du ihm nicht nachschwimmen und ihn retten?«

Saxbys Miene war unergründlich. Sie kannte jede Faser von ihm, kannte die Punkte, wo sie ihn verletzen und wo sie ihn beglücken konnte, sie konnte ihm die Seele herausreißen, sie mit den Händen auswringen und zum Trocknen aufhängen wie ein Taschentuch. Aber das hier war etwas Neues. Sie hatte ihn noch nie so gesehen.

»Scheiße«, sagte er schließlich, und jetzt wirkte er verängstigt, das war in Ordnung, diesen Zustand erkannte sie wieder, »da ist ja kein Schwein zu sehen. Wie soll ich ihm nachschwimmen, wenn ich ihn nicht mal sehe?«

Sie sah den Strahl der Taschenlampe, der ziellos über die Wasserfläche huschte, und dann hörte sie etwas, ein leises Plätschern, den sachten Schlag von spritzendem Wasser. »Da drüben!« rief sie, und Saxby fuhr mit der Lampe herum. Einen Moment lang sahen sie gar nichts, dann kam das Ufer mit seinem kurzen dunklen Bart aus Strandgras ins Blickfeld, wie ein Dia, das man in den Projektor schiebt. »Da!« schrie sie, und da war er, der Schwimmer. Er stand jetzt, das Meer klatschte gegen seine Gürtelschlaufen, ein nasses weißes Hemd hing an ihm herunter wie ein Lappen.

»He!« keifte Saxby, jetzt wieder wütend und aufgebracht. »He, du da? Ich rede mit dir, du Penner! Was glaubst du eigentlich –?«

»Psst!« warnte ihn Ruth, doch zu spät: der Fremde war schon wieder weg, von der Vegetation verschluckt, trampelte durch das Schilf wie ein angeschossenes Reh, unerkannt. Das Meer lag wieder unbewegt im Schein der Lampe. Das Bild war leer. In diesem Augenblick trieb der Rettungsring ins Blickfeld, knapp außerhalb ihrer Reichweite, in einem Knäuel aus Seetang und Plastikmüll. »Laß mich mal –« Sie streckte sich keuchend danach aus, aber Saxby kam ihr entgegen und fuhr mit dem Boot ein Stück näher heran. Und dann hatte sie ihn, den aus dem Wasser gefischten Schatz, der nun triefend in ihrem Schoß lag.

Sie drehte den Ring um, und da standen sie, die knallroten Schriftzeichen, die den Namen *Tokachi-maru* bezeichneten. Natürlich konnte sie das nicht lesen, trotzdem war es wie eine Erleuchtung. Saxby stand über ihr und starrte den Rettungsring an, als wäre es ein Fang von unschätzbarem Wert. Das Licht erfaßte ihren Schoß, eine leichte Brise wehte den Duft der Küste heran. »Ja«, sagte sie dann, »chinesisch.«

Die *Tokachi-maru*

Hiro Tanaka war jedoch ebensowenig Chinese wie sie. Er war ein Japaner vom Geschlecht der Yamato – mütterlicherseits jedenfalls, da gab es keinen Zweifel –, und er hatte die *Tokachi-maru* unter erschwerten Umständen verlassen. Tatsache war, er war von Bord gegangen. Gesprungen, um genauer zu sein. Nicht, daß er sich in ein Barmädchen verschossen hätte oder sternhagelvoll in einer dunklen Gasse zusammengesunken wäre, während sein Schiff den Anker lichtete: Nein, er hatte einen vorsätzlichen, todesverachtenden Sprung ins Nichts getan. Wie sein Idol Yukio Mishima, und zuvor dessen Idol, Jōchō Yamamoto, war Hiro Tanaka ein Mann von Entschlußkraft. Als *er* von Bord ging, setzte er sich über kleinliche Wortklauberei hinweg: er ging gleich *über* Bord.

Am fraglichen Tage pflügte die *Tokachi-maru* auf nördlichem Kurs an der Küste Georgias entlang, mit einer Ladung von Traktorenteilen, DAT-Kassettenrecordern und Mikrowellenherden unterwegs nach Savannah. Es war ein Tag wie jeder andere, der Wind war kräftig, die Sonne brannte sich in den Himmel, der 12 000-Tonnen-Frachter bügelte die Wellen glatt, als wären es Falten in einem Hemd. Bis auf sechs Mann saß die vierzigköpfige Crew bei einem Mittagessen nach westlicher Art (Corned Beef mit Ölsardinen, Rührei und Pommes frites, alles friedlich vereint in einem einzigen Topf und verfeinert mit Steaksoße und scharfem Senf). Kapitän Nishizawa war in seiner Kabine und schlief den als Aperitif genossenen Sake aus, Steuermann Wakabayashi und der Erste Maat Kuma befanden sich im Kartenraum beziehungsweise am Steuerruder, die Leichtmatrosen Ueto und Dorai hatten Wache, und Hiro saß im Arrest.

Genauer genommen saß Hiro in einem Lagerraum auf dem dritten Deck. Dieser war mit sechs Quadratmetern ungefähr so groß wie die Wohnung, in der er mit seiner Großmutter gelebt hatte, ehe er auf der *Tokachi-maru* angeheuert hatte, und wurde von einer einzigen flackernden 40-Watt-Glühbirne erhellt. Man hatte Hiro eine Holzschüssel und Stäbchen zur Deckung seines Nahrungsbedarfs gegeben, einen Eimer, in den er sich entleeren konnte, und zum Schlafen einen Futon, den er auf dem kalten Stahlboden ausgebreitet hatte. Belüftung gab es keine, und der kleine Raum stank nach Desinfektionsmittel und dem Schweröl, das Tag und Nacht in den schweren Dampfturbinen verfeuert wurde. Zwanzig Mops, zwanzig Eimer und sechzehn Besen hingen an Schraubhaken von den Wänden. Diverse Gegenstände – Farbkratzer, leere Sapporo-Bierkisten und ein einzelner, teerbespritzter Nike-Turnschuh – lagen dort, wo der letzte hohe Seegang sie verstreut hatte. Die Tür war von außen verriegelt.

Obwohl Hiro ein gewissenhafter, wohlerzogener und friedfertiger Mensch war, so still und bedächtig, daß er unter seinen Schiffskameraden nahezu unsichtbar wirkte, saß er gefangen in dieser gräßlichen Stahlkammer, bekam eine strenge Diät aus zwei Bällchen weißem Reis und einer Blechtasse Wasser täglich, und all dies wegen eines für ihn eigentlich untypischen Aktes der Auflehnung: Er hatte sich dem ausdrücklichen Befehl eines Vorgesetzten widersetzt. Der Vorgesetzte war Steuermann Wakabayashi gewesen, ein Überlebender der Schlacht von Rarotonga, dem heute noch Schrapnell im verlängerten Rücken, in den Armen, Beinen, Füßen und der Schädelbasis steckte, und der infolgedessen ein etwas hitziges Temperament besaß. Er hatte Hiro ausdrücklich Befehl erteilt, davon abzulassen, die Luftröhre des Ersten Kochs Chiba zusammenzupressen, der zu dieser Zeit unter dem vollen Gewicht des ergrimmten Hiro hilflos um sich tretend auf dem Boden der Kombüse lag. Und das war nicht wenig, denn mit seinen ein Meter achtundsiebzig wog Hiro, der übermäßig gerne aß, gut an die neunzig Kilo. Chiba dagegen, der übermäßig gerne trank, wog weniger als ein nasser Lappen.

Es war eine chaotische Szene. Der Zweite Koch Moronobu Unagi, der einmal im Streit um eine Flasche Suntory-Whisky einem Leichtmatrosen das Gesicht verbrüht hatte, kreischte wie ein Papagei: »Mord! Mord! Mord! Er bringt ihn um!« Der Erste Maschinist, ein stiller, in sich gekehrter Mann Mitte Siebzig mit Plattfüßen und schlecht sitzendem Gebiß, zerrte ohne viel Erfolg an Hiros Schultern, und ein halbes Dutzend Matrosen stand johlend drum herum. Steuermann Wakabayashi in seiner makellos weißen

Uniform kam in die Kombüse gestürmt, wo die Streithähne ineinander verkeilt auf dem Boden lagen, erteilte Hiro mit Stentorstimme besagten Befehl, wurde jedoch sofort darauf in einen Kessel mit klarer Brühe geschleudert, da gerade in diesem Moment das Schiff in ein Wellental zu tauchen geruhte. Die Suppe – es war ein 80-Liter-Kessel – verbrannte Hiro den Rücken, ergoß sich über den Boden und tränkte Chiba, der ohnehin für drei stank, mit der aromatischen Essenz von eingekochtem Fisch. Hiro aber lockerte seinen Griff keinen Zentimeter.

Und was hatte einen so sanften Mann zu einer so verzweifelten Tat bewogen?

Direkter Anlaß war ein Pfannengericht aus gekochten Eiern gewesen. Hiro, der auf der *Tokachi-maru* unter dem betrunkenen, stinkenden Chiba und dem betrunkenen, schleimigen und aalglatten Unagi als Dritter Koch angeheuert hatte, bereitete nämlich ein *nishiki tamago* als Vorspeise für das Abendessen zu. Zu diesem Zweck mußte er hundert hartgekochte Eier von der Schale befreien, Eigelb und Eiweiß vorsichtig trennen, beides fein hacken, gut würzen und dann wieder – ganz behutsam – miteinander vermischen und mehrere Stahlpfannen mit einer ein Zentimeter dicken Schicht davon auslegen. Das Rezept hatte Hiro von seiner Großmutter gelernt – er wußte auch noch etwa dreißig weitere auswendig –, doch in den sechs Wochen, seit das Schiff Yokohama verlassen hatte, war dies das erstemal, daß er kochen durfte. Üblicherweise fungierte er nur als *sous-chef*, Laufbursche und Küchensklave, schrubbte Töpfe, polierte Gasherde, putzte Berge von aufgetauten Kalamari, Tintenfischen und Bonitos, hackte Seetang und wusch Weintrauben, bis ihm die Finger wund wurden. An diesem speziellen Nachmittag aber waren Chiba und Unagi unpäßlich. Zur Feier von *O-bon*, dem buddhistischen Ehrenfest für die Geister der Ahnen, hatten sie seit dem Frühstück Sake getrunken, und Hiro war sich selbst überlassen geblieben, während sie sich abmühten, mit den Schatten der Verblichenen in Verbindung zu treten. Er arbeitete hart. Arbeitete voll Stolz und konzentriert. Acht Tabletts lagen vor ihm, alles aufs Feinste zubereitet. Als letzten Schliff streute er schwarze Sesamsamen über die Speise, so wie seine Großmutter es ihm beigebracht hatte.

Das war ein Fehler. Denn in diesem Augenblick, gerade als er den Streuer über das letzte Tablett hielt, kamen Chiba und Unagi in die Kombüse getorkelt. »Idiot!« kreischte Chiba und schlug ihm den Streuer aus der Hand, so daß er gegen den Gasherd flog. Hiro wandte das Gesicht ab und ließ den Kopf hängen. Durch seine Sandalen hindurch, tief unter den Fußsohlen, konnte er das *ta-dum, ta-dum, ta-dum* der Schiffschrauben spüren, die sich schäumend im kalten grünen Wasser drehten. »Niemals«, tobte Chiba, dessen eingesunkene Brust und fleischlose Arme bebten, »niemals darfst du schwarzen Sesam für *nishiki tamago* nehmen.« Er wandte sich an Unagi. »Oder hast du so was schon je gehört?«

Unagis Augen waren Schlitze. Er rieb sich die Hände, als freute er sich auf eine seltene Köstlichkeit, und nickte kurz. »Niemals«, sagte er gedehnt, wartete, wartete noch, »außer vielleicht bei Ausländern. Bei *gaijin*.«

Jetzt blickte Hiro auf. Das wahre Motiv für seine Explosion, der Grund für all seine Qualen im Leben, war soeben an die Oberfläche getreten.

Chiba trat dicht an ihn heran, sein Affengesicht haßverzerrt, Spucketropfen auf der Oberlippe. »*Gaijin!*« stieß er hervor. »Langnase! *Ketō! Bata-kusai!*« Und dann öffnete er die geballte Faust, betrachtete einen Augenblick lang seine Finger und versetzte Hiro ohne Vorwarnung einen üblen Handkantenschlag auf die Nase. Dann nahm er sich das *nishiki tamago* vor. In wildem Wirbel arbeiteten seine dürren Handgelenke und eckigen Ellenbogen, als er wie ein Wahnsinniger ein Tablett nach dem anderen auf den Boden kippte. »Dreck!« brüllte er dabei. »Hundescheiße! Schweinefraß!« Unagi betrachtete Hiro währenddessen durch halbgeschlossene Lider und grinste.

An diesem Punkt verlor Hiro die Beherrschung. Oder vielmehr verlor er nicht direkt die Beherrschung, sondern er attackierte seinen Peiniger – wie Mishima gesagt hätte: – in einer »Explosion von purem Handeln«. Das *nishiki tamago* bedeckte den Boden, auf dem großen Suppenkessel schepperte der Deckel, Unagi grinste, Chiba spie Beschimpfungen, die Zeit blieb einen Augenblick lang stehen, während das Klappern des letzten Tabletts in der Luft verhallte, dann stürzte der Erste Koch vornüber in die gehackten Eier, und Hiros Finger schlossen sich fest um seine Kehle. Chiba keuchte, die Truthahnhaut an seinem Hals färbte sich rot unter Hiros weißen, weißen Fingern. Unagi schrie: »Mord! Mord! Mord!« Und die ganze Zeit über drückte Hiro zu, achtete nicht auf das Gejohle, die brühendheiße Suppe, Chibas stinkenden Atem und sein Gesicht, das unter ihm wie eine Blutblase anschwoll, kümmerte sich nicht um Wakabayashi und den Ersten Maschinisten, kämpfte wie ein tollwütiger Hund gegen die acht Männer an, die nötig waren, um ihn von seinem Peiniger zu trennen. Ihm war alles egal, er fühlte keinen Schmerz, und Jōchōs Worte dröhnten in seinem Kopf: *Taten von wahrer Größe lassen sich nicht in gewöhnlicher Geistesverfassung vollbringen. Man muß zum Fanatiker werden und zum Sterben lustvoll bereit sein.*

Aber er starb nicht. Statt dessen landete er in der behelfsmäßigen Gefängniszelle, wo er die Wände anstarrte und Schweröldämpfe einatmete, während er auf den Hafen von Savannah und den Japan-Air-Flug wartete, der ihn in Schande zurück nach Hause bringen würde.

Gaijin. Langnase. Butterstinker. Das waren die Schimpfnamen, die er sein Leben lang hatte ertragen müssen, derentwegen er sich bei seiner Großmutter auf dem Spielplatz ausgeweint hatte, mit denen er in der Grundschule gehänselt und später verächtlich gemacht worden war, ausgesondert und gepiesackt, bis er von der Handelsmarineschule vertrieben wurde, die seine Großmutter für ihn ausgesucht hatte. Ausländer, so nannten sie ihn. Denn seine Mutter war zwar aus Japan – eine Schönheit mit festen Beinen, großen Augen und einem bezaubernden Lächeln trotz eines vorstehenden Zahns –, aber sein Vater war es nicht.

Nein. Sein Vater war Amerikaner. Ein Hippie. Ein junger Mann auf einem zerknitterten und abgegriffenen Foto: Haare bis auf die Schultern, ein Bart wie ein Mönch, Katzenaugen. Nicht einmal seinen Namen kannte Hiro. *Obāsan*, löcherte er seine Großmutter, wie war er denn, wie groß war er, wie hieß er? »Dogu«, sagte sie, aber das war nicht sein richtiger Name, es war ein Spitzname – Doggo – nach einer Figur aus einem amerikanischen Comic. »Groß«, sagte sie manchmal, »mit kleinen, getönten Augengläsern und einer langen Nase. Behaart und schmutzig.« Dann wieder erzählte sie, er sei klein gewesen, schmächtig, fett, breitschultrig, oder daß sein Haar weiß gewesen und er am Stock gegangen sei oder daß er Jeans und einen Ohrring getragen habe und so schmutzig und behaart gewesen sei (schmutzig und behaart war er immer, in jeder Version), daß man hinter seinen Ohren hätte Rüben anbauen können. Hiro wußte nicht, was er glauben sollte – sein Vater war wie ein Gespenst in einem Kindermärchen, überlebensgroß am Morgen, kleiner als ein Fingerhut am Abend. Gern hätte er seine Mutter gefragt, aber seine Mutter war tot.

Soviel jedenfalls wußte er: Der Amerikaner war nach Kioto gekommen, in seinen Hippiekleidern, mit der altmodischen Brille und den Ringen am Finger, um sich dem Zen zu widmen und jemanden zu finden, der ihn die *koto* spielen lehrte. Wie alle Amerikaner war er faul, vollgekifft und undiszipliniert und verlor daher bald das Interesse am harten Zen-Regiment des Betens und der Meditation, strich aber weiter durch die Straßen von Kioto in der vagen Hoffnung, doch noch die Grundbegriffe der *koto* zu erlernen, um diesen Stil nach Amerika zu importieren, so wie die Beatles die Sitar aus Indien mitgebracht hatten. Natürlich war er in einer Band – jedenfalls war er es gewesen –, und das merkwürdige Instrument hatte ihn begeistert. Fast zwei Meter lang, mit dreizehn Saiten und beweglichen Bünden, klang es anders als alles, was er je gehört hatte, ein sirrender, fremder Ton, eine Zither von der Größe eines Alligators. Natürlich würde er sie elektrisch verstärken und flach auf einen Tisch legen, wie eine *pedal steel guitar*, und dann würde er die Schultern in Bewegung setzen und seinen ungeschorenen Kopf hin und her werfen, ekstatisch an den Saiten zupfen und das Publikum zu Hause zum Staunen bringen. Aber die *koto* war teuflisch schwer zu spielen, und er brauchte einen Lehrer. Und einen Job. Er hatte keine Arbeit und kein Geld mehr, und sein Studentenvisum lief demnächst ab.

Und hier kam Sakurako Tanaka ins Spiel.

Hiros Mutter war intelligent, sehr intelligent, hatte beim Schulabschlußtest eins der besten Ergebnisse ihrer Klasse erzielt – so daß sich ihr unter Umständen sogar die Tore der erhabenen Tokyo University geöffnet hätten –, sie war bezaubernd, hübsch, temperamentvoll und mit neunzehn Jahren eine Aussteigerin. Sie wollte nicht auf die Todai oder die Kyoto University oder sonstwohin. Sie wollte keine Karriere bei Suzuki oder Kubota oder Mitsubishi machen, und ganz bestimmt hatte sie nicht vor, in der Küche oder im Kinderzimmer begraben zu werden. Ihr wahrer Wunsch, ein verzweifeltes Sehnen, das an ihr nagte wie Hunger, wie die Schlaflosigkeit, die ihre Nächte aushöhlte und ihre Tage leerbrannte, war es, amerikanische Rockmusik zu spielen. Live. Mit ihrer eigenen Band. »Ich will Sachen von Buffalo Springfield spielen, von den Doors, Grateful Dead und Iron Butterfly«, sagte sie zu ihrer Mutter. »Ich will singen wie Janis Joplin und Grace Slick.« Ihre Mutter, Hausfrau in einer Hausfrauennation, war strikt dagegen. Diese Musik war fremd, eine Teufelsmusik, schräg, sinnlich und unrein, und der rechte Platz für eine junge Frau war im Haus, bei Mann und Kindern. Sakurakos Vater, ein Angestellter, der sein Leben lang für den Traktorenhersteller Kubota gearbeitet hatte, der stets nur mit seinen Kollegen essen ging, Golf spielte und in Urlaub fuhr und für den schon die Grabstelle auf dem Firmenfriedhof reserviert war, explodierte bereits bei der bloßen Erwähnung von Rockmusik.

Schließlich ging Sakurako von zu Hause fort. Sie nahm ihre ausgeblichenen Jeans und ihre Gitarre und ging nach Tokio, wo sie die Clubs in den Bezirken Shibuya, Roppongi und Shinjuku abklapperte. Es war das Jahr 1969. Gitarristinnen waren in Japan so selten wie Mangos in Sibirien. Innerhalb eines Monats war sie wieder in Kioto und arbeitete in einer Bar. Als Doggo durch die Tür kam, ohne einen Yen, lange Haare und bunte Ketten, in Jeans, Batikhemd und Stiefeln, die Fingerspitzen schwielig von der Reibung der kalten Stahlsaiten seiner Gitarre, da war es um sie geschehen.

Er ließ sich von ihr etwas zu essen geben und sich auf Drinks einladen, und er erzählte ihr von L. A. und San Francisco, von Sunset Strip und Haight-Ashbury und von Jim Morrison. Sie trieb einen *sensei* für ihn auf, der in Pontochō, der Altstadt von Kioto, die Geishas das *samisen* und die *koto* spielen lehrte, und in seiner Dankbarkeit zog er zu ihr. Es war eine winzige Wohnung. Sie schliefen auf einer Matte, rauchten Hippiedrogen und vögelten zum Klang zerkratzter Schallplatten mit Hippiemusik. Hiro machte sich nichts vor. Seine Mutter war eine Bardame gewesen – sie kannte hundert Männer, Koketterie war ihr Geschäft –, und ihr Leben lief wie ein erschütternder Dokumentarfilm in seinem Kopf ab. Sie wurde schwanger, das Zimmer noch kleiner, der Reis schmeckte auf einmal komisch, Essensgeruch durchdrang alle Wände, und dann, eines Tages, war Doggo verschwunden, ließ nichts zurück als das zerknitterte Foto und das Geräusch von gezupften Stahlsaiten, das durch die leeren Räume ihrer Einsamkeit hallte. Sechs Monate später wurde Hiro geboren. Weitere sechs Monate danach war seine Mutter tot.

Und deshalb war Hiro ein Halbblut, ein *happa*, eine Langnase, ein Butterstinker – und zudem noch ein Waisenknabe –, für immer ein Fremder in der eigenen Gesellschaft. Und mochten die Japaner auch eine reine Rasse und geradezu fanatisch intolerant gegen Mischehen sein – die Amerikaner, das wußte er, waren ein Volk aus vielen Rassen, lauter Mischlinge und Mulatten und noch schlimmer – oder noch besser, je nachdem. In Amerika konnte man ein Teil Neger, zwei Teile Serbokroate und drei Teile Eskimo sein und dennoch erhobenen Hauptes durch die Straßen gehen. Wenn die eigene Gesellschaft eine geschlossene war, so war die amerikanische dagegen weit offen – das wußte er, er hatte Filme gesehen, Bücher gelesen, LPs gehört –, und jeder konnte dort tun und lassen, wozu er Lust hatte. Amerika war gefährlich, das schon. Verbrechen, Verkommenheit und Individualismus gärten dort. Aber in Japan war er aus der Schule geflogen – er galt weniger als die *burakumin*, die Ureinwohner, die den Abfall einsammelten, weniger als die Koreaner, die man im Krieg als Sklaven hergebracht hatte.

Und so heuerte Hiro auf der *Tokachi-maru* an, dem klapprigsten und rostzerfressensten Kahn, auf dem die japanische Flagge wehte; er wählte sie, weil sie Kurs auf die USA nahm und er dort an Land gehen wollte, um sich alles selbst anzusehen, die Cowboys und die Nutten und die wilden Indianer, vielleicht würde er in einem schneeweißen, geräumigen Ranchhaus sogar seinen Vater finden und mit ihm ein paar Cheeseburger verspeisen. Und so wurde Hiro Dritter Koch, anstatt der Offizier, der er geworden wäre, wenn sie ihn die Handelsmarineschule hätten beenden lassen, mußte die Unflätigkeiten von Chiba und Unagi und all den anderen ertragen – sogar hier, sogar auf See war er davor nicht sicher –, und so handelte er nach Mishima und Jōchō, schlug seine Feinde und landete dafür gedemütigt in der Arrestzelle, wo er mit dem Knurren und Flehen seines leeren Magens und zwei Bällchen Reis pro Tag leben mußte.

In seiner Not dachte er Tag und Nacht an Essen, schwelgte darin, träumte davon, verherrlichte es. Am Tag seiner Flucht erträumte er sich ein Frühstück: eine *miso*-Suppe mit Auberginen und Sojabohnenquark, gedünstetem Rettich, rohen Zwiebeln, Senfreis. Und Mittagessen – nicht den westlichen Fraß, den Chiba zusammenbraute, um damit anzugeben, daß er einmal auf einem Frachter aus Tacoma / Washington gefahren war, sondern ein Gericht aus Eiern und Reis – *tamago meishi* –, das seine Großmutter ihm immer bereitet hatte, wenn er aus der Schule gekommen war, oder die süßen Plätzchen aus Bohnenmasse und Gerste, die sie ihm oft beim Bäcker gekauft hatte, oder die köstlichen *sōmen*-Nudeln, von denen sie in ihrem eisernen Topf riesige Mengen herumrührte. Von diesen Nudeln träumend, starrte er mürrisch auf die an den Wänden hängenden Mops, als er die schweren Schritte seines Wärters auf den Stufen der Kajütstreppe hörte.

Sie näherten sich dem Hafen von Savannah, und Hiro wußte, daß er sehr bald handeln mußte. Tagelang hatte er sich in den *Weg des Samurai* vertieft und die Worte von Mishima und Jōchō auswendig gelernt, und nun war er bereit. Das Buch – mit den komischen, kleinen grünen Geldscheinen und dem Foto seines Vaters sicher zwischen den Seiten verstaut – klebte in dem Plastik-Uterus an ihm, mit Tentakeln aus schwarzem Isolierband, das ihm sein Freund Ajioka-san in der Nacht zugesteckt hatte. In den Händen hielt er einen festen Mop aus Eichenholz, dessen Fransen schwer mit dem Wasser vollgesogen waren, das sie ihm zum Waschen gegeben hatten.

Die müden, schlurfenden, fußlahmen Schritte von Noboru Kuroda, dem Tölpel, der den Offizieren das Quartier scheuerte und sie bei Tisch bediente, verstummten vor seiner Tür. Hiro trat zurück, sah im Geist die schiefen Schultern und den eingefallenen Brustkorb vor sich, die zwei linken Hände und die ewig verdutzte Miene von »Moment-noch«, wie sie den alten Kuroda hinter seinem Rücken nannten, und er lauerte atemlos, als sich der Schlüssel im Schloß drehte. Wie im Fieber sah er zu, wie sich der Türknopf drehte und die Tür aufschwang, und dann griff er an, den Mop eingelegt wie eine Lanze. Gleich darauf war alles vorbei. Kurodas müder alter Kiefer klappte vor Überraschung auf, der nasse Mop traf ihn mitten in den Solarplexus, und er stürzte auf das zerschlissene Linoleum, keuchend und prustend wie ein der schläfrigen Tiefe entrissener Thunfisch. Hiro bedauerte kurz den Verlust der Reisbällchen, die nun an Kurodas Hemd klebten, doch für Reue war jetzt keine Zeit. Behende stieg er über den stöhnenden Alten und stürmte hastig die Kajütstreppe hinauf, denn in seinen Adern pochte die Freiheit.

Unter ihm, auf dem zweiten Deck, saß die Mannschaft beim Essen, beäugte kritisch die Teller und pickte aus der Mixtur aus Dosenfleisch, Eiern und Kartoffeln, mit der Chiba sie gestraft hatte, mühsam einzelne Sardinenstückchen heraus. Über ihm waren die Schiffsaufbauten: auf dem vierten Deck lagen das Dienstzimmer und die Räume mit der Elektrik und dem Kreiselkompaß, auf dem fünften der Funkraum, auf dem sechsten die Kapitänskajüte, wo Kapitän Nishizawa auch jetzt wieder seinen Sake-Rausch ausschlief, und schließlich kam die Brücke. Vor der Brücke ragten die beiden Nocks in die luftige Leere hinaus, hingen wie ausgebreitete Schwingen beiderseits des Schiffes über dem Wasser. Eigentlich waren es Laufstege, die von unten durch Stahlstreben gestützt wurden; von dort konnte man an klaren Tagen zehn Meilen weit sehen. Diese Stege waren Hiros Ziel.

Polternd rannte er die Treppe hinauf, am Dienstzimmer vorbei, und weiter, vorbei am Funkraum und an der Kapitänskajüte, rasch und entschlossen. Er flüchtete nicht blindlings, ganz und gar nicht: Er hatte einen Plan, wie ihn Mishima, in seinem Kommentar zu Jōchō, empfohlen hatte. *Man kann sich für eine Handlungsweise entscheiden*, sagte Mishima, *aber man kann nicht immer den Zeitpunkt wählen. Der Moment der Entscheidung dräut in der Ferne und holt einen ganz plötzlich ein. Sollte das Leben dann nicht darin bestehen, sich für diesen Moment der Entscheidung bereit zu halten?* So war es. Und er war bereit.

Weiter rannte er die Stufen empor, vorbei am Kartenraum, aus dem ihn Steuermann Wakabayashi erst zornig anfunkelte, um ihm dann hinterherzusetzen, vorbei am Ruderhaus, in dem der Erste Maat Kuma stocksteif vor dem Rad stand, und hinaus auf das Backbordnock, wo Leichtmatrose Dorai die herannahende Gestalt anglotzte, als hätte er noch nie zuvor einen Mann gesehen, der sich aufrecht auf zwei Beinen bewegt. Und dann, den wutschnaubenden Wakabayashi hinter sich und den reglosen Dorai vor sich, hielt Hiro inne, um sein Taschenmesser zu ziehen. Erinnerungen an all die amerikanischen Filme über tätowierte Straßengangster und die

Finten ihrer Messerkämpfe schossen Dorai durch den Kopf, und er wich ein paar Schritte zurück, aber das Messer war gar keine Waffe. Es wurde zum Werkzeug. Mit zwei raschen Schnitten durchtrennte Hiro das Seil, mit dem der weiße Rettungsring an der Reling befestigt war, und während Wakabayashi über das Deck herangetrampelt kam und Dorai sich verängstigt duckte, sprang Hiro ins Leere hinaus.

Es waren einundzwanzig Meter von der Brücke bis zur Wasseroberfläche, aber von oben sah es eher aus wie einundfünfzig. Hiro zögerte keinen Augenblick. Er flog durch das Empyreum wie ein Kunstspringer, bevor er den Fallschirm öffnet, wie ein Adler, der aus seinem Horst herabstößt, doch hielt ihn nichts in diesem lieblosen Element, und das Meer raste ihm entgegen wie ein Bett aus Beton. Er schlug mit den Füßen zuerst auf, ließ den Rettungsring fahren, aber trotzdem riß die Wucht des Aufschlags ihm beinahe den festgeklebten Jōchō vom Körper. Als er wieder an die Oberfläche trieb und seine Lungen gierig die ach so wohltuende Luft einsogen, war die *Tokachi-maru* schon weit weg, schob sich über den Horizont wie ein zerfließender Berg.

Bei voller Kraft brauchte das Schiff fast zwei Meilen oder dreieinhalb Minuten, bis es zum Stillstand kam. Natürlich würden sie ihn suchen, das wußte Hiro, so wie er wußte, daß in diesem Moment die gesamte Besatzung auf dem Deck herumwuselte und »Mann über Bord« brüllte, aber er wußte auch, daß der engste Kreis, den das Schiff beschreiben konnte, fast eine Meile im Durchmesser maß. Er machte kraftvolle Schwimmstöße, seine Füße wirbelten das salzige Naß auf, die Arme hämmerten auf die Wellen ein. Er dachte nicht daran, sich direkt westwärts zu wenden und auf die ferne Küste zuzuhalten – damit rechneten sie wohl –, sondern er orientierte sich am Sonnenstand und schwamm genau nach Süden, in die Richtung, aus der sie gekommen waren.

Das Wasser war warm und tropisch und schimmerte wie tausend Juwelen. Er betrachtete die Vögel über sich, betrachtete die Wolken. Er klammerte sich an den Rettungsring und machte Beinschläge. Und die See trug ihn, umarmte ihn, hielt ihn im Arm wie ein lange verschollener Vater.

Thanatopsis House

Ruth beobachtete den ganzen Morgen lang, wie sich das Gewitter zusammenbraute. Um halb sieben war es so dunkel, daß sie beinahe das Wecken verschlief, und sie zog sich im Halbdunkel Shorts und Oberteil an. Um sieben kam sie zum Frühstück herunter und nahm wie üblich ihren Platz am Stillen Tisch ein, und auch hier schien es, als wäre die Nacht noch nicht ganz vorbei. Owen Birkshead, der Geschäftsführer der Kolonie, hatte die Lampen in den Ecken eingeschaltet, aber draußen vor den Fenstern war alles grau und verschwommen. Im Innern war es stickig und schwül, die Luft so dicht, daß man sie fast zurechtstreichen konnte wie eine Daunendecke. Es kam noch kein Donnergrollen, kein Blitzstrahl oder Regenschauer, aber sie spürte das Gewitter mit jener tiefen, physischen Intuition herannahen, die sie mit dem Molch unter dem Stein und der in ihrem Netz lauernden Spinne verband. Natürlich konnte sie mit niemandem darüber reden, konnte nicht einfach sagen: »Sieht nach Regen aus«, oder: »Jetzt geht aber bald was los.« Nein. Sie saß, aus eigenem Entschluß, am Stillen Tisch.

Als Saxbys Mutter Septima, die inzwischen in den Siebzigern war und deren rasselndes Schnarchen aus dem großen Schlafzimmer hinter dem Frühstücksraum herübertönte, beim Tod ihres Gatten vor etwa zwanzig Jahren die Stiftung für Thanatopsis House ins Leben gerufen hatte, war sie dem Beispiel von anderen, bereits etablierten Künstlerkolonien wie Yaddo, MacDowell und Cummington gefolgt. Eine der Traditionen, die sie von dort übernommen hatte – und an der sie besonders festhielt –, war jene des Stillen Tisches. Zum Frühstück, so glaubte man, brauchten Künstler eines bestimmten Naturells absolute und meditative Stille, unterbrochen allenfalls vom diskreten Klappern von Kaffeelöffeln gegen die Ränder von Untertassen – um so einen gedeihlichen Übergang vom Reich der Träume in jenen exaltierten Zustand zu vollziehen, in dem der schwere Stoff ästhetischer Reaktionsprozesse an die Oberfläche steigt. Andere wiederum benötigten genau das Gegenteil – Geselligkeit, Lärm, nervtötenden Klatsch, lahme Witze und einen Hauch des morgendlich sauren Mundgeruchs ihrer Künstlerkollegen –, um Hirne zu besänftigen, die fiebrige Träume von Größenwahn, Eroberungen und der völligen Vernichtung ihrer Feinde heimgesucht hatten. Für sie hatte Septima den Geselligen Tisch eingerichtet, in einem zweiten Zimmer, das von dem ersten durch einen getäfelten Korridor und zwei Schwingtüren aus dunklem, schwerem Eichenholz abgetrennt war.

Selbst an diesem Morgen, als das dräuende Gewitter sich in ihr aufbaute, als sie sich leicht, beinahe schwerelos fühlte, schwindlig und ohne jeden Grund aufgeregt, entschied sich Ruth für den Stillen Tisch. Sie war nun seit zwei Wochen in der Kolonie – vierzehnmal war die Sonne aufgegangen –, und in diesem Zeitraum hatte sie noch nie, keinen Augenblick lang daran gedacht, sich an den anderen Tisch zu setzen. Bis auf Irving Thalamus, dessen Markenzeichen – urban-jüdische Lebensangst – sich gewissermaßen aus dem Chaos speiste, wählten alle Künstler von Rang, die ernsthaften also, den Stillen Tisch. Laura Grobian saß hier und Peter Anserine und die gefeierte Punk-Bildhauerin mit den tiefliegenden Augen und einer so bleichen Haut, daß sie aussah wie eine Drei-Tages-Leiche. Ruth genoß es einfach. Sie tat, als läse sie die Zeitung aus Savannah – die stets mit der Nachmittagsfähre kam und daher immer schon einen Tag alt war –, während sie Laura Grobian musterte, die ihr kaltes Müsligericht löffelte; sie betrachtete die eingefallenen Wangen, den rastlosen Blick ihrer Augen – diesen berühmten rastlosen Blick – und die Spuren der endlosen Stunden der vergangenen Nacht. Oder sie beobachtete Peter Anserine, der seit kurzem geschieden war, eine lange Nase mit großen Nasenlöchern hatte und ständig leise schnaufte und hüstelte, während er beim Essen las – das Buch war immer aus Europa, immer im Original, und schien zu ihm zu gehören wie eine Art Auswuchs. Außerdem wußte sie immer, wer mit wem am Geselligen Tisch frühstückte, weil alle durch das Stille Zimmer gehen mußten. Ruth sah zu und brütete und plante, und wenn es ihr zuviel wurde, wenn niemand mehr am Tisch saß und sie es nicht mehr länger hinausschieben konnte, erhob sie sich von ihrem Stuhl und ging die Viertelmeile bis zu ihrem Studio im Wald zu Fuß. Saxby schlief immer bis zwölf.

Es hatte noch nicht zu regnen begonnen, als Ruth ihre Sachen einsammelte – die Mappe mit ihren Notizbüchern, den Pfefferminzbonbons, ihrer Puderdose, der Haarbürste und einem der dicken Kitschromane, die sie heimlich verschlang –, sich die alte Zeitung gefaltet unter den Arm schob, einen Regenschirm aus dem Ständer nahm und zur Tür hinausstürmte. Dies war ihr der liebste Augenblick des Tages. Der Weg, in einer längst vergangenen Ära mit Steinplatten gepflastert und mit Narzissen und Geranien bepflanzt, führte sie durch einen Hain mit Sumpfeichen und Kiefern und so dicht am Morast vorbei, daß sie ihn riechen konnte. Zwar stand die Schinderei des Schriftstellerns bevor, aber der Geruch der Brackwasserzone und des offenen Ozeans, der das Schlammgelände zweimal täglich überflutete, weckte die Erinnerung an ihre Kindheit in Santa Monica – ihre schlichte, unbekümmerte, sorgenfreie Kindheit, noch unbelastet von der Gier nach Ruhm (und deren unerfreulicher Begleiterscheinung, der Arbeit), die mit ihrem sechzehnten Lebensjahr eingesetzt hatte. Und obwohl zu dieser Jahreszeit Hitze und Feuchtigkeit unbarmherzig waren – der ganze Bundesstaat, so sagte sie oft, war wie eine Duschkabine in einem Studentenschlafsaal –, und obwohl sie wußte, daß ihr unter den Bäumen Moskitos und Viehbremsen auflauerten, fühlte sie sich einfach großartig. Sie war hier, auf Thanatopsis, und schrieb – oder versuchte zu schreiben; eine Kollegin von Laura Grobian, Peter Anserine und Irving Thalamus – ja sogar der schielenden Komponistin, die allem Anschein zum Trotz die berühmteste unter den sechsundzwanzig momentan anwesenden Künstlern war.

Ruth, bei Vertrauten als »La Dershowitz« bekannt, war vierunddreißig, gab aber nur neunundzwanzig Jahre zu. Zu schreiben begonnen hatte sie auf der High-School, wozu sie ihr Englischlehrer John Beard, der möglicherweise an ihren grandiosen Brüsten und ihrem Schmollmund ebenso interessiert gewesen war wie an ihren pubertären Gedichten und Geschichten, während langer spätabendlicher Tutorstunden ermutigt hatte. Sie war auf den besten Sommerakademien gewesen, dank der Großzügigkeit ihres Vaters, und an der Sonoma State University hatte sie ein zweifelhaftes Diplom in Anthropologie erworben. Ein Jahr hatte sie bei einem Schreib-Workshop an der Iowa State University zugebracht, ein weiteres an der Irvine State, ohne jedoch einen Abschluß zu machen, und sie hatte vier eindringliche, düstere Erzählungen in kleineren Magazinen publiziert (zwei in *Dichondra*, dessen Herausgeber sie bei der Bread Loaf Conference kennengelernt hatte, und je eine in *Firefly* und *Precious Buttons*). Allmählich war Geld zum Problem, Servierjobs waren zur chronischen Krankheit geworden. Als sie auf Saxby traf, der gerade sein Ozeanologiestudium am Scripps College geschmissen hatte, verliebte sie sich sofort in seine Grübchen, sein Lachen, seine Schultern und den Gedanken an das Große Haus auf Tupelo Island. Und jetzt war sie hier. Für immer. Oder jedenfalls für ziemlich lange.

Als sie, schon jetzt schweißnaß unter den Achseln, auf dem in dichtem Schatten liegenden Pfad zu ihrem Studio kam, sah sie, daß sie die Fenster offengelassen hatte. (Jeder der Künstler auf Thanatopsis aß, schlief, badete und erholte sich im Großen Haus, bekam aber einen Platz zum Arbeiten in einem der dreißig Studios, die auf dem Grundstück verteilt standen, und es galt das strenge Verbot, eins der anderen Studios während des Arbeitstages aufzusuchen – das heißt: zwischen dem Frühstück um sieben und den Cocktails um fünf. Größenmäßig lagen die Studios zwischen Laura Grobians kunsthandwerklich verziertem Fünf-Zimmer-Bungalow bis zu den Ein-Raum-Häuschen, die für geringere Geister übrigblieben, und Septima hatte sie alle nach berühmten Selbstmördern benannt, im Gedenken an das vorzeitige Ableben ihres Gatten. Ruth war in »Hart Crane«. Es bestand aus einem Zimmer, alles sehr rustikal, mit einem alten gemauerten Kamin, einem kleinen Rattansofa, zwei Schaukelstühlen aus Peddigrohr und einer einzigen, filigranen Steckdose. Von allen Studios der Kolonie lag es am weitesten vom Großen Haus entfernt. Und Ruth hatte gar nichts dagegen, ja ihr war das sogar sehr recht.

Zuerst überraschten sie die offenen Fenster – eigentlich achtete sie immer darauf, sie abends zu schließen, nicht nur aus Furcht vor nächtlichen Wassereinbrüchen, sondern vor allem aus Respekt vor der Zerstörungskraft von Waschbären, Schlangen, Eichhörnchen und halbstarken Jugendlichen. Einen Augenblick lang stellte sie es sich vor: Schreibmaschine gestohlen, Manuskript zerfleddert, die Wände mit Graffiti beschmiert. Dann aber erinnerte sie sich an den vergangenen Nachmittag, an ihren gewaltigen Widerwillen und Ekel über das ganze Getue – Schreibmaschinen, Manuskripte, Kunst, Arbeit, Liebe, Stolz, Leistung, sogar die in Aussicht stehende Verehrung durch die Massen – und daran, wie sie die Fenster offengelassen hatte, um das Schicksal herauszufordern. Los doch, hatte sie gesagt, sich am Marterpfahl eines vergeudeten Nachmittags und der eigenen Verzweiflung windend, zerreißt ruhig alles, plündert das Haus, befreit mich. Los doch, ihr traut euch ja nicht.

Jetzt fühlte sie sich anders. Jetzt hatte sie der Arbeitseifer gepackt. Jetzt war es Morgen, und sie mußte sich an ihren Schreibtisch setzen wie alle anderen in Amerika. Sie stieg die drei ausgetretenen Stufen zur Veranda hinauf, drückte die unverschlossene Tür auf, schleuderte ihre Tasche auf das Sofa und stellte sich vor die alte tragbare Olivetti, die sie vom Schreibtisch unter dem offenen Fenster anklagend anzustarren schien. Sie war noch da. Ebenso wie die Seite, an der sie zuletzt gearbeitet hatte; sie steckte noch in der Maschine, durch die Luftfeuchtigkeit eingerollt wie ein Hobelspan. Sie nahm sich einen Augenblick Zeit für die gierigen, tiefschlundigen Kannenpflanzen, die sie im Sumpf ausgegraben hatte – sie fingen gern Insekten, fette blaue Schmeißfliegen, deren Surren vor dem rostigen Maschendraht des Fensters einen zur Raserei trieb –, dann machte sie sich eine Tasse Kaffee auf der Elektroplatte, ging ein halbes dutzendmal hinaus, um das Nahen des Gewitters abzuschätzen, und schließlich, als die Langeweile ihr Gehirn abzuschalten drohte, setzte sie sich an die Maschine.

Sie versuchte es. Wirklich. Aber sie konnte sich einfach nicht konzentrieren. Die Erzählung, an der sie arbeitete, sollte aus unterschiedlichen Perspektiven die Geschichte einer japanischen Hausfrau wiedergeben, die versucht hatte, sich samt ihren zwei kleinen Kindern in der Santa Monica Bay zu ertränken, nachdem ihr Ehemann sie verlassen hatte. Die Sache war durch alle Zeitungen gegangen. Die Kinder waren ertrunken, die Frau dagegen war mit vollgesogenen Lungen, wunder Kehle und salzverklebten Augen von einem siebzehnjährigen Surfer aus dem Wasser gezogen und wiederbelebt worden. Die Perspektive des Surfers hatte Ruth auf Papier, kein Problem. Die Kinder waren schon weit schwieriger. Und die Mutter – was war wohl in ihr vorgegangen?

Ruth arbeitete eine Stunde, jedenfalls kam es ihr wie eine Stunde vor – sie besaß keine Möglichkeit, die Zeit zu messen, und war froh darüber –, indem sie den ersten Absatz immer wieder umschrieb, bis er ihr vollkommen sinnlos erschien. Sie war einfach nicht mit dem Herzen dabei. Immer wieder mußte sie an Saxby denken. Am Abend zuvor hatten sie die Fähre zum Festland genommen und waren zum Abendessen und auf ein paar Drinks nach Darien gefahren. Auf dem Rückweg war er von der Hauptstraße abgebogen, und sie hatten sich auf der Motorhaube geliebt. Er hatte sich gegen die Windschutzscheibe gelehnt, am ganzen Körper steif, sein Schwanz, seine Schenkel, die waschbrettartigen Bauchmuskeln, und sie hatte sich auf ihn hinabsinken lassen, sanft wie eine Blüte. Und dann dachte sie an das Gewitter. Und dann an das Große Haus mit seinen siebenunddreißig Zimmern und dem Dienstbotentrakt, einst das Herzstück einer Baumwollplantage, auf den Feldern schweißüberströmte Sklaven, Maultiere und Vorarbeiter und so weiter, und an Saxbys Urahnen, die mit der Peitsche in der Hand auf ihren Einspännern saßen. Sie dachte an *Vom Winde verweht, Roots, Die Bekenntnisse des Nat Turner*, und dann kehrte sie zu ihrer Geschichte zurück, versuchte angestrengt, sich die Hauptfigur vorzustellen, die wahnsinnige, von ihrer eigenen Kultur abgeschnittene Frau, die Augen mit den schweren Lidern, die schmalen Hände und Finger, und auf einmal sah sie das Gesicht von Hiro Tanaka – starr vor Schreck im kalten Dämmerlicht des Peagler Sound.

Ein Chinese. Sie hatte ihn für einen Chinesen gehalten. Allerdings war sie nie weiter in den Orient vorgedrungen als bis zu den Sushi-Bars von Little Japan oder den Chop-Suey-Restaurants von Chinatown, und bis zu diesem Zeitpunkt hatte sie noch nie im Leben die eine Nationalität von der anderen unterscheiden müssen. Stand auf dem Schild über der Tür »Vietnamesisch«, dann waren es Vietnamesen, wenn »Thailändisch« draufstand, waren es Thais. Asiaten waren für sie nur Menschen, die Reisgerichte servierten. Ein Chinese. Wie dumm von ihr. Da versuchte sie krampfhaft, sich eine japanische Hausfrau anhand einer Zeitungsmeldung vorzustellen, und ein echter, lebendiger Japaner aus Fleisch und Blut – ein Desperado, ein flüchtiger Arrestant – sprang ihr praktisch in den nackten Schoß, aber sie hielt ihn für einen Kellner aus dem Chinarestaurant.

Es war seltsam. Sein Bild ging ihr einfach nicht aus dem Kopf. Wo war er? Was aß er? Woran dachte er? Vor einer Woche war er an Land gegangen, und er lief immer noch frei herum, versteckte sich irgendwo tief im Gestrüpp. Berichte über ihn hörte man von allen Seiten – Saxby schwor, er habe ihn hinter dem Cribbs-Supermarkt in den Büschen verschwinden sehen –, aber wo war er? Die ganze Insel war in hellem Aufruhr, von den Schwarzen bei Hog Hammock bis zu den krampfadrigen Pensionären der Villensiedling Tupelo Shores Estates. Den Zeitungen zufolge handelte es sich um einen reichlich verzweifelten Typen, einen verwegenen, gewalttätigen Kerl, der aus der Arrestzelle seines Schiffs ausgebrochen war, mehrere seiner Kameraden attackiert und sich dann selbstmörderisch über Bord gehechtet hatte. Die Küstenwache hatte ihre Suche eingestellt, da zwei Augenzeugen aus der Künstlerkolonie – Ruth konnte sich einen leisen Stich der Enttäuschung nicht verkneifen, als sie ihren Namen nicht genannt fand – beobachtet hatten, wie er an der südöstlichen Spitze von Tupelo Island an Land gegangen war. Die Behörden verfolgten die Sache jedoch weiter. Der Mann galt als bewaffnet und gefährlich.

Um die Zeitung hatte Ruth kämpfen müssen – seit der Schweinepestepidemie war das die größte Sache, die sich auf Tupelo Island je ereignet hatte, und jeder wollte voll über alles informiert sein. Die Zeitung kam, wie üblich einen Tag zu spät, am zweiten Morgen nach der Begegnung in der Bucht. In der Zwischenzeit hatten sie und Saxby unzählige Telefongespräche geführt: mit Reportern von der *Atlanta Constitution*, vom *Savannah Star* und der alle zwei Monate erscheinenden Zeitschrift *Tupelo Island Breeze*, mit einem Spezialfahnder von der Einwanderungsbehörde aus Savannah, der sich als Detlef Abercorn vorgestellt hatte, mit dem Bezirkssheriff (oder »Shurf«, wie man in der Gegend sagte) und mit einem Mr. Shikuma, dem Präsidenten der Japanisch-Amerikanischen Gesellschaft in New York. Mr. Shikuma hatte ihnen, in einem Schwall von Dankeschöns und Entschuldigungen, zur Identifikation des Matrosen Tanaka gratuliert und gleichzeitig versichert, daß dieser junge Seemann, bei aller geistigen Verwirrung, bestimmt niemanden ernsthaft bedrohen werde.

Eigentlich gefiel Ruth der ganze Wirbel. Seit sie mit Saxby nach Thanatopsis House gekommen war, hatte sie kein gutes Gefühl gehabt. Vielleicht hatten sie die Peter Anserines und Laura Grobians verunsichert, vielleicht fühlte sie sich von ihren Kollegen eingeschüchtert, so wie damals in Iowa und Irvine. Natürlich war sie ein bißchen verlegen wegen ihrer besonderen Beziehung zu Saxby und dem Klatsch und der Verleumdung, die dies garantiert auslöste: *Ruth Dershowitz? Wer ist das überhaupt? Ich meine, was hat sie rausgebracht? Oder braucht die etwa gar nichts zu schreiben – vielleicht reicht's ja, daß sie die neuste Braut vom Sohnemann hier ist, oder?* Immerhin lebte sie in Frieden mit den anderen – sie hatte mit niemandem viel geredet. Sicher, beim Cocktail und während des Abendessens hatte sie mit ihren Sitznachbarn Banalitäten gewechselt, ohne sich aber auf irgend etwas Persönliches einzulassen –, das Terrain war einstweilen unsicher, und sie lernte gerade erst laufen. Aber in der Nacht, als sie nach der Bootsfahrt ins Haus kamen, konnte sie sich nicht beherrschen.

Es war spät, nach zwei, und das einzige Licht im Großen Haus kam aus dem Billardzimmer im zweiten Stock. Beim Treppensteigen nahmen sie zwei Stufen auf einmal, wobei Ruth sich anstrengte, mit Saxbys langen Beinen Schritt zu halten. Sie war außer Atem, als er die Tür aufriß und sie in den Raum hineinzog. Sie sah Holztäfelung, einen Kronleuchter, Lampen in den Ecken. Sie blinzelte einen Moment, als hätte man sie aus dem Tiefschlaf geweckt, bis sie die übliche Ansammlung von Nachtschwärmern identifizierte.

Am Spieltisch saß Irving Thalamus und kämpfte gerade mit zukkenden Fingern gegen den Impuls an, aufzublicken und damit sein Blatt zu verraten. Sein Gegenüber war ein Dichter namens Bob. Bob hatte ein Buch bei der Wesleyan University Press publiziert und war ein ganz ernsthafter Bursche, obwohl er eher wie ein Biergrossist aussah als wie der Dozent an der Emory University, der er war. Neben Bob, über ein Diät-Cola gebeugt, saß Ina Soderbord, eine quadratschädlige, breitschultrige Blondine aus Minnesota, die schrieb, als kämpfe sie mit dem Delirium tremens. In der Ecke, eingehüllt in ihre Metronomenstille, war die schielende Komponistin über einem Buch eingenickt, während die Punk-Bildhauerin, in Ledershorts und einem T-Shirt von der Größe eines Biwakzelts, sich im grellen Schein der Lampe über den Billardtisch beugte.

Ehe sie jemand begrüßen konnte, ehe noch jemand mit einem lässigen »Hallo« oder »Was gibt's?« aufblicken konnte, sprudelte Saxby mit der Geschichte heraus, in seinem üblichen hyperbolischen Erzählstil, bei dem der Zusammenstoß in der Bucht nicht minder erstaunlich klang als eine Begegnung mit Außerirdischen. Alle liebten Saxby. Sie liebten ihn für seinen Witz und seine breiten Schultern und sein totales Desinteresse an allem Künstlerischen. Ruth hielt seinen Arm fest umklammert.

»Nein, ich schwör's euch«, sagte er, »der Typ sah aus wie Elmer Fudd, nur eben mit Haaren, und Ruth und ich haben's uns gerade ein bißchen romantisch gemacht – oder wir waren schon ziemlich romantisch gewesen und wollten gerade noch mal romantisch werden – ich meine, ich bin also total nackt, verdammt! – nicht rot werden, Ruth! Wird sie etwa rot? Jedenfalls ist das Ganze ziemlich unangenehm. Wir sind da draußen auf dem Wasser, und wenn es ein Seehund, ein Thunfisch oder gar ein Wal gewesen wäre, hätte ich's ja noch verstanden, aber ein chinesischer Elmer Fudd? Noch dazu mit Haaren?«

Ruth trat zur Seite, zwei Schritte zurück und einen nach links, und beobachtete ihre Mienen, während Saxby mit den Armen fuchtelte, Grimassen schnitt und in seiner Schilderung alle Register zog. Sie lauschten gebannt. Als Sax fertig war, als er den eingeschüchterten Fremdling im Strandgras hatte verschwinden lassen wie einen verschreckten Büffel, legte Irving Thalamus die Karten weg und sah auf. »Möchten jetzt bestellen, ja?« sagte er mit Falsettstimme und ausdruckslosem Gesicht. »Wollen liebel Flühlingslolle oder chinesische Gemüse?«

»Vielleicht hat er für die Olympischen Spiele geübt oder so«, sagte Bob und wollte diesen Gedanken gerade noch weiter ausbauen, als die Punk-Bildhauerin ihm ins Wort fiel. »Ihr Typen hier seid doch wirklich total bescheuert«, fauchte sie und knallte ihr Queue auf den Boden. Sie funkelte sie grimmig an. »Ihr seid kaputter als kaputt. Noch schlimmer.« Sie reckte sich, als wollte sie ausspucken, und stolzierte dann aus dem Zimmer.

»Was ist denn mit der los?« fragte Saxby und nahm sich eine Handvoll Erdnüsse aus der Schüssel, die in der Mitte des Spieltisches stand. »Ich meine, wir sind ja hier nicht im East Village von New York oder so. Wir sin' hier in Georgia«, hier fiel er in den schweren Südstaaten-Dialekt, »im guten alten Staat der Pfirsichbäume, und ich würd glatt sagen, wenn einer mitten im Peagler Sound auf 'n Chinesen stößt, dann ist das schon verflucht unglaublich – nein, ich würd sogar ganz sicher meinen, daß die chinesische

Bevölkerung auf den Inseln hier gerade von Null auf Eins raufgeschnellt ist.«

Mit gebieterischem Knirschen knackte sich Irving Thalamus eine Erdnuß, und alle wandten sich ihm zu, als er sich vorbeugte, um die zweikeimblättrigen Kerne aus der Schale zu nehmen. »Die hat keinen Humor«, bemerkte er mit seiner Raucherstimme, und Bob fing an zu kichern.

In diesem Augenblick spürte Ruth, wie es mit ihr durchging. Sie war erschöpft, erledigt, von widersprüchlichen Gefühlen übermannt: Wie konnten sie nur alle so blasiert sein? Ein Schiff war gesunken. Sie hatte einen ertrinkenden, halb hysterischen Überlebenden mit knapper Not an Land wanken und in Panik durch die Büsche flüchten sehen. Und hier konnten sie nichts als Chinesenwitze reißen. Wie viele Menschen riefen in diesem Moment um Hilfe, während sich das schwarze, erbarmungslose Meer über ihnen schloß? »Wir müssen die Polizei informieren«, sagte sie plötzlich. »Und die Küstenwache. Ein Schiff ist gesunken, das weiß ich, das ist doch klar. Hat irgendwer heute abend Radio gehört?«

Alle sahen sie jetzt an – sogar die schielende Komponistin, die bei dem Wort »Radio« schnaufend aufgewacht war. »Radio?« echote sie, und dann redeten alle gleichzeitig. »Hat nun jemand Radio gehört?« wiederholte Ruth.

Peter Anserine hatte Radio gehört. Ina Soderbord, die das Zimmer neben ihm bewohnte, fiel ein, daß er gegen acht Uhr Nachrichten gehört hatte. Aber inzwischen schlief er seit Stunden, und wer wollte ihn aufwecken?

Auf einmal war Ruth wütend, das Ganze wurde ihr zuviel – Thanatopsis House, der Zynismus, der Druck, die Gemeinheiten. Von einem Moment auf den anderen brach das sorgsam konstruierte Gebäude ihrer Zurückhaltung in Stücke. Jetzt nahm sie teil, stand mitten im Rampenlicht. »Ich kann's nicht glauben«, stieß sie hervor, und von der Intensität ihres Gefühls wurde ihr richtig schwindlig, Saxby war da, legte ihr den Arm um die Schulter. »Ist schon okay«, sagte er, aber sie war noch nicht fertig. »Da draußen ertrinkt möglicherweise ein Mensch, und ihr, ihr – ihr macht hier Witze!«

Tränen stiegen ihr in die Augen, aber sie kämpfte sie nieder. Sie war wütend, verletzt, verwirrt – wirklich, das war sie –, aber in einer unangreifbaren Nische ihrer Psyche spielte auch sie Theater, und sie wußte es. *Wenn sie mir nur zuhören würden*, dachte sie, *wenn sie wüßten* ... Wie sie so an Saxbys Seite stand, mit ihren langen, schlanken braungebrannten Beinen, am ganzen Körper zitternd vor Wut und Wagemut und verletzt über die Art, in der alle sie bisher ignoriert hatten, als wäre sie ein Niemand, ein Nichts, da war ihr klar, daß sie jetzt die Beachtung der anderen hatte. Und wie sie die hatte. Bobs Grinsen war wie weggewischt, die schieläugige Komponistin sah aus, als hätte sie eine Ohrfeige bekommen, und sogar Irving Thalamus, der Mann mit dem Pokergesicht und dem unbewegten Blick, hatte einen veränderten Ausdruck. Sonst von katzenhafter Bosheit, erinnerte er jetzt an einen alten Kater, der den Hauch einer sexuellen Botschaft – ganz leise und fern, nur ein Molekül im Wind – auffängt. »Tut doch was!« verlangte sie. »Kann vielleicht *irgend*einer *bitte etwas* tun?«

Kurz darauf saß sie am Spieltisch neben Thalamus, zusammengesunken und ausgebrannt, während Saxby und Bob losrannten, um die Küstenwache, den Sheriff, die Ortsgruppe der »Veterans of Foreign Wars« und die Freiwillige Feuerwehr zu alarmieren.

»Na, es wird schon wieder«, sagte er, und sie starrte auf die Eidechsenhaut, in der seine Augen versanken, sah zu, wie er seine wirren schwarzen Schmalzlocken zurückstrich. Er war zweiundfünfzig. Er war eine Institution. Seine Lippen waren trocken und hart, seine Zähne aus einem Guß, spitz und weiß. »Du hast genau richtig gehandelt. Wir brauchen eben alle mal einen Tritt in den Hintern, nicht?«

Sie blickte auf, fühlte sich elend, aber doch nicht so elend, und er nahm ihre Hand und schüttelte sie, das Gesicht wieder zur ironischen Maske erstarrt.

Jetzt aber saß sie in »Hart Crane« und schrieb oder versuchte zu schreiben, und auf einmal stand ihr die Japanerin genau vor Augen, diese traurige, zum Untergang verurteilte Heldin, die den Tod in sich einsog, die Brandung gelblich im fahlen Licht, ihre Kinder für immer verloren. Jetzt sah sie es vor sich, die ganze Szene, die Worte lagen ihr auf den Lippen, brannten ihr unter den Nägeln, als der erste Blitz zwischen den Bäumen zuckte. Im selben Augenblick spürte sie auch den Wind. Schwer und erfrischend rüttelte er am Fliegengitter und spielte mit dem Papier auf ihrem Schreibtisch.

Ruth konnte nicht widerstehen. Sie schob die Schreibmaschine weg, stand auf und trat ans Fenster, um zu sehen, wie der Himmel über ihr immer schwärzer wurde. Lange stand sie dort, beobachtete die peitschenden Äste und das Farbenspiel der Blätter, von Grün zu Grau und wieder zu Grün, und dann regte sich etwas in der tiefsten Tiefe ihres Magens, und sie dachte ans Mittagessen.

Diese Regung war ihre innere Uhr. Jeden Tag zwischen zwölf und eins schlich sich Owen Birkshead, ein eingefleischter Pfadfinder, an die Studios heran, unhörbar wie ein Mohikaner, eine Katze, ein Gespenst, und hängte einen Essensbehälter an den Haken neben der Tür. Er spielte dabei ein kleines Spielchen, gab sich Mühe, lautlos und unsichtbar zu sein, um die Künstler nicht bei der Arbeit zu stören, und Ruth spielte ihr eigenes Spiel mit ihm: Sobald ihr Magen die Mittagsstunde anzeigte, saß sie stocksteif und mit gespitzten Ohren an der Schreibmaschine und wartete auf das verräterische Quietschen des Plastikbehälters am Haken oder auf ein Knacken von Laub oder Zweigen. Dann drehte sie sich um, ein strahlendes Lächeln auf den Lippen, und rief mit der ganzen gequälten Fröhlichkeit der Hausfrau in einer Familienserie: »Hallo, Owen!« Manchmal erwischte sie ihn, manchmal auch nicht.

Am Vortag war es eigenartig gelaufen. Nicht nur hatte sie ihn nicht erwischt, es war überhaupt kein Mittagessen da gewesen. Schon seit dem ersten warnenden Grummeln ihres Verdauungstrakts und erst recht zu dessen zunehmend empörtem Grollen und Knurren war sie den ganzen langen Nachmittag hindurch alle zehn Minuten aufgestanden, um am Haken nachzusehen, hatte ihn aber jedesmal leer und verlassen vorgefunden. Am Abend behauptete Owen steif und fest, er habe ihr das Essen gebracht – und wo eigentlich das Plastikgefäß geblieben sei, wollte er wissen. Vielleicht hatte ein Tier es geraubt? Hatte sie im Gebüsch rund ums Haus nachgesehen? Sie hatte drohend den Zeigefinger erhoben, wohl wissend, daß Peter Anserine, die Nase tief in einem Buch vergraben, zuhörte. »Erzähl mir doch nichts, Owen«, hatte sie gesagt und ihn aufgezogen, »du hast gepatzt. Gib's ruhig zu. In zwanzig Jahren hat noch nie ein Künstler in Thanatopsis House gehungert – und jetzt *das*!« Sie ließ die letzte Silbe genüßlich verzischen und lachte dann auf.

Owen wurde rot. Er war vierzig, sah aus wie Samuel Beckett, bis hin zur kampflustigen Nase und dem straffen Bürstenschnitt, und er war pedantisch wie ein Ausbildungsoffizier – ein schwuler Ausbildungsoffizier, falls es diese Kombination gab. »Ich *habe* dir das Essen gebracht«, beharrte er. »Ich kann mich deutlich daran erinnern. *Ganz* deutlich.«

Es war ja nicht so schlimm. Aber sie gestaltete ihren Tag um dieses Mittagessen herum – außerdem war es ein ziemlich gutes Essen: Fleischpastete, Krabbensalat, Sandwiches mit geräuchertem Truthahn oder Provolone mit getrockneten Peperonis, selbstgezogene Tomaten, Obst, eine Thermoskanne mit Eistee, echtes Silberbesteck und eine leinene Serviette. Davor lag der Kalvarienberg des Vormittags, danach kam das nackte Kreuz des Nachmittags und erst viel später Auferstehung und Himmelfahrt zur Cocktailstunde. Jetzt versetzte ihr der Gedanke einen scharfen Stich, Blitz und Donner könnten Owen fernhalten, vielleicht gab es ja eine uralte und geheime Regel, die das Essen in entlegenen Studios im Wald während eines Gewitters untersagte, und sie hatte kurz die Vision, wie ihre Künstlerkollegen sich um einen üppig gedeckten Tisch im Großen Haus versammelten und dem Donner zuprosteten, der romantisch vor den Fenstern grollte.

In diesem Augenblick, als sie gerade die erhobenen Gläser und die verzückten Gesichter vor sich sah, brach das Gewitter los. Ein Blitz erhellte den Raum, der Boden erbebte unter ihren Füßen. Und dann kam der Regen, fegte mit einem Sausen durch die Baumwipfel, einen scharfen Geruch nach Erde und nasser, wuchernder Vegetation vor sich hertreibend, und auf einmal prasselte er aufs Dach, gurgelte in der Regenrinne und fegte zum Fenster herein. Ein zweiter Schlag erschütterte das Studio, dann ein dritter, ihre Papiere wurden zu Boden geweht. Schnell schloß sie die Fenster, erst das hinter dem Schreibtisch, dann das in der Ecke beim Kamin, und dann – erstarrte sie.

Auf der Veranda stand jemand.

Ein Schatten huschte am Fliegengitter der Tür vorbei, sie sah den stumpfen Schimmer des Essensbehälters, und dann schrie sie. Er blieb stehen, und sie sah ihn genau so wie in jener Nacht im Peagler Sound, das Gesicht mit Kratzern und Schrammen übersät, das nasse Haar wie rötlicher Lehm, ein verschreckter Blick in den ausgewaschenen Augen. Er sah sie. Ihre Blicke trafen sich. Und dann rannte er davon, in seinen Armen der Essensbehälter, glatt und feucht und glänzend wie ein neugeborenes Baby.

Hog Hammock

An dem Tag, nachdem er vom Schiff gesprungen war und diverse Kleinigkeiten kontemplativ durchlebt hatte, etwa den eigenen Tod an der Brust des schwarz schwappenden Atlantik, erwachte Hiro Tanaka in einem filzigen Schlickgrasgestrüpp. Die Sonne stand hoch, und während er völlig erschöpft schlief, hatte sie ihm Gesicht, Hände und Fußsohlen verbrannt. Er lag auf dem Rücken, in knapp zehn Zentimeter Salzwasser, auf einer blaßweißen Tapisserie aus Wurzeln, die den Schlamm bedeckte. Es handelte sich um das Wurzelgeflecht des Schlickgrases *Spartina alterniflora.* Hätte er es mit dem Taschenmesser durchschnitten, das er klugerweise wieder eingesteckt hatte, ehe er von der Backbordnock der *Tokachi-maru* gehechtet war, wäre er sofort bis zum Hals im Schlamm versunken. Aber er dachte nicht an die Wurzeln, den Schlamm, das Taschenmesser oder an die unzähligen haarfeinen Schnitte, die ihm die rasiermesserscharfen Halme zugefügt hatten, als er im Dunkeln an Land gewankt war. Nach der ersten Überraschung, zu Vogelgezwitscher und dem Geruch von Schlamm statt zu stampfenden Decks und Schwerölgestank aufzuwachen, richteten sich seine Gedanken ausschließlich auf sein Nahrungsbedürfnis.

Zunächst einmal hatte er Durst. Nein, nicht einfach Durst, sondern jenen wahnsinnigen, unbarmherzigen Durst, der Yukkapalmen verdorren läßt und in Afrika ganze Siedlungen zugrunde richtet. Seit der alte Kuroda ihm vor zwei Tagen die Blechtasse und die zwei Reisbällchen gebracht hatte, war ihm kein Schluck Süßwasser mehr über die Lippen gekommen. Salz verklebte ihm die Haare in den Nasenlöchern und die Augenlider, bildete Krusten auf seinen Mandeln und Polypen, drückte ihm den Hals ab wie würgende Hände. Er fühlte sich dem Ersticken nahe, als würde er erdrosselt, und eine Welle der Panik erfaßte ihn. Im nächsten Moment kniete er, das Wasser umspülte kühl seine Handgelenke, die Sonne brannte herab, und er würgte Säure und Galle aus dem Magen herauf. Der beißende, saure Geschmack ließ seine Kehle wie Feuer brennen, und obwohl er wußte, daß man es nicht tun durfte – er hatte all die Filme gesehen, Hitchcocks *Lifeboat* und die *Meuterei auf der Bounty*, er wußte, daß das Trinken von Salzwasser einen in den Wahnsinn trieb und ein Vorspiel für Kannibalismus, Autophagie und Schlimmeres war –, beugte er sich zum Wasser hinab und trank, trank, bis er sich ganz aufgedunsen und flau fühlte. Dann warf er sich auf den Rücken und lag flach und willenlos auf seinem Wurzelbett, während die Regungen seines zweiten vitalen Bedürfnisses in ihm nagten.

Eine Woche lang war er in der Arrestzelle gewesen, und in dieser Zeit hatte er mindestens neun Kilo abgenommen. Der Rollkragenpulli schwamm auf ihm, seine Handgelenke sahen aus wie die Knöchel eines Hausschweins, die Augen waren tief in ihre Höhlen gesunken, und seine früher fleischigen Wangen waren eingefallen. Zwei Reisbällchen am Tag. Es war unmenschlich, mittelalterlich, barbarisch. Und selbst das hatte er schon – wie lange? – zwei Tage nicht mehr bekommen. Während er so im stinkenden Gras unter der fremden Sonne eines wilden, fremden Landes lag, naß und erschöpft und halb verhungert, da spürte er seinen Verstand schmelzen wie einen Lutschbonbon, bis er mit dem Magen und dem Kopf zugleich dachte. Sein Gehirn nahm die Leere des Himmels in sich auf und steckte die Grenzen seines Elends ab, während sein Magen die schlimmsten Beschimpfungen gegen ihn erhob. Leer und hohl knurrte, gurgelte und brummte er und klagte ihn mit jeder sinnlosen Kontraktion von neuem an. Ein Idiot war er, ein Narr, ein Dummkopf. Immerhin könnte er sich jetzt auf dem Japan-Air-Flug nach Narita die Serviette über den Schoß breiten und die Stewardess um eine Extraportion Reis bitten, um etwas mehr von dem norwegischen Lachs, um noch ein kleines Schlückchen Sake, und alles auf Kosten der japanischen Botschaft. Natürlich würden sie ihn am Flughafen erwarten: mit Handschellen, einem halben Dutzend Anklagepunkten, von tätlichem Angriff bis zur vorsätzlichen Befehlsverweigerung, und seine Demütigung wäre grenzenlos – aber konnte es schlimmer sein als das hier? Sein Magen fragte ihn: Wozu die Würde, ja wozu das Leben selbst, ohne Essen?

Wie die meisten Japaner betrachtete Hiro seinen Bauch – sein *hara* – als seinen Mittelpunkt, als den Quell aller körperlichen und spirituellen Stärke. Wo die Abendländer Menschen warmherzig oder kaltherzig nennen, von Herzeleid oder Herzensfreude sprechen, da würde jeder Japaner das Bild auf den Magen übertragen – ein in seinen Augen weit vitaleres Organ. So führt man eine offene Aussprache unter Freunden von Bauch zu Bauch: *hara o awaseru*, während ein Schurke, dessen Herz eine Mördergrube ist, zum Schwarzbauch wird: zu einem *hara ga kuroi hito*. Fünf Zentimeter unter dem Nabel liegt das *kikai tanden*, das spirituelle Zentrum des Körpers. Und das Freisetzen des *ki* – des Geistes – beim Akt des *hara-kiri* bezieht sich auf seine Befreiung aus dem Bauch, aus dem Darmtrakt, dem einzigen Organ, das zählt.

Für Hiro hatte das *hara* sogar eine noch wesentlich tiefere Bedeutung, denn er lebte fürs Essen. In der Schule gehänselt, auf dem Spielplatz gequält, suchte er Trost beim Bäcker, im Nudelladen, am Eiscremestand, wo er zugleich die Gelüste seines Bauches befriedigte und sich Kraft und Entschlossenheit zuführte. Mit der Zeit wurde das Essen zu seiner einzigen sinnlichen Ausdrucksform. Sicher, hie und da hatte er fleischliche Begegnungen mit Bardamen und Prostituierten gehabt, er hatte sie aber nie sehr genossen, hatte sich nie verliebt – er war ja auch erst zwanzig –, und so bot ihm das Leben nur Arbeit, Schlaf und Essen. Und Essen war genau das, was er jetzt brauchte. Ganz dringend. Aber was konnte er tun? Er hatte acht Stunden lang im Wasser getrieben, die Wellen durchpflügt wie ein Marathonschwimmer, und nun war er so erschöpft, daß er nicht einmal den Kopf gerade halten konnte. Flüchtig dachte er daran, ein bißchen Sumpfgras zu kauen, um das Gewitter in seinem Gedärm zu beruhigen, dann schloß er die Augen und stellte sich das Hemd des alten Kuroda vor, an dem die letzten zwei Reisbällchen klebten.

Als er wieder erwachte, versank die Sonne zwischen den Bäumen hinter ihm. Anfangs war er desorientiert, in die Leere des Schlafes drangen allmählich Farben ein, Bewegungen und der Gestank des Schlamms, dann holte ihn das Wasser endgültig zurück: Er war in den Vereinigten Staaten von Amerika, er war am Verhungern, und es kam gerade die Flut. Er fühlte sie warm am Kinn, an den Schultern, an der Rundung seines Unterleibs. Mit einem Ruck erhob er sich auf die Ellenbogen. Ihm war schwindlig. Der Gürtel aus schwarzem Isolierband schnitt ihm ins Fleisch, und am linken Schienbein verspürte er einen heftigen, pochenden Schmerz – war er damit gegen den Bootsrumpf gestoßen, als diese Butterstinker ihn im Dunkeln überfallen hatten?

Er wußte es nicht. Es war ihm auch egal. Er wußte nur, daß er aufstehen mußte. Irgendwohin gehen mußte. Eine menschliche Behausung suchen, wie ein Gespenst durchs Fenster eindringen und einen jener allgegenwärtigen, turmartigen Kühlschränke finden mußte, in denen Amerikaner die Dinge aufbewahren, die sie gern essen. Gerade ließ er das Bild dieses typischen Kühlschranks vor seinen Augen aufsteigen, vollgestopft mit Gewürzgurken, Schokokaramellen und in schwitzende Plastikfolie gehülltes Fleisch, mit denen Amerikaner sich zu mästen schienen, da bemerkte er auf einmal den leisen, aber stetigen Druck an der Innenseite seines rechten Oberschenkels. Er erstarrte. Auf dem zerrissenen Hosenbein saß, die sonnenverbrannte Haut seines Schenkels mit feinschmeckerischem Interesse begutachtend, eine kleine glänzende Krabbe mit violettem Rücken. Sie war so groß wie ein Reisbällchen.

Er würde diese Krabbe essen, das wußte er genau.

Einen gespannten Moment lang betrachtete er das Tier, wagte sich nicht zu rühren, seine Hand lag ruhig, aber bereit. Die Krabbe hockte ahnungslos da, Wasser blubberte durch ihre Lippen – waren das ihre Lippen? –, und sie kämmte sich die Stielaugen mit einer riesenhaften Schere. Hiro dachte an die Krabbenpasteten, die seine Großmutter immer gemacht hatte, weißes, flockiges Krabbenfleisch mit Reis und Gurken, und ehe er sich's versah, hatte er das Vieh gepackt, es gab ein Gewusel aus schnappenden Scheren und strampelnden Beinen, dann schob er sie in den Mund. Der Panzer war hart und unangenehm – er kaute sich wie Plastik oder das spröde Milchglas von Leuchtstoffröhren –, doch darunter war es feucht, und dann kam ein kleiner salziger Klumpen Fleisch, der ihn sofort belebte. Er lutschte die Panzerschalen aus, zermalmte sie mit den Zähnen und schluckte sie hinunter. Dann hielt er Ausschau nach einer weiteren Krabbe.

Leider war keine zu sehen. Aber ein Grashüpfer mit grünem Rücken und fettem gelbem Bauch beging den Fehler, auf Hiros Hemd zu landen. Mit einer schnellen Bewegung fing er ihn, steckte ihn in den Mund und verschlang ihn, doch währenddessen brüllte sein *hara* schon nach mehr. Plötzlich war er auf den Beinen, stolperte durch das hohe, dichte Gras, achtete nicht auf die scharfen Halme, die ihm Füße und Schienbeine, Hände, Arme und Gesicht zerschnitten. Er war wie in Trance, das olfaktorische Gespür, das ihn auf dem Meer heimgesucht hatte, kehrte nun mit aller Macht zurück. Diktatorisch und zielstrebig führte ihn seine Nase, führte ihn durch einen schmalen Wasserarm und in den Schatten der bemoosten Äste eines Waldes am Rand des Sumpfes. Er roch Wasser – altes Wasser, abgestanden und schmutzig, stehendes Wasser von Morasten, Gräben und Rinnen, aber dennoch war es Wasser ... und weit weg, an der Peripherie seiner Sinneswahrnehmung, fing er einen einzelnen, leisen, elektrisierenden Hauch auf: es war in der Pfanne brutzelndes Fett.

Es war die goldene Stunde des Tages, wenn die Sonne weich ist wie ein großer Klecks Butter, und Olmstead White, der Urenkel eines Sklaven, der der Sohn eines Sklaven war, welcher als freier Mann vom Stamm der Ibo in Westafrika geboren war, bereitete sich gerade sein Abendbrot. Er war achtundsechzig, mit Armen und Beinen so trocken und sehnig wie Dörrfleisch und einem Gesicht, hartgebrannt von der Morgensonne, die sich auf dem Meer spiegelte. Geboren, aufgewachsen und zur Schule gegangen war er auf Tupelo Island, und in seinem ganzen Leben hatte er kaum zwei dutzendmal die Fahrt zum Festland hinüber gemacht. In seinem Garten wuchsen prächtige Maisstauden und hochgebundene Tomatenpflanzen, er hielt ein paar Schweine, fing Fische, Krabben, Garnelen und Austern, und er erledigte Gelegenheitsjobs für die Weißen in Tupelo Shores Estates, wenn er ein bißchen Taschengeld für Kautabak, etwas zu trinken oder eine neue Batterie für das vanillefarbene Transistorradio brauchte, das ihm an kühlen Abenden die Spiele der Atlanta Braves ins Haus holte. Vor sechs Monaten hatte er seinen Bruder Wheeler, mit dem er alle Vormittage, Nachmittage und Abende ihres gemeinsamen Junggesellenlebens verbracht hatte, im Familiengrab hinten im Garten beerdigt.

An diesem Abend schnitt Olmstead White eine Gurke und eine Tomate, bereitete eine Beilage aus Blattgemüse zu und fritierte ein Dutzend frische saftige Austern, die er von den Schalen befreit, erst in Mehl, dann in Maismehl gewälzt und schließlich mit Cayennepfeffer bestreut hatte. An Wheeler dachte er nicht direkt, auch nicht an seinen Neffen Royal, den Jungen von Eulonia, mit dem er sich manchmal bis tief in die Nacht das verrückte Theater im MTV-Musiksender ansah – oh, diese Frisuren, er fand sie zum Schreien –, noch achtete er allzusehr auf den Radiosprecher, der mit Grabesstimme vermeldete, daß die Braves es wieder einmal versiebten. Eigentlich dachte er an gar nichts, sein Verstand verharrte in einer Art Scheintod, während das Fett brutzelte, die Vögel in den Bäumen sangen und die Sonne die Fliegengitter zum Schillern brachte. Wie üblich, und ohne nachzudenken, machte er einen kleinen Teller für Wheeler zurecht. Später, in der Dämmerung, wenn Gant und Murphy und Thomas und die übrigen Amateure aus Atlanta es aufgegeben hätten und nichts mehr gegen den Ansturm der unbezwingbaren New York Mets ausrichten könnten, würde er das Essen seinem Bruder aufs Grab stellen und dafür den leeren Teller vom Vorabend wieder mitnehmen.

Wie seine Freunde und Nachbarn in Hog Hammock sprach Olmstead White den Gullah-Dialekt seiner Vorfahren, ein Idiom, das reichhaltige Anleihen bei den westafrikanischen Sprachen der Haussa, Wolof, Mbundu und Ibo nahm. Zu diesem Dialekt gehörte eine verschwommene sprachliche Erinnerung an jenen fernen Erdteil, den Aberglauben und die Stammesriten, die dort vor undenklicher Zeit gediehen waren. Olmstead White war zutiefst abergläubisch, und wer wäre das nicht in einer Welt ohne Vernunft und Erklärung, einer Welt, in der es nur so wimmelt vor Geistern und Hexen und Stimmen in der Nacht? Er glaubte an Gespenster und Schattenwesen, glaubte an Voodoo und Juju, an Zaubersprüche, Verwünschungen und alte Vetteln, die einen so verhexen können, daß man einschrumpelt wie ein Selleriestrunk, der zu lange in der Sonne liegt. Daher tat er sein Bestes, um Wheelers Geist zu beschwichtigen: mit Kleidergeschenken, mal mit einem Satz Spielkarten, mal mit einer Zeitschrift, und immer mit einer schönen Portion von seinem Nachtmahl, Abend für Abend. Jeden Morgen stand der Teller auf der Erde, und immer war er sauber abgeschleckt. Waren es die Waschbären, die Opossums, die Wildschweine, die Hunde oder die Krähen, die das Essen verschlangen? Möglicherweise. Aber ganz genau wußte das nur Wheeler.

So zischte und brutzelte also der Speck im Fett, und der süße Duft der gebackenen Austern verwandelte die Zwei-Zimmer-

Hütte aus Schindeln – blau gestrichen und mit einer blauen Pyramide am Schornstein, um die Hexen fernzuhalten – in ein schickes Restaurant, so wie die in Charleston mit Topfpalmen im Speisesaal, und Olmstead White dachte an gar nichts, die Gabel in seiner Hand rührte wie aus eigenem Willen. Es war still im Haus. Eine Fliege hatte sich am Maschendrahtfenster verfangen. Es war in diesem Augenblick, während die Fliege um ihr Leben kämpfte und die Welt sich verlangsamte wie ein heruntergekommenes altes Karussell, daß er zu sich kam und die Gegenwart eines anderen Wesens in dem dunstigen Raum spürte. Er stand mit dem Rücken zur Tür, seine Hand rührte, das Radio plapperte, Dale Murphy verpatzte gerade einen Ball, und nichts hatte sich geändert, überhaupt nichts, aber ebenso wie er wußte, daß er lebte und atmete, so sicher wußte er, daß außer ihm noch jemand – oder noch etwas – da war.

Er fühlte sich wie ein Mann, der aus einem Koma aufwacht, benommen wie Br'er Rabbit mit der Teerpuppe in der Hand, ein Schauer durchfuhr ihn, als ihm einfiel, wie man Varner Arms in seiner eigenen Küche tot aufgefunden hatte, die Wände mit Blut bespritzt und Hexenhaar – dicke Büschel von wildem schwarzem Haar – auf dem Linoleum verstreut wie ein Gruß aus der finstersten Hölle. Seine Schultern spannten sich an, sein Hals war starr wie ein tief in die Erde gerammter Flaggenmast. Aber langsam, ganz langsam drehte er das graue, stoppelbärtige Kinn, bis er das Profil der Tür zuwandte und mit einem geweiteten Auge sehen konnte, wer oder was da hinter ihm stand.

Was er dort sah, durch die verengte Pupille jenes Auges, ließ ihm das Herz gefrieren. Er sah Wheeler, seinen Bruder Wheeler, aus dem Grab auferstanden und mit einer Hautfarbe wie kompostiertes Laub, Wheeler in dem roten Baumwollhemd mit geknöpftem Kragen und der Jeans-Latzhose, die er vor nicht einmal drei Tagen über den harten Granit des Grabsteins drapiert hatte. »Wheeler!« rief er aus, drehte sich ungeschickt um und warf beschwichtigend die Arme in die Höhe. »Ich hab das alles nicht so gemeint, wirklich. All die schrecklichen Gemeinheiten, wo ich gesagt hab über dich, an dem Tag, wo du gestorben bist, das hätt ich nich sagen solln, aber ich tu doch –« Die Worte blieben ihm im Hals stecken. Das war gar nicht Wheeler, der da in seiner Küche stand mit einem Gesichtsausdruck, als hätte er sich gerade in die Hosen gemacht …

das war nicht Wheeler, dem die Latzhose um den Bauch herum viel zu eng und an den Beinen zu lang war, der hatte ja Schlitzaugen und glattgebügeltes Haar, das ihm ins Gesicht hing ... das war doch, das war eine Art Chinese oder so! Aber was machte ein Chinese in Olmstead Whites Küche in Hog Hammock auf Tupelo Island? Es war ihm ein Rätsel. Es verwirrte ihn. Letztendlich brachte es ihn mehr aus der Fassung als alle Hexen und Geistererscheinungen auf einmal. »Wer bist'n du?« brüllte er.

Hiro seinerseits war nicht minder geschockt als der Schwarze, der da zuckend und zitternd vor ihm stand. Wie im Delirium war er aus dem Salzsumpf auf festen Boden hinausgewankt, während seine tote Mutter und sein verschollener Vater wie Elfen um ihn herumtanzten, erfrischende Kräuterlimonade, Fruchtsäfte und Steinkrüge mit kaltem Sake in den flatternden Händen, dann hatte er eine Pfütze gefunden, eigentlich kaum mehr als verdünnten Schlamm, und sein Gesicht hineingetunkt. Inzwischen war der Duft nach brutzelndem Fett überwältigend und nah, also kämpfte er sich auf die Beine und fiel in Laufschritt. Da war er auf die Grabsteine gestoßen – primitive Felsbrocken, die aus dem Unkraut herausragten wie in einem dieser Spaghetti-Western. Am ersten Grabstein blieb er mit dem Schienbein hängen, der zweite streifte seitlich sein Gesicht, als er zu Boden ging. Nachdem er sich mühsam wieder aufgerappelt hatte, sah er das Hemd und die Hose, einen umgedrehten Teller, eine Schnur mit getrockneten Peperoni und ein verwittertes Kartenspiel. Er dachte nicht nach, konnte nicht denken, der Geruch nach fritiertem Fisch – Austern, ja, Austern – vertrieb alles andere, und es dauerte keine Minute, bis er seine zerfetzten, verdreckten Kleider gegen Hemd und Latzhose eingetauscht hatte. Herumhopsend wie beim Sackhüpfen auf einem Kindergeburtstag, schlüpfte er in die Latzhose und hetzte dann durch den Garten in Richtung jenes köstlichen, gebieterischen Geruchs.

Jetzt aber stand er auf einmal in fremden, gestohlenen Kleidern im Haus eines Fremden, und dieser Fremde brüllte ihn an. Schlimmer noch: der Fremde war ein Schwarzer, ein Neger, und wie alle Japaner wußte Hiro, daß Neger bösartig und verdorben waren, haariger, verschwitzter und sogar noch potenter als ihre weißen Pendants, die *hakujin*. Sie waren gewalttätig, körperbetont, drogenabhängig und dachten nur mit ihren Geschlechtsorganen. Er hatte einmal einen gesehen, in den Straßen von Tokio, einen *bēsobōru*-Spieler namens Clarence Hawkins, erster Schlagmann für die *Hiroshima Carp*. Ein beeindruckender Kerl, wie ein wandelndes Standbild. Aber er hatte kein Herz – kein *hara* –, und er konnte sich nicht ins Team einfügen. Dieser Spieler brauchte nur auszuholen und schlug garantiert einen *home run*, aber er weigerte sich, mit den anderen zu trainieren, ließ die Gymnastik aus und die täglichen tausend Übungsschläge, rannte nicht mit ihnen die Runden rings ums Außenfeld und kam nicht mit unter die kalte Dusche, was Mannschaftsgeist und Siegeswillen, Mumm in den Knochen und Entschlossenheit demonstriert hätte. Die Werfer lieferten ihm nichts zum Treffen, und die Schiedsrichter monierten ständig Schlagfehler, selbst wenn der Ball korrekt genommen worden war, und innerhalb eines Jahres war er wieder zurück in Amerika. Das war ein Neger gewesen. Und das hier war auch einer, der ihn in einem unverständlichen Kauderwelsch anschrie.

»Schiffbruch!« schrie Hiro zurück und fuchtelte mit den Armen, um den *gaijin* zu imitieren. »Ich verhungere. Bitte, ich Sie sehr bitte, Sie mir geben etwas zu essen!«

Olmstead White hörte ihn, aber das nützte nichts. Ebensogut hätte Hiro japanisch reden können. »Etewa swesson« war das einzige, was bis zu Olmstead durchdrang, und auch das begriff er nicht, so fremdartig war ihm Hiros Akzent – und selbst wenn er es verstanden hätte, wäre die Sache nicht anders ausgegangen. Derart in der eigenen Küche in die Falle getappt, voller Angst, Wut und Verlegenheit, kaum den Hexen und Gespenstern entronnen und schon in der Hand eines Fremden – ein asiotischer Chineser war das, auch das noch –, reagierte Olmstead White auf die ihm einzig mögliche Art. Vor ihm auf dem Tisch lag das Fleischermesser, das er immer schön scharf hielt, um die harten Borsten seines Weihnachtsbratens und die weichen Bäuche von Opossums und Rehen damit aufzuschlitzen. Er blickte erst Hiro, dann das Messer an und packte es mit raschem Griff.

Hiro spürte, daß sich die Situation verschärfte. Die Adern am Hals des Negers schwollen an, seine Augen quollen aus den Höhlen. Er schrie immer weiter, und auf seinen Lippen glänzten kleine Spucketröpfchen. Es war offenkundig, daß er kein Wort verstanden hatte. Und jetzt hielt er ein Messer in der Hand, dessen Klinge scheußlich abgenutzt aussah. Hinter ihm verströmten die Austern ihren Ambrosiaduft.

Es sah schlecht aus. Sehr schlecht. Hiro hätte sich umdrehen und flüchten sollen, das wußte er, und er wußte auch, daß das Messer scharf war und der Alte verstockt, wie ein wildes Tier, das man in seiner Höhle aufgestört hatte. Doch die Austern übten ihren mächtigen Einfluß aus, und er erinnerte sich an die Worte Jōchōs: *Ein wahrer Samurai darf niemals mutlos werden oder nachlassen. Er muß tapfer voranstürmen, als wäre er sicher, daß er am Ende siegen wird. Andernfalls ist er völlig nutzlos.* »Etewa swesson«, wiederholte er.

Was dann geschah, überraschte sie beide. Die vernachlässigten Austern brannten an, wurden hart und erreichten die kritische Masse; im nächsten Augenblick gingen sie mit einem schlürfenden Luftzug in Flammen auf, worauf ein dicker schwarzer Rauchpilz aus der Pfanne emporquoll und im Aufsteigen noch dicker und schwärzer wurde. Instinktiv wandten sich die Widersacher beide der Pfanne zu. Dabei versetzte Hiro, der trotz des Gewichsverlusts von neun Kilo immer noch ein stämmiger junger Mann war, dem ältlichen Olmstead White einen Stoß, und Olmstead White, der in der rechten Hüfte an Arthritis litt, verlor das Gleichgewicht und streckte deshalb eine Hand aus, um sich festzuhalten. Leider bekam diese Hand weder den Tisch noch die Ofenkante zu fassen. Statt dessen landete sie mitten in der Pfanne, im flammenden Fett und zwischen den verkohlten Austern, und Olmstead White stieß ein Geheul aus, das wohl selbst dem willensstärksten aller Samurai den Haarknoten aufgelöst hätte. Die Pfanne wackelte einen Moment lang auf dem Rand des Ofens, dann knallte sie in einem Feuerball zu Boden.

In Sekundenschnelle fing die Hütte Feuer. Die Flammenzungen fraßen an den Bodenbrettern und Wänden, verschlangen die schmutziggelben Vorhänge. Hiro gab Fersengeld. Er war zur Tür hinaus, von der Veranda hinunter und schon auf dem primitiven Friedhof, als er sich besann. Was tat er da? War er verrückt geworden? Er konnte doch den alten Neger da drin nicht einfach verbrennen lassen, oder? Er wandte sich um, Jōchōs Mahnung auf den Lippen – man muß handeln, und zwar ohne zu zaudern, sonst ist man verloren, entehrt und ein Feigling –, und rannte zur Hütte zurück. In diesem Moment erschien der Neger in der rauchverhangenen Tür, das Haar versengt, die rechte Hand von der Farbe eines gekochten Hummers. Hiro hielt wieder inne. Was ihn diesmal zögern ließ, was aus dem Ballon seiner Entschlossenheit die Luft heraus und ihn Jōchō vergessen ließ, das war der Gegenstand, den der Alte unter seinen heilen Arm geklemmt hatte. Denn Olmstead White stand auf der Veranda, die Hütte hinter ihm das reinste Inferno, und hantierte mit einer doppelläufigen Schrotflinte und einer Schachtel mit grellroten Patronen herum.

Und dann rannte Hiro erneut davon, vor dem Krachen der Flinte und dem Prasseln der Flammen und den Schreien und Rufen der aufgestörten Nachbarn. Auf einmal waren überall Menschen, die kreischten, rannten, weinten, übereinanderpurzelten wie ein aufgestörter Ameisenhaufen. Er wich einer fetten alten Frau mit einem Gesicht wie eine Nō-Maske aus und machte einen hastigen Bogen um zwei aufgeschreckte Jungen in schmutzigen Shorts, und dann setzte er durch einen staubigen Hof, wo er Hühner und Hunde und schreiende braune Babys in weißen Plastikwindeln aufschreckte. Im Rennen blickte er über die Schulter und sah die lodernde Hütte in der Ferne über einem Meer aus schwarzen Gesichtern und wogenden Gliedern. Es war eine Szene, die ihm den Atem verschlug, eine Szene des Entsetzens und der Verworfenheit, dunkle Gesichter und spitze weiße Zähne, die Kannibalen aus den Bilderbüchern seiner Kindheit tanzten dort um ihr grausiges Kochfeuer. Hiro rannte los, Hunger war nicht schlimmer als das, rannte in die länger werdenden Schatten hinein, durch Schlamm und Pfützen und die seltsame tropische Vegetation, er rannte, bis irgendwann endlich die Rufe und Flüche und das Hundegebell von ihm abfielen wie eine sich ablösende Haut.

Den ganzen nächsten Tag hindurch kauerte er im Gebüsch, kaute Wurzeln, Blätter und hie und da eine Handvoll saurer Beeren, während rings herum Stimmen gellten und winselnde Hunde an ihren Leinen hechelten. Tückisch, rachgierig, wutentbrannt waren seine Jäger, diese schwarzen Männer des Busches, sie wollten ihn aufscheuchen, die Rechnung begleichen und ihn so lynchen, wie sie früher von den *hakujin* gelyncht worden waren. Bei Tagesanbruch kam ein wild aussehender Neger mit roten Flecken im Weiß seiner Augen auf fünf Schritt an das Dickicht aus Stech- und Palmettopalmen heran, in dem er bebend versteckt lag. Der Mann hatte ein Gewehr, und er war so nah, daß ihm Hiro mit ausgestreckter Hand die Schnürsenkel hätte aufmachen können. Er stand Todesängste aus. Ihm war elend. Er hatte Hunger. Der Tag verrann in die Nacht, und er stolperte durchs dunkle Unterholz, um soviel Abstand wie möglich zwischen sich und die Verandalichter und die bellenden Hunde zu legen.

In Wahrheit wußte er weder, wo er war, noch, wohin er wollte. Er wußte nur noch, daß er am Verhungern war und daß die Behörden der *gaijin* ihm bald auf den Fersen sein würden, und wenn sie ihn fingen, dann käme er ins Gefängnis und würde in Schande heimgeschickt. Ziellos wanderte er umher, seine geschundenden Füße bluteten, Moskitos und Zecken, Sandflöhe und Bremsen saugten ihm das Blut aus dem Leib, giftige Reptilien belauerten ihn. Er war ein urbanes Wesen, ein Städter, aufgewachsen bei seiner Großmutter in einer der unzähligen, engen Wohnungen von Yokohama. Er kannte auch die japanischen Wälder und Berge nicht, und noch viel weniger wußte er von der Wildnis Amerikas. Er wußte nur, daß sie gewaltig groß und ungebändigt war und daß es dort von Bären, Löwen, Wölfen und Krokodilen wimmelte. Dicht neben seinem Kopf schwirrten unsichtbare Flügel durch die Dunkelheit. Schrille Stimmen kreischten in der Leere der Nacht. Irgend etwas schrie im Sumpf.

Am dritten Tag – oder war es der vierte? er hatte sein Zeitgefühl verloren – kam er in einer Wolke von Moskitos aus dem Wald gestolpert, das viel zu enge Hemd und die Hose zerfetzt und ganz steif von getrocknetem Schlamm, und fand sich auf einer geteerten Straße wieder. Es war ein Wunder. Asphalt. Schon der Geruch munterte ihn auf. Wenn er der Straße nachging, so folgerte er, würde sie ihn in die Zivilisation führen, zu einem netten kleinen Farmhaus, wo er es riskieren könnte, sich zu zeigen und für ein paar Gelegenheitsarbeiten um Nahrung zu betteln, vielleicht in der Scheune schlafen durfte wie in den alten Schwarzweißfilmen mit klapprigen Automobilen und freundlich lächelnden, alten, langnasigen Damen in Häubchen und Kleidern, die bis zum Boden reichten. Oder er stieß gar auf eine Imbißstube oder einen

McDonald's wie den in Tokio – er dachte an die kleinen grünen Geldscheine zwischen den Seiten von Jōchōs Buch, das jetzt ganz unten in der tiefsten Tasche der Latzhose des Negers lag –, und dort könnte er sich etwas zu essen kaufen, einen Big Mac mit Pommes frites, Chicken McNuggets und einen Milkshake. Aber er durfte nicht einfach die Straße entlangschlendern, als wäre er zum Schuhekaufen auf der Ginza. Sie würden ihn sofort hoppnehmen, die Neger, die Polizei, und wie sollte er je erklären, was in dieser Baracke passiert war, was der Duft von Austern in einem verzweifelten Menschen auslösen konnte?

Die Sonne schlug einen gleißenden Bogen über die Straße. Er blickte nach links und erwartete Scheunen und Silos, Reihenhäuser, Straßenlampen und Taxis, aber da war nichts als der Asphalt und Bäume; er blickte nach rechts und sah auch nur Asphalt und Bäume. Eine Weile blieb er stehen, wie angewurzelt vor Unentschlossenheit. Dann warf er eine imaginäre Münze und machte sich nach rechts auf den Weg, wagte es jedoch nicht, auf der Straße selbst zu gehen, sondern schlug sich durch das Dornen- und Windendickicht in den parallel laufenden Graben. Er hatte keinen Plan, die ganze Zeit über hatte er keinen gehabt, jedenfalls nicht seit seinem Zusammenstoß mit Chiba und Unagi. Da war die ganz vage Idee, sich landeinwärts zu halten, in Richtung New York oder Miami oder San Francisco, wo er sich in den Massen von *gaijin*-Bastarden verlieren, wo er, zum erstenmal in seinem Leben, wie alle anderen sein konnte. Aber Geographie – amerikanische Geographie jedenfalls – war nicht eben eine seiner Stärken. Er wußte wohl, daß die Hafenstadt Savannah in Georgia lag und daß Georgia zu den Südstaaten gehörte, wo die Neger Baumwolle ernteten und von den *hakujin* gezwungen wurden, eigene Toiletten und Trinkbrunnen zu benutzen, aber er hatte keine Ahnung, in welcher Richtung »Bean Town« Boston oder »The Windy City« Chicago lagen, und er konnte auch unmöglich wissen, daß er auf einer Insel gestrandet war, daß der einzige Weg aufs Festland über Ray Manzanars Fähre führte und daß Ray Manzanar mit der halben Inselbevölkerung verwandt und mit der anderen Hälfte ebensogut bekannt war wie mit der eigenen Mischpoke. In barmherziger Unkenntnis all dessen, schwach vor Hunger und zu matt, auch nur die Hand zu heben, um die Horden von Moskitos zu verscheuchen, die ihn bedeckten wie eine zweite Haut, kämpfte Hiro sich weiter.

Nach einer Weile erhellte sich das Dickicht vor ihm mit Sonnenlicht, und das verschlungene Geäst wurde merklich lichter. Er hielt inne, bis zu den Knöcheln im trüben Wasser des Grabens stehend, und spähte durch eine Ritze in der Mauer der Vegetation. Dort vorn, ein Stück zu seiner Linken, war etwas Naturfremdes, rot und grell und tröstlich vertraut. Er ging näher heran. Was er sah, ließ sein Herz vor Freude hüpfen. Direkt vor ihm, im Fenster eines frisch gestrichenen Schindelhauses neben der Straße, sprach ein zauberisches, verführerisches Neonschild in einer universellen Sprache zu ihm: COCA-COLA verkündete es, COCA-COLA, und er wurde fast ohnmächtig bei dieser Epiphanie für die Magensäfte.

Er stolperte vorwärts, jenseits von Vernunft und Verstand, ebenso überwältigt wie damals in der Negerhütte vom Aroma der schicksalhaften Austern, bis er sich im letzten Augenblick zurückhielt. Mit einem Ächzen ließ er sich niedersinken und kauerte sich tief in den Graben. Er sah ziemlich übel aus. Die gestohlenen Kleider hingen in Fetzen, er stank, als wäre er seit einer Woche tot, er starrte vor Schmutz und war an tausend Stellen zerschrammt und zerkratzt. Und dann sein Gesicht – er war Japaner, zur Hälfte jedenfalls, und das würden sie in der ersten Sekunde bemerken, und sie wüßten sofort, wer er war und was er getan hatte, und dann würde die Polizei kommen, er würde ins Gefängnis geworfen und von den Mischlingen und Kinderschändern und Vatermördern mißhandelt, die in den dunklen Zellen der *gaijin* wie Schimmelpilz gediehen. COCA-COLA, lockte das Schild, COCA-COLA. Aber was konnte er tun?

Vorsichtig kroch er aus dem Graben und ließ sich in ein Büschel hüfthohes Gras fallen. Niemand war in Sicht, kein Auto stand auf dem Kies des Parkplatzes, und von seinem Standort aus sah er, daß die Tür des Ladens weit offenstand. Er mußte sich säubern, mußte sich irgendwie verkleiden, und dann mußte er hineingehen und das Geschäft leerkaufen, bevor jemand auftauchte. Ja. Genau. Er würde sich den Dreck von den Kleidern waschen, so gut er konnte, und von den Füßen auch. Aber als er auf seine Füße und Waden hinabsah, bemerkte er, daß sie fast schwarz von seltsamen, formlosen, klebrigen Dingern waren – sie sahen aus wie Nacktschnecken.

Von Blutegeln hatte er noch nie gehört, und er wußte nicht, daß sie sein Blut aussaugten – oder vielmehr, daß sie einen gerinnungshemmenden Stoff absonderten, so daß sein Herz das Blut direkt in sie hineinpumpte, als wären es Anhängsel seiner Venen und Arterien –, noch war ihm klar, daß er riskierte, beim achtlosen Abstreifen dieser Tiere ihre Kieferregionen abzureißen und sich damit unter Umständen eine eitrige Infektion zuzuziehen, die brandig werden und das ganze Bein bedrohen konnte. Nein, er pflückte sie einfach ab, betrachtete versonnen die plumpen, sich windenden wurstförmigen Körper – für Nacktschnecken hatte er schon immer eine Schwäche gehabt –, ehe er sie in den Graben zurückwarf. Die brauchte er jetzt nicht. Essen, richtiges Essen war in Sicht.

Gleich darauf zog er sich aus und versuchte die Latzhose im Graben auszuwaschen. Das rote Hemd war nicht mehr zu retten, deshalb riß er einen Streifen davon ab und wickelte ihn sich um den Kopf, im Ninja-Stil, in der Hoffnung, es könnte ihn ein bißchen tarnen. Dann wrang er die Hose aus, zog sie sich mühsam wieder an (keine leichte Aufgabe – es war, als zwängte er sich in einen sechs Größen zu kleinen Taucheranzug) und wandte sich dann Jōchōs Worten zu. Die Banknoten waren noch da, ebenso wie das zerknitterte, verblichene Foto seines Vaters. Er strich sie glatt und wunderte sich dabei über die rätselhaften Chiffren und Symbole – eine Pyramide? standen die nicht in Ägypten? – und konnte nicht recht glauben, daß das echtes Geld war. Es sah so – so lächerlich aus, wie Spielgeld für kleine Kinder. Auf drei der Banknoten war ein Bild von einem Mann mit Perücke, er trug einen Stehkragen und machte eine gütige Miene. THIS NOTE IS LEGAL TENDER FOR ALL DEBTS, PUBLIC AND PRIVATE, las Hiro. FEDERAL RESERVE NOTE. THE UNITED STATES OF AMERIKA.

Er zuckte die Achseln. Akio Ajioka, Schiffsjunge an Bord der *Tokachi-maru* und sein einziger Freund auf der Welt, hatte ihm die Scheine gegen zwei Flaschen Suntory-Whisky und einen Stapel abgegriffener Comics eingetauscht. »Waschechte Dollars, Kumpel«, hatte Akio gesagt und gegrinst, »damit zahlen sie auf dem Times Square, dem Broadway und in Miami Beach.« Akio hätte ihn nicht angelogen, da war er sicher. Also stand er auf und drückte die Falten in seiner Hose glatt. Dann ging er, in der einen Hand die Geldscheine, in der anderen Jōchō, quer über den Parkplatz in den Laden.

Drinnen war es kühl und angenehm, das einzige Licht war das Sonnenlicht, das durch die Fenster drang. Hiro sah Regale voller Essen, größtenteils ungesunde Billigware in grellen Plastiktüten und bunten Blechdosen. Es gab eine Kühltruhe und hinten an der Wand zwei riesige Eisschränke mit Bier und Limonadengetränken, ein Schrein für den Durst. Hinter der Registrierkasse saß eine junge Frau – sehr jung, sechzehn, höchstens siebzehn, ein Mädchen noch – und stillte ein Baby. Sie betrachtete ihn aus großen grünen Augen. »Na, und was kann ich tun für Sie?« fragte sie.

Essen. Hiro wollte essen. Und trinken. Aber er wußte nicht, wie er reagieren sollte. *Naunwaskanichtunfürsi* ergab keinen Sinn, überhaupt keinen, aber er wünschte verzweifelt, einen guten Eindruck zu machen, den Handel hinter sich zu bringen und dann mit einer Verbeugung wieder zur Tür hinauszugehen, um im Gebüsch zu verschwinden und sich vollzustopfen, bis er platzte. Ihm war klar, daß dies alles seine Geistesgegenwart erforderte, er mußte sie davon überzeugen, daß er in Ordnung war, daß er hierher gehörte und sich auf die Lebensart der *gaijin* ebensogut wie sie selbst verstand. Schon jetzt brachte ihn der Stress fast um. Er schwitzte. Er hatte seine Gesichtsmuskulatur nicht ganz unter Kontrolle. »Etewa swesson«, sagte er und bemühte sich um einen lässigen Tonfall, während er einen Laib Brot und eine Tüte mit Chips vom Regal nahm und sich dabei ständig und immer wieder verneigte.

Das Mädchen nahm das Kind von der Brust – er sah, wie sich die winzigen Fäuste ballten und die Füße strampelten, er erhaschte einen Blick auf die feuchte rosa Brustwarze und den gespitzten feuchten rosa Mund. »Bobby«, rief sie nach hinten, »wir haben hier 'n Kunden.«

Hiro drückte sich das Brot und die Chips gegen die Brust. Schwerfällig ging er den Gang entlang, die nasse Latzhose zwickte ihn zwischen den Beinen, und verneigte sich automatisch. Er bewegte sich auf den Getränkeschrank zu, seine Zunge war trocken wie Staub. Bleib ruhig, sagte er sich. Verhalte dich natürlich.

Das Mädchen hatte das Kind in die Wiege hinter der Ladentheke gelegt und beugte sich jetzt träge über die Kasse. »Sie sind wohl 'n Tourist, wie?« fragte sie mit ansteigender Intonation am Satzende.

Tuu-rist, tuu-rist, dachte sich Hiro und öffnete die Tür des Kühlschranks, spürte den wundersamen, eiskalten Zug im Gesicht, hielt die Sechserpackung Coke schon in der Hand. Was sagte sie da? Er hatte keine Ahnung, aber er wußte, er mußte antworten, irgend etwas sagen, sonst war er verloren.

In diesem Moment trat Bobby, die Hände an der Schürze abwischend, aus dem Hinterzimmer. Bobby war neunzehn, schön und wohlproportioniert wie ein Erzengel, aber mit einem so niedrigen IQ, daß er seine Schwingen nicht recht ausbreiten konnte. Er hatte Schwierigkeiten mit den Grundrechenarten, konnte weder die Zeitung lesen noch etwas in die Kasse tippen. Sein Job war es, aus Lagerbeständen die Regale aufzufüllen und nach Bobby junior zu sehen, wenn Cara Mae einen Kunden im Laden hatte. Er stand in der Tür und betrachtete Hiro ungläubig.

Sag etwas, so sag doch etwas, dachte Hiro, und auf einmal hatte er eine Eingebung. Burt Reynolds, Clint Eastwood – was würden die wohl sagen? Amerikaner eröffneten jeden Austausch von Höflichkeiten mit einem Schwall von Flüchen, das war allgemein bekannt – und auch wenn man das nicht wußte, auch wenn man keine Ahnung hatte, jeder hatte schließlich Eastwood in Aktion gesehen. »*Mothafucka*«, sagte er und verbeugte sich vor dem Mädchen, während er zu ihr hinschlurfte und seine Beute auf den Ladentisch knallte. Und zu dem verwirrten Burschen bemerkte er in dem artigsten Tonfall, den er aufbringen konnte: »Schwule Sau, ja?«

Das Mädchen gab keine Antwort. Es blieb reglos hinter der Kasse stehen, einen kleinen rosafarbenen Kaugummiklumpen zwischen den Zähnen. Der Junge kniff zweimal die Augen zu, dann rannte er quer durch den Raum und riß das Baby an sich, als wäre es in Gefahr. Währenddessen sammelte Hiro Slim Jims, Twinkies und alle möglichen anderen Süßigkeiten ein und errichtete einen Berg aus Dosen und Flaschen und glänzenden bunten Verpackungen vor sich auf der Ladentheke.

Das Mädchen tippte die Artikel ein. »Zehn drei'nsiebzig«, sagte sie dann mit eisiger Stimme.

»Scheißhaus auch«, sagte Hiro, grinste und verbeugte sich erneut, als er die vier Geldscheine herausholte und auf den Ladentisch ausbreitete. »Klobrille. Fahr zur Hölle, ja?«

Die junge Frau zermalmte den Kaugummi zwischen den Zähnen. Sie hatte die Augen zusammengekniffen, und ihre Stimme traf ihn wie ein Schlag ins Gesicht. »Das hier sind aber bloß acht.«

»Blosacht?« wiederholte er verwirrt.

Sie stieß mit entnervter Miene die Luft aus. Das an die Schulter seines Vaters gedrückte Baby wurde unruhig. Von draußen ertönte das Geräusch von quietschenden Bremsen, und im Aufblicken sah Hiro einen überdimensionierten, fabrikneu schimmernden Pritschenwagen, der sich an den Laden heranschob.

»Zwei drei'nsiebzig tu ich kriegen«, sagte sie. »Dazu noch.«

Mit einem Mal begriff Hiro. Die kleinen grünen *gaijin*-Scheine reichten nicht. Er würde ein paar Sachen zurückstellen müssen, dabei brauchte er sie doch, brauchte alles im Laden und noch mehr. Merkten sie das denn nicht? Sahen sie nicht, daß er am Verhungern war? Draußen spotzte der Motor kurz und verstummte dann. »Wenig«, sagte er und schob ein, zwei Artikel beiseite.

»Mannomann«, sagte das Mädchen. »Ich glaub's einfach nich.«

Und dann sprach der junge Bursche zum erstenmal. »Sind Sie'n Ausländer oder wie?« fragte er.

Jemand war in den Laden gekommen. Hiro spürte die schweren Schritte auf den Bodenbrettern und sah, wie sich die Miene des Mädchens erhellte. »Hallo, Sax«, sagte sie.

Hiro wagte nicht aufzusehen. Es konnte ja der Chef der Polizei oder der Küstenwache sein oder eine der Langnasen von der Einwanderungsbehörde, von denen Akio ihm erzählt hatte. Mit pochendem Herzen konzentrierte er sich auf die Hände des Mädchens, die seine Einkäufe auseinanderschob, mehrere Artikel in eine braune Papiertüte packte und ihm dann drei kleine Münzen hinhielt. Er nahm das Geld und verbeugte sich nochmals.

»Danke, danke«, sagte er, und aus lauter Dankbarkeit, Erleichterung und Freude über das Festmahl, das ihn erwartete, über seine Rettung vor dem langsamen Tod in den Sümpfen, fiel er ins Japanische. »*Dōmo*«, sagte er. »*Dōmo sumimasen.*«

Das Mädchen gaffte ihn an. Und dann drehte er sich eilig um und sah einen großen *gaijin* mit farblosem Haar und kalten porzellanenen Augen – es war der, der versucht hatte, ihn mit seinem Boot zu überfahren, und im nächsten Augenblick war er zur Tür hinaus, klemmte sich die Tüte unter den Arm wie einen Football und setzte in den Wald davon, in wilder, verzweifelter, rasender Flucht. Er blieb nicht stehen, zögerte nicht, obwohl der Butterstinker hinter ihm her auf den Parkplatz rannte und ihm nachschrie: »He! Warte doch! Komm zurück! Ich will ja gar nicht … ich-will-dir-doch-nur-helfen!«

Mir helfen? dachte Hiro, dem das Blut in den Ohren sauste, als er sich in den Graben hechtete und durch die Brühe in den hüfthohen Morast wartete, in den Schutz der Bäume. Ja, sicher, mir helfen. Er kannte sie, die Amerikaner. Brachten sich gegenseitig beim Abendessen um, schossen zum Spaß aufeinander, schlugen alte Damen auf der Straße nieder.

Eine solche Hilfe brauchte er nicht.

Das biederste Volk der Welt

Es gab gar keinen Zweifel. Er würde selbst hinfahren müssen. Nicht daß er große Lust dazu hatte. Nicht die geringste. Der Gedanke an eine Fahrt nach Tupelo Island bei dieser Hitze – noch dazu wo die Klimaanlage seines Autos kaputt war –, um dort dann im schwülen Dunst herumzustehen und einen Haufen von inzüchtigen, tabakschnupfenden Südstaatleridioten zu verhören, die kaum mehr als »Mmhmm« oder »Nö« herausbrachten, bevor sie Wurzeln schlugen und Rinde ansetzten, reichte völlig aus, daß er wünschte, er wäre wieder in L. A. Beinahe jedenfalls.

Detlef Abercorn stand am Fenster und starrte in den fahlen, toten Himmel, der über Savannah hing wie ein alter Abwaschlappen. Es war ein grauer, feuchter Hochsommervormittag, bedeckt, aber stickig. Er hatte noch nicht einmal die Zeitung gelesen und kaum den Dampf von seiner ersten Tasse Kaffee weggepustet, da war sein Hemd schon durchgeschwitzt. Vor zehn Minuten war er ins Büro gestürmt, hatte Ginger, der neuen Vorzimmerdame mit dem sommersprossigen Dekolleté und dem erblich offenstehenden Mund, einen Kuß hinübergeblasen, seinen Monitor eingeschaltet, ganz arglos einen Schluck Kaffee getrunken – und dann zusehen müssen, wie sich ein IAADA-Alarm auf dem Bildschirm breitgemacht hatte.

IAADA – *Illegal Alien, Armed, Dangerous and Amok*, Illegaler Einwanderer, bewaffnet, gefährlich und Amokläufer – war die höchste Dringlichkeitsstufe im elektronischen Nachrichtennetz der Einwanderungsbehörde INS. In Los Angeles, dem innersten Kreis der INS-Hölle, wurden laufend IAADAs ausgegeben, weil dort andauernd Guatemalteken auf Salvadorianer schossen, Hmong-Stammesangehörige fremde Hunde in ihre Mikrowellenherde steckten, Türken und Iraner Teppichgeschäfte in Brand setzten und so weiter – aber hier, im verschlafenen alten Hinterwäldler-Savannah, hatte es so etwas noch nie gegeben. Der Ort war nicht einmal eine halbwegs wichtige Hafenstadt und gewiß keine Brutstätte internationaler Intrigen. Hier passierte nichts. Nie. Deshalb hatte er sich ja hierher versetzen lassen.

Es war natürlich der Japse – er korrigierte sich: der Japaner –, der letzte Woche von seinem Schiff gesprungen war. Er hatte die Situation von Anfang an im Auge behalten – hatte den Kapitän telefonisch befragt, den Bericht der Küstenwache angefordert und eine Akte angelegt –, aber es war keine große Sache gewesen. Sie hatten den desertierten Matrosen als IA – Illegaler Ausländer – eingestuft und es dabei belassen. Wenn er es bis an Land schaffte, würden ihn die Provinzler dort in den Dorfknast stecken, bevor er zweimal geschissen hatte, und falls er ihnen Schwierigkeiten machte, würden sie ihn an einem Baum aufknüpfen und häuten wie ein Karnickel. Dann aber kam die Meldung, er habe das Ufer erreicht – es gab Augenzeugen, ein Pärchen aus der Künstlerkolonie, das er im Peagler Sound attackiert hatte –, und Abercorn hatte nachgefaßt. Vom Steuermann des japanischen Frachters – einem verhutzelten alten Pisser, der etwa hundertzwanzig Jahre alt war und aussah, als wäre er seinerzeit aus einem Ei geschlüpft – erfuhr er, daß der Geflüchtete mit einem Messer bewaffnet war und die halbe Schiffsbesatzung angegriffen hatte, bevor er über die Reling gegangen war, deshalb hatte er die Personenkennung auf IAAD setzen lassen: *Armed and Dangerous.* Trotzdem war es nichts Weltbewegendes. Ein Japse in Georgia? Die Leute da fraßen Wiesel, verwendeten als Zahnstocher ihre Füße und lebten direkt auf der Erde wie Unkraut, wie Schlingpflanzen; der arme dumme Japse – äh, Japaner – würde keinen Tag lang, ja keine sechs Stunden durchhalten. Da war sich Abercorn sicher. Und dann war das Wochenende gekommen, er hatte eine Runde durch die Discos gedreht, zuviel getrunken, einen Aufriß gemacht und so ziemlich alles über eine Frau namens Brenda erfahren, die ihren Busen mit Rouge schminkte, und dabei hatte er den entsprungenen Japsen auf Tupelo Island ganz vergessen.

Jetzt aber waren die Dinge total aus dem Ruder gelaufen. Ein IAADA-Alarm. Er hatte sich auf einen langen, ruhigen Vormittag, den neuen le Carré und eine duftende Kanne Filterkaffee gefreut, einen Vormittag, an dem es nichts, aber auch gar nichts zu tun gab, außer den Typistinnen im vorderen Büro zuzuhören, wie sie hie und da ein Studentenvisum ausfüllten und über die skandalösen

Sexabenteuer von Leuten flüsterten, die sie kaum kannten. Ja. Und nun das. Müde ging er an seinen Schreibtisch, zündete sich eine Zigarette an und tippte eine Anfrage nach weiteren Informationen. Sofort füllte sich der Bildschirm:

TANAKA, HIRO. JAPANISCHER STAATSBÜRGER. GEBOREN 12.6.70, KIOTO. MUTTER: SAKURAKO TANAKA, VERSTORBEN 24.12.70. VATER UNBEKANNT. LETZTE BEKANNTE WOHNADRESSE BEI GROSSMUTTER, WAKAKO TANAKA, 74, YAMAZATO-CHO, NAKA-KU, YOKOHAMA. DERZEIT AUF TUPELO ISLAND VOR KÜSTE VON GEORGIA. BEWAFFNET, GEFÄHRLICH, LÄUFT AMOK. HÖCHSTE VORSICHT GEBOTEN. AM 20. JULI, 13.00 UHR, VON JAPANISCHEM FRACHTER *TOKACHI-MARU* AUS SCHIFFSARREST GEFLÜCHTET, DABEI OFFIZIERE UND BESATZUNG ATTACKIERT. GRUNDLOSE ANGRIFFE AUF AUGENZEUGEN SAXBY LIGHTS, RUTH DERSHOWITZ UND OLMSTEAD WHITE, LETZTERER ERLITT VERBRENNUNGEN ERSTEN GRADES BEI BRANDSTIFTUNG IN SEINEM WOHNHAUS (TOTALSCHADEN).

Du liebe Güte, jetzt zündete er Häuser an? Das waren schlechte Neuigkeiten. Schlimmer als das. Der Typ mußte ja ein Psychopath sein, dachte er, ein Terrorist, ein japanischer Charles Manson. Und es wurde immer schlimmer: seit einer Woche lief er nun frei herum, und schon füllte die Liste der Orte, an denen er gesehen worden war, den ganzen Bildschirm. Er war überall, vom Peagler Sound über Hog Hammock bis zu den Tupelo Shores Estates, schnellte aus Büschen hervor wie ein Schachtelteufel, verängstigte alte Damen, erschreckte Kriegsveteranen und Waschbärjäger, so daß über die ganze Insel von morgens bis in die tiefe Nacht ein unheilvoller Sturm von Gewehrschüssen krachte. Er hatte mehrere Leute in einem Lebensmittelgeschäft wüst beschimpft, drei Paar Damenunterhosen von einer Wäscheleine in der Künstlerkolonie entwendet und sich mit einem Blechnapf voll Hundefutter davongemacht, den der Sheriff persönlich auf die Veranda seines Hauses gestellt hatte. Das mußte ein Ende haben. Detlef Abercorn wußte, was von ihm erwartet wurde.

Die Sache war nur, er hatte keinerlei Erfahrung mit solchen Sachen. Seine zwölf Jahre in L. A. hatte er damit verbracht, Ausbeuterklitschen in Eagle Rock hochzunehmen und magere chinesische Hilfskellner in den schmierigen Tofuküchen von Chinatown herumzujagen. Was wußte er schon von Sümpfen und Senken – ja was wußte er überhaupt von Georgia? Klar, es war die Aufgabe der örtlichen Polizei, den Kerl zu erwischen, aber der Experte sollte eigentlich er sein, sein Job war es, das Netz auszulegen, sie zu beraten – beraten, was für ein Witz: Er konnte ja kaum ein Wort von dem verstehen, was die Leute hier im Süden redeten. Dazu kam, daß er noch nie, soweit er sich erinnerte, Schwierigkeiten mit Japanern gehabt hatte. Mit Insulanern aus Tonga, ja. Mit Ecuadorianern, Tibetanern und Liberianern, mit Bantus, Pakistani und Dajaks, mit allem und jedem. Aber nicht mit Japanern. Die reisten einfach nie illegal nach Amerika ein. Besaßen keinen Grund dazu. Sie waren der Ansicht, sie hätten drüben ohnehin alles und noch einiges mehr, also wozu? Viele von denen kamen her, um Fabriken zu leiten und Banken zu eröffnen und so, aber das geschah alles auf höchster Ebene. Und Detlef Abercorn arbeitete eben nicht auf höchster Ebene.

Aber egal. Illegaler war Illegaler, und sie würden ihm den Arsch aufreißen, wenn er ihn nicht kriegte.

Als er auf den Parkplatz kam, fing es an zu regnen. Natürlich, dachte er, was denn sonst? Die Reifen seines klapprigen, alten kackbraunen Datsun waren glatt wie Wassermelonen, und die Wischer so zerfasert, daß sie als Flaschenreiniger bessere Dienste geleistet hätten. Es würde eine unerfreuliche Fahrt werden.

Zuvor mußte er allerdings noch bei seiner Wohnung vorbei und seine kleine Reisetasche mit Unterwäsche, Zahnseide, Sonnencreme Schutzfaktor 30, Antihistaminika und einem Mittel gegen Schlangenbisse vollstopfen, seine hüfthohen Stiefel und die Regenjacke aus der großen Truhe in seinem Kellerabteil heraussuchen, und dann mußte er einen vietnamesischen Laden – *den* vietnamesischen Laden, vermutlich den einzigen vietnamesischen Laden in diesem ganzen gottverlassenen Bundesstaat der Langsamredner und Tabakspucker – auf der De Lesseps Ecke Skidaway suchen. Dort wollte er sich mit Lewis Turco treffen, der im Vietnamkrieg bei einem Spezialkommando gewesen war, jetzt für den INS den Teilzeit-Agenten spielte und schon auf Borneo, Okinawa und den

Pribilow-Inseln gelebt hatte. Turco würde er mitnehmen, damit der ihm half, diesen amoklaufenden Japsen auf Tupelo Island aufzuspüren. Oder vielmehr hatte er vor, Turco das Aufspüren zu überlassen, während er selbst sich im nächsten Motel einmieten würde – mit zwei Sechserpacks Bier, dem John le Carré und der Aussicht auf die bevorstehende Serie von vier Spielen zwischen den L. A. Dodgers und den Atlanta Braves.

Das Hemd war ihm egal – es war sowieso schweißdurchtränkt –, trotzdem war er nicht auf den Taifun vorbereitet, in den er geriet, als er über den Parkplatz zu seinem Wagen rannte. Als er endlich die Tür auf hatte, war er naß bis auf das Gummiband seiner Unterhose. Es hatte nicht einmal Sinn, den Motor anzulassen – ehe der Regen nicht nachließ, konnte er nirgendwo hinfahren, nicht mit diesen Scheibenwischern –, und er war nicht eben scharf darauf, zurück ins Büro zu stürzen, weil er sich damit vor Ginger und den anderen Mädchen lächerlich gemacht hätte, ganz zu schweigen von den geschniegelten Typen, die in seiner Behörde das Sagen hatten. Die betrachteten ihn ohnehin als Freak, als eine Art Untermensch, der auf der sozialen Leiter nicht viel höher stand als irgendein Flüchtling ohne Aufenthaltsgenehmigung. Also blieb er sitzen, und aus Angst, die Batterie leerzumachen, traute er sich nicht einmal, das Radio einzuschalten. Innerlich schäumte er vor Wut über dieses verrückte, unbesonnene, durchgedrehte Japsen-Arschloch – er haßte den Kerl schon jetzt, hoffte, daß sie ihn teerten und federten und dann in einer Kiste nach Hause schickten, nach Nagasaki oder wohin auch immer –, und er horchte auf die tausend winzigen frustrierten Fäuste des Regens, die auf sein Autodach trommelten.

Am Ende war er dann über eine Stunde zu spät dran für seine Verabredung mit Turco, den er noch nie gesehen und mit dem er vor ein paar Stunden zum erstenmal am Telefon gesprochen hatte. Zusätzlich kompliziert wurde die Sache dadurch, daß er, als der Regen nachgelassen und er zu Hause seine Tasche gepackt und Gummistiefel, Recorder, Notizblock und alles andere zusammengekramt hatte, einfach die Adresse nicht finden konnte. Er war erst seit sechs Monaten in Savannah, und mit Karten war er noch nie klargekommen. Überall diese Einbahnstraßen und eine endlose Reihe von altmodischen Plätzen, um die man jedesmal herumfahren mußte, um jeden einzelnen, einen nach dem anderen, und alle sahen sie gleich aus. Endlich fand er die De Lesseps Avenue, aber nicht den Laden, der, wie sich später herausstellte, am hintersten Ende einer Sackgasse versteckt war. Nachdem er die Straße zwanzigmal rauf und runter gefahren war, hatte er schließlich an einer Ampel neben einem rotgesichtigen Hinterwäldler gehalten und ihm ein Zeichen gemacht, er möge die Scheibe herunterkurbeln. In der Luft lag ein starker, leicht stechender Geruch nach frisch ausgelösten Austern, nach Meeresschlamm, Fischschuppen und Schlimmerem; der Regen prasselte herab. »Der Laden von Tran Van Duc«, brüllte er, »haben Sie irgendeine Ahnung, wo der ist?«

Der rotgesichtige Kerl beugte sich zu ihm herüber. Er trug einen Anzug, und sein dünnes blondes Haar war in der Mitte gescheitelt. Er war fett, das sah Abercorn jetzt, massig, ein aus dem Meer gewuchteter See-Elefant, der in der unglaublich kleinen Fahrerkabine seines Kleinlasters wie ein schlechter Scherz wirkte. In seinem schleppenden Akzent murmelte er etwas, das so klang wie »Glaida-Reben« oder »Gleiterüben«.

»Tut mir leid«, sagte Abercorn und gab sich große Mühe, sein gewinnendes Lächeln aufzusetzen, dieses Lächeln, das er wie eine Krawatte anlegte, wenn es nötig war, »aber ich habe Sie nicht ganz ... Gleiterüben?«

Der Mann verdrehte ärgerlich die Augen. Dampf stieg vom Asphalt auf. »Gleiterüben«, wiederholte der Mann, wobei er sich wieder Abercorn zuwandte und mit einem dicken Zeigefinger auf die riesige, unübersehbare rot-gelbe Neonschrift zeigte – TRAN VAN DUC –, die über einer Einfahrt keine fünfzehn Schritt von der Kreuzung glomm. Dann schaltete die Ampel um, und der Wagen donnerte davon.

Der Laden war winzig, nur ein Gang zwischen lose aufgestapelten Dosen und zwei niedrigen Gefriertruhen, die die ganze Wand einnahmen, und der Gestank war schlimmer als der Fischgeruch draußen auf der Straße. Abercorn zog die Tür hinter sich zu und sah sich rasch um: zwei eingefallene, alterslose asiatische Gesichter, die ihn furchtsam anstarrten, Dosen mit diesem in Essig und jenem in Salzlake, komische kleine, in Plastikfolie eingefrorene Fische, getrocknete Gewürze, Peperonischoten und Soßen, die nie jemand kaufen würde. Er hatte in Hunderten von Läden wie diesem Razzien gemacht, in Arcadia und Pacoima und San Pedro, und er war sich klar, daß die beiden hinter dem Tresen zwar eine Aufenthaltserlaubnis hatten, aber die zwanzig im Keller bestimmt nicht, und er wußte auch, daß sie ganz bestimmt noch etwas anderes als Fischsoßen importierten, aber das war nicht sein Problem. »Ich suche Lewis Turco«, sagte er.

Nichts. Keine Reaktion. Ebensogut hätte er mit sich selbst sprechen, summen, singen, gurgeln können, ja ebensogut hätte er ein Hund oder ein Affe sein können. Das Pärchen hinter dem Ladentisch – ein Mann und eine Frau, wie er jetzt sah – zeigte keine Regung. Sie hielten den Atem an, regelten ihren Herzschlag – nicht einmal mit den Augen zwinkerten sie. »Lewis Turco«, wiederholte er und betonte jede Silbe, »ich su-che Lew-is Tur-co.«

»Jo«, ertönte eine Stimme hinter ihm, und ein Mann in militärischer Tarnkleidung trat durch einen Perlenschnurvorhang aus dem Hinterzimmer in den Laden. Er war klein – nicht mal eins siebzig, schätzte Abercorn – und machte eine unverbindliche Miene. Seine Schultern waren etwas zu breit, er hatte die Statur eines Gewichthebers, kräftig im Brustkorb und den Oberarmen. Er trug einen Bart, und das lange, glatte, fettige blonde Haar war mit einem Lederband zusammengebunden. »Abercorn, stimmt's?« fragte er.

Detlef Abercorn war eins sechsundneunzig, hatte kurze Haare und mit vierunddreißig immer noch dieselbe schlanke, schmalhüftige Figur wie damals als bester Werfer seiner High-School-Baseballmannschaft im kalifornischen Thousand Oaks. »Ja«, antwortete er mit einem Grinsen, »und Sie sind wohl Lewis Turco.«

Turco grinste nicht. Er kam durch den Raum auf ihn zu wie ein Cowboy, jeder Schritt zu lang, zu breitbeinig, er stapfte daher, als ob er in Zeitlupe einen Berg hinaufsprintete, und dann blieb er ruckartig am Ladentisch stehen, wirbelte zu dem hölzernen Paar herum und stieß einen Wortschwall in einer Sprache aus, die Abercorn für vietnamesisch hielt. Daraufhin erwachten die beiden plötzlich zum Leben, als hätte man einen Schalter umgelegt: Der Mann tauchte hinter dem Tresen ab und zog einen fest verschnürten und sichtlich vollgestopften Armee-Rucksack hervor, von dessen Tragrahmen ein Feldspaten, ein Gummiknüppel, ein Paar Handschellen und mehrere esoterisch anmutende Gerätschaften baumelten, die Abercorn nicht identifizieren konnte, während die

Frau ihm ein Zellophanpäckchen überreichte, das irgend etwas Eßbares zu enthalten schien – Trockenfleisch oder Wurzeln oder so ähnlich.

Nur um etwas zu sagen, bemerkte Abercorn: »Schöne Scheiße, was?« – womit er den Regen, den Staat Georgia, die Einwanderungsbehörde und das brandstiftende, durchgedrehte japanische Arschloch meinte, das sich da bei den Blutegeln und Tausendfüßlern auf Tupelo Island versteckt hatte, in diesem stinkigen, feuchten, hoffnungslosen Loch.

Turco antwortete nicht. Er hatte sich den Rucksack umgeschnallt und das Essenspaket von der Frau genommen, und jetzt musterte er Abercorn abschätzig, »Du liebe Güte«, sagte er schließlich. »Was ist Ihnen denn passiert, Mann – Napalm, Autounfall, oder was? Sagen Sie bloß, Sie sehen schon seit Ihrer Geburt so aus?«

Abercorn verspannte sich. Sein ganzes Leben lang hörte er das schon, doch noch immer machte es ihn unsicher – und war es denn ein Wunder? Er war ein gutaussehender Bursche, gute Figur, kräftige Nase, kantiges Kinn, dichtes Haar wie ein Teenager. Aber er wußte, wovon Turco sprach, er wußte, was dieser Kerl da unhöflicherweise aufs Tapet brachte – jedermann, der auch nur halbwegs sensibel war, hätte diese Frage nicht gestellt. Turco meinte die weißen Flecken auf seinem Gesicht und den Händen – viele glaubten, es handle sich um Narbengewebe oder ein Ekzem oder so etwas, aber das war es nicht. Es war alles in Ordnung mit ihm, absolut, nur daß er eben weniger Pigmente hatte, weniger Melanin in der Haut und den Haaren. Er war von Geburt an ein Albino. Jedenfalls zum Teil. Er war ohnehin schon ein sehr heller Typ, und der Albinismus – oder Vitiligo, wie die Ärzte es nannten – manifestierte sich in den totenbleichen Flecken, die seinen ganzen Körper überzogen – sogar das Haar. Das konnte er sich natürlich färben, aber gegen die Hautflecken ließ sich nichts tun. Selbst das hätte ihm nicht viel ausgemacht, wenn es nicht auch im Gesicht gewesen wäre. Inzwischen war er daran gewöhnt, aber als Kind war er schier verrückt geworden: Er sah aus wie mit weißer Farbe gesprenkelt. Eine ovale Stelle von ungefähr fünf Zentimeter Durchmesser umrahmte das rechte Auge, und sechs papierhelle Flecken betupften das Kinn, bleichten den Nasenrücken und ließen das linke Ohr im Dunkeln leuchten. Und seine Augen, die waren nicht etwa blau, grau, grün oder braun: sie waren rosa, wie die Augen von weißen Ratten oder Meerschweinchen. »Beagle Boy« hatten sie ihn in der Grundschule genannt, und später, als er größer und stärker war als die meisten anderen und mit seinen professionell angeschnittenen Würfen alle umhauen konnte, da riefen sie ihn »Whitey«. Jetzt aber war er erwachsen, und niemand nannte ihn je anders als Detlef.

Er fühlte die Blicke der Vietnamesen auf sich und wurde ein wenig rot. »Geht Sie doch nichts an«, sagte er und starrte Turco wütend an. »Ich bin eben zum Teil Albino, klar?«

Turco hielt dem Blick stand, jetzt grinste er, grinste ihn mit der Heiterkeit eines Mannes an, dem noch nie im Leben ein Fehler unterlaufen ist. Er ließ sich Zeit. »He, war doch nicht böse gemeint, Mann. Es ist nur, weil ich hab nämlich drüben ein paar Typen gesehen, die hatten so was auch, ihre eigenen Leute hatten das Zeug auf sie abgeworfen – war 'ne typische total versaute Aktion –, dieses geleeartige Benzin, nicht? Klebt an einem dran wie Leim. Aber, Mensch, wenn ich gewußt hätte, daß Sie so empfindlich deswegen sind –«

»Ich bin gar nicht empfindlich«, erwiderte Abercorn, aber dabei überschlug sich seine Stimme verräterisch.

Als sie im Auto saßen, dessen Wischer wirkungslos auf die Regenschlieren einpeitschten, und es sich für die gut einstündige Fahrt nach Tupelo Island bequem gemacht hatten, besserte sich Abercorns Laune, der allerdings noch nicht wußte, daß sie drei Stunden auf die Fähre würden warten müssen und daß es auf der ganzen Insel kein einziges Motel gab, noch nie eins gegeben hatte. Mit diesem Turco mußte er schließlich zusammenarbeiten. Und der würde die ganze Drecksarbeit erledigen, während er, Abercorn, im Motel säße und die Aktion koordinierte. »Hören Sie mal«, sagte er nach einer Weile zu den blechernen Klängen eines schwachsinnigen Country-Songs, der im Autoradio jammerte, »wegen dieses Japaners … Ich meine, in L. A. haben wir nie mit Japanern zu tun gehabt. Wie sehen Sie das?«

Turco kaute an einem Stück von dem, was die Frau ihm eingepackt hatte. Es war schwarz, hart und länglich und hatte einen eigenartigen, abschreckenden Geruch. »Kein Problem«, sagte er schmatzend. »Eins muß Ihnen über die Japsen nämlich klar sein: die sind das biederste Volk der Welt, ich meine, das spießigste, ohne Ausnahme. Scheiße, Mann, jeder burmesische Reisbauer ist echt ein Abenteurer gegen die Japsen. Die fühlen sich alle zu einem großen Team gehörig, so 'ne Art riesige Pfadfindergruppe, wo sich jeder schön brav anpassen und ordentlich hart arbeiten muß, und so entsteht dann die perfekte und total einmalige Gesellschaft. Weil sie nämlich was Besseres sind als alle anderen, weil sie reiner sind – denken sie jedenfalls. Immer nur Japan und Japaner. Wenn da einer mal Scheiße baut, ist das gleich 'ne Schande fürs ganze Volk.«

Der Regen trommelte gegen die Scheibe. Turco fuchtelte mit seiner stinkenden schwarzen Stange herum, was immer das sein mochte. »Sogar die weggetretenen Typen, die Rebellen, die Punks mit orangefarbenem Haar und Lederjacken – und von denen gibt's da ohnehin herzlich wenig, kann ich Ihnen sagen –, sogar die kommen nicht aus ihrer Schablone raus. Wissen Sie, wie die Kids da drüben abfahren, wissen Sie, wie die dem Establishment da so richtig 'ne lange Nase drehen und zeigen, was sie für schlimme Typen sind?«

Abercorn wußte es nicht.

»Sie fahren alle am Samstag nachmittag zwischen eins und drei in den Yoyogi-Park von Tokio, drehen ihre Kofferradios laut auf und tanzen. Das ist alles. Sie tanzen. Sonst nix. Das biederste Volk der Welt.«

Abercorn verdaute diese Auskunft eine Weile und fragte sich, welchen Bezug sie wohl zum aktuellen Fall besaß, zu dem Fall, der ihn in dieses Auto, in dieses Unwetter, ins Schlepptau dieses wurzelkauenden Vietnam-Veteranen gebracht hatte. Das Ganze war ja wirklich lächerlich. Neunundneunzig Prozent der illegalen Einwanderer reisten einfach ein und verschwanden – reisten mit einem Touristenvisum ein und tauchten unter, hängten sich unter einen Autobus, flogen für ein Semester an der Uni ein, und am Ende lebten sie alle von der Sozialhilfe. Es war ein Witz. Die Grenzen waren ein Sieb, ein Netz mit Löchern, ein Lattenzaun ohne Latten. Aber wenn einer mal bei seiner Einreise ein bißchen Lärm machte, wenn er den Leuten in die Quere kam, die die Neuwagen kauften und wählen gingen, dann blinkten die Alarmlämpchen gleich bis nach Washington, und dann schlug die Stunde der Detlef Abercorns. »Aha, äh, was meinen Sie also, was wir tun sollten?« fragte er. »Die Japsen – die Japaner, meine ich – neigen doch auch ziemlich zum Fanatismus, oder? *Hara-kiri, kamikaze*, todesverachtende Sturmtruppen und so weiter?«

»Ja, ja, ich hab die Filme auch gesehen. Aber in Wirklichkeit ist es so, wie ich's Ihnen sage: die sind einfach nur bieder. Wissen Sie, wie wir diesen Clown fangen werden?«

Abercorn hatte keinen Schimmer. Aber er dachte, falls die barfüßigen Provinzler mit ihren Bluthunden ihn nicht kriegten, dann stand ihnen einiges bevor. Ihm fiel der Soldat ein, den sie auf den Philippinen in einer Höhle entdeckt hatten und der dreißig Jahre nach seinem Ende immer noch im Zweiten Weltkrieg kämpfen wollte. »Nein«, sagte er leise.

Turco deutete auf den Rucksack auf dem Rücksitz. »Wissen Sie, was ich da drin habe? Einen Ghettoblaster. Von Sanyo. Das größte Teil, was du je gesehen hast, die Lautsprecher geben genug Saft ab, daß jeder Piepvogel da in den Wäldern in zwei Minuten tot vom Baum fällt. Ich hab ein paar Disco-Bänder mit, Michael Jackson, Donna Summer und solchen Mist, kapierst du? Ich werde diesen kleinen Scheißer aufspüren, genau so, als hätten wir 1966 und würden im Tal von Ia Drang nach einer Spur suchen. Und wenn wir sie gefunden haben, dann stelle ich diesen Recorder hier auf einen Baumstumpf und dreh ihn auf.«

Meinte er das ernst? Abercorn war sich nicht sicher.

Turco wandte sich ihm mit einem Grinsen zu, das sämtliche Zähne freilegte, die ganz schwarz von dem Zeug waren, das er da aß. »Tja«, sagte er und tätschelte die eckige Ausbeulung in dem Rucksack, »ich geh nämlich auf die Jagd, und das hier ist mein Lockvogel.«

Die Bienenkönigin

Owens Weckruf – ein dreimaliges kräftiges, aber respektvolles Klopfen, begleitet von einem leisen, vielsagenden Flüstern – riß sie aus einem traumlosen Schlaf. »*Es la hora*«, raunte er durch die Tür, und Ruth zwang sich, die Augen aufzuschlagen. »*Despiértese, señorita.*« Er hatte heute seinen spanischen Tag – das immerhin fiel ihr auf, obwohl sie sich zerschlagen und verkatert fühlte und es ihr ziemlich gleich war, ob sie auf spanisch, norwegisch oder navajo geweckt wurde; sie wollte nichts weiter als wieder einschlafen.

Jeden Wochentag um halb sieben machte Owen Birkshead die Runde durch die stillen, kühlen Gänge von Thanatopsis House und übernahm die heikle Aufgabe, die schlummernden Künstler zu wecken, ohne sie allzu unsanft aus den Träumen zu reißen. Je nach Lust und Laune weckte er sie in einer der romanischen Sprachen, die ihm am frühen Morgen süß über die Zunge kamen, in forschem, geschäftsmäßigem Deutsch oder gar auf russisch. So hieß es einmal: »*Guten Morgen, Fräulein: Ihre Arbeit erwartet Sie!*«, dann wieder: »*Buon giorno, signorina, che bella giornata!*« Einmal hatte er es sogar auf japanisch versucht – »*Ohayō gozaimasu*« –, doch fürchtete er, sein harter Akzent könnte die schimmernde Patina der Künstlerträume ankratzen, deshalb ließ er davon wieder ab.

»Ja«, stieß Ruth hervor, »ich steh schon auf«; sie war zu benommen, um wie üblich »*Sí señor, muchas gracias; yo me despierto*« zu antworten. Sie war am Vorabend lange aufgeblieben, zu lange, und sie hatte zu viele Bourbons getrunken. Jetzt horchte sie auf das leise Schlurfen von Owens Schritten durch den Gang, und sie hörte ihn an die Nachbartür klopfen und flüstern: »*Es la hora, es la hora.*« Sie schloß die Augen und spürte den Schmerz auf der Unterseite ihrer Lider wabern. Ihre Kehle war staubtrocken, die Schläfen fühlten sich an, als wären Pfähle hineingetrieben, und sie mußte pinkeln. Dringend. Aber noch im Liegen wußte sie, daß die schieläugige Komponistin – Clara Kleinschmidt – das Gemeinschaftsbad um die Ecke schon vor ihr belegt hatte und daß aus der Toilette am anderen Ende des Korridors jeden Moment das donnernde Prasseln von Irving Thalamus' mächtigem Morgenharn widerhallen würde.

Endgültig aus dem Bett getrieben wurde sie aber weder von der Dringlichkeit ihres Bedürfnisses noch vom Schmerz, sondern von Schuldgefühlen. Es waren gesunde, produktive, altmodische, zermürbende Schuldgefühle. Sie mußte aufstehen. Schließlich war sie Schriftstellerin, und Schriftsteller standen frühmorgens auf und schrieben. Ihre Gegner – wie mit einer glühenden Feuerzange packte sie das schemenhafte Bild von Jane Shine in all ihrer falschen, berechnenden, hassenswerten, schüchtern lächelnden Schönheit – waren sicher schon auf, saßen vor ihren Schreibmaschinen und Monitoren, waren längst aus den Startlöchern und rasten auf der Innenbahn davon, um ihr ihren verdienten Platz in *Harper's* oder *Esquire*, bei Knopf oder Viking oder Random House streitig zu machen. Außerdem war es ja soviel leichter, sich Schuldgefühlen zu stellen, wenn einem die Arbeit gerade gut von der Hand ging – und das war bei ihr, endlich, der Fall.

Die Verwandlung hatte in jener Nacht begonnen, als sie vor der kleinen Gruppe im Billardzimmer aufgebraust war, obwohl ihr das damals gar nicht so bewußt war. Tatsächlich war die folgende Woche sogar noch schlimmer gewesen als die erste. In der ersten Woche hatte sie zumindest die Ausrede gehabt, noch neu und verunsichert zu sein, aber während die zweite sich dahinschleppte, spürte sie immer mehr Distanziertheit und Langeweile. Sie frühstückte weiter am Stillen Tisch, trübsinnig und abweisend, und die Abende mit Saxby waren ihr einziger Trost. Aber etwas war geschehen, es hatte eine subtile Verschiebung unter den Fixsternen am Firmament von Thanatopsis House gegeben, und Ruths Gestirn war ganz eindeutig im Steigen begriffen. Zum Beispiel genoß sie nun das Wohlwollen von Irving Thalamus. Er hatte sie an jenem Abend bemerkt, o ja, allerdings, und seine Aufmerksamkeiten – die ironischen Blicke, die kleinen Scherze und Stupser – waren ein Netz, das ihr Sicherheit gab. In der dritten Woche schaffte er es, sie aus dem Stillen Zimmer wegzulocken und sie für den rauhen, frevlerischen Klatsch am Geselligen Tisch als seine Hauptverbündete zu etablieren. Gemeinsam durchquerten sie morgens das triste

Stille Zimmer – grinsend, immer grinsend und mit einem Scherz auf den Lippen –, wo Laura Grobian in den wogenden Abgründen ihrer hohläugigen Spätvierziger-Schönheit verharrte, wo Peter Anserine und dessen Jünger asketisch über ihren unverständlichen Texten die Stirn runzelten. Und allabendlich – dies war Wurzel und Ursache ihres momentanen Katers wie auch des Katers, den sie am Morgen davor gehabt hatte, und des Katers, den sie am folgenden Morgen haben würde – nahm sie nun an seinem geselligen Kreis im Billardzimmer teil, denn dort konnte sie wirklich funkeln, konnte Spitzen austeilen und Paraden führen, konnte bezaubern, spotten, demolieren und wieder aufbauen, konnte endlich wieder sie selbst sein: La Dershowitz.

Irgendwie empfand sie beinahe Mitleid mit ihren Rivalinnen. Seit jener schicksalhaften Nacht auf dem Meer war im Grunde keine von ihnen mehr im Rennen. Ina Soderbord war zwar recht attraktiv auf eine kräftige, klotzige Art, schwere Brüste und weißblonde Augenbrauen, aber sie siedelte in ihrer ganz persönlichen kleinen Ecke des interplanetaren Raums und sprach mit dem atemlosen Lispeln der hirnlosen Naiven. Mit Clara Kleinschmidt hatte es die Schwerkraft nicht gut gemeint, außerdem hatte sie einen tristen, säuerlichen Geruch an sich, den Duft von geerbter Spitze, Aussteuertruhen und dem schleichenden, lieblosen Tod vor der Quizshow und im Schaukelstuhl. Und Regina McIntyre, die Punk-Bildhauerin – ein Produkt von Ladycliff und Mount Holyoke College, wie Ruth nach mehrmaligem Nachfragen erfuhr –, verzehrte sich viel zu sehr in Selbsthaß, um sich an Gesprächen zu beteiligen, abgesehen von gelegentlichen giftigen Ausbrüchen, und ihr gesamter Stil paßte eher in die Lederszene. Doch weder Irving Thalamus noch Bob der Dichter stand auf ihren Typ, ganz zu schweigen von Sandy De Haven, einer neuen, hochinteressanten Ergänzung der Truppe: sechsundzwanzig, mit weiß gefärbten Locken, die ihm in die Augen hingen, wenn er sich über den Billardtisch beugte. Sein erster Roman sollte im Herbst bei Farrar, Straus and Giroux erscheinen. Nein. Hier regierte Ruth allein, sie war die Königin des Schwarms.

In dem Maße, wie ihr Selbstvertrauen wuchs, kam auch bei der Arbeit mehr heraus. Sie polierte eine alte Erzählung auf und schickte sie, mit Irving Thalamus' Segen, an den *New Yorker*, und das japanische Thema ging ihr auf einmal prächtig von der Hand, es gedieh dermaßen gut, daß es sich anfühlte wie etwas Größeres als nur eine Kurzgeschichte. Und hierzu gehörte auch jener zweite Aspekt, jener andere Faktor, der Ruths Leben in Thanatopsis von Grund auf verändert hatte und ihr eigentlich ebenso in den Schoß gefallen war wie Irving Thalamus' Wohlgesonnenheit: das Auftauchen von Hiro Tanaka auf der Veranda ihres Studios. Hiro Tanaka, der Vogelfreie, der Renegat, der Schrecken von Tupelo Island, der Clara Kleinschmidts Unterhosen entwendet, Bobby und Cara Mae Cribbs verwünscht, den Sheriff und die Einwanderungsbeamten genarrt hatte. Hiro Tanaka, der Mittagessen-Räuber. Er war ihr Geheimnis, ihr Schatz, gehörte nur ihr, und damit hatte sie allen anderen etwas voraus.

Sie hatte ihn auf frischer Tat ertappt, auf ihrer Veranda, damals an jenem stürmischen Nachmittag vor zehn Tagen, hatte ihn mit dem Beweisstück in der Hand erwischt, während die Bäume sich im Sturmwind bogen und die Erde bebte und ein Schwefelgestank sich wie eine Decke über die drückende, stickige Luft legte. Er zögerte, sie sah es in seinem Blick: einerseits Wiedererkennen, andererseits Verwirrung – *er hatte sie nackt gesehen, ihre Brüste, ihren Nabel, ihre Schamhaare* –, und einen kurzen Moment lang wich der dumpfe Schock animalischer Überraschung aus seiner Miene. Essen war eine Sache, die erste Sache, ja, und da war eben die zweite.

Sie hatte keine Angst, kein bißchen. Er war nur ein Junge, verschreckt und verdreckt, mit fieberglänzenden Augen, zerrissenen Sachen, einen Fetzen aus fasrigem rotem Stoff um den Kopf geknotet. Er sah nicht einmal richtig japanisch aus mit den hellbraunen Augen und dem rötlichen Haar, oder doch? Da war die Epikanthusfalte, die sie aus der Völkerkunde kannte, das runde Gesicht und die platte Stupsnase, die leichten O-Beine und der allzu gelbe Ton seiner zerkratzten, zerstochenen Gliedmaßen. Kniff man die Augen zusammen, war er Toshiro Mifune, kniff man sie nochmals zusammen, war er jemand ganz anderes.

Er rührte etwas in ihr an, ja wirklich. Es geschah alles so rasch an jenem ersten Tag, so überstürzt, daß sie gar keine Zeit zum Nachdenken hatte: Sie sah ihn dort stehen, hungrig und verschüchtert, und wollte ihn am liebsten in den Arm nehmen. Er war das mutterlose Rehkitz, das sie als Kind hinter der Ferienhütte am Lake Arrowhead gefunden hatte, er war das Eichhörnchen, das von der Katze angefallen worden war, er war das Waisenkind aus einem namenlosen Dorf, das sie in den Hochglanzzeitschriften aus eingesunkenen Augen von einer Schwarzweiß-Anzeige anflehte. Sie hatte kein Motiv außer Mitgefühl, keinen Wunsch außer dem, zu helfen – oder wenn doch, dann war er tief begraben, ganz unten am Grund ihres Unterbewußtseins, wo Pläne und Intrigen und Gegenintrigen ihr erstes verborgenes Dasein fristen. Er war ja ein Kitz, war wirklich bemitleidenswert, und wenn der Behälter mit Essen für ihn die Rettung bedeutete, wollte sie ihn nicht verscheuchen.

Der Regen peitschte auf ihn nieder. Sein Haar war von Kletten verfilzt, die Nasenlöcher verkrustet, die Lippen gesprungen. Er klemmte sich den Behälter in die Ellenbeuge und trat einen Schritt zurück. Wie konnte sie ihn überzeugen, was konnte sie sagen? Nimm ruhig, laß es dir schmecken, ich bin sowieso auf Diät, mein Bett ist warm und trocken, und wo all das herkommt, gibt es noch eine Menge mehr davon, ich will dir helfen, ich will dich hierbehalten, ich will, daß du mir gehörst. Sie sagte nichts. Er sagte nichts. Aber ihre Miene mußte all das und noch mehr ausgedrückt haben, und als er zurückwich, als ihm der Regen schluchzend vom Gesicht perlte und das Grün rings um ihn herum benetzte, das ihn zu verschlingen drohte, da hob sie langsam, ganz langsam, ohne zu atmen, die Hände auf Hüfthöhe und breitete sie aus. Und dann war er verschwunden.

Am nächsten Morgen war Ruth bereits gewaschen und angezogen, als Owen seine Runde machte. »*Bonjour, mademoiselle*«, raunte er und klopfte an ihre Tür. Sie antwortete ihm, noch ehe er sein Sprüchlein beendet hatte – »*Merci, je suis réveillée*« –, und im nächsten Augenblick riß sie die Tür auf und bedachte ihn mit der schwindelerregend breiten Parodie eines verführerischen Lächelns. Solcherart überrumpelt, konnte er nur staunend zusehen, wie sie sich die Tasche über die Schulter warf und den Korridor entlang zum Frühstück tänzelte. Sie war aufgeregt, so aufgeregt, daß sie kaum hatte schlafen können. Nicht nur wegen des japanischen Matrosen und der Erwartung, daß er wiederkommen könnte und sie ihm Hilfe leisten würde, ihn verstecken und nähren würde als ihr höchstpersönliches lebendiges Geheimnis, sondern auch, weil die Gleichung einen neuen Faktor – oder vielmehr: zwei neue Faktoren – aufwies: Detlef Abercorn, ein großer junger Kerl mit kantigem Kinn, Ermittler von der Einwanderungsbehörde, und sein komischer kleiner Scherge Turco.

Sie waren am Vorabend eingetroffen, klatschnaß und verdreckt, auf dem Höhepunkt des zweiten Gewitters. Der Regen war während des langen, lastenden Nachmittags in ein leises Nieseln übergegangen und hatte dann ganz aufgehört, als Ruth sich zur Cocktailstunde zum Großen Haus aufmachte. Die ganze Kolonie war im Salon versammelt – sogar Septima in einer glitzernden Silberbluse mit einer vorsintflutlichen Perlenkette –, als der Sturm erneut losbrach, mit einem Regenguß, der gegen die Fenster schepperte, und als Funken sprühten und der elektrische Strom aussetzte. »Oh, wir sollten Kerzen anzünden«, rief Septima und klatschte in die Hände wie ein kleines Kind. Ihre Stimme erhob sich über die plötzliche dämmrige Stille im Raum, trillernd und authentisch, eine würdevolle, aber ungeduldige Stimme, in der die ganze Kultiviertheit des Alten Südens schwang. Wenn die Künstler bei ihrem allgemeinen Geplapper am Geselligen Frühstückstisch oder im Cocktailzimmer auch nur kurzzeitig vergaßen, wo sie waren, dann holte sie Septimas schmeichelnder und unanfechtbarer Dialekt wieder zurück.

Saxby war am Vormittag nach Savannah gefahren, um dort die Ausrüstung für sein neues Fisch-Projekt zu besorgen – sonst wußte Ruth nichts weiter darüber: es ging um ein Fisch-Projekt, ganz einfach –, und es war daher nicht er, sondern Bob oder vielleicht auch Owen, der wenig später mit einem festlich leuchtenden Kandelaber hereinkam. Man spendete Beifall, eine weitere Runde Cocktails wurde ausgegeben, und als die Lampen wieder angingen, beschloß man einstimmig, auf sie zu verzichten und sich lieber bei Kerzenlicht der Romantik des Gewitters hinzugeben, das mit dem ganzen Ingrimm des brodelnden Atlantik auf die inzwischen dunklen Fenster einstürmte.

Gerade als Owen eintrat, um zum Abendessen zu rufen, ertönte ein Klopfen an der Tür. Der vordere Salon, in dem die Cocktails serviert wurden, führte auf die Eingangshalle und zu dem prächtigen Haupteingang. Niemand klopfte hier jemals an – alle hatten freien Zutritt –, und das dreiste, ungeduldige Donnern gegen die Eingangstür schreckte sie auf. Der Geräuschpegel fiel auf Null, Gespräche erstarben; alle Köpfe drehten sich um und starrten durch die Salontür in die Halle, in die sich Owen nun begab, mit vorgeschobenen Schultern und dienstlicher Miene. Ruth, die sich in den ersten Stadien jener Metamorphose befand, die sie zum zentralen Fixstern von Irving Thalamus' Clique machen und für immer aus der Trostlosigkeit des Stillen Zimmers herausreißen sollte, folgte ihm.

Owen machte die Tür auf, ein wilder, verwegener Geruch nach tropfnasser Natur flutete durch die Halle, und Abercorn und Turco, der eine zu groß, der andere zu klein, kamen platschnaß ins Haus gestapft. »Hallo«, sagte Abercorn, streckte dem verdutzten Owen die Hand entgegen und ließ ein makelloses Lächen aufblitzen, »ich bin Detlef Abercorn, Spezialagent des INS, und das« – hier deutete er auf Turco, der sich mißtrauisch umblickte – »ist mein, äh, Assistent, Lewis Turco.«

Ruth fühlte, wie ihr Herz kurz aussetzte. Das war der Mann, mit dem sie vor einer Woche telefoniert hatte – unbekümmert, erfreut über die Beachtung, die ihr zuteil wurde –, der Mann, dem sie jede wichtige Einzelheit ihrer Begegnung mit Hiro Tanaka im Peagler Sound enthüllt hatte. Und jetzt war er hier, drängte sich in ihr Geheimnis hinein. Sie hatte keine Pläne, jedenfalls noch nicht, sah in Hiro nicht einmal im Traum etwas anderes als eine Kreatur, die gestreichelt, beschwichtigt und getröstet werden mußte – eine exotische, faszinierende Kreatur, gewiß, aber noch sah sie ihn nicht als ihr Eigentum, als das Schwert, den Keil, die Keule, mit der sie sich ganz Thanatopsis House untertan machen würde. Pläne hatte sie keine, aber sie wußte genau, mit diesem großen und pitschnassen Mann in dem billigen Detektiv-Trenchcoat wollte – nein, *konnte* sie nicht zusammenarbeiten.

Owen starrte die beiden an, ausnahmsweise einmal sprachlos.

»Ich wollte fragen, ob Sie uns wohl helfen könnten«, begann Abercorn, und während nun das Gemurmel der Unterhaltung hinter ihr wieder einsetzte, blieb Ruth beim Eingang stehen, hörte zu und beobachtete, wie Abercorn seine Leidensgeschichte erzählte und Owen irritiert blinzelte. Wie sich herausstellte, hatten Abercorn und Turco drei Stunden lang auf die letzte Fähre gewartet, bei der Landung jedoch die kummervolle und höchst ungelegene Auskunft erhalten, daß auf der Insel keinerlei Quartier zu bekommen sei. Sie brauchten daher eine Schlafgelegenheit, ehe sie am nächsten Morgen die Verfolgung des gemeingefährlichen, bewaffneten Ausländers aufnehmen würden, der die Leute hier in Angst und Schrecken versetzte, wie man hier so erzählen täte – Abercorn sagte wirklich »wie man hier so erzählen tut« im Dialekt der Südstaaten, obwohl jedermann sofort merkte, daß er ein Großstadt-Yankee mit schwitzigen Händen war, ungefähr so ländlich wie der U-Bahn-Rächer Bernhard Goetz. Sheriff – trotz aller Bemühungen klang es wie »She-riff«, nicht wie »Shurf« –, Sheriff Peagler habe ihm gesagt, hier im Hause könne er vielleicht ein Bett oder gar zwei finden, selbstverständlich sei er bereit, jeden geforderten Betrag dafür zu entrichten, immerhin komme er offiziell, im Auftrag der Regierung, und die Alternative sei, nun ja – hier ließ er sein Grinsen aufleuchten und zuckte beim nächsten Donnerschlag gekünstelt zusammen –, die Alternative sei eben, dort draußen zu ersaufen.

Und so stand Ruth früh auf, saß als erste beim Frühstück und huschte als erste zum Arbeiten davon, bevor Abercorn sie mit neuen Fragen festnageln konnte. Im Wald war es still, der Morgen duftete nach dem Regen der Nacht. Die Sonne war in prächtigem Gold aus dem schwappenden, kalten Atlantik aufgestiegen, und als Ruth den Weg zu ihrem Studio entlangging, schien es, als schmelze sie sich gerade durch die harten, unnachgiebigen Pfeiler der Kiefern hindurch. Ruth ging langsam, sog alles in sich auf, und trotzdem kam sie fast anderthalb Stunden früher als sonst bei ihrem Studio an. Es war kurz nach sieben, doch als sie sich an den Schreibtisch setzte und stumpfsinnig auf das eingespannte Blatt in der Maschine starrte, konnte sie an nichts anderes als ans Mittagessen denken. Würde er auftauchen? Und wenn ja, was würde sie tun und wozu würde es führen? Sie stellte sich vor, wie ihr Japaner im Bett wäre, stellte sich vor, selbst in Japan zu sein, im Land der Bürohäuser, der klaustrophobischen Straßen und der winzigen Füße, und dann endlich, nur damit die Zeit schneller verging, begann sie zu arbeiten.

An diesem Tag tauchte Hiro nicht auf. Bockigerweise. Es war beinahe, als wüßte er, daß sie den Kontakt mit ihm wünschte, hätte aber irgendein kulturbedingtes Problem – verschrobenes japanisches Machotum oder so etwas –, das ihn von ihr fernhielt. Und weil Saxby immer noch in Savannah war, weil sie gerade erst anfing, ihre Macht im Billardzimmer zu etablieren, aber auch weil ihr langweilig war und weil sie ganz einfach Lust dazu hatte – und das Geheimnis, *ihr* Geheimnis, machte die Sache noch lustvoller –, setzte sie sich an diesem Abend im Salon mit ihrem Cocktail zu Abercorn und plauderte mit ihm. Er hatte den Tag mit ergebnislosen Befragungen der Schwarzen in Hog Hammock verbracht – »Ich meine, ich hab kein Wort von dem verstanden, was die geredet haben, ehrlich, kein einziges Wort«, sagte er, »nach einer Weile wurde es richtig peinlich« –, während sein Assistent durch die Wälder gezogen war, mit einem Riesenkofferradio im Gepäck. Darüber lachte sie herzlich mit ihm, über Turcos Ghettoblaster. »Ja«, sagte sie – sie mußte es einfach tun, mußte mit ihm herumalbern, nur ein bißchen, nur zum Training –, »ich dachte mir doch gleich, daß ich heute irgendwo da draußen Donna Summer gehört habe.«

Wo denn Turco an diesem Abend sei? Spürte er etwa dem Verbrecher nach, während sie hier saßen? »O nein«, hatte Abercorn erwidert, »so fanatisch ist er auch wieder nicht. Nein, er mag einfach keine Dächer.« »Dächer?« echote sie, die Lippen schon zum Lächeln gespannt. »Sie werden mir das gar nicht glauben«, sagte er, hob eine warme Büchse Coca-Cola zum Mund und setzte sie wieder ab, »aber gestern abend, als es so geregnet hat...?« Sie nickte. »Da ist er aus unserem Zimmer hier oben verschwunden, samt Rucksack, und hat irgendwo im Busch da draußen sein Zelt aufgeschlagen.« Auch darüber lachten sie sich miteinander schief, und Ruth blickte in Abercorns rosa Äuglein und fand, daß er eigentlich irgendwie süß war.

Zwei Tage vergingen. Abercorn hing in Thanatopsis House herum, und ein paar der Künstler – vor allem Regina McIntyre – begannen zu murren. Von Turco war nichts zu sehen, der hockte draußen in seinem Zelt oder robbte durch die Sümpfe und setzte seine ganze widerliche Energie daran, Ruths Geheimnis mit der Wurzel auszureißen, ehe es Früchte tragen konnte. Durch die Stille der Nachmittage wummerte bisweilen Disco-Musik, weit weg, leise, tödlich. Der Behälter mit Essen blieb an seinem Haken hängen.

Und dann, am dritten Tag, tauchte Hiro wieder auf. Mindestens eine Stunde mußte vergangen sein, nachdem Owen auf die Veranda geschlichen war und den Aluminiumbehälter an den Haken gehängt hatte – sie hatte ihn gehört, hatte das Knarren der zweiten Stufe gehört, die lose war, aber sie war nicht herumgefahren, hatte sich mit vehementem Maschinengeklapper abgeschirmt. Eine Reihe X marschierte über die Seite, dann noch eine, ehe sie sich behutsam umdrehte und Owens stoppelhaarigen Hinterkopf auf dem Pfad zu »Diane Arbus« verschwinden sah, wo Sandy, der Wunderknabe, eifrig an seinem zweiten Roman feilte. Ruth verlor das Zeitgefühl, obwohl ihr der Magen knurrte, sie vermischte im Geist Hiros Gesicht mit dem ihrer gescheiterten, hoffnungslosen Heldin, sie war in einer anderen Welt, die Schreie der todgeweihten Kinder klangen ihr in den Ohren, das Meer zog sie hinab, als die Stufe erneut knarrte.

Sie erstarrte. Langsam, sagte sie sich, ganz langsam. Sie drehte ihm erst das Profil zu und hielt inne, erst dann blickte sie ganz über die Schulter. Da stand er vor der Tür, durch den Maschendraht wirkte er unwirklich. Das rote Stirnband war weg – jetzt trug er dort etwas anderes, bräunlich und verdreht –, und er war nackt bis zur Hüfte, die beiden Träger der Latzhose baumelten verloren hinten herab. Er machte keine Anstalten, sich das Essen zu nehmen.

»Ich will dir helfen«, flüsterte Ruth.

Er regte sich nicht, sagte kein Wort, stand nur einfach da. Sein Gesicht schien irgendwie weicher, als wäre er erschöpft oder würde gleich losheulen ... und dann durchfuhr sie blitzartig eine intuitive Einsicht: Er war nichts als ein zu groß geratenes Kind, verstört, verletzt und ausgehungert.

»Nimm das Essen. Ich habe es für dich hängen gelassen. Nimm es«, flüsterte sie, weil sie Angst hatte, die Stimme zu erheben und ihn damit zu verscheuchen.

Sie sah ihn hart schlucken. Er trat von einem Fuß auf den anderen. Und dann nahm er das Essen vom Haken und drückte es an sich.

»Hör mal«, flüsterte sie wie ein Jäger im Ansitz, »sie sind dir auf den Fersen, verstehst du? Zwei Männer, aus dem Großen Haus.«

Er sagte nichts, aber sein Gesicht wirkte noch weicher. Er war am Ende, das konnte sie sehen. Er war bereit, aufzugeben, das Handtuch zu werfen, sich Handschellen anlegen zu lassen.

»Ich werde nicht zulassen, daß sie dich fangen«, sagte sie. »Ich bringe dir etwas zum Anziehen und zu essen, du kannst hierbleiben, wo dich keiner sieht.« Sie hob ein Bein an und schwang auf dem Drehstuhl ganz langsam zu ihm herum. Ihr ganzes Leben lang war sie mit einem gewöhnlichen Gesicht und Körper ausgekommen, hatte damit sogar Triumphe gefeiert und Legionen von Männern sprachlos gemacht. Sie besaß das undefinierbare Etwas, das sie alle haben wollten, und sie war sich dessen bewußt. Jetzt, mit vierunddreißig, besaß sie es immer noch und zwanzig Jahre Erfahrung dazu: sie war unwiderstehlich. »Komm schon rein«, sagte sie immer noch flüsternd, jetzt aber mit einem gebieterischen, scharfen Unterton. »Mach die Tür auf. Setz dich hin und iß!« – sie machte die entsprechenden Bewegungen mit Mund und Händen – »und dann kannst du dich da auf dem Sofa ausruhen. Ich tu dir nichts. Das verspreche ich dir.«

Einen langen Moment stand er reglos da und fixierte sie. Er war größer, als sie ihn in Erinnerung hatte, und trauriger, weil seine Augen hohl wirkten und die Wangen eingefallen waren, aber als er nach der Tür griff, erstarrte sie von neuem. Vielleicht war er doch gefährlich, dachte sie. Vielleicht stimmten die Meldungen ja. Immerhin war er aus einem fremden Land. Er hatte ganz andere Werte. Er konnte ein Fanatiker sein. Ein Wahnsinniger. Ein Killer.

Die Tür ging auf, und er machte einen vorsichtigen Schritt in den Raum hinein. Verzweifelt klammerte er sich an den Essensbehälter. Sein Blick war der eines Gehetzten. Er schrie beinahe auf, als die Tür hinter ihm wieder zufiel.

Dann sah sie, was er da um den Kopf geknotet trug: schimmerndes Nylon, ein schmales weißes Gummiband – Clara Kleinschmidts Unterhose. Sie konnte sich nicht beherrschen, konnte es nicht länger zurückhalten – der bewaffnete, gemeingefährliche Ausländer: ein zu groß geratener Junge mit Clara Kleinschmidts Unterhose um den Kopf –, und auf einmal lachte sie, lachte so sehr, daß sie zu ersticken glaubte.

Später, nachdem er das Mittagessen verschlungen hatte, dazu eine Schachtel Salzcrackers, zwei Äpfel und eine Schnur mit gedörrten Datteln, die ihre Mutter ihr geschickt hatte, fiel er der Länge nach auf das weiße Rattansofa und schlief sofort wie ein Toter. Lange Zeit betrachtete sie ihn einfach nur, studierte ihn wie ein

Medizinstudent einen Leichnam oder ein Künstler sein Modell. Sie betrachtete seine Gliedmaßen, seinen blasigen Rücken und die zerschrammten Füße, den Knoten seiner verfilzten Haare, die Konturen des Gesichts, sogar das Rinnsal von Speichel, das ihm aus dem halb geöffneten Mund lief. Er war in üblem Zustand. In einem echt üblen Zustand. Die anderthalb Wochen im Sumpf hatten ihm nicht eben gut getan. Seine Haut – jeder sichtbare Zentimeter davon – war ein verkrusteter Fleckenteppich aus Insektenstichen, Schorf und Pusteln. Eine Quetschung am rechten Ohr hatte sich entzündet und das Ohrläppchen auf die doppelte Größe anschwellen lassen. Ein langer, gestrichelter Kratzer verlängerte die eine Augenbraue wie das extravagante Make-up eines Clowns oder einer Hure. Sein Gesicht war verquollen, die Haut unter dem Sonnenbrand ganz fahl. Sein einziges Kleidungsstück – eine schlecht sitzende Latzhose – war zerfetzt, an den Nähten geplatzt, hinten zu eng und steif vor Dreck. Das Schlimmste aber war der Geruch, den er mit sich brachte, ein ranziger, elementarer Gestank nach verwesendem Fleisch, wie etwas, was tot im Straßengraben liegt.

Sie wußte nicht mehr, wie lange sie nur so dasaß und ihn ansah – er bewegte sich überhaupt nicht, bis auf das Heben und Senken des Brustkorbs. Währenddessen rutschte die Sonne unmerklich über den Himmel. Es war Cocktailzeit (ungefähr jedenfalls: der Winkel der Sonne, die nun durch das westliche Fenster ihre Kannenpflanzen beschien, verriet ihr das), als sie sich endlich aufraffte, ihm etwas zum Anziehen, Seife und ein Desinfektionsmittel zu besorgen – sie befürchtete, er könnte sonst verfaulen. Sie dachte dabei an Obst – Birnen oder Bananen –, das Flecken bekommt und erst bräunlich, dann schwarz wird und schließlich ganz in sich zusammenfällt. Sie stand auf, huschte zur Tür hinaus und machte sich auf den Weg zum Großen Haus.

Falls sie gehofft hatte, unbemerkt hineinschlüpfen zu können, so war das Glück nicht mit ihr. Es war ein Tag mit wolkenlosem Sonnenschein und einem sanften Hauch von der See, und ihre Künstlerkollegen hatten die Cocktailstunde nach draußen verlegt. Sie saßen auf der Terrasse, ihre Gläser funkelten in der Sonne, als sie sich näherte. »Ruthie!« rief Irving Thalamus, dessen Gesicht vom Chardonnay gerötet war. »La Dershowitz« – er hob sein Glas in die Höhe – »*raconteuse extraordinaire*, komm und trink einen Schluck *vin ordinaire*!«

Sie hatte keine Wahl: Sie brauchte ihn, und er nahm sie, auf seine laute Art, mehr und mehr wahr. Sie überquerte den sonnigen Rasen, war sich voll bewußt, daß alle Gesichter sich ihr zuwandten und das Geplauder verstummte, ging weiter auf ihrem unausweichlichen Weg, als Heldin ihres eigenen Films, und sah sich selbst dabei zu, wie sie in dem grellen Licht herankam, in ihren knappen Jeans und der hautengen Bluse. »Irving«, sagte sie, schmiegte sich in seine Umarmung und tauschte einen Begrüßungskuß mit ihm, der ein bißchen zu lange dauerte, und dann nickte sie Ina Soderbord und Sandy De Haven und Regina McIntyre zu und schwatzte ununterbrochen, bis ihr jemand ein Glas Wein in die Hand drückte und sie eine Sekunde lang innehalten konnte, um zu trinken. Sie ließ den Augenblick verstreichen, und dann sprach sie von ihrem Bedürfnis, ein Bad zu nehmen und sich zum Essen umzuziehen – sie sei so in der Arbeit drin gewesen, daß sie völlig die Zeit vergessen habe –, und ihr leeres Glas stand auf dem Servierwagen, die Eichbäume schoben sich näher an den Rand der einen Hektar großen Rasenfläche heran, die Sonne hing schon tief in den Fenstern des großen, zweistöckigen Hauses mit den spitzen Giebeln, und dann lief sie die Treppe hinauf und in die Halle.

Pflaster und ein Antiseptikum wollte sie sich im Gemeinschaftszimmer besorgen – in der Halle war niemand, drei rasche Schritte und dann die Stufen hinauf –, aber wie sollte sie an Hosen, Socken und Schuhe, ein sauberes Hemd kommen? Sie könnte Saxbys Sachen durchwühlen – er würde es sicher nie bemerken –, aber Saxby besaß die Waschbrettbrust und die schmalen Hüften eines Sportlers, und ihr war klar, daß seine Hosen Hiro nicht passen würden. Gleiches galt für Sandy und den hageren, langbeinigen Peter Anserine. Dann war da noch Bob der Dichter, aber der war wieder zu klein, und Detlef Abercorn, dem sie ein Zimmer hinten im zweiten Stock gegeben hatten, doch der war zu groß. Natürlich konnte sie ohne weiteres in Darien etwas kaufen, aber dafür würde sie auf Saxby und die Fähre warten und sich außerdem eine Erklärung ausdenken müssen – und erkären wollte sie niemandem etwas, nicht einmal Saxby.

Im Bad suchte sie Jod, Wasserstoffperoxid, Vaseline, eine Schachtel mit fleischfarbenen Pflasterstreifen, zwei Stücke einer nach Flieder duftenden Seife, die zu gähnenden Alligatoren geformt waren, und ein Handtuch zusammen. Sie rollte alles in das Handtuch ein und horchte auf Schritte, da fiel ihr Irving Thalamus ein. Er wäre perfekt – nicht, daß er genauso feist wie ihr Japaner war, aber er hatte etwa dieselbe Größe und einen doch recht ordentlichen Schmerbauch. Von der Terrasse drang fröhliches Lachen zu ihr herauf. Sie mußte sich beeilen – schwer zu sagen, wann jemand von dort unten eine Blase voll Wein oder Gin entleeren oder das Make-up erneuern mußte. Leise öffnete sie die Tür, das Handtuch unter den Arm geklemmt, und blickte in beide Richtungen, ehe sie auf den Gang hinaustrat.

Sie spürte ihr Herz klopfen. An den Türen gab es keine Schlösser – nicht einmal innen einen Riegel für nächtliche Ungestörtheit. Es war Septimas Prinzip, ihren Künstlern in materiellen Dingen vorbehaltlos zu trauen; sie stellte es jedem frei, ungestört herumzustreifen, und ließ für die Libido keine andere Grenze gelten als beiderseitiges Einverständnis. »Ehen gibt es keine auf Thanatopsis House«, hatte sie Ruth bei der Begrüßung in der Kolonie erläutert. »Diese Institution erkennen wir nicht an. Hier«, und dabei hatte sie Saxby angestrahlt, der hinter Ruth getreten war und die Innenseite ihres Handgelenks massierte, »hier glauben wir daran, daß ein Künstler oder eine Künstlerin sich so benehmen soll, wie er oder sie Lust hat.« Ja. Und nun stand Ruth allein im ersten Stock, unter dem Arm ein Bündel mit entwendeten Toilettenartikeln, und benahm sich verstohlen und unsozial.

Ihr Zimmer war zu ihrer Linken, aber sie ging daran vorbei und auch an denen von Clara Kleinschmidt und Peter Anserine – wenn jemand sie überraschte, konnte sie noch sagen, sie gehe sich die Hände waschen, in das kleine Bad am Ende des Korridors, um nicht das große zu belegen, falls jemand vor dem Abendessen noch duschen wolle. Und dann kam sie an Owens Zimmer vorüber und huschte um die Ecke. Vor ihr lag die Tür zur Hintertreppe, links davon das Bad. Und zur Rechten die Tür zu Irving Thalamus' Allerheiligstem. Sie zögerte, hörte wieder Gelächter und Gläserklingen von unten, und dann war sie drin.

Schnell, sagte sie zu sich, *schnell*, und sie unterdrückte ihren Ärger über die unterschiedlichen Größen der zugewiesenen Räume – ihr eigenes Zimmer erinnerte an einen Schuhkarton – und ging direkt an den Kleiderschrank aus Kirschholz. *Schnell*, rief eine Stimme in ihrem Innern, und ihre Hand zitterte vor nervöser Erregung – es war wie im Film, wenn der Held in die Wohnung des Mörders einbricht, und immer, immer kommt der Mörder zurück und überrascht ihn dort –, während sie sich durch Bügel mit Jakken, Hemden und Hosen wühlte, teilweise noch von der Reinigung in Zellophan gehüllt. Nichts Auffälliges, dachte sie, nichts, was er vermissen wird. In der unteren Schublade entdeckte sie Unterwäsche – sehr knappe Slips, fühlten sich nach Seide an, in rosa, rot und königsblau. Ganz flüchtig dachte sie darüber nach, dachte an seinen behaarten Bauch und an die Einschnürung, die diese winzigen Dinger verursachen mußten, an seinen Schwanz und seine Eier, die sich von innen gegen das Material preßten, und dann fand sie, was sie suchte: ein Paar Bermudas, die sie ihn noch nie hatte tragen sehen – was tat es schon, daß grellgelbe Papageien und froschgrüne Palmen drauf waren? –, und ein einfaches weißes T-Shirt mit V-Ausschnitt. Sie schob die Lade wieder zu, schloß den Schrank und zog ein Paar ausgetretene Turnschuhe unter dem Bett hervor. Die würde er nie vermissen.

Da tönte plötzlich von der Terrasse lautes Johlen herauf, und ihr blieb fast das Herz stehen. Sie hörte einen Schrei, dann das Geräusch von splitterndem Glas und schallendes Gelächter. Knallte da auch eine Tür? Sie mußte weg hier. Aber wohin mit den Beweisstükken? Sie konnte doch nicht einfach ... der Kissenbezug. Aber nein, das würde er sofort bemerken. Und dann fiel ihr Blick auf den Papierkorb, ein billiges Ding aus Stroh mit einer schwarzen Plastiktüte darin. Atemlos bückte sie sich, zog die Tüte heraus und leerte den Inhalt zurück in den Eimer, schnell, schnell, bei jedem Geräusch fuhr sie zusammen, die Sekunden verrannen, und was, wenn er sie erwischte, was würde sie dann sagen? Trotzdem ... sogar unter Streß fiel ihr der weggeworfene Brief von seinem Agenten und die sauber in zwei Hälften zerrissene Postkarte – von wem? – von seinem Sohn auf. Sie stopfte sie zusammen mit der restlichen Beute in die schwarze Plastiktüte und öffnete behutsam die Tür.

Sie schreckte auf: da kam jemand. Eine dunkle Gestalt, eine Bewegung: durch den Gang kam jemand.

Ruth zog die Tür wieder zu, ihr Herz hämmerte, auf den Lippen hatte sie wilde Ausreden: sie suche nach der Waschküche und sei hier aus Versehen hereingeraten; sie helfe Owens puertoricanischem Sklaven – wie hieß der schnell? Rico? – mit dem Müll, ja, seine Mutter sei leider krank, und … sie hörte nahende Schritte, ein schwerer Gang, erbarmungslos näherkommend … und dann hielten sie inne – brachen ab, stoppten, verstummten – genau vor der Tür. Sie war erledigt. Das war's dann. Sie stellte sich alles vor: den überraschten kalten Eidechsenblick von Irving Thalamus, Septimas kompromißlos emporgereckte Nase und Owens harte, gestrenge Miene, Schnelljustiz, noch nie war ein Künstler von Thanatopsis House wegen eines Bagatelldiebstahls hinausgeflogen – aber Moment mal. Sie konnte sich Irving in die Arme werfen, ja, ja, und so tun, als sei sie deshalb hergekommen – und dann hörte sie plötzlich das laute Quietschen der Badezimmertür gegenüber und wußte, daß sie gerettet war. Sie atmete tief durch, wartete noch, bis der Riegel im Bad umgelegt wurde, und öffnete die Tür erneut. Niemand in Sicht. Sie trat in den Gang hinaus und schloß die Tür hinter sich.

Genau in diesem Augenblick bog Detlef Abercorn um die Ecke. Er hatte Kopfhörer auf, deren Kabel zu einem Walkman in seiner Hemdtasche führten, und er rannte Ruth fast um, ehe sie reagieren konnte. »Oh, oha, hallo«, sagte er, etwas zu laut, und zog sich den Kopfhörer von den Ohren, in einer so automatischen Bewegung, daß es aussah wie ein nervöser Tic.

Ruth preßte sich die Mülltüte gegen die Brust und grinste verschreckt.

Er grinste zurück, streckte einen langen Arm aus und lehnte sich lässig gegen den Türrahmen. Sie bemerkte, daß er ihr in die Bluse spähte. »Hab ich Ihnen schon gesagt, daß mir unsere Unterhaltung neulich abend wirklich sehr viel Spaß gemacht hat? Ich finde, Sie sind sehr –« er zögerte, und sie hörte eine blecherne Stimme in seinem Kopfhörer wispern, »– sehr sexy. Wirklich. Und ich dachte mir, ob Sie wohl – ich hab ja einen Wagen hier und so –, ob Sie wohl mal mit mir für einen Abend von der Insel wegfahren möchten – zum Beispiel heute abend – und irgendwo nett was essen gehen oder so?«

Jetzt befand sich Ruth auf vertrautem Terrain, und während der

Schock des Entdecktwerdens allmählich verflog, gewann sie das Gleichgewicht zurück. »Ja, das fände ich nett«, erwiderte sie und bückte sich, um einen imaginären Juckreiz in ihrer linken Kniekehle zu stillen, »aber ein andermal. Recht bald. Für heute abend habe ich leider schon etwas vor.«

Abercorn schien das nicht zu beeindrucken. Er beugte sich dicht zu ihr vor und blickte sie lange und bedeutungsschwanger an. »Na ja«, sagte er und ließ seine Stimme ein wenig rauchig klingen, »ich weiß nur nicht, ob ich noch lange genug hier bin.«

Ruth sah ihre Chance. »Ach? Kein Glück?«

Er verdrehte angewidert die Augen. »Der Typ ist verschwunden. Könnte genausogut tot sein, wir haben keine Ahnung. Entweder das oder er ist längst weg von der Insel.«

»Und Ihr Assistent? Der mit dem Ghettoblaster?«

Abercorns Lachen war kurz und melodisch. »Na ja, das ist eine andere Geschichte.« Er machte eine Pause. Sie konnte sich nicht beherrschen und starrte ihm in die Augen – sie hatte noch nie jemanden mit so einer Augenfarbe gesehen. »Also, das ist Ihr Zimmer, ja?« begann er. »Ich hatte ja eigentlich gehofft, daß Sie, äh –«

Sie legte ihm die Hand auf den Arm. »Sie sind wirklich nett«, sagte sie, »aber hören Sie, ich muß leider weg. Wirklich. Mir ist gerade eingefallen, daß ich wahrscheinlich die Kochplatte in meinem Studio nicht abgeschaltet habe, und –«

»Das ganze Genie ein Raub der Flammen, wie?«

»So was Ähnliches«, sagte sie, duckte sich unter seinem Arm hindurch und rannte durch den Korridor davon.

Aber es war noch nicht vorbei.

Sie lief die Treppe hinunter, nahm zwei Stufen auf einmal, die schwarze Mülltüte unter den Arm geklemmt, und sie dachte nur an Hiro, ihr Geheimnis, ihren Schatz, der mit dem Gesicht nach unten auf dem Rattansofa in dem schattigen Studio im Wald lag. Ob er noch da war, wenn sie zurückkam? War er aufgewacht und glaubte, sie wäre zur Polizei gegangen? Hatte Turco einen Boogie durch die Maschendrahttür getanzt und Hiro mit seinem Radio niedergeknüppelt? Am allerwenigsten dachte sie jedenfalls an Saxby. Doch der stand da, am Fuß der Treppe, wankte breitbeinig unter einem gewaltigen, zwei Meter langen Aquarium die Stufen empor. »Ruthie«, ächzte er. »Ich bin … wieder da!«

Jetzt sah sie, daß sich am anderen Ende des Riesenbeckens Owen bemühte und daß die beiden versuchten, das Ding um den Treppenabsatz herumzumanövrieren und es durch den schmalen Gang in Saxbys Zimmer zu bringen. Das Unternehmen stoppte einen Moment lang, als Ruth die Treppe herunterkam, Saxbys Lippen mit einem Kuß streifte und ihm zuflüsterte: »Du hast mir gefehlt«, und dann wurde das Aquarium weitergewuchtet, Lichtreflexe huschten über die Wand, und Ruth war zur Tür hinaus, ging die Stufen hinab und überquerte den Rasen. Sobald sie den Waldrand erreicht hatte, fiel sie in Laufschritt.

Sie war ganz außer Atem, als sie das Studio erreichte; Seitenstechen bohrte in ihr wie mit Stricknadeln. Sie wünschte sich, daß er noch da wäre, wollte mit ihm sprechen, ihn waschen und seine Wunden verbinden, ihm beim Essen und Schlafen zusehen und das erloschene Licht in seinen Augen wieder zum Funkeln bringen – aber als sie den Pfad entlangkam, wußte sie irgendwie, daß er weg sein würde. Das Studio war unverändert. Sie sah die vertraute Veranda, die sonnenbeschienenen Fenster, die Kiefern, Palmen und Eichen, sie hörte die Vögel in den Ästen und roch den vollen schweren Atem des Ozeans, und nichts war anders als zuvor. Schweratmend nahm sie die Stufen und zog behutsam die Fliegentür auf: der Raum war leer.

Wütend auf sich selbst – hätte sie ihm nur gesagt, wohin sie ging, hätte sie doch Abercorn eher abgeschüttelt, wäre sie doch auch auf dem Hinweg gerannt! –, warf sie die Tüte auf den Boden und ließ sich in den Schaukelstuhl am Fenster fallen. Er war weg. Nun würde er ihr nie mehr vertrauen. Aber was machte das schon? Was ging sie das an? Sollte er doch verhungern. Lange Zeit schaukelte sie so, während die Schatten länger wurden und die Stille des Abends sich über Bücher und Schreibmaschine, Kochplatte und Kannenpflanzen legte, über all die vertrauten Gegenstände ihres kleinen Lebens an diesem zeitweiligen Außenposten. Und dann, irgendwann endlich, kam ihr der Gedanke – ein Gedanke so spitz wie eine Nadel –, daß er sie vielleicht auf die Probe stellte. Womöglich kauerte er in diesem Moment da draußen im Gestrüpp, beobachtete sie und wartete. Na gut, dachte sie und erhob sich aus dem Stuhl. Sie goß etwas Wasser aus dem Krug in eine Waschschüssel und trug sie auf die Veranda hinaus. Dann holte sie auch den Krug und stellte ihn neben die Schüssel. Schließlich wühlte sie in der Plastiktüte und legte Seife, Pflaster, Handtuch, Kleider und alles andere nebeneinander auf das Geländer, stopfte sich die beiden Briefe in die hintere Hosentasche und machte sich durch die klösterliche Ruhe des Abends auf den Rückweg zum Thanatopsis House.

Am nächsten Morgen waren die Sachen weg. Die Waschschüssel hatte er wieder an den Haken neben dem Kamin zurückgehängt, und die zerfetzte Latzhose ebenso wie Clara Kleinschmidts zweckentfremdeter Schlüpfer lagen ordentlich gefaltet in der Ecke. Am Nachmittag ließ er den Behälter mit Essen unangetastet, aber sie nahm ihn einfach nicht vom Haken – im Scherz dachte sie sich, ein paar Pfund weniger könnten ihr nicht schaden –, und am nächsten Morgen war er leer. Genauso geschah es am folgenden Tag, und sie glaubte schon, sie hätten ein Muster, einen Rhythmus entwickelt, aber das war ein Irrtum. Ein Tag verging, dann ein zweiter, und es gab kein Anzeichen, daß er dagewesen wäre. Essensportionen verdarben. Owen begriff es nicht. Abercorn packte seine Sachen zusammen und Turco seinen Ghettoblaster ein, und nachdem sie den Kolonisten versichert hatten, der Japaner sei keine Gefahr mehr, kletterten sie in ihren klapprigen Datsun und fuhren in Richtung Fähre davon. Saxby füllte sein Aquarium mit Steinen, Wasser und Pflanzen, und in den frühen Morgenstunden der langen, dichten, endlosen Nächte brachte er Ruths Blut in Wallung mit seinen Lippen und Fingern und was sonst noch an ihm dran war. Und Ruth faßte Fuß im Billardzimmer und am Geselligen Frühstückstisch, und an ihre Schreibmaschine setzte sie sich mit einem neuen Ziel und einem herrlichen Kitzel sehnsüchtiger Erwartung: Er würde wiederkommen, ihr Japaner, und zwar sehr bald. Da war sie sich sicher. Denn schließlich, dachte sie, wie konnte er widerstehen?

Jetzt aber, jetzt hatte sie Kopfschmerzen und einen Kater, und Owens Weckruf hatte sie überrascht. Der Morgen war stickig, wie eine dicke Decke über dem Gesicht, es war schon August, die erste Woche fast vorbei, und Hiro hatte seit drei Tagen kein Lebenszeichen von sich gegeben. Sie zwang sich zum Aufstehen. Es gab Arbeit zu erledigen – noch nie war ihr das Schreiben so leicht von der

Hand gegangen –, und sie war begierig, zu frühstücken, am Geselligen Tisch zu präsidieren und sich dort mit lauwarmem Kaffee und brühheißem Klatsch zu erfrischen.

Sie fuhr sich mit der Bürste durchs Haar und band es zum Pferdeschwanz, schminkte sich die Augen und putzte die Zähne, dann fuhr sie in ein Paar Shorts und ein Oberteil, ohne BH, und angelte ihre weißen Baumwollsandalen mit Korkabsätzen unter dem Bett hervor. Beim Durchqueren des Stillen Zimmers blickte Laura Grobian von ihrem weichgekochten Ei auf und nahm sie mit einem Kopfnicken und einem Zwinkern der berühmten, gehetzt blickenden Augen zur Kenntnis, was in Ruth einen kurzen Schauder des Triumphs aufsteigen ließ. Dann trat sie durch die Eichenholztür in das Gesellige Zimmer, wo sie von Gelächter, Zigarettenrauch und den Rufen »La Dershowitz!«, »Aha, schon wach?« und »Gut drauf heute, wie?« begrüßt wurde.

Bob, Sandy, Irving Thalamus, Ina Soderbord und ein halbes Dutzend andere saßen um den langen dunklen Tisch, vor ihnen ein Tohuwabohu aus dreimal gelesenen Zeitungen, Büchern, Manuskripten, mit Ei verklebten Tellern, Kaffeetassen und Aschenbechern. Eine Thermoskanne mit Kaffee stand wie eine große silberne Rakete auf dem Beistelltisch, zusammen mit einem Servierteller Waffeln und einer Schüssel voll Kompott. In der Küche machte Rico Toast und briet auf Bestellung Eier mit kanadischem Speck. Ruth steckte den Kopf durch die Schwingtür und sah gerade, wie er ein Omelett hinter dem Rücken in der Luft wendete. »Nicht übel«, sagte sie und stieß einen leisen Pfiff aus.

Rico schenkte ihr ein Goldkronenlächeln. Er war zweiundzwanzig, fünfzehn Zentimeter kleiner als der Durchschnittsmann vernünftigerweise sein sollte, und sein Gesicht war von den großen, runden schwarzen Augen in tiefe Traurigkeit getaucht. »Kein Problem«, sagte er.

»Könntest du mir bei Gelegenheit ein pochiertes Ei machen?« bat sie ihn, lehnte sich ein Stück in die Küche hinein und balancierte dabei auf einem Bein. Ein intensiver, köstlicher Geruch hing in der Luft. »Und dazu vielleicht noch zwei Scheiben trockenen Weizentoast?«

»Kein Problem«, sagte Rico und schleuderte das Omelett nochmals durch die Luft, diesmal nur zum Angeben.

Ruth goß sich eine Tasse Kaffee ein, tat etwas Süßstoff dazu und blieb vor dem Tisch stehen, bis Irving Thalamus einen Platz für sie freigeräumt hatte. »Gut geschlafen?« fragte er und blickte sie lasziv an, als sie sich neben ihn setzte und die Beine übereinanderschlug. Seine Augen waren zusammengekniffen, die Lider faltig und dunkel. Er sah aus, als müßte er eigentlich Burnus und Sandalen tragen und irgendwo im Negev Kamele oder Haremsdamen zählen.

Ruth schenkte ihm ein reumütiges Lächeln. »Zuviel gesoffen«, sagte sie, »aber Sax und ich haben noch einen Spaziergang gemacht, bevor wir ins Bett sind.« Sie machte eine Pause. »Das hat mich wieder ein bißchen aufgemöbelt. Und geschlafen hab ich wie ein Stein.«

Er schlug die Augen nieder und stocherte mit seiner Gabel im Essen herum, baute in der Mitte seines Tellers eine kleine Pyramide aus Rührei. Die Postkarte von seinem Sohn – erstes Semester in Yale – war bitteres Brot gewesen. Der Sohn hatte vor, die Ferien mit Irvings Frau, die von diesem getrennt lebte, in Mount Kisco zu verbringen; anscheinend hatte sein Vater ihn vorher brieflich in ein Haus eingeladen, das er auf Key West gemietet hatte. Die Karte war eine unmißverständliche Absage, und der Junge hatte hinzugefügt, er halte seinen Vater für einen Heuchler, einen narzißtischen, überschätzten Kommerzautor und moralischen Zwerg, der seinen Patriarchenpenis nicht in der Hose behalten konnte. Der Brief des Agenten war noch schlimmer. So schlimm, daß sich Ruth beim Lesen sogar kurz schuldig gefühlt hatte – aber nur ganz kurz, denn sie war schließlich Künstlerin und Intellektuelle, und sie machte sich ihre eigenen Regeln. Der Agent – einer der prominentesten in New York – hatte geschrieben, daß Irving Thalamus' Verleger, bei dem seine letzten sechs Bücher erschienen waren, schwere Bedenken habe, auch den neuen Roman zu publizieren. *Hundstage* sei ein peinliches Machwerk. Unsinnig. Zusammenhanglos. Der Verleger wisse – und der Agent pflichtete ihm bei, sanft und mit vielen Worten –, daß Irving es irgendwann auch so sehen werde. In sechs Monaten, mit ein bißchen Distanz, werde er den Roman selbst verwerfen. Bestimmt. Er habe auch an seine Karriere zu denken, an seine Zukunft im Pantheon der amerikanischen Literatur – weshalb sie zu diesem Zeitpunkt mit einem voreiligen Schritt verderben?

Zum Schluß drückte der Agent noch seine Zuversicht aus, daß die Erholungskur in der bukolischen Atmosphäre von Thanatopsis House ihm gewiß enorm guttun werde.

»Na, und wie läuft's mit deiner neuen Erzählung?« fragte er und hob das eckige Kinn wieder in ihre Richtung.

Sie wußte, daß er nicht die Wahrheit hören wollte, sondern daß die einzige richtige Antwort auf seine Frage nur Jammern sein konnte; sie mußte sich selbst beschimpfen, über das leere Blatt Papier, über die eigene Unfähigkeit klagen und sich mit ehrfürchtigem Blick erkundigen, wie er es eigentlich schaffte, ein brillantes Buch nach dem anderen zu produzieren. Sie trank noch einen Schluck Kaffee, stellte die Tasse ab und beugte sich nah zu ihm. »Ich hab noch nie im Leben besser arbeiten können«, antwortete sie.

»Na, wunderbar«, sagte er, »ist ja toll, wirklich toll.« Sein Blick wurde waidwund.

Bob rief etwas über eine Runde Poker am Abend und stand vom Tisch auf. Ina Soderbord, trotz der fast zweiunddreißig Grad im rosa Jogginganzug, erhob sich ebenfalls und folgte ihm, worauf Ruth die Brauen hochzog. Irving Thalamus nickte zustimmend. Dann kam Rico im Cha-cha-cha-Rhythmus aus der Küche, aus der gedämpft Salsamusik herüberdrang, und stellte Ruth einen Teller mit Ei und Toast hin. Sie ließ sich Zeit, das Ei auf die Toastscheibe zu plazieren und es mit Salz und Pfeffer zu bestreuen, ehe sie sich wieder an Thalamus wandte und ihm jene Frage stellte, die nach allen Regeln schriftstellerischer Etikette auf die seine folgen mußte: »Und bei dir? Kommst du mit *Hundstage* gut voran?«

Er warf ihr einen seltsamen Blick zu, den Blick eines Mannes, dem jemand die Hosen gestohlen und die Post geplündert hat. Aber nein, wie konnte er es wissen? Seit sie hier war, hatte er über nichts anderes als *Hundstage* geredet – sie hatte sich bestimmt nicht verraten. »Ach, das«, sagte er achselzuckend. »Ganz gut. Geht so.« Er machte eine Pause. »Ich sitz jetzt aber an was Neuem, das für mich etwas ganz anderes bedeutet, ein richtiger Aufbruch. Ich bin ganz aufgeregt deswegen.« Er sah nicht sehr aufgeregt aus. Er wirkte etwa so aufgeregt wie eine ältliche Schriftstellerlegende, die darüber nachsinnt, ob sie ins Gemeinschaftsbad hinaufgehen sollte, um dort den Darm zu entleeren, und genau das tat er auch.

Sie wollte etwas Banales sagen, wie etwa: »Das freut mich wirklich für dich« oder »Das ist wohl das Mindeste, was wir von dir erwarten, Irving«, aber er drehte sich plötzlich zu ihr, und seine Miene erhellte sich. »Ach, übrigens«, sagte er, »hast du schon das Neueste gehört?«

Hatte sie nicht. Sie schloß den Mund und faltete die Hände im Schoß. Sie erwartete etwas Saftiges, Handfestes, über das sie bis zum Mittagessen lachen konnte, eine hinreißende Klatschgeschichte, aus der sie einen Dauerwitz für die nächste Woche im Billardzimmer machen konnte. Letztens hatte er ihr erzählt – es war einfach phantastisch, sie hätte es selbst nicht besser erfinden können –, eines Nachts sei Peter Anserine in sein Zimmer unter dem Dach hinaufgegangen, um dort Clara Kleinschmidt in voller Fülle auf seinem Bett liegend vorzufinden wie die Nackte Maja – und das Beste daran: sie war bis zum Morgen geblieben. »Nein«, sagte Ruth, reckte sich ein wenig und ließ einen Verschwörerblick durchs Zimmer huschen, »erzähl schon.«

»Ich glaub es einfach nicht«, sagte er. »Rate mal, wer nach Thanatopsis kommt – für ganze *sechs Wochen*?«

Sie hatte keine Ahnung.

In der Küche klapperten die Teller. Bob nahm Inas Hand und schlenderte zur Tür hinaus, Sandy gähnte, streckte sich und stand auf. Irving Thalamus beugte sich zu Ruth hinüber, seine Augen glänzten, sein Grinsen war scharf wie das eines Wachhunds. »Jane Shine«, sagte er. »Jane Shine kommt hierher. Kannst du das fassen?«

Fea Purē

Ich will dir helfen, hatte sie geflüstert, als er vor ihrer Tür stand, den Essensbehälter in der Hand. Immer wollten ihm alle helfen. Deshalb feuerten sie ihre Schrotflinten auf ihn ab und hetzten ihre Hunde auf ihn, deshalb spielten sie in den Sümpfen Donna Summer und versuchten ihn mit ihren Motorbooten zu überfahren. Es war der Liebhaber dieser Frau gewesen, ihr *bōy-furendo*, dieser Rindfleischfresser und Butterstinker, nackt und haarig, mit seinem großen Hundepimmel, der ihm herunterhing wie ein Würstchen; der hatte sein Boot auf ihn zugelenkt, als er halb ertrunken war, und ihn aus dem Laden verjagt, als er halb verhungert war. Der hatte ihm auch nur helfen wollen.

Trotzdem, sie hatte etwas an sich – er konnte es nicht genau bestimmen, fand das richtige Wort dafür nicht, weder auf englisch noch auf japanisch. Sie saß am Schreibtisch, mit dem Rücken zu ihm, und als sie sich umdrehte, sah er ihre seidig schimmernden Beine, lang und schlank, amerikanische Beine, und er sah, wie sich ihre Brüste bewegten, rund und voll. Er erinnerte sich an diese Brüste noch von jener Nacht im Wasser, obwohl er damals verschreckt und erschöpft gewesen war und um sein Leben gekämpft hatte. Er stand kurz vor dem Ertrinken, kurz vor dem Sterben, und da waren ihre Brüste, nackt und verlockend im bleichen Schein des Mondes und der Sterne. Die weiße Haut, daran erinnerte er sich, an ihre weiße Haut dort und weiter unten, eine Haut wie Milch in einer Porzellanschale. Er trat durch die Tür.

Er hatte schreckliche Angst, obwohl Jōchō und Mishima ihm beistanden – er war sicher, sie würde ihn verraten, würde loskreischen, bis ihr die Mandeln herausfielen, und jeden schwitzenden *hakujin*-Cowboy und kraushaarigen Neger der Gegend herbeirufen –, dann aber fing er ihren Blick auf und sah, daß sie Angst vor ihm hatte. Eine Weile blieb er in der Tür stehen und beobachtete ihre Miene. Und dann, als er sie weicher werden sah, als ein Lächeln um ihre Lippen spielte und er sie lachen hörte, schlurfte er in den Raum und hockte sich in die Ecke. »*Arigatō*«, flüsterte er, »danke, danke ich Ihnen sehr.« Und dann öffnete er den Behälter mit Essen und verzehrte den Inhalt.

Sie bot ihm noch mehr an – Äpfel, Datteln, Kekse –, und er nahm sie, nahm sie voller Gier, obwohl er sich damit demütigte. Er kauerte dort wie ein Tier, schmutziger als er je im Leben gewesen war, aus hundert Wunden blutend und stinkend wie ein Schwein. Und in Lumpen. Gestohlenen Lumpen. Negerlumpen. Jōchō hätte ihn verachtet; Mishima hätte ihm den Rücken gekehrt. Er mußte an Jōchōs Worte über die Wichtigkeit von Körperpflege und persönlicher Erscheinung denken – das Leben sei eine Kostümprobe für den Tod, auf ihn gelte es stets vorbereitet zu sein, bis ins kleinste Detail der Toilette, bis hin zur Unterwäsche, zur Nagelpflege, zu Händen und Zähnen und der Färbung der Wangen –, und er fühlte sich gedemütigt bis ins Innerste. Er war besudelt. Entwürdigt. Unrein. Geringer als ein Hund.

»Ich bringe dir etwas zum Anziehen«, sagte sie.

Er war ein Nichts. Er stank. Er ekelte sich vor sich selbst. »*Dōmo arigatō*«, sagte er, und obwohl er bereits hockte, verbeugte er sich aus der Hüfte heraus.

Dann stand sie auf. Stellte sich auf diese schönen, schlanken, gespenstisch weißen Beine und schritt quer durchs Zimmer auf ihn zu. Sie sagte nichts. Sie stand über ihm, in den Augen ein warmer, tröstender Ausdruck, und streckte die Hand aus. »Komm«, sagte sie. Ihre Stimme klang tief und kehlig, und als er ihre Hand ergriff, zog sie ihn hoch. »Komm, leg dich hin«, und sie bot ihm das Sofa an. Er gab seinen Widerstand auf und ließ sich von ihr führen wie ein kleines Kind, ließ zu, daß sie ihm das Kopfkissen unterschob und in ihrem feierlichen Tonfall auf ihn einflüsterte, bis seine Muskeln sich entspannten und er das Gefühl bekam, durch das Rattanrohr, das Dielenholz, die Erde selbst hindurchzusausen, in ein Reich, wo nichts mehr wichtig war, gar nichts mehr.

Er träumte von Baseball – *bēsubōru* –, dem Spiel, das sein Leben gewesen war, bis er Jōchō entdeckte. Er war bei seiner Großmutter, seiner *obāsan*, sie trank Sake und er aß einen *hotto dogu*, und die Spieler auf dem Platz schwangen ihre Schläger, und der Werfer knallte den Ball genau in das dunkle, magische Loch des Fängerhandschuhs hinein. Und dann war er plötzlich mitten unter ihnen, stand auf dem Schlagmal und schwang ... keinen Schläger, sondern den *hotto dogu*, mit Chilisoße, Senf und allem Drum und Dran ... er schwang ihn, bis er anschwoll und größer wurde und er das Gefühl hatte, damit alles machen zu können, einen sicheren *home run* schlagen, den Ball in die Luft befördern zu können wie einen Vogel oder eine Rakete. Er wandte sich um und wollte seiner *obāsan* zuwinken, doch sie war weg, an ihrer Stelle stand jetzt eine junge Frau mit einem Baby an der Brust ... aber nein, da war nicht nur ein Mädchen, es waren Hunderte, Tausende, und jede stillte gerade ein Kind, und jede hatte Brüste, so rein und weiß wie ... Brüste ... eine Lawine von Brüsten ...

Er erwachte langsam, allmählich, ein Taucher, der an die Oberfläche einer trüben Lagune treibt, und der Schlaf haftete an ihm wie Wasser. Es dauerte einen Augenblick, er war desorientiert, erschöpft von allem, was er erlebt hatte – lag er zu Hause in seinem Bett, in der gemütlichen Koje auf der *Tokachi-maru*, döste er während einer Vorlesung auf der Marineakademie vor sich hin? –, und dann wußte er schlagartig, wo er war, und riß die Augen weit auf. Er sah das Gittermuster des Rattansofas, die verblichene Lackschicht, er sah das geblümte Kopfkissen und die eigene schmutzige, zerkratzte Hand. Zu hören war nichts, kein Laut. Im nächsten Augenblick fuhr er hoch, sprang vom Sofa, verfluchte sich, verfluchte sie, und dann riß er die Tür auf und rannte in den Wald hinein, atmete nur noch in kurzen, keuchenden Zügen. Wie hatte er ihr vertrauen können, dachte er und achtete nicht auf messerscharfe Palmwedel und ziepende Dornen, sein Adrenalinspiegel stieg, jeden Moment rechnete er damit, hinter sich das hechelnde Gebell der Hunde des Sheriffs zu hören. Dieses Miststück, dieses falsche, verlogene, weißbeinige *hakujin*-Mistweib: Wie hatte er nur so dumm sein können?

Fair-play – *fea purē* – war das nicht gewesen, wirklich nicht. Das war gegen die Regeln. Sie hatte geschummelt. Hatte ihn völlig wehrlos erwischt, hatte ihn gefunden, als er gerade alles hinschmeißen, sich ergeben und vor lauter Scham und Schande sterben wollte, und sie hatte ihn mit ihrer Stimme und ihren Augen und ihrem reinen weißen Körper verführt, um ihm dann das Messer in den Rücken zu stoßen. Aber er war ihr entkommen. O ja. Und so etwas würde ihm nie wieder passieren, niemals – er würde ebenso gnadenlos und schlau sein wie die Langnasen selbst. *Fea purē* gab es nicht mehr für ihn. Die netten Typen werden immer Letzter – das hatte Leo Durocher gesagt, der große *amerikajin* Manager der Brooklyn Dodgers, und Jōchō hatte es auch gesagt.

Er zerrte an Lianen und Zweigen und patschte durch einen schaumbedeckten Bach, in dessen seichtem Wasser er irgend etwas aufscheuchte. Außer Atem warf er sich schließlich in den rötlichen Morast und überdachte seine Lage. Eine Weile hielt er die Luft an, um zu lauschen – sie jagten einen mit Spürhunden, das wußte er. Denen reichte eine Socke, eine Sandale, eine Zigarettenkippe, um einen bis ans andere Ende der Welt zu verfolgen. Noch hatte er zu große Angst, um sich elend zu fühlen, war er zu erschöpft, um klar denken zu können. Aber als er sich beruhigt hatte, als die Sonne hinter dem Rand der Erde verschwand und die Bäume in gespenstischem Zwielicht zurückließ, als die Vögel der Nacht über ihm kreischten, da fühlte er sich wieder so richtig elend und überlegte, ob er nicht doch ein bißchen zu voreilig gehandelt hatte.

Vielleicht hatte sie ihm ja wirklich helfen wollen. Sie hatte gesagt, sie wolle ihm etwas zum Anziehen bringen. Er konnte wohl kaum erwarten, daß sie Männerkleider in ihrer Hütte hatte, oder? Sie wohnte nicht dort, soviel wußte er. Sie kam am Morgen und ging am Nachmittag. Er nahm an, daß sie so etwas wie ein Sekretärin war und die Hütte im Wald ihr Büro – und wenn das stimmte, nun ja, dann hatte sie vielleicht tatsächlich etwas zum Anziehen geholt ... und noch etwas zu essen, knackiges Gemüse und Obst, Sandwiches mit Fleischaufstrich wie die, die in dem Plastikbehälter gewesen waren, in Alufolie eingepackte Käseeckchen und ein Stück Kuchen mit Zuckerglasur. Sein *hara* meldete sich vernehmlich. Er stand aus dem Schlamm auf, überall juckte es ihn, ein säuerlicher, unbestimmbarer Geschmack lag ihm auf der Zunge, und er kämpfte sich zurück in die Richtung, aus der er gekommen war.

Es war nicht leicht. Die Schatten wurden dichter; die Bäume standen Arm in Arm in geschlossenen Reihen und glichen einander wie Grashalme; flinke, unsichtbare Wesen huschten durch das Unterholz zu seinen Füßen. Zweimal strauchelte er und fiel kopfüber ins Gebüsch, wo die schmutzige Gaze seidiger Spinnweben ihm Mund und Nasenlöcher verklebte, Legionen von Moskitos peinigten ihn. Fast hatte er schon die Hoffnung aufgegeben, da gönnte ihm das Gewirr der Gewächse die kurzfristige Erholung einer Lichtung.

Er erstarrte. Es war jetzt stockfinster, die Nacht war klar und mondlos. Keine sechs Meter vor ihm stand das Studio, konturlos, eine dunkle Form, die alle Schatten der Umgebung in sich aufsog. Nichts regte sich. Er lauschte dem Zirpen der Grillen, dem Sirren der Moskitos, dem schweren Pochen und Pfeifen, das seine innere Maschinerie von sich gab, während sie daran arbeitete, ihn am Leben zu erhalten. Was, wenn sie ihm da drin auflauerten? Wenn sie ihn sogar jetzt beobachteten, die Hunde bei Fuß, die Gewehre im Anschlag, die Finger am Schalter der Suchscheinwerfer?

Zögernd, Schritt für Schritt, näherte er sich der dunklen Masse, die das Studio war. In der Schule, zu Hause bei seiner *obāsan*, beim Schrubben der Decks auf der *Tokachi-maru*, hatte er die eigene Körperlichkeit fast vergessen, und nun spielte er auf einmal wieder ein Kinderspiel: Ampel rot – Ampel grün. Er machte einen Schritt vorwärts und hielt inne. Zwei Schritte. Dann noch einen. Als er ganz nah war, als er die waagerechte Stange des Verandageländers von dem dunklen Hintergrund unterscheiden konnte, durchzuckte es ihn freudig. Da waren ja die Kleider! Er griff nach den Sachen, das weiße T-Shirt schimmerte fahl. Sie hatte ihn also doch nicht verraten – sie war seine Verbündete, seine Freundin, sein Trost und Beistand, und sie hielt sich an die Regeln, also doch, obwohl er für sie so fremd sein mußte wie sie für ihn. In diesem Augenblick liebte er sie.

Im nächsten brach die Welt für ihn zusammen. Ja, sie hatte ihm Antiseptika und Verbandsmaterial, Wasser und Seife gebracht, und Kleider, die nach Waschmittel und Heißlufttrockner dufteten – aber das Wichtigste hatte sie vergessen: Es zog ihm den Magen zusammen, und er stöhnte unter peristaltischen Qualen: sie hatte das Essen vergessen. Die Äpfel, Datteln und Kekse, all die guten Sachen in dem Alu-Behälter, sie waren nur eine ferne Erinnerung, und jetzt packte ihn ein gewaltiger, heulender, unbezwingbarer Hunger wie ein Wutanfall. Dieses Miststück, dieses dumme Miststück, sie hatte vergessen, ihm Essen zu bringen!

Na gut. Immerhin hatte er Kleider, Seife und klares, sauberes Trinkwasser. Jedenfalls nahm er an, daß es klar, sauber und trinkbar war – in der pechschwarzen Nacht konnte er kaum die Schüssel erkennen. Vorsichtig neigte er das Gesicht in die Schüssel und trank, und zu seiner Freude war das Wasser frisch und köstlich, ohne jeden sumpfigen Beigeschmack – hatte Wasser je so gut geschmeckt? Dann zog er sich die Lumpen vom Leib, tastete nach Waschlappen und Seife und ging an eine gemächliche, genüßliche Reinigung seines Körpers, die er immer nur kurz unterbrach, um Moskitos abzuwehren.

Als er fertig war, kippte er sich die Schüssel mit Wasser über den Kopf, dann füllte er sie frisch auf – wenigstens hatte sie daran gedacht, den Wasserkrug auf der Veranda zu lassen, knurrte er vor sich hin, aber seine Dankbarkeit schlug sofort in Empörung um: *kein Essen – Heftpflaster, aber kein Essen!* Er benetzte sich das Haar, seifte es ein und spülte es wieder aus. Dann setzte er sich auf die Stufen, immer noch nackt, und entfernte mit dem Taschenmesser die Kletten und Distelstacheln und Zweige aus seinem Haar. Viel Bart hatte er nicht – ein paar dünne Härchen sprossen an seinem Kinn und über der Oberlippe –, und auch diese versuchte er zu schneiden, allerdings mit weniger Erfolg. Schließlich griff er nach der kurzen Hose und streifte sie über, so zufrieden wie ein kleiner Junge, der nach einem langen heißen Bad in seine *yukata* schlüpft.

Er nahm das T-Shirt und die Turnschuhe, Jōchō und das Taschenmesser mit in das dunkle Studio hinein. Eine Weile blieb er reglos im Dunkeln stehen und roch sie, das Aroma von süßer Haut und den Anflug eines westlichen Parfums, das wie Gewürzduft in der Luft hing. Das Studio war leer. Er erinnerte sich an die Kochplatte und an die Dose mit Keksen. Sie muß etwas dahaben, dachte er, irgend etwas. Und dann ging er ein Risiko ein: Er tastete sich durch das Zimmer, irrte in der völligen Finsternis herum, bis er ihre Schreibtischlampe fand, und knipste sie an.

Der Raum erwachte zum Leben, blendende Farben und Dimensionen – ein Zimmer, ein Wohnraum, vier Wände und ein Dach. Er war drinnen. Sein ganzes Leben hatte er drinnen verbracht, und jetzt war er wieder drinnen. Die Fenster starrten ihn an, reflektierten das Licht, und er wußte, daß ihn jeder sehen konnte, der dort draußen stehen mochte ... aber das kümmerte ihn nicht. Nicht jetzt. Nicht mehr. Im Moment ging es ihm nur ums Essen. Also wo war es? Wo bewahrte sie es auf? Er musterte den Raum – die Bücherreihen, die Schreibmaschine mit dem eingespannten, leicht gerollten Blatt Papier, den Kamin, die Stühle und das Sofa –, und sein Blick blieb auf dem wackligen Tischchen mit der Kochplatte hängen. Dort standen die Sachen zum Kaffeekochen: eine Tasse, ein Löffel, eine Keramikschale mit Süßstoff und Kaffeeweißer, dazu eine bunt bemalte Dose mit koffeinfreiem Kaffee. Und das war's. Sonst war da nichts. Jedenfalls nichts zu essen.

Die nächste halbe Stunde saß er in einem Kreis aus goldenem Licht, behandelte seine Wunden und schlürfte koffeinfreien Kaffee – eine Tasse nach der anderen. Allzu nahrhaft war das nicht, das wußte er – ein bißchen Soja-Eiweiß in dem künstlichen Milchpulver vielleicht –, aber er schüttete sich die Tasse voll mit Süßstoff und dem trockenen gelblichen Pulver und redete sich ein, es sei eine reichhaltige, sättigende Mahlzeit. Er betupfte schonend seine Wunden und untersuchte seine armen, lädierten Füße wie ein Rentner in seiner Dachkammer. Er drückte Eiter und Schmutz aus den infizierten Kratzern und Schrammen, die ihn von Kopf bis Fuß übersäten, strich sie mit dem brennenden Jod und dem angenehm milden Wasserstoffperoxid ein, dann klebte er die Pflaster darüber, eins nach dem anderen, bis seine Arme und Beine und der Brustkorb wie eine blaßrosa Collage aussahen. Er ließ sich Zeit, und sein Herz schlug wie eine Uhr, kräftig und konstant. Hier zu sein, drinnen zu sein, in diesem Raum, der ihn vor dem nackten Boden und dem nackten Himmel schützte, kam ihm wie ein leises Wunder vor. Daß es ihr Raum war, daß es der Ort war, wo sie während der langen Stunden des Tages ihre Zeit verbrachte, machte es um so schöner. Er fühlte sich endlich gerettet.

Als er fertig war – als er alle Pflaster verklebt, den ganzen Kaffeeweißer verbraucht und alle Tütchen mit Süßstoff geleert hatte –, knipste er die Lampe aus und streckte sich auf dem Rattansofa aus. Er würde die Nacht – diese Nacht wenigstens – unter einem Dach verbringen, statt sich draußen im Schlamm zu suhlen wie ein Tier. Gott, wie er die Natur doch haßte! Er haßte ihren Verwesungsgestank, die Nässe und die Insekten, die einem in Augen, Ohren und Nase krochen. Das Binsenrohr unter ihm war hart, aber das war egal. Er schloß die Augen und machte es sich halbwegs bequem, und das obszöne Drama der Nacht mit all seinem Huschen und Rascheln, seinen kleinen Toden und Morden, seinen Spinnen und Schlangen und Flöhen, das blieb draußen, wo es hingehörte.

Das Problem war nur, er konnte nicht schlafen. Er war erschöpft und abgekämpft, so müde und verzweifelt wie nur irgendein Mensch auf diesem Planeten, aber er konnte nicht einschlafen. Immer wieder sah er sie, diese Frau, die *amerikajin*, stellte sich ihr Gesicht und ihren Körper vor, immer wieder: den Augenblick, als sie sich ihm zuwandte, das seidige Rascheln ihrer Stimme. Und dann dachte er an seine *obāsan* und daran, wie sie ihm, wenn er als Kind nicht einschlafen konnte, beim Schein der Schreibtischlampe vorgelesen hatte. Für Mishima hatte sie nichts übriggehabt, sie war gar nicht glücklich gewesen, als er für Jōchō und dessen *Hagakure* mit dem Baseball aufgehört hatte. Und dann fielen ihm die Nächte ein, in denen er nicht schlafen konnte, weil er solches Bauchweh wegen des *ijime* – der Hänseleien – hatte, das er in der Schule ständig erdulden mußte, und wie Jōchō ihm damals Hoffnung und Trost gewesen war.

Hiro war siebzehn, als er das *Hagakure* entdeckte – oder vielmehr Yukio Mishimas Interpretation davon: *Der Weg des Samurai*. Er war ein Schuljunge, ein *bēsubōru*-Spieler – dort draußen auf dem Spielfeld war er ihnen allen ebenbürtig –, und er hatte noch nie den Namen Jōchō gehört und Mishima auch nicht. Er spielte mit wilder Hingabe, die harten, unaussprechlichen Namen der *gaijin*-Stars kamen ihm wie Beschwörungsformeln über die Lippen: Jim Paciorek, Matt Keough, Ty Van Burkelo. Sie waren ihm Anregung und Hoffnung. Man konnte ein Bastard sein, ein Halbblut, man konnte alles mögliche sein, wichtig war einzig und allein, ob man den Ball traf, wenn man auf das Schlagmal hinaustrat. Das war Demokratie. Das war *fea purē*. Das war die Rache. Fujima, Morita, Kawakami, diese Kakerlaken, die ihm blaue Augen geschlagen und die Nase gebrochen hatten, gerade denen, die ihm *bata-kusai* nachzischelten, wenn er durch den Korridor ging, konnte er mit seinem Schläger den Wind aus den Segeln nehmen. Mit verkniffenen Augen starrten sie ihn an, die Werfer, die Feldspieler am zweiten und dritten Mal und weiter draußen brüllten Gemeinheiten und schwenkten ihre Handschuhe, um ihn abzulenken, bis sein Schläger den Ball traf und sie die Beine in die Hand nehmen mußten. *Bēsubōru*, das war sein Leben.

Und dann, eines Tages, als er von der Schule nach Hause ging und auf der Straße die üblichen Blicke auf sich zog – jeder sah sofort, daß er kein Japaner war, daß er etwas anderes, etwas Fremdes war, und ihre Blicke huschten zu ihm und prallten von ihm ab, als ob er tot wäre, ein lebloser Pfosten, ein Baum, eine Kritzelei auf dem Bürgersteig –, fiel sein Blick plötzlich auf ein Plakat im Fenster einer Buchhandlung. Das Plakat – es war ein vergrößertes Schwarzweißfoto – zeigte einen fast nackten Mann in Todesqualen. Er war an einen Baum gefesselt, die Hände über den Kopf gebunden, und drei starre schwarze Pfeile steckten in seinem Körper. Der eine bohrte sich ihm in den Unterleib, direkt über dem Faltenwurf eines primitiven Lendentuchs, ein anderer steckte in seiner Seite, und der dritte war fast bis zum Schaft in den dunklen Haarbusch unter der Achsel hineingetrieben. Die Augen waren halb geöffnet und starrten in glasiger Verzückung zum Himmel empor, während der grimmige dunkle Spalt seines Mundes Agonie und Erlösung zugleich ausdrückte. Seine Muskulatur war die eines Helden.

Zu schüchtern, um einzutreten, starrte Hiro an jenem ersten Tag nur fasziniert in das Schaufenster und fragte sich, ob das Foto echt sei – immerhin war da Blut, perfekte schwarze Rinnsale von Blut, die sich aus den Wunden ergossen wie schaurige Pinselstriche. Andererseits waren sie *zu* perfekt, vielleicht war das Ganze nur gestellt – ein Standfoto aus einem Film oder Theaterstück –, vielleicht waren es tatsächlich nur Pinselstriche. Wie kam jemand überhaupt zu so einem Bild, falls die Begebenheit real war? Heutzutage wurden doch keine Menschen mehr zu Tode gefoltert, oder? Schon gar nicht mit Pfeilen. Er fragte sich, ob der Mann womöglich ein Entdecker war, gefangen und hingerichtet von irgendeinem wulstlippigen Stamm in Neuguinea oder Südamerika. Wenn das so war und wenn es ein Buch darüber gab, dann wollte Hiro es haben.

Am nächsten Tag faßte er sich ein Herz und ging in den Laden. Es war ein dunkler, vollgestopfter Raum: Reihe um Reihe von Büchern auf Metallregalen, die an der Wand befestigt waren, der Geruch von Druckerschwärze und Schimmel und das falsche Fruchtaroma eines Frischluftsprays. Fünfzehn bis zwanzig Kunden schmökerten an den Stellagen mit ausländischen Zeitungen oder watschelten, mit Büchern beladen, durch die Gänge. Bis auf das Rascheln von liebevoll umgeblätterten Seiten war es still wie in einem Schrein. Hiro trat an den Ladentisch, wo ein breitschultriger Mann mit einer Brille im westlichen Stil und getönten Gläsern hinter der Kasse saß. Hiro räusperte sich. Der Mann, der zum Fenster hinaus ins Leere gestarrt hatte, betrachtete ihn gleichgültig.

»Das Plakat da im Fenster, bitte«, sagte Hiro so leise, daß er sich selbst kaum hören konnte, »ist das ein Buch? Ich meine, gibt es ein Buch darüber?«

Der Mann sah ihn einen Moment lang an, als träfe er eine Entscheidung. Schließlich sagte er mit müder Stimme: »Das ist Mishima.«

Es war Glück, es war Schicksal, es war Magie. Ganz durcheinander stand Hiro vor dem Regal, zu dem ihn der Buchhändler gewiesen hatte – zwanzig, fünfundzwanzig, dreißig Titel von Mishima, jeweils in zwei, drei oder noch mehr Exemplaren, nahmen dort einen großen Teil der Wand ein. Es war, als hätte jemand seine Hand geführt: Das erste Buch, das er wählte, das allererste, war *Der Weg des Samurai*. Er zog es aus dem Regal, angesprochen von dem Hochglanzumschlag, über den sich duellierende Schwertkämpfer zu tanzen schienen. Er schlug das Buch gar nicht erst auf; der Umschlag genügte ihm. Der und das Plakat. Er legte dem lakonischen Ladenbesitzer das Geld hin und huschte mit seinem Schatz zur Tür hinaus, wo er aus dem Augenwinkel noch einen Blick auf das grausige Foto des gemarterten Autors warf.

Wie die meisten japanischen Jungen war Hiro mit dem Samurai-Mythos ebenso gründlich vertraut wie amerikanische Jungen mit den Legenden von Revolverhelden, Saloonsängerinnen und Viehtreibern. Der umherziehende Samurai war, genau wie der einsame Reiter des Wilden Westens, ein tragendes Element der Geschichten im Fernsehen, im Kino, in billigen Abenteuerromanen und bunten Comics, aber auch von Klassikern wie den *Siebenundvierzig Ronin*, die jedes Schulkind lesen mußte. Aber nach einer Phase mit acht oder neun, als er den ganzen Tag mit einem Holzschwert herumgelaufen war, die *hachimaki* um den Kopf geschlungen, hatte er die Begeisterung für Haarknoten und Schwerter wieder verloren: Samurais waren ihm bald herzlich egal gewesen. Trotzdem, als er Mishimas Buch aufschlug, kehrte alles zurück. Er wußte damals nichts von Mishimas rechtsradikalen Überzeugungen, von seiner Homosexualität, ja nicht einmal von seinem rituellen

Selbstmord – er wußte nur, daß er sich auf einmal in einer anderen Welt befand.

Anfangs verwirrte ihn das Buch. Es war kein Roman. Keine Schwertkämpfe, keine haarsträubenden Geschichten von Samurai-Wundertaten und erlösendem Heldentum. Nein. Es war eine Studie – oder eigentlich ein Kommentar – dieses Mannes, dieses Mishima mit den Pfeilen im Leib, über Jōchō Yamamotos uralten Moralkodex der Samurai, das *Hagakure*. Hiro wußte nicht ganz, was er davon halten sollte. *Ich habe erkannt, daß der Weg des Samurai der Tod ist*, las er da. Und: *Die Menschen in diesem Leben sind wie Marionetten ... der freie Wille ist Illusion*. Er erfuhr, daß es dem Samurai gestattet war, Rouge aufzulegen, wenn er mit einem Kater erwachte, und daß sich Nervosität in jeder Situation beherrschen ließ, indem man sich die Ohrläppchen mit Spucke benetzte. Es kam ihm alles ein bißchen lächerlich vor.

Aber er legte es nicht weg, obwohl es wie ein Lehrbuch oder Leitfaden war, wie etwas, was er für eine Physikstunde oder über Navigation lesen könnte. Immer wieder sah er das Bild des gemarterten Autors vor sich – erst viel später erfuhr er, daß es eine Pose war, Mishimas masochistische Hommage an den italienischen Maler eines heiligen Märtyrers –, und er arbeitete sich durch das Buch, als wäre es in einem Kode geschrieben, als wäre es seine persönliche Initiation in verborgene Riten und uralte Geheimnisse, die denjenigen, der sie beherrschte, jedermann ebenbürtig machen würden. Es war ein Spiel, ein Rätsel, ein Vexierbild. *Hagakure* – »In Blättern verborgen« – schon der Titel war mysteriös. In den nächsten Wochen suchte er die Buchhandlung noch mehrmals auf – das Plakat war inzwischen verschwunden, statt dessen hing dort die lebensgroße Pappfigur eines alten Mannes mit Vogelgesicht und buschigem Haarschopf –, um Mishimas übrige Werke zu kaufen. Es waren meist Romane, die ihm gut gefielen, aber keins dieser Bücher hatte den Zauber des ersten. Es hatte irgend etwas an sich, obwohl er nicht sagen konnte, was es war. Wieder und wieder las er die kryptischen Passagen, wieder und wieder. Und eines Tages, so plötzlich wie die Sonne mitten in einem Gewitter durch die Wolken bricht, begriff er.

Sie hatten ihn – zu sechst oder siebt – auf dem Baseballplatz in die Enge getrieben, hatten ihn herumgeschubst und seine Mütze mit dem Abzeichen der *Yomiuri Giants* in den Rinnstein geworfen. Er war voller Zorn, doch der Zorn ging über in Verzweiflung. Wann würde das aufhören, fragte er sich, und die Antwort war: niemals. An diesem Abend sprach er kaum ein Wort mit seinen Großeltern, und er fühlte sich rastlos: Er hatte keine Lust auf Fernseh-Quizshows, konnte mit seinem Walkman nichts mehr anfangen, wollte weder lesen noch für die Schule lernen. Schließlich schlug er, aus reiner Langeweile, sein zerknittertes Exemplar des *Hagakure* aufs Geratewohl irgendwo auf und begann zu lesen. Es ging um die moderne Gesellschaft und darum, wie verdorben und schwach sie geworden war, und mit einem Mal, als hätte jemand in seinem Kopf einen Schalter umgelegt, ergaben Mishimas Worte einen vollkommen klaren Sinn. Mit einem Mal wußte er: Das Buch handelte von Ruhm, nicht mehr und nicht weniger.

Die Gesellschaft rings um ihn her – diese Gesellschaft, an die er sich all die Jahre seines Lebens anzupassen versucht hatte – war verdorben, verweichlicht, besessen von materiellen Dingen, von Kleinlichkeiten wie Geben und Nehmen, Verkaufen und Kaufen – und was sollte daran schon ruhmreich sein? War es etwa ruhmreich, eine Nation von Angestellten in weißen Hemden und westlichen Anzügen zu sein, die Videorecorder für den Rest der Welt baute wie ein Stamm von abgerichteten Affen? Hiro sah es, sah es ganz klar: Fujima, Morita, Kawakami und all die anderen, sie waren nichts, sie waren Eunuchen, Versager, ohne Mumm und ohne Scham, und als Erwachsene würden sie dem Yen und dem Dollar nachjagen wie all die anderen Narren, die sich über ihn lustig machten und *ihn* als Paria behandelten. Aber nicht er war der Paria, *sie* waren es. Sein Leben nach dem Kodex des *Hagakure* auszurichten, machte ihn japanischer, als sie es waren, machte ihn reiner, besser. Es war der höchste Ausdruck von *fea purē* – oder nein, es ging über *fea purē* hinaus, drang in eine ganz andere Sphäre ein, die Sphäre von Macht und Selbstvertrauen – von Reinheit –, die das Materielle, das Fleisch, ja, den Tod selbst transzendierte. Sein ganzes Leben hatte man ihm das Gefühl der Minderwertigkeit eingeimpft, und hier war nun ein Weg, dieses Gefühl zu besiegen – nicht nur auf dem Baseballfeld, sondern auf der Straße, im Restaurant und im Theater, überall, wo er sich befinden mochte. Gegen Fujima und die übrigen würde er sich mit der ältesten Waffe im japanischen Arsenal zur Wehr setzen. Er würde ein moderner Samurai werden.

Jetzt aber, als er auf dem schmalen, unbequemen Sofa der *amerikajin* lag, mit Jōchō als Kopfkissen, schien all das eine Ewigkeit weit weg. Nach Jōchō zu leben war ihm zur zweiten Natur geworden, aber jetzt war er in Amerika, wo alle Menschen *gaijin* waren und niemand etwas auf Jōchō gab, und er würde einen neuen Kodex, eine neue Lebensregel finden müssen. Seine Peiniger waren drüben in Yokohama und in Tokio, sie fuhren auf der *Tokachimaru* mit Kurs auf New York, und er war frei – oder er würde es sein, wenn er es nur nach Beantown oder nach Philadelphia, in die »Stadt der brüderlichen Liebe« schaffte. Dieser Gedanke tröstete ihn – er stellte sich eine Stadt wie Tokio vor, mit Wolkenkratzern und Hochbahnen und dem rauhen Knurren des Verkehrs, nur die Gesichter waren dort anders – weiß und schwarz und gelb und alles mögliche dazwischen –, und alle erglühten sie in der Verzükkung brüderlicher Liebe. Er hielt dieses Bild fest, wie er an einem Bonbon gelutscht hätte. Und dann schloß er die Augen und ließ die Nacht sich über ihn breiten.

Er erwachte zum lebhaften Gezwitscher der Vögel und dem flirrenden, wäßrigen Licht der Morgendämmerung. Diesmal war er nicht verwirrt: sobald er die Augen aufschlug, wußte er genau, wer er war und wo und warum. Er setzte sich mit einem klebrigen, unwilligen Ziehen der Heftpflasterstreifen auf und untersuchte die löchrigen Turnschuhe, das T-Shirt und die Shorts, die ihn vom Fußboden her anzugrinsen schienen. Auf den ersten Blick sah er, daß die Schuhe mindestens um zwei Nummern zu groß waren, da sie für die gigantomanischen Watschelfüße von *hakujin*-Hünen gemacht waren. Und diese Bermudas! Gewiß, sie paßten ihm, aber sie waren grauenhaft, lächerlich, ein idiotisches Farbengewirr, das ihn am Geisteszustand des Herstellers zweifeln ließ. Was glaubte sie denn, was er war – ein Clown oder so? Wollte sie sich über ihn lustig machen? Sein Blick fiel auf den kleinen Tisch mit den zerknüllten Süßstofftütchen und der Kaffeedose, die er in seiner Gier völlig geleert hatte, und er schämte sich. Schämte sich zutiefst. Sie hatte ihm ihr Mittagessen geopfert, ein Sofa zum Schlafen angeboten, für ihn Kleider und Schuhe und Heftpflaster geholt, und er beklagte sich auch noch. Undankbar war er. Ein Verbrecher. Sein Gesicht brannte vor Scham.

Schon jetzt hatte er bei ihr eine Schuld – ein *on* –, die er niemals auch nur ansatzweise begleichen könnte, selbst wenn er wieder in Japan wäre und als Fabrikarbeiter in den nächsten sechs Jahren jeden verdienten Yen beiseite legte. Dieser Gedanke demütigte ihn, ließ ihn sich wertloser fühlen als am Abend zuvor, als er in Lumpen zu ihr gekommen war. In Japan bedeutet jeder Gefallen, jede unverlangte Freundlichkeit, so gering oder altruistisch sie auch sein mag, daß derjenige, der sie empfängt, dadurch mit einer Ehrenschuld beladen wird, deren er sich nur entledigen kann, indem er den Gefallen vielfach zurückzahlt. *On* ist zu einem Ritual geworden und kann eine tonnenschwere Last bedeuten, so daß es den Menschen, egal, in welcher Notlage sie stecken, ein Greuel ist, wenn man ihnen hilft. Es kann passieren, daß jemand auf der Straße überfahren wird und darauf besteht, selbst ins Krankenhaus zu kriechen, statt sich von einem Fremden Hilfe leisten zu lassen – und dieser wird sich zweifellos seinerseits abwenden, aus Respekt vor dem Schmerz und der untragbaren Bürde, die er dem anderen auferlegen würde, wenn er ihm beistünde.

Die Feinheiten und winzigen Abstufungen dieses Systems hatten sich Hiro ein Leben lang eingeprägt, denn seine Großmutter war so unnachsichtig beim Abwägen eines *on* wie kaum sonst jemand in ganz Japan – jedes Geschenk, jeden Gefallen konnte sie augenblicklich in seinen präzisen materiellen Gegenwert umrechnen, und sie hegte nichts als Verachtung für jeden, der auch nur um einen Yen darunter blieb. Half man einer alten Dame über die Straße, bekam man dafür einen selbstgestrickten Pullover, eine Schachtel Kirschpralinen und eine Einladung zum Tee. Ging man hin, schuldete man der Frau eine zweiwöchige Urlaubsfahrt auf die Insel Saipan, wo sie im Sand des Schlachtfelds nach den Knochen ihrer unbegrabenen Söhne suchen konnte; lehnte man die Einladung aber ab, beging man damit ein Verbrechen, das nur von Massenmord übertroffen wurde. Die gesamte Gesellschaft war ein gewaltiges Spinnennetz aus Verpflichtungen. Wer eine unerfüllt ließ, einen Faden des Netzes zerriß, der verlor sein Gesicht, und 120 Millionen Zungen machten vorwurfsvoll »ts ts ts«.

Plötzlich wollte er sich verstecken. Jeden Moment würde sie

eintreffen, auf ihren langen weißen Beinen den Pfad entlangkommen. Was sollte er ihr sagen? Und wenn sie nun eine Tasse Kaffee trinken wollte? Was dann? Gedemütigt und mit hochroten Ohren räumte er das Chaos auf und hinterließ ihr, sauber gefaltet, seine Lumpen, als kümmerliche Anerkennung dessen, was sie für ihn getan hatte, dann huschte er zur Tür hinaus, um sich im Gebüsch zu verstecken.

In den ausgetretenen Turnschuhen hockte er auf einem Fleckchen Sonnenlicht, spürte jeden einzelnen seiner hundertundsieben eitrigen Schnitte, Kratzer und entzündeten Insektenstiche und dachte an gar nichts – existierte nur –, als sie den Pfad entlangkam. Ihr Haar war zu einem Pferdeschwanz zurückgebunden, der hinter ihr wippte, als wäre er lebendig, und sie wirkte ein wenig verwahrlost in den ausgebeulten weißen Shorts und dem viel zu großen T-Shirt. Das T-Shirt zeigte die Silhouette eines Rennruderboots in voller Fahrt und darüber die mysteriöse Aufschrift CREW THANATOPSIS. Hiro hielt den Atem an, obwohl sie ihn nicht einmal bemerkt hätte, wenn sie einen halben Meter neben ihm vorbeigegangen wäre, so dicht war die Vegetation neben dem Pfad. Als sie sich dem Studio näherte, verlangsamte sie den Schritt, agierte plötzlich verstohlen, als schliche sie sich an etwas an. Er sah zu, wie sie auf Zehenspitzen die Stufen hinaufstieg, leise die Maschendrahttür aufzog, sie einen kurzen Moment zu lange offenhielt und sich dann umdrehte, um einen versierten Blick zurück auf die Lichtung zu werfen, ehe sie eintrat. Die Tür knallte hinter ihr zu wie ein Schlag ins Gesicht.

Den ganzen Tag lang kauerte Hiro dort im Unterholz. Er döste, schlug Moskitos tot, kämpfte gegen die hartnäckigen Forderungen seines *hara* an und lauschte dem *Tap-tap-tap, tapata-tapata, tap-tap* ihrer Schreibmaschine. Als die Sonne direkt im Zenit stand, wurde er durch das Erscheinen eines tiefgebräunten *hakujin* kurz aufgeschreckt, der sich völlig lautlos aus den Bäumen löste und Schritt um Schritt über die Lichtung schlich. Einen glückseligen Moment lang glaubte Hiro, hier biete sich ein Weg, seine Schuld mit Zinseszins zurückzuzahlen – der Kerl sei ein Vergewaltiger, ein Frauenverstümmler, ein entsprungener Irrer, und er, Hiro Tanaka, könne nun in Aktion treten und seiner Wohltäterin das großartigste Geschenk machen, nämlich ihr Leben retten –, als er enttäuscht und zugleich dankerfüllt den vertraut blinkenden Schatz des Essensbehälters bemerkte, den der Verdächtige unter den Arm geklemmt trug. Behende und geschickt schlich der Mann mit dem mächtigen, kurz geschorenen Schädel die Stufen hinauf und hängte den Behälter mit dem Mittagessen geräuschlos neben die Tür. Dann stahl er sich davon wie ein Dieb.

Den größeren Teil des Nachmittags betrachtete Hiro den Essensbehälter mit gemischten Gefühlen – er konnte ihn ja nicht gut nehmen, nein, er schuldete ihr ohnehin schon zuviel; andererseits hatte sie ihm das Essen angeboten, oder? Jedenfalls am Vortag. Aber wer wußte schon, wie es heute war? Vielleicht hatte sie Hunger, vielleicht glaubte sie, auch einmal ein Recht auf ein Mittagessen zu haben – oder auf eine Tasse koffeinfreien Kaffee mit Süßstoff und Milchersatzpulver. Er konnte ihr dieses Essen nicht einfach wegnehmen: Was würde sie von ihm denken? Sie selbst allerdings ging nicht einmal in die Nähe des Essens, erhob sich aber öfter, als er zählen konnte, um durch den Raum zu gehen und durch den Maschendraht nachzusehen, ob der Behälter noch da war. Er fühlte sich mies. Er fühlte sich wie ein geködertes Tier, wie ein Eichhörnchen oder ein Fuchs, den man in die Falle lockte. Vor allem aber fühlte er sich hungrig.

Als sie an diesem Tag nach Hause aufbrach – als er sich sicher war, daß sie weg war, und sich für alle Fälle gezwungen hatte, von tausend bis null zu zählen –, stahl er sich aus dem Gebüsch hervor, packte den Plastikbehälter im Vorbeilaufen und sprintete zurück in sein Versteck, wobei er schon auf dem Sandwich mit Fischaufstrich – war das Thunfisch? – herumkaute. Nachdem er gegessen hatte, das Einwickelpapier abgeleckt und die Ecken des Behälters nach den letzten versteckten Krümeln abgesucht hatte, fühlte er sich besudelt und verdorben, wie ein Alkoholiker, der der Versuchung erlegen ist, jenen ersten sträflichen Schluck zu trinken. Aber er hungerte ja wirklich, er ernährte sich nur von einem Bruchteil dessen, was er üblicherweise zu sich nahm, und obwohl er dagegen ankämpfte, widerholte sich der Ablauf am nächsten Tag. Und dann erreichte er einen kritischen Punkt.

Er konnte, er wollte nicht zulassen, daß er sich nochmals so vor ihr demütigte. Was glaubte er eigentlich, was er tat? Wollte er etwa bis in alle Ewigkeit im Gebüsch herumhocken, vor dem Fliegenfenster der einzigen *amerikajin*, die ein bißchen freundlich zu ihm gewesen war? Was sollte er denn hier anfangen – sich einen langen Bart wachsen lassen und ein Leben lang Dreck fressen, wie ein Höhlenmensch oder ein Hippie leben? Nein, er mußte nach Beantown, zum Big Apple, in die City of Brotherly Love; er mußte sich unter die Massen mischen, sich einen Job suchen und ein Apartment mit westlichen Möbeln und japanischen Haushaltsgeräten, mit Mikrowellenherd und Beistelltischchen und tiefen flauschigen Teppichen, die an den Wänden hochkrochen wie anbrandende Wogen. Dann würde er sicher sein, dann konnte er Minigolf spielen, Cheeseburger essen oder mit einer großen Einkaufstüte im Arm die Straße entlangschlendern, und niemand würde ihn auch nur zweimal ansehen. In dem Augenblick, als er das zweite Mittagessen vertilgt hatte, das endgültig letzte Mittagessen, machte er sich auf den Weg zu der Asphaltstraße, die ihn auf einen fernen, breiten, sonnenbeschienenen Highway und zu all den großartigen, vielsprachigen Städten im *Land der Freien und Heim der Tapferen* führen würde.

Hinter einer gläsernen Wand

»Also, Saxby, ich warne dich! Wenn auch nur ein Tropfen Wasser auf die Möbel kommt...«

Noch keine Stunde stand das Aquarium da, und schon füllte Saxby es mit Hilfe eines grünen Gartenschlauchs aus Plastik, der sich durch das offene Fenster hereinschlängelte. Das Aquarium war um fünfzehn Zentimeter zu lang, und als er und Owen um die enge Biegung im Korridor vor seinem Schlafzimmer einfach nicht herumgekommen waren, hatten sie es im Salon seiner Mutter auf die Fensterbank gestellt. Die Fensterbank selbst hatte er mit einer doppelten Lage dicker Plastikfolie abgedeckt, aber Septima sorgte sich um ihren Hepplewhite-Highboy, der direkt links davon stand, und um das dreihundert Jahre alte Mahagoni-Sideboard, das sich rechter Hand im Würgegriff der Tapete versteckte. »Ach was«, sagte er beschwichtigend, »ich würde doch in diesem Haus nie etwas kaputtmachen, das weißt du doch.« Dabei hielt er mit der einen Hand den Schlauch, mit der anderen arrangierte er seine Unterwassereinrichtung – die Steine, die er eigenhändig aus dem Hafendamm gebrochen und dann stundenlang in den gewaltigen Kesseln der Küche von Thanatopsis House gekocht hatte, um unerwünschte Algen und Bakterien abzutöten, und die langen, nassen Strähnen von Tigerlotus, Laichkraut, Tausendblatt und Rotweiderich, die er vom Lake Okefenokee mitgebracht hatte. »Teufel noch mal, ich werd doch nicht mein eigenes Erbe ruinieren, oder?«

»Saxby, hör schon auf damit«, fauchte sie zurück, mit einem Grinsen, das ihre langen fossilierten Zahnhälse freilegte. Sie liebte es, wenn er von seinem Erbe sprach, auch wenn er darüber Witze machte. Mehr als alles andere wünschte sie sich – und auf dem Totenbett wollte sie es ihn schwören lassen –, er würde nach ihr das Haus übernehmen, an ihrer Stelle den Gang der Dinge in der Künstlerkolonie überwachen und ein langes, ertragreiches Leben in der Gesellschaft jener brillanten Menschen führen, die Thanatopsis House auch in ferner Zukunft noch ihr Zuhause würden nennen dürfen.

»Aber ganz im Ernst, Mama – es wird wunderschön, wenn ich fertig bin. Wirst schon sehen.«

Septima war in der endlosen Weite eines chintzbezogenen Lehnsessels versunken, die Füße auf eine dazu passende Ottomane gebettet, ihre Lektüre – eine Buchklub-Ausgabe über die Geschichte der Reispapierherstellung im zwölften Jahrhundert in der Provinz Wu Chan – lag aufgeklappt in ihrem Schoß. »Das weiß ich doch, mein Lieber«, sagte sie, und dabei stahl sich ein leises, geistesabwesendes Zittern in ihre Stimme, als holten sie gerade, für einen Moment nur, das Alter und die Gebrechlichkeit ein, »aber dieser Highboy da ist unbezahlbar, einfach unbezahlbar, und ich weiß noch genau, wie deine Großmutter Lights damals gesagt hat –«

In diesem Augenblick drehte er sich zu ihr um, das Wasser troff ihm von den Fingerspitzen, die Ärmel hatte er bis über die Ellenbogen aufgerollt, und sah sie mit einem so breiten Lächeln an, daß sie mitten im Satz abbrach.

»Was ist?« fragte sie lächelnd. »Worüber lachst du?«

»Über dich«, sagte er. »Du behandelst mich, als wäre ich wieder sechs Jahre alt – und glaub mir, ich hätte auch gar nichts dagegen, wenn du mir wie damals wieder jeden Morgen Honigbrote und Maiskuchen machen und mich am Abend ins Bett bringen würdest.«

Seine Mutter antwortete nicht, aber er wußte, daß es ihr einen Riesenspaß bereitete, sich ihren großgewachsenen, athletischen Sohn von neunundzwanzig Jahren als aufgeregten kleinen Jungen vorzustellen, der auf seinen Patschfüßen durch die Gegend stolperte und nie genügend Maiskuchen kriegen konnte, der zu ihr aufblickte, als fände er in ihren Augen die Antwort auf alle Fragen des Universums, und der ihr Schritt für Schritt durch die Tage, Wochen und Monate ihrer früheren, weniger komplizierten Lebensjahre folgte. Nach einer Weile wandte er sich wieder dem Aquarium zu, rückte den Schlauch zurecht, regelte den Filterdurchlauf und bedeckte die Wurzeln des Laichkrauts, das er in der vorderen Ecke gepflanzt hatte, mit einem Kieshügel. Er hörte das Gemurmel des Wassers, spürte das sanfte Streichen der Halme auf seiner Haut, genoß das gemächliche, wonnige Vergnügen, etwas zu tun, etwas zu formen, mit eigenen Händen eine Welt zu erschaffen. Eine längere Zeitspanne verstrich – fünf Minuten? zehn? –, ehe er wieder etwas sagte. »Wie hat sich denn Ruth so gemacht?« fragte er und sah dabei über die Schulter.

Septima ließ ihr Buch sinken und musterte ihn über den Rand ihrer Lesebrille. Eine leise Überraschung kräuselte den feinen weißen Strand ihres Haaransatzes. »Hast du sie denn noch gar nicht gesehen?«

»Nur ganz kurz. Als ich gerade mit Owen das Aquarium raufgeschleppt habe, da ist sie an mir vorbeigerannt – sie sagte, sie müßte noch mal in ihr Studio zurück...«

»Um diese Zeit?«

Saxby zuckte die Achseln. Das Wasser auf seinen Händen fühlte sich plötzlich kalt an.

»Sie hat das Abendessen versäumt? Und die Cocktails auch?«

»Scheint so.« Das Aquarium war jetzt zu drei Vierteln voll, und das Wasser sah so grau aus wie ein Geröllfeld. »Ich kann ihr ja immer noch von Rico irgendwas machen lassen – oder wir könnten uns unten im Laden ein Brot und ein paar Scheiben Käse holen.«

Seine Mutter hatte einen abwesenden Blick. Er stellte sich vor, daß sie im Geiste gerade die Scharen von Künstlern Revue passieren ließ, die in den vielen Jahren durch Thanatopsis House gegangen waren – die mehr und die weniger bedeutenden, von gänzlich Unbekannten bis hin zu namhaften Berühmtheiten –, und dabei mitzählte, wie viele von ihnen je die abendliche Cocktailstunde versäumt hatten. Er nahm die Hände aus dem kalten Wasser und begrub sie in einem Handtuch. »Ist ja kein Beinbruch«, sagte er, »ich dachte nur –«

»Um Ruth brauchst du dir keine Sorgen zu machen«, sagte sie plötzlich.

»Ach, Sorgen mache ich mir keine« – er wedelte mit dem Handtuch – »nur, sie ist neu hier und fühlt sich ein bißchen unsicher, glaube ich – vielleicht etwas eingeschüchtert –, jedenfalls habe ich ein schlechtes Gewissen. Ich hab ihr gesagt, daß ich bloß zwei Tage fortbleibe, aber dann sind es doch vier geworden, und...« Er vollendete den Satz nicht.

»Saxby, mein Lieber«, sagte sie, und ihre Stimme war wieder voller Wolken, das Alter zitterte darin, »fuchtle nicht dauernd mit dem Ding da herum, sondern komm mal her und setz dich einen Moment zu deiner Mutter.«

Auf der Außenseite des Glases bildete sich ein Film von Kondenswasser, denn der Schlauch beförderte flüssiges Eis tief aus dem Innern der Erde, und ihm wurde klar, daß es drei bis vier Tage dauern würde, bis das Wasser warm genug wäre, um die Fische einzusetzen. Der Gedanke war eine Spur deprimierend – die Erregung lag ja im Vollenden, sechs Tage Arbeit und einen, um sich zurückzulehnen und zu sehen, daß es gut war –, und er machte einen Schritt auf seine Mutter zu, zögerte aber dann und warf einen letzten kritischen Blick auf das Aquarium. Er sah zu, wie sich die Pflanzen in der Strömung des Wasserschlauchs und des gewaltigen Filtersystems duckten und bogen, er musterte die verborgenen Höhlen und Schluchten und submarinen Herbergen, die er aus Stein geformt hatte, ganz kurz bewunderte er nochmals die Dimensionen, die enorme Größe des Kastens – zwei Meter lang und siebenhundertfünfzig Liter Inhalt! –, dann ging er langsam durchs Zimmer und ließ sich neben dem Sessel seiner Mutter nieder. Sofort spürte er ihre Hand auf seiner Schulter und die mütterlichen Finger, die sanft an seinem Ohr zupften.

»Ich möchte dir was sagen«, begann sie. Ihre Stimme zitterte noch immer, jetzt aber lag darin auch ein frisches, verspieltes Tremolo. »Und ich möchte, daß du mir gut zuhörst. Wir stören unsere Künstler nicht bei der Arbeit, ganz egal wie spät es ist oder wie gerne wir« – sie machte eine Pause – »wir ihnen zeigen möchten, wie sehr sie uns gefehlt haben. Meinst du nicht auch, mein Lieber?«

Es gab keine Antwort. Er lauschte, wie der langsame, stetige Herzschlag der Pumpe die dichte Atmosphäre der kleinen Welt umwälzte, die er da hinter einer gläsernen Wand zum Leben erweckt hatte, und mit einem Mal fühlte er sich schläfrig.

»Bis nach dem Abendessen zu arbeiten«, seufzte Septima, und ihre kühle, ebenmäßige Hand massierte ihm den Nacken. »Da muß sie wohl wirklich an etwas dran sein.«

Es war schon spät – nach eins –, als er Ruth endlich ins Bett locken konnte, und er war ein bißchen beleidigt (nur ein bißchen, schließlich hatte er schon so einige Beziehungen gehabt), weil sie es gar nicht eilig gehabt hatte, das Billardzimmer zu verlassen und in seine Arme zu sinken. Gegen neun hatten sie in der Küche ein Omelett und eine Flasche Wein miteinander geteilt, und sie war verführerisch und sexy gewesen, und er hatte an ihrer Bluse genestelt und sie gegen die Tiefkühltruhe gedrängt, wo er seine Hüften gegen sie gedrückt und das Blut in sich aufsteigen gefühlt hatte. »Komm, wir machen ein bißchen rum«, hatte er gesagt, und sie hatte geantwortet: Klar, aber dann war sie statt dessen mit ihm hinauf ins Billardzimmer gegangen.

Dort war die übliche Mannschaft versammelt – Thalamus, Bob Penick, Regina, Ina und Clara, Sandy, der neue Typ und ein paar andere –, aber es hatte einen Wetterwechsel in der Gruppe gegeben, während er weg gewesen war – soviel bemerkte er schon in dem Moment, als sie zur Tür hereinkamen. »Hey, Ruthie!« rief Thalamus und erhob sich von seinem Platz am Spieltisch wie eine Eidechse, die von einem sonnigen Stein huscht, und irgend jemand anders johlte: »La Dershowitz!«, und erst dann nahmen sie ihn wahr, obwohl er doch vier Tage lang fort gewesen war.

Ruth goß sich ein Wasserglas mit Bourbon ein – sehr lässig – und nahm zwischen Thalamus und Bob am Spieltisch Platz. Außerdem saßen dort Sandy und Ina – man spielte das Übliche: Stud-Poker mit fünf Karten – und ein Bursche, den er noch nie gesehen hatte, ein schlaksiger Typ mit gefärbtem Haar und fleckigem Gesicht, der aussah, als hätte man ihn aus Ersatzteilen zusammengebaut. Über dem Pooltisch lümmelte sich Regina und produzierte dort einen erstaunlichen und professionellen Stoß nach dem anderen, und die beiden Frauen hinten in der Ecke – ihre Namen hatte er vergessen – waren so in ihre Unterhaltung vertieft, daß sie ebensogut hinter einer Plexiglaswand hätten sitzen können. Und was blieb ihm übrig? Sich hinzusetzen und zuzuhören, wie Clara Kleinschmidt ihn über Schönberg und die Zwölftonmusik vollschwafelte, bis sein Hirn sich vor Langeweile beinahe auflöste.

Im Laufe des langen Abends stand Ruth doch noch auf und widmete sich ihm ein bißchen – Warum schmollte er so? wollte sie wissen –, doch sie huschte durchs Zimmer wie eine Maikönigin und kehrte immer wieder an ihren Platz am Pokertisch zurück – neben Thalamus. Saxby trank Wodka und schmollte, wenn er auch abstritt, daß er schmollte; er machte Small talk mit Peter Anserine und einem seiner Jünger, der dem Billardzimmer ausnahmsweise einen seiner seltenen Besuche abstattete; er diskutierte die Feinheiten beim Pflanzen von Schwertlilien mit Clara Kleinschmidt, die ihm dadurch bewies, daß sie mehr als nur eine Komponistin war; und schließlich, aus lauter Verzweiflung, forderte er Regina McIntyre zu einer Partie Pool heraus, die er prompt verlor, ohne ein einziges Mal gestoßen zu haben. In seinem fortschreitenden Rauschzustand schwand die Begeisterung, in die ihn das Aufstellen des Aquariums und der Beginn eines neuen Projekts versetzt hatten, wie ein Farbfleck im Wasser. Und dann war es auf einmal spät, und Ruth flatterte herbei, um seinen Arm zu drücken und ihm einen Kuß mit viel Zunge zu geben, der Kerl mit dem Fleckengesicht schüttelte ihm die Hand und stellte sich als der von der Einwanderungsbehörde vor, mit dem er schon telefoniert habe, und Irving Thalamus knuffte ihn in die Schulter und erzählte ihm eine schweinische Geschichte über eine Hure, die er in Savannah einmal getroffen hatte. Ruth hatte beim Pokern dreizehn Dollar zweiundfünfzig gewonnen.

Später, im Bett, nachdem er sie Stück für Stück entkleidet, mit den Fingern überall neu entdeckt und ihr gezeigt hatte, wie sehr sie ihm auf elementarste Weise abgegangen war, zündete er sich eine Zigarette an und brachte die plötzliche Änderung der Verhältnisse im Billardzimmer zur Sprache. Sie lagen in seinem Zimmer, in dem Zimmer, das er seit seiner Jugend bewohnte, direkt neben dem seiner Mutter, das eine Tür weiter auf dem getäfelten Korridor lag. Die Nacht war dicht und fühlbar, durch das Fliegenfenster blies ihr scharfer, wilder Luftzug herein, der nach Sumpf und Brackwasser und dem langsamen, feucht glosenden Tod der Vegetation roch. Ruth lag ein Stück neben ihm, ihre Haut glitzerte im Mondschein silbern vor Schweiß. Und dann drängte sie sich an ihn, ihre Brust preßte sich gegen seinen Bizeps, als sie sich eine Zigarette an seiner anzündete. Ihr Gesicht leuchtete im Aufglimmen des Tabaks, tief und genüßlich stieß sie den Rauch aus und sagte ihm dann, sie habe sich das Billardzimmer erobert, kein Problem, und jetzt – endlich – gefalle es ihr hier auch richtig gut.

Er ließ das kurz auf sich einwirken, lehnte sich gegen das Kopfende seines Kinderbetts, gegen ihren Körper gedrückt und schweißnaß, Schulter an Schulter und Seite an Seite. Seine Zigarette glühte im Dunkeln auf. »Hast du mich vermißt?« murmelte er.

Zur Antwort legte sie ihre Hand auf seinen Penis und streichelte ihn, eine Berührung so sanft und seidig wie ein im Wind schlagendes Segel. »Dreimal darfst du raten«, sagte sie mit ihrer rauchigsten Stimme und beugte sich vor, um ihn auf den Mund zu küssen.

Ihre Berührung ließ ihn die Schenkel anspannen, er schmeckte ihre Lippen und roch ihre Hitze. »Und Thalamus?«

Ihr Griff erschlaffte. »Wieso? Was ist mit dem?«

»Ich weiß nicht«, sagte er und sah weg, obwohl er wußte, daß sie seine Augen im Dunkeln nicht sehen konnte, »mir kommt es nur so vor, als wäre er auf einmal furchtbar freundlich zu dir...«

Ihre Hand schloß sich wieder, besitzergreifend und schmeichelnd zugleich. »Eifersüchtig?« hauchte sie.

Er legte die Zigarette auf den Rand des schartigen Nachttisches und nahm ihre sich rhythmisch bewegende Hand in die seine. Er hielt sie fest und erhob sich mit einem Kreischen der alten Bettfedern, um sich zwischen ihre Schenkel zu knien und zu ihrem Gesicht hinabzubeugen. Thalamus bedeutete nichts, er war ein Witz, ausgedörrt und saftlos, eine Portion Trockenfleisch in Plastikfolie. Er hätte ihn verunglimpfen und lächerlich machen können, aber er tat es nicht. Statt dessen beantwortete er ihre Frage. Schlicht. Einfach. Aufrichtig. »Ja«, sagte er.

Sie lag unter ihm, schweißglänzend und lusterfüllt, salzige Haut, ihr heißer Atem dicht vor seinem Gesicht. »Brauchst du nicht«, flüsterte sie. »Ich ... ich spiele doch bloß das Spiel mit. Du müßtest das doch wissen ... du, Sax ... du«, und sie zog ihn hinab an den Ort, wo Worte keine Bedeutung haben.

Am nächsten Morgen – oder vielmehr, Nachmittag: es war halb eins, als er aufwachte –, ging Saxby mit einer Tasse Kaffee, einem Sandwich mit Ei und der eben eingetroffenen Zeitung vom Vortag in den Salon seiner Mutter. Er entsann sich vage, wie Ruth sich bei Tagesanbruch aus dem Bett gewälzt und ihm noch einen Kuß aufgedrückt hatte, ehe sie zum Frühstück am Geselligen Tisch davongehuscht war, aber das Bild zerfloß sofort wieder im warmen Schein des Salons und den starken, vertikalen Lichtbalken, die sich durch die Fenster bohrten und das Aquarium zur Bühne machten.

Über Nacht hatte es sich enorm verwandelt. Das Wasser war jetzt klar, absolut glasklar, durchs Filtern befreit von den Rückständen, die er bei seinem Schöpfungsakt aufgewirbelt hatte, die Pflanzen standen aufrecht in einem zitternden grünen Licht, und vor der mattschwarzen Rückwand hoben sich die Gesteinsformationen ab wie sechs Faden tiefe Riffe. Im Stehen biß er von dem Eiersandwich ab, trank einen Schluck Kaffee und schob das Frühstück dann beiseite. Er war zu aufgeregt zum Essen. Im nächsten Augenblick steckte er die Hände ins Wasser, rückte diesen oder jenen Stein zurecht, strich den Kies glatt und versetzte noch eine Pflanze, so wie ein Maler letzte Hand an ein Stilleben legt. Was ihm jedoch die größte Befriedigung verschaffte, was ihn das stockende Ei, den kalt werdenden Kaffee und die alte Zeitung vergessen ließ, das war die Erwartung, daß sein perfekter Mikrokosmos bald auch bewohnt sein würde. Wenn er Glück hatte. Glück würde sogar eine wesentliche Rolle spielen in dem Projekt, das da unter seinen kalten nassen Händen Gestalt annahm.

Denn Saxby war kein Wissenschaftler – ein engagierter, ja leidenschaftlicher Amateur vielleicht, aber kein Wissenschaftler. Akademische Disziplin, Pflichtvorlesungen in Physik, Biochemie, Geologie und Anatomie, auf diese Dinge konnte er verzichten. Er war auf mehrere Unis gegangen – seine Mutter verehrte die Naturwissenschaften und hatte ihn nur zu gern auf jegliche Weise unterstützt, obwohl sie selbst, die in ihrer Jugend Gedichte geschrieben hatte, eher zu den humanistischen Fächern neigte –, und auf jeder waren seine Studienerfolge weiter gesunken. Seine Liebe galt den Tieren – insbesondere den aquatischen Vertebraten –, und die Lehrpläne dieser ehrwürdigen, piekfeinen Hochschulen mit ihren Unsummen von Stiftungsgeldern entsprachen einfach nicht seinen Vorstellungen. Nach etwa sechs Jahren des Wanderstudiums gab er schließlich mit Mitte zwanzig das Studium ganz auf, obwohl ihm noch eine ganze Menge Scheine fürs Vordiplom fehlten, und reiste ein wenig in der Welt herum – nach Belize, an den Amazonas, zum Njassa- und zum Tanganjikasee, nach Papua-Neuguinea –, ehe er sich an der Westküste der USA niederließ. Dort lebte er von seinem Treuhandfonds und jobbte für wenig Geld bei »Sea World«, im »Steinhart Aquarium« und als Maat auf einem Sportanglerboot in Marina Del Rey (er steckte dort für blasse, blutleere Männer mit

Doppelkinn in Freizeitanzügen die Köder auf die Haken). Im vergangenen Jahr hatte er sogar wieder zu studieren angefangen – am Scripps College, aber nicht in dem berühmten Ozeanographie-Studiengang, wie er seiner Mutter und später auch Ruth erzählt hatte. Er hatte dort mehr oder minder herumgelungert, hie und da eine Vorlesung über die Morphologie der Holothurien gehört und sich insgesamt von Langeweile und Trägheit in einer Art ewiger Jugend fixieren lassen. Und dann war er auf einer Party Ruth begegnet, und Ruth hatte ihn heim nach Georgia gebracht.

Die Sonne war über den Himmel gezogen, das Ei auf dem Eiersandwich war nicht mehr bloß ungenießbar, sondern brechreizerregend, da ging quietschend die Tür hinter ihm auf, und seine Mutter kam ins Zimmer gerauscht. Sie trug eine alte Malermütze, tief in die Stirn gezogen, Jeans, Sandalen und eine zu weite Bluse, und sie plumpste in ihren Lehnsessel, als hätte sie jemand gestoßen. »An diese Hitze hier gewöhn ich mich nie, und wenn ich tausend Jahre alt werde«, seufzte sie.

Saxby war ganz woanders gewesen. Er hatte im Geiste alle Aquarien seiner Kindheit vorbeiziehen lassen, all die Guppys, Schwertfische, Mollys und Platys, die er auf ihrem kurzen Weg durchs Leben beobachtet hatte, und von seinem neuen Projekt geträumt, dieser Eingebung, die eine Brücke spannen würde zwischen seinem Jugendhobby und jenem zweckbetonten Ernst, den man von einem Mann in seinem dreißigsten Lebensjahr erwartet. Jetzt sah er abrupt auf. »Du hast doch nicht wieder im Garten gearbeitet?«

Die Knie ihrer ausgebeulten Jeans hatten verräterische Flecken. Sie versuchte auch gar nicht, es zu leugnen.

»Mama, bei dieser Hitze? Du wirst dich noch umbringen!«

Sie winkte ab, als verscheuchte sie eine Fliege. »Sei ein Schatz«, sagte sie, »und hol mir ein Glas Eistee.«

Wortlos durchquerte er den Raum – er war wütend auf sie; wenn sie schon im Garten herumbuddeln mußte, warum tat sie es nicht am Abend? – und ging durch ihr Schlafzimmer in den kleinen Salon und die Küche dahinter. Dies war der alte Kern des Gebäudes, die ursprüngliche Struktur, um die herum DeTreville Lights, Saxbys Urgroßvater, das Haus in seiner jetzigen Form erbaut hatte. Septima hatte diesen Teil für sich reserviert, als ihren privaten Wohnbereich, als sie vor zwanzig Jahren die Künstlerkolonie gegründet hatte. Die Küche mit ihren niedrigen Deckenbalken war lang und schmal, es gab edles Parkett und dicke Backsteinmauern, die Generationen von Putz geglättet hatten. Hier war es kühl, die Fenster lagen im Schatten von riesigen, moosbehangenen Eichen, die älter waren als das Haus selbst. Eulonia White, Wheelers Tochter, saß am Tisch und putzte Krabben. »Sie war schon wieder im Garten«, sagte er und ging direkt auf den Kühlschrank zu.

Eulonia White war eine gut gebaute Frau um die vierzig mit schlechten Zähnen und einem sanften, entrückten Blick hinter den blitzenden Gläsern ihrer Nickelbrille. Sie gab keine Antwort.

Saxby goß Eistee aus einem Steingutkrug, und als er eine Zitrone in Scheiben schnitt und ihm der Duft in die Nase stieg, merkte er auf einmal, wie ausgehungert er war. »Sag mal, das wird doch nicht etwa Krabbensalat, Eulonia?« fragte er.

Sie nickte, was ihre Brille funkeln ließ. »Sie sagt, sie tut heut abend hier essen wollen.«

»Wie wär's mit einem kleinen Sandwich für mich, machst du mir eins? Mit Roggen- oder Weizenbrot – frag mal Rico, ich glaube, er hat beides in der großen Küche –, mit Mayo und Pfeffer und ein bißchen Zitrone. Ja? Ich bin drüben bei meiner Mutter.«

Zurück im Salon schob er seiner Mutter den kalten Becher in die Hand, griff nach dem abgestorbenen Eisandwich – ausgehungert, total ausgehungert – und roch mißtrauisch daran. »Ich hab mir eben mal dein Aquarium näher angesehen, Saxby«, sagte seine Mutter und nippte an ihrem Eistee, »und ich muß sagen, es ist wirklich das allerhübscheste, das du jemals gemacht hast, aber dann hab ich mich doch auch gefragt: Wo sind denn bloß die *Fische*?«

Die Cocktailstunde rückte schon ziemlich nahe, als er sich aufraffte und das Zimmer verließ. Seine Mutter hielt ihr leeres Glas in Händen und hatte den Kopf nach hinten gelegt, so daß die Malermütze wie ein Floß auf den weißen Wogen ihrer Dauerwelle saß. Sie schnarchte leise aus den Tiefen des Sessels, als er die Tür hinter sich zuzog. Er holte ein Handtuch aus dem Bad, streifte sich die Badehose über und suchte sich Maske, Schnorchel und Flossen aus dem Schrank. Dann nahm er den Hinterausgang und ging über den Rasen zum Boot, weil er sich ein bißchen bewegen wollte, ehe die Drinks und das Abendessen seine Glieder zu Teig verwandelten.

Die Sonne brannte so heiß auf seinem Rücken, als würde sie mit der Schöpfkelle aufgetragen, aber es war auch ein gutes Gefühl. Er winkte Ina Soderbord zu, die sich in einem der Liegestühle bräunte, fing den Geruch des Ozeans und ein leises, fernes Dröhnen von Discomusik auf, und dann trat er in die schattige Festung der Bäume. Der Geruch des Lebens war hier stärker, urtümlich, erdverbunden. Schmetterlinge taumelten wie Konfetti durch die Lichtbalken, Vögel verschwanden und tauchten wieder auf, ein Chamäleon, so grün wie Kunstrasen, hockte auf einem bemoosten Baumstumpf. Er fühlte sich gut. Im Einklang mit allem. Der Rest des Tages lag vor ihm als Aneinanderreihung einfacher Freuden: ein Sprung in den Atlantik, die schwebende, ewige Stille des Meeresgrunds, der erste aromareiche Schluck Wodka, Ruth, gebackene Krabben und Endiviensalat, Brandy, Billard, Sex. Die Not jenes langen wodkagetränkten Abends im Billardzimmer lag hinter ihm. Es bedeutete ja nichts, es war ein Irrtum, eine Fehlinterpretation: Ruth spielte bloß das Spiel mit, sonst nichts, sie knüpfte Verbindungen. Als er an den Bootssteg kam, fühlte er sich grandios, sagenhaft, so vom Augenblick erfüllt, daß er tanzte und Melodien pfiff, als wäre er in einem kitschigen Zeichentrickfilm und hätte tschilpende Vögelchen auf den Schultern sitzen.

Aber was war das? – in seinem Boot saß jemand. Ein langer, schlaksiger Kerl: Statur eines Basketballspielers, Schirmmütze der L.A. Dodgers, ein Gesicht wie mit Salzsäure gewaschen: Abercorn. Seine Freude verflog, als wäre sie abgeschaltet worden. »Hallo«, sagte er und fühlte den Schlamm zwischen seinen Zehen, fühlte sich albern, als wäre dies nicht sein Boot, sein Wasser, sein Wald, als wäre es nicht der Boden, auf dem seine Vorfahren seit zwei Jahrhunderten geboren und gestorben waren.

Abercorn saß vorgebeugt und schrieb hektisch in einen gelben Notizblock, ohne auf den schönen Tag, die Dünung, den Zug des Bootes an der Fangleine oder auf Saxby zu achten. Er hatte sich Kopfhörer übergestülpt. Saxby verfolgte das Kabel von Abercorns fleckigen Ohren über den gesprenkelten Nacken und den zerknitterten Kragen bis zu dem Walkman in seiner Hemdtasche und folgerte, daß er sich entweder von den Musen zu einem Roman inspirieren ließ oder gerade die Bandaufnahmen seiner Gespräche mit den diversen Holzköpfen transkribierte, die diese Insel bevölkerten. »Hallo«, wiederholte Saxby, diesmal lauter.

Als sich immer noch keine Reaktion einstellte, warf er die Schwimmflossen ins Boot, und damit hatte er Erfolg: Abercorn fuhr hoch wie nach einer Attacke von innen, als hätte ihn der eigene Körper verraten. Er starrte zu Saxby empor – verdammt noch mal, seine Augen waren wirklich rosa, wie bei einem Karnickel –, dann riß er sich die Kopfhörer herunter und keuchte einen verwirrten Gruß hervor. »Oh, hallo«, stammelte er und sah dabei aus, als käme er von sehr weit her. »Ich bin gerade, äh – also hoffentlich stört Sie das nicht mit dem Boot hier und so, ich dachte nur, es ist so ein schöner Tag, und ich –«, aber dann, als wäre seinem Ballon die Luft ausgegangen, verstummte er abrupt.

»Klar«, sagte Saxby, der beinahe ebenso verlegen war wie dieses rosaäugige Monster, »kein Problem. Ich wollte gerade mal aufs Meer rausfahren. Nur ein bißchen schwimmen. Sonst nichts.«

Abercorn machte keine Anstalten, sich zu erheben. Statt dessen durchbohrte er Saxby mit einem plötzlich sehr listigen Blick und sagte: »Haben Sie was dagegen, wenn ich Ihnen ein paar Fragen stelle?«

Saxby seufzte. Die Sonne war wie Sirup, und alles andere ertrank darin. »Ich hab nur ganz wenig Zeit«, sagte er, stieg ins Wasser, hielt das Boot ruhig und sprang dann routiniert hinein.

Abercorn wollte etwas über den Vorfall im Laden hören – und er befragte ihn nochmals über jene Nacht im Peagler Sound: Wie sah der Japse eigentlich aus? Wie groß war er? Hatte er sie grundlos angegriffen? –, und Saxby tat ihm seinen Willen, während er am Motor herummachte, die Zündkerzen, den Reservetank und die Anlaßleine überprüfte. Mitten in seiner Schilderung der Begegnung im Laden, gerade als Saxby zum besten Teil kam – wie dieser Japaner seine minderwertigen Lebensmittel zusammengerafft und die Schultern vorgeschoben hatte wie ein Footballverteidiger, um an ihm vorbei zur Tür hinauszurasen –, unterbrach ihn Abercorn: »Sagen Sie – darf ich Sie mal was fragen?«

Ihn etwas fragen? Tat er denn das nicht sowieso gerade?

»Etwas Persönliches, meine ich.«

Saxby war mit dem Motor beschäftigt. »Klar«, sagte er. »Fragen Sie nur.«

»Es geht um Ihren Akzent. Ich meine, ich komme aus L. A., und die Leute hier klingen für mich alle so, als kämen sie vom Arsch der Welt oder so – nichts für ungut –, nur Sie nicht. Aber Sie sind doch von hier, oder?«

Es war eine Frage, die man ihm schon tausendmal gestellt hatte, und die Antwort war doppelsinnig: er kam von hier, und dann auch wieder nicht. Er war in Savannah geboren, ja, und er würde einmal die halbe Insel erben, selbst wenn er wie ein Yankee redete. Aber daß er wie ein Yankee redete, lag daran, daß er die Hälfte seines Lebens – die prägende Hälfte – in New York und Massachusetts zugebracht hatte. Daran war sein Vater schuld. Großvater Saxby war noch nicht einmal richtig abgekühlt in seinem Grab, als Marion Lights seine Frau Septima und ihren ein Jahr alten Sohn dem Süden entriß und nach Ossining/New York am Hudson River verpflanzte. Die Familie besaß dort seit undenklichen Zeiten eine Mehrheitsbeteiligung an einer großen, antiquierten Nährmittelfabrik, die Hefe, Margarine, Gin, Wodka und den schlechtesten Whiskey der Welt produzierte. Bislang war die Familie damit zufrieden gewesen, die Fabrik aus der Ferne zu managen, aber Marion hatte andere Vorstellungen. Die Verwaltung des Anwesens auf Tupelo Island (das damals den Namen Cardross trug, nach Cardross Lights, dem Gründer der ursprünglichen Plantage, die immerhin sechs Lights-Generationen überlebt hatte, zudem alle möglichen Dürren, Überschwemmungen und Schädlingsplagen sowie die Bocksprünge des Baumwollpreises und ganze Horden falscher Bankiers und geldgeiler Spekulanten vom Festland) übergab Marion einem schlauen alten Vorarbeiter namens Crawford Sheepwater, ehe er in den Norden zog, um dort Industriekapitän zu werden.

Saxby starrte Abercorn an, der gerade von seinem Notizblock aufgeblickt und die Frage formuliert hatte, aber vor sich sah er seinen Vater, diesen eigensinnigen und unglaublich depressiven Mann. Jedenfalls war er immer depressiver geworden, je länger sich die Jahre seines Exils hinzogen und er noch immer nicht die Rockefellers, Morgans und Harrimans entthront hatte. Anfangs war er geradezu manisch vor Enthusiasmus gewesen – als Saxby sechs bis acht war, sah er seinen Vater als wahren Wirbelwind, überlebensgroß wie der Cartoon-Cowboy Pecos Bill oder der mythische Holzfäller Paul Bunyan. Er war für ihn ein gerötetes Gesicht beim Abendessen, ein Paar Schultern zum Daraufreiten, ein Liebhaber von Eisenbahnen und komischen Witzen. *Saxby*, sagte er manchmal mit der sonoren, tiefen Stimme des Südstaaten-Gentlemans, *siehst du den Hund da drüben?* und dabei zeigte er auf einen Schäferhund oder einen Beagle, der auf dem Rasen herumtollte, und Saxby nickte. *Dieser Hund da, der ist aus Ohio, Saxby*, sagte er dann, und ganz egal wie oft Saxby den Witz schon gehört hatte – richtig verstanden hatte er ihn erst, als sein Vater schon lange tot und begraben war –, antwortete er: *Woher weißt du das?* und sein Vater gab die Erklärung, im Tonfall eines Professors vor einem Hörsaal voller Veterinärstudenten: *Na, weil er ein O unter dem Schwanz hat.*

Und später, kurz bevor er sich in der Vorratskammer der großen grau-weißen Villa mit Blick über den Hudson einschloß, schlenderte er des öfteren durch die Zimmer, ein schräges Glitzern in den Augen, und verkündete, ohne sich darum zu kümmern, wer gerade zu Besuch war oder wie oft er es schon verkündet hatte, daß »Möse eben Möse« sei. Das war sein Wahlspruch. Bisweilen sah er von seiner Suppe auf, musterte pfiffig die Gäste und klatschte in die Hände. *Wißt ihr, was ich denke?* verkündete er dann, blickte kurz Septima in die Augen und fuhr fort: *Möse ist eben Möse, das denke ich*. Und dann, als Saxby und seine Mutter einkaufen waren und das Dienstmädchen Ausgang hatte, schloß er sich in der Vorratskammer ein, mit einer Flasche des billigen Whiskeys, den er für die billigen Säufer dieses großartigen Landes produzierte, und mit genug Seconal, um seinen Aufsichtsrat einen ganzen Monat lang in Tiefschlaf zu versetzen.

Saxby war damals neun gewesen. Obwohl seine Mutter in Macon geboren und in Marietta aufs College gegangen war, blieb sie zunächst in der großen leeren Villa in Ossining wohnen, statt in die große leere Villa auf Tupelo Island zurückzukehren. In ihrem Kummer und ihrer Ratlosigkeit wandte sie sich wieder der Dichtkunst zu – Gedichte waren die romantische Festung ihrer Jugend gewesen –, und hier fand sie Trost. Sechs Monate danach fuhr sie nach Tupelo Island zurück und gründete Thanatopsis House,

»jenes unerforschlich Reich, wo ein jeder / seine Kammer in den stillen Hallen wählen mag...«, und so entsprang aus der Asche ihres verstorbenen Gatten ein Palast der Kunst. Saxby verbrachte drei Jahre mit ihr, und dann, weil die Schulen des Südens »voller weißem Abschaum und Niggers« waren, schickte sie ihn wieder nach Norden, auf die Groton Prep School in Massachusetts. Nach Groton wurde ihm jene Kette von Colleges angelegt, die ihn jahrelang fesselte, bis sie ihn endlich in Kalifornien freiließ, ebenfalls einer Yankee-Bastion. Und deshalb hatte Saxby einen so fremden Akzent. Ja, er war ein Südstaatler, gar kein Zweifel – aber eben nur ein Teilzeit-Südstaatler.

Es war eine lange Geschichte. Um sie kurz zu machen, rollte er für Abercorn nur die Augen und ließ seinen Akzent so dick werden, daß er troff: »Tscha, Massa Aybacoan, ich weiß einfach nich, wie das kommen tut – weil im Grunde bin ich ja genauso wie alle andan hier.«

Abercorn antwortete mit überraschtem Gelächter. »Das war gut. Wirklich gut.« Dann steckte er die Kappe auf seinen billigen Kugelschreiber, schob ihn in die Hemdtasche und hielt eine kleine Rede darüber, daß er noch nie auf den Inseln vor der Küste Georgias gewesen sei und daß er gern gewußt hätte, ob Saxby etwas dagegen habe, wenn er mitführe – da er nun einmal ohnehin schon im Boot sitze und so.

Saxby musterte ihn einen Moment lang – das lange Kinn und die blitzenden Zähne, die farblose Haut und das unnatürliche Haar – und zuckte dann die Schultern. »Warum nicht?« sagt er und startete den Motor.

Die erste Augustwoche war so sanft und seidig und süß wie keine andere in Saxbys Erinnerung, und er ließ sich in ihre Umarmung – Ruth, seine Mutter, sein Zuhause – mit einer Unabwendbarkeit hineinfallen, die wie eine Naturgewalt war. Mit Ruth machte er die Nächte durch – da schwenkte er Cocktails, speiste mit Poeten, Malern und Bildhauern, ließ bei den tiefsinnigen Bekenntnissen der allabendlichen Dichterlesung seine Gedanken schweifen, beteiligte sich am zwanglosen Geplauder im Billardzimmer, bis die drückende, lastende Hitze allmählich einer nur um einen Hauch kühleren Brise wich, die vom Meer heranwehte. Morgens schlief er lange in die relativ frischen Vormittage hinein, frühstückte dann mit Septima und betrachtete die unbewohnte Perfektion seines Aquariums. Nachmittags ging er fischen, schnorcheln oder schwimmen. An den Abenden war Ruth da, und damit fing der Tag wieder an.

Sie war schon ein Schauspiel, diese Ruth. Wie eine Politikerin – oder eher wie eine Guerillakämpferin – agierte sie jeden Abend beim Cocktail, beim Essen und im ewigen Auf und Ab der Billardzimmer-Dynamik. Für jeden hatte sie einen kleinen Scherz oder eine Bemerkung parat, für die unnahbare Laura Grobian und den kumpelhaften Thalamus ebenso wie für die kleineren Lichter. Sie war erstaunlich. Welch eine Körpersprache – ein Schürzen der Lippen, ein Runzeln der Stirn, ein Nicken des Kopfes konnten Welten bedeuten; und jedesmal, wenn er hinsah, unterhielt sie sich mit jemand anders. Eben noch hatte sie, ihren Cocktail in der Hand, ein Tête-à-tête mit Peter Anserine und zwei seiner mageren, andächtigen Jünger, gleich darauf stand sie in der anderen Ecke des Raums und lachte mit Clara Kleinschmidt, bis beide Tränen in den Augen hatten – und dabei zwinkerte sie ständig Sandy oder Regina, Bob Penick oder ihm zu – sie vergaß ihn nie, ganz egal, wie aufgedreht sie war, und die Blicke, die sie ihm zuwarf, funkten zwischen ihnen wie Elektrizität.

Dann verpaßte sie eines Abends die Cocktails, und er stand mit einem Glas in der Hand herum, wobei er sein eigenes Kaliber von Humor und Charme ausstrahlte, aber die ganze Zeit hielt er Ausschau nach ihr. Als sie endlich auftauchte – das Abendessen war halb vorbei, da glitt sie auf ihren Platz neben ihm –, war sie außer Atem, und ihre Augen waren vor Aufregung weit aufgerissen. »Was ist los?« fragte er, und sie packte seinen Arm und gab ihm einen Kuß, während sie zwischendurch dem halben Tisch zunickte, zuzwinkerte und zulächelte. »Nichts«, sagte sie, »nur die Arbeit, nichts weiter. Diese Geschichte, an der ich gerade sitze, ist einfach ein Wahnsinn. Meine allerbeste.« »Toll«, erwiderte er, und das meinte er auch so. Sie schob sich ein Stück Kalbfleisch in den Mund, dann fragte sie: »Hör mal, können wir morgen nach Darien rüberfahren? Ich muß ein paar Sachen besorgen.« »Sicher«, antwortete er, und sie aß kleine, schnelle Bissen, kaute mit ihren scharfen, gleichmäßigen Zähnen. »Lebensmittel. Kekse und Käse und so Zeug – für mein Studio. Weißt du –«, sie warf ihm einen vielsagenden Blick zu, »man wird verdammt hungrig da draußen, so ganz allein als Frau.«

Hungrig. Na gut. Er flüsterte ihr etwas ins Ohr, und als sie sich küßten, schmeckte er das Fleisch auf ihren Lippen, und alle sahen ihnen zu.

Und dann, gegen Ende der Woche – er konnte es nicht mehr länger aufschieben, wollte es auch nicht –, mußte er noch einmal für Besorgungen wegfahren, diesmal in der Hoffnung, endlich sein Projekt in Gang zu bringen. Er wollte seine Fische holen – jene seltenen, beinahe legendären Fische, mit denen er ein Vermögen machen würde, oder vielmehr: die ihm einen Eintrag in die Annalen der Aquaristik sichern sollten – Geld hatte er schon genug. Ruth wollte ihn nicht begleiten. Diesmal nicht. Die Arbeit ging ihr einfach zu gut von der Hand, sie wollte es nicht riskieren. Er würde ihr fehlen – selbst wenn er nur über Nacht wegblieb –, und sie würde das nächstemal mitkommen. Das versprach sie.

Er verbrachte einen vollen Nachmittag und den darauffolgenden Vormittag in sengender Hitze und umgeben von Insektenwolken auf dem Lake Okefenokee, holte Netze ein, zog den Kescher durchs Wasser und stellte Reusen, und dabei fing er auch einen wimmelnden Sack voller faszinierender Wesen – Piratenbarsche, Rotschwanzkärpflinge, schlanke Knochenhechte, Schlammbarsche und Längsbandorfen –, aber nicht das, wonach er suchte. Es war eine Enttäuschung, aber keine niederschmetternde – jedenfalls kein Fehlschlag. Klar, er hatte auf etwas mehr Glück gehofft, aber er war Realist und wußte, daß er den Sumpf möglicherweise hundertmal würde durchkämmen müssen, bis er einen Volltreffer landete. Käpt'n Ahab hatte seinen weißen Wal schließlich auch nicht gleich am ersten Tag gefunden. Trotzdem genoß er die Fahrt, genoß den Tag draußen in der Wildnis, genoß sogar die einsame Nacht in einem Motel in Ciceroville, wo er sich in einem fest an der Wand montierten Farbfernseher ein Spiel der Atlanta Braves ansah. Am Mittag des zweiten Tages brachte er das gemietete Boot zurück und leerte seinen Fang über Bord. (Natürlich war er versucht, ein paar Fische für sein lebloses Aquarium mitzunehmen, vor allem die silbrig schillernden Knochenhechte, doch er widerstand dem Impuls: Er wollte seine kleine Welt nicht mit irgendwelchen aufgedonnerten Viechern besudeln, nur weil sie ihm zufällig über den Weg liefen.) Dann machte er sich auf die Rückfahrt nach Tupelo Island und hoffte, die Nachmittagsfähre zu erwischen und so noch rechtzeitig zur Cocktailstunde zurück zu sein.

Am frühen Abend nahm er die Kurve der langen ausladenden Auffahrt, und das Große Haus kam in Sicht. Auf dem Rasen an der Südseite herrschte munteres Treiben, und Saxby stellte fest, daß die Kolonisten sich dort für ein abendliches Picknick versammelt hatten, die weißen Sommerkleider der Frauen und die hellen Jacketts der Männer wirkten wie blasse Blüten auf einer Wiese von sattem Grün. Er sah seine Mutter, Strohhut mit Chiffonschleier, aufrecht und fürstlich auf einem hölzernen Gartenstuhl sitzen, und er winkte ihr zu. Ruth mußte auch irgendwo unter ihnen sein, deshalb bremste er den Pritschenwagen ein wenig ab, aber er entdeckte sie nicht, und dann rumpelte er in die Garage, und eine durchscheinende rosa Staubwolke holte ihn ein, als er gerade den Motor ausschaltete und die Fahrertür aufriß.

Er hatte keine Gelegenheit zum Waschen gehabt – seine Hände stanken nach Barschen und Kärpflingen und dem dicken, fauligen Schlick des Lake Okefenokee, und seine Jeans war an den Beinen und am Hinterteil steif vom Schleim der Fische –, und Ruth überrumpelte ihn. Kaum war er ausgestiegen, war sie schon da, flog ihm in die Arme in ihrem trägerlosen Cocktailkleid, das die hellen Konturen und lohfarbenen Grübchen an Hals und Schulterpartie betonte. »Sax«, stöhnte sie und umarmte ihn, küßte ihn, Fischgestank hin oder her. »Ich bin froh, daß du wieder da bist.«

Er hielt sie fest, drückte sie an sich, war sofort scharf auf sie, sprang an wie ein Gasofen, dessen Zündflamme bei der leisesten Berührung des Schalters auf volle Brennleistung hochfährt, und er fragte sich, ob er sie nicht vorsichtig wegschieben sollte, um ihres Kleides willen, und er war verlegen und wußte nicht recht, was er sagen sollte. Auch sie sagte nichts – umarmte ihn einfach nur –, und das war seltsam: Normalerweise fehlten ihr nie die Worte. Und dann spürte er es, das Zittern, das sie durchlief, ein emotionales Beben: sie weinte. »Was ist?« fragte er. »Was ist denn los?«

Sie weigerte sich, zu ihm aufzublicken.

»Stimmt irgendwas nicht? Ist etwas passiert, während ich weg war? Was ist denn, Liebes?«

Ihre Stimme klang wie aus dem Grab, klagend und heiser. »Ach, Sax«, sagte sie, und dann hielt sie inne, drückte ihn, und er drückte zurück. »Du mußt mit deiner Mutter reden, du mußt es tun – für mich.«

Mit seiner Mutter reden?

»Es ist wegen Jane Shine«, sagte sie. Jetzt sah sie ihn an – hob den Kopf von seiner Schulter und zeigte ihm die Tränen auf ihrem Gesicht und das kalte, grimmige Funkeln in ihren Augen. »Sie darf nicht herkommen. Das geht nicht. Sie ist eine Schlampe. Ein Snob. Sie ist – ihr ganzes Talent sitzt zwischen den Beinen, Sax, sonst nirgends. Sie ist es nicht wert, wirklich nicht.«

Er sagte etwas, irgend etwas, zusammenhanglos gemurmelte Worte, um sie zu trösten, aber sie ließ sich nicht trösten.

Ihre Hände schlossen sich fest um seinen Bizeps, und ihr Blick war hart. »Nein, Sax, es ist mir ernst«, sagte sie. »Sie darf nicht herkommen.«

Man hörte ein plötzliches Gelächter von der Veranda, aber Ruth reagierte nicht darauf, hörte es nicht, beachtete es nicht. »Es würde alles kaputtmachen«, sagte sie.

Rusu

Es war ein drückender, dampfender, tropischer Tag, überall Fliegen, der Gestank der Ebbe drang in die Nasen wie eine Art Todeshauch, ein Tag, an dem Ruth das Frühstück am Geselligen Tisch verschmähte. Sie fühlte sich nicht im geringsten gesellig, und nachdem sie Owen mit steinernem Gesicht begrüßt und Rico wortlos zwei noch warme Buttertoasts vom Tablett gemopst hatte, machte sie sich auf den Weg zu »Hart Crane«, obwohl sie keine große Lust zum Arbeiten hatte. Wozu sie Lust gehabt hätte, wäre eine Fahrt aufs Festland gewesen, weit weg von der Insel – am liebsten hätte sie sich zwei Stunden lang herausgeputzt, im besten französischen Restaurant New Yorks ein Acht-Gänge-Essen eingenommen und zum Abschluß den Oberkellner, den Koch, den Sommelier und den Geschäftsführer beschimpft. Im Augenblick hätte sie am liebsten Hunde getreten, Zähne ausgeschlagen oder irgendeinen glubschäugigen Idioten aus einem der endlosen Workshops, die sie in ihrer Studienzeit durchlitten hatte, mit gemeinen, verletzenden Bemerkungen vernichtet.

Mücken flogen ihr ins Gesicht. Die Füße taten ihr weh. Es war ein Scheißtag. Ein Tag der Umwälzungen. Ein stinkender, tödlich ausgebrannter Tiefstand von einem Tag, der Tag, an dem Jane Shine, in ihrer ganzen billigen, aufgeblasenen Pracht über Thanatopsis House hereinbrechen würde.

Den ganzen Vormittag hindurch arbeitete Ruth an ihrer Japanergeschichte – sie gab ihr den Titel »Die Tränen und die Flut« –, auch wenn das, was sie schrieb, nicht allzu gut war und sie ständig an einzelnen Sätzen und an Entscheidungen zwischen Alternativen hängenblieb, die sich von selbst erledigen, wenn es gut dahingeht, einen aber an schlechten Tagen völlig entnerven. Zur Mittagszeit stand sie vom Schreibtisch auf, sobald sich Owen davongestohlen hatte, nahm das Essen vom Haken und verzehrte es gierig, hungrig, ohne einen Gedanken an Hiro. Sie hatte ihn nun eine Woche lang nicht mehr gesehen, und es gab keinerlei Hinweis, daß er wieder dagewesen war. Das Obst und der Käse für ihn verfaulten langsam, die Dosen waren unberührt, die Kekse weich und feucht. Und es nagte an ihr, daß er sie im Stich gelassen hatte. Er war eine lebendige Story, ein zum Leben erwachter Roman – sie hatte ihn sich vorgestellt, und er war aus heiterem Himmel aufgetaucht –, und sie brauchte ihn. War ihm das nicht klar?

Natürlich machte sie sich auch Sorgen um ihn – das nagte ja so an ihr. War er ertrunken, steckte er im Sumpf fest oder hatten ihn diese aufgestachelten Spießer von Waschbärjägern, die auf der Veranda des Kriegsveteranenclubs herumlungerten, auf einen Baum gehetzt und mit ihren Schrotbüchsen unter Beschuß genommen? Aber nein, wenn er gestellt worden wäre, hätte sie davon gehört, noch ehe die Flinten ausgekühlt wären, Geheimnisse gab es keine auf Tupelo Island. Vielleicht hatte er sich ganz abgesetzt – war zum Festland hinübergeschwommen oder hatte sich als blinder Passagier auf der Fähre versteckt. Oder – und dieser Gedanke bedrückte sie – vielleicht hatte er sich an jemand anders herangemacht, an irgendeine altruistische Seele, die ihm in diesem Augenblick eine Schale mit gedämpftem Reis hinstellte, dazu kleingehacktes Gemüse mit einem Schuß Kikkoman-Sojasoße und eine Handvoll knusprig gebratener Nudeln. Sicher, das war's: Er hatte anderswo einen Wohltäter gefunden. Reichhaltigeres Essen. Besseres Arrangement. Irgendeine alte Witwe mit blauen Äderchen auf der Nase, die ihn mit zitternden Händen hätschelte wie einen streunenden Kater. Ja, genau das war's. Einen Moment lang ließ sie der Einfall erstarren: Er war ja wirklich ein Streuner, ein Söldner, und ihm war es doch herzlich egal, wieviel Risiken sie eingegangen war, um ihm frische Kleidung zu bringen, oder unter welchen Opfern sie ständig auf ihr Mittagessen verzichtet hatte. Plötzlich sah sie ihn in einem neuen Licht: Er hatte sie nur benutzt und beabsichtigte nicht, zu ihr zurückzukehren. Sie hatte sich etwas vorgemacht – zwischen ihnen gab es keine interkulturelle Anziehung, keine Kommunikation, keine Verführung. Zum Teufel mit ihm, dachte sie und stürzte sich auf ihr Lunchpaket, als hätte sie eine Woche lang nichts gegessen.

Später, als ihr der Kopf schwirrte und sie es nicht länger aushielt, als sie der Meinung war, nun hätte sie Jane Shine eine Ewigkeit Zeit gegeben, anzukommen und ihr aus dem Weg zu gehen, stand sie mit einem Ruck vom Schreibtisch auf, warf einen bitteren Blick durch den Raum – schwarz gewordene Bananen, fleckige Birnen, verstaubte Dosen mit Sardinen, Sardellen und Thunfisch – und schlurfte zur Tür hinaus. Sie hatte vor, auf die Cocktailstunde zu verzichten und sich von Saxby zum Abendessen aufs Festland ausführen zu lassen, womit sie das Unvermeidliche hinausschieben würde – sie konnte dieser Heuchlerin Jane Shine einfach nicht gegenübertreten, nicht jetzt, nicht heute. Doch als sie beim Großen Haus ankam und dort die Treppe hinaufschleichen wollte, schoß Irving Thalamus aus dem Salon heraus, einen Drink in der Hand, und ergriff ihren Ellenbogen. Er zog sie schwungvoll in seine Arme, tupfte ihr einen raschen Kuß auf die Lippen, und dann strahlte er sie an, leicht angetrunken, während sie angestrengt über seine Schulter spähte und im Cocktailzimmer Ausschau hielt nach jener Sprungschanzennase, nach dem dunkel schillernden Haarschopf einer Flamencotänzerin, den extraterrestrischen Augen und dem strengen Dekolleté, nach dem ätherischen Monster Jane Shine.

Irving Thalamus drückte sie ab, grinste glasig und hauchte ihr Wodkadämpfe ins Gesicht. »Hallo«, sagte er, und sein Grinsen verflog für einen Moment. »Nix Jane. Sie ist überhaupt nicht aufgetaucht.«

Ruth spürte neue Hoffnung in sich aufwallen. Im Geiste sah sie die Wrackteile des Flugzeugs, auf einem felsigen Berghang verstreut, zermalmte Trümmer von rauchendem Metall, an totem Fleisch zerrende Krähen, das Auto, zusammengequetscht wie ein Akkordeon, den aus den Gleisen gesprungenen Eisenbahnzug. *Tut mir leid, Ruthie, wirklich leid*, hatte Septima zu ihr gesagt, *aber wenn die Jurorenkommission ihre Entscheidung erst einmal getroffen hat, kann ich mir nicht anmaßen, da einzugreifen. Wenn die Juroren Miss Shine für qualifiziert halten – und ich muß sagen, daß ihr Ruf ihr vorauseilt –, dann kann ich sie hier nur willkommen heißen und dafür sorgen, daß sie sich hier wie zu Hause fühlt, so wie hoffentlich alle Künstler.*

»Ich dachte, sie sollte heute vormittag ankommen?«

Thalamus zuckte die Achseln.

»Hat sie denn angerufen? Hat irgendwer was von ihr gehört?«

»Du kennst doch Jane«, erwiderte er.

Ja, sie kannte sie. Sie waren zusammen im Autoren-Workshop von Iowa gewesen, während Ruths erstem Jahr dort, bevor sie wieder ausgestiegen war und lieber ihr Glück in Irvine versucht hatte. Von dem Moment an, in dem Jane den Seminarraum betreten hatte, mit ihrem gesenkten Blick und der blutleeren bleichen Haut unter der hochgesteckten Frisur, war sie die Königin gewesen – gesalbt und gesegnet –, und Ruth war ein Stück Dreck geworden. Jane schrieb über Sex – über nichts als Sex –, in einer schikken, überaus subtilen Prosa, die Ruth affektiert fand, die aber der Lehrkörper – der ausschließlich männliche Lehrkörper – für die authentische, brillante Stimme eines Genies hielt. Ruth kämpfte dagegen an. Mit aller Macht. Dies war schließlich ihr Terrain gewesen, und es gelang ihr sogar, einen Dozenten für sich einzunehmen, einen schmächtigen, vollbärtigen, hyperkinetischen Gastautor aus Burundi. Leider sprach er nicht allzu gut englisch, und vielleicht deswegen – vielleicht aber auch weil sein Aufenthalt nur vorübergehend war oder weil er auf den Lippen und an den Ohren Stammestätowierungen trug –, besaß seine Stimme nur wenig Gewicht. Als die Stipendien für das zweite Jahr vergeben wurden, stach Jane Shine jedenfalls alle aus.

Wütend und frustriert war Ruth von Iowa abgegangen und an die University of California in Irvine heimgekehrt, wo sie immerhin ihre erste Erzählung produziert hatte, die veröffentlicht worden war, in *Dichondra*. Aber selbst dieser kleine Triumph wurde ihr versalzen – wurde zerstört, zermalmt, in der Wiege erdrosselt –, als sie nach einer bescheidenen Feier mit zwei Kommilitonen nach Hause kam, die neue Ausgabe des *Atlantic* aus dem Briefkasten nahm und darin Jane Shines Story fand – genau die gleiche überkandidelte Sex-Saga, die sie beim Workshop in Iowa präsentiert hatte – im vertrauten strengen Druckbild zwischen einem Sehr Bedeutenden Artikel und einem Sehr Bedeutenden Gedicht. Und dann erschienen Janes Geschichten in rascher Folge in *Esquire*, im *New Yorker* und der *Partisan Review*, dann wurde ein Band mit Erzählungen publiziert, ihr Bild war überall, und die Kritiker – die ausschließlich männlichen Kritiker – überschlugen sich fast, auf den staunend geöffneten Lippen das höchste und ausgesuchteste Lob ihrer ganzen Karriere. Ja, Ruth kannte sie.

»Was meinst du damit?« fragte sie.

»Sie inszeniert gern einen richtigen Auftritt, das meine ich. Die Spannung soll noch ein bißchen steigen, sie will uns schmoren lassen. Sie ist unglaublich, wirklich. Eine von den ganz großen.«

Es war ein peinlicher Augenblick. Schlimmer noch: ein Augenblick nagender Verzweiflung, von Mißerfolg und Mutlosigkeit. Direkt konnte sie an der Statue Jane Shine nicht kratzen – Jane und Irving Thalamus hatten beide bei einer Schriftstellerkonferenz in Puerto Vallarta Vorträge gehalten, wo sie Seelenverwandte und ewige Kumpel geworden waren, wenn nicht noch etwas Intimeres –, aber es war für Ruth, als triebe man ihr Angelhaken durch die Haut, wenn sie hören mußte, wie Jane Shine gelobt, ja auch nur erwähnt wurde. Ruth zermarterte sich gerade das Hirn nach irgendeiner vernichtenden Bemerkung, die sich mit dem Mäntelchen einer positiven, bejahenden, haß- und eifersuchtsfreien Aussage tarnen ließe, so als läge ihr der Wunsch völlig fern, Jane Shine möge sämtliche Haare und Zähne, ihr gutes Aussehen und die paar Spurenelemente von Talent verlieren, die sie haben mochte, als jemand ausrief: »Seht mal, da kommt ein Auto!«

Ruth erstarrte, eine keineswegs namenlose, sondern sehr spezifische Angst stieg in ihr auf, so daß sie sich fühlte wie die Heldin eines billigen Horrorfilms, die in eine sich plötzlich auftuende Erdspalte hineingerissen wird. In dem geschliffenen, rechteckigen Fenster der Eingangshalle erschien nun ein silberner Sportwagen Marke Jaguar, der graziös heranglitt und vor der Tür stehenblieb. Das Verdeck war aufgeklappt. Die Speichenräder blitzten im Licht. Hinter dem Lenkrad saß ein Mann – kantiges Kinn, nordischer Typ, hellblonde Haare, fluoreszierend weiße Zähne –, und neben ihm, funkelnd wie ein Weihnachtsbaum, saß Jane Shine, angetan mit einem flammenden Seidenhalstuch und einer überdimensionalen Sonnenbrille. Der gemietete winzige Gepäckanhänger, ein Symbol für alles, was schmuddlig und bieder war, für überhastete Umzüge und spießige Möbel, hätte Ruth in einem anderen Kontext zwar unendliche Genugtuung bereitet, aber angehängt an diesen schimmernden, flachen Wunderwagen mit silbernen Kotflügeln, strahlte er beinahe einen gewissen Chic aus.

»Jane ist da!« rief Thalamus, und seine Stimme klang wie ein erstauntes Quietschen, als hätte er jemand anders erwartet, dann rutschte sein Arm von Ruths Schulter, und er riß die Tür auf, um auf die Veranda hinauszustürmen. Gleichzeitig sprang der athletische junge Mann mit dem kantigen Kinn aus dem Auto, um Jane die Tür aufzuhalten. Ruth registrierte resignierend, daß dieser Mann, Janes Begleiter, groß und muskulös war wie ein Wikingerkapitän und daß Jane keineswegs fett geworden war, wie diverse Gerüchte ihr angedichtet hatten, sondern so schick und gutaussehend und jugendlich wie ein Mädchen aus der High-School-Tanzgruppe, die noch vom Wunder des eigenen Körpers überrascht ist. »Willkommen, willkommen!« dröhnte Thalamus und schritt mit weit ausgebreiteten Armen die Treppe hinab, als hätte er jeden Mauerstein des großen Hauses persönlich gesetzt, als wäre er darin geboren und aufgewachsen, ganz der aristokratische Südstaatenpflanzer, Experte für Rennpferde und Bourbon, ein richtiger Colonel Thalamus. »Willkommen im Herzen von Dixieland!«

Ruth wartete die lange, lüsterne Thalamus/Shine-Umarmung gar nicht erst ab, und sie wollte auch nicht zusehen, wie der nordische Sklave den Anhänger aufklappte und ihm mehr Gepäck entnahm, als Königin Victoria auf ihren Rundreisen durch das Empire mitzunehmen pflegte, und schon gar nicht stand sie ergeben in der Halle, um ihre frühere Workshop-Kommilitonin zu begrüßen und ihr zu ihrem Erfolg zu gratulieren, wenn diese in der schwitzenden Umarmung einer Legende der jüdisch-amerikanischen Literatur triumphierend die Treppe heraufkam. Nein. Nicht Ruth. Im selben Moment, als Thalamus zur Tür hinausstürmte, drehte sie sich um und rannte die Treppe hinauf, den Korridor entlang und in ihr Zimmer, wo sie sich mit dem Gesicht nach unten auf das Bett warf, als hätte sie einen Pfeil zwischen den Schulterblättern stecken. Und während sie dort lag, wurden die Schatten länger, und im Erdgeschoß löste das fröhliche Klappern von Eßbesteck auf Porzellan das Cocktailgeplauder ab; so lag sie und lauschte mit überempfindlichen Ohren und pochendem Herzen auf das diskrete Scharren und Schieben, das der nordische Sklave verursachte, während er Jane Shines Sachen ausgerechnet in das Zimmer neben ihrem einräumte – in das geräumige, sonnige Doppelzimmer voller Antiquitäten, das die ganze Zeit über leergestanden hatte. Sie lauschte wie ein Kind beim Versteckspiel – aus einem Versteck, das so gut ist, daß die anderen langsam das Interesse verlieren und einen vergessen, obwohl sie immer noch an dem Versteck vorbeilaufen –, sie lauschte, bis die Geräusche des Abendessens leiser wurden und der Sportwagen spotzend ansprang, um in die Vergessenheit davonzurumpeln.

Sie mußte eingeschlafen sein. Es war fast acht, als Saxby sie abholen kam, und sie mußte sich in aller Eile umziehen, wenn sie die Fähre zum Festland noch erwischen wollten. An den Sommerwochenenden ging um Mitternacht eine Fähre zurück auf die Insel, und damit hätten sie nach der Schiffspassage und der Fahrt zum Restaurant etwa zwei Stunden Zeit, um ein paar Cocktails zu trinken, gut zu essen und sich zu entspannen. Ruth fand, sie brauchte das. Beim ersten Cocktail – einem perfekten Manhattan mit Zitronenscheibe – dachte sie sogar daran, Saxby zu beschwatzen, irgendwo an der Küste ein Motelzimmer für die Nacht zu nehmen, doch sie verwarf den Gedanken wieder. Früher oder später würde sie Jane Shine gegenübertreten müssen, und dann lieber gleich an diesem Abend, im Billardzimmer, auf sicherem Boden.

Sie bestellte einen zweiten Cocktail und ein halbes Dutzend Austern, und ihre Laune besserte sich. Das Restaurant war dabei eine große Hilfe. Es war ein würdevolles, elegantes Restaurant in einem zweihundert Jahre alten Gebäude auf Sea Island, stinkfeudal, drei Sterne von Michelin, eine Weinkarte vom Umfang eines russischen Romans. Und Saxby – Saxby war ein Schatz. Er war verschmitzt und verläßlich und gutaussehend, das Kerzenlicht spielte sanft auf dem goldenen Heiligenschein seines Haarschopfs, er ließ sie nicht aus den Augen; er war aufmerksam, charmant und sexy und mehr wert als zehn nordische Hünen mit Jaguar. Wenn das Bild von Jane Shine aus der Suppe vor ihr aufstieg, aus einem frischen Baguette oder einem Happen *écrevisse*, verbannte er es mit einem Scherz, einem Kuß, einer Berührung genau an der richtigen Stelle. Und dann, sie waren mitten beim Essen, brachte er einen Toast aus.

Ruth genoß gerade den läuternden Kitzel eines *glace* aus Grapefruit und Limone, als neben ihr ein Kellner mit einer Flasche Champagner erschien. Sie blickte zu Saxby auf. Er strahlte sie an. Sie spürte eine große Wonne in sich aufsteigen, als sie miteinander anstießen – er war so ein Gemütsmensch, wie er immer wieder diese zeremoniellen Gesten vollzog, sie daran erinnerte, daß sie schon achtzehn Wochen zusammen waren, oder zweiundzwanzig oder wie viele es gerade waren –, doch diesmal überraschte er sie. »Auf *Elassoma okefenokee*«, sagte er.

»Auf wen?«

»Trink«, sagte er.

Sie trank.

»Auf *Elassoma okefenokee*«, wiederholte er, »den Okefenokee-Zwergsonnenbarsch.« Er goß ihr nach. Sein Grinsen war wild und alarmierend, das Grinsen eines Mannes, der im nächsten Augenblick vom Tisch aufspringen konnte, um mit einem der Kellner Walzer zu tanzen. »Nicht zu verwechseln mit *Elassoma evergladei*«, fügte er hinzu, wobei er die Stimme vertraulich senkte.

Am Nachbartisch schneuzte sich ein älterer Herr nachdrücklich. Sehr deutlich nahm Ruth die leisen Schmatz- und Kaugeräusche im Raum wahr, das Perlen von gedämpftem Lachen. Sie wußte nicht, was sie sagen sollte.

»Mein neues Projekt, Ruth«, erklärte Saxby und senkte erneut den schmalen grünen Flaschenhals über ihr Glas. »Der Zwergsonnenbarsch. Er ist auch so schon selten genug, weil er überhaupt nur hier zwischen dem Altamaha und dem Choctowhatchee River vorkommt, aber ich suche nach etwas noch Seltenerem.« Er hielt inne und ergriff ihre Hand. Seine Augen fixierten sie mit einem wilden Ausdruck. Sein Grinsen war das eines Irren. »Nach den albinotischen Exemplaren.«

Ruth spürte die Wirkung des Weins. Sie hob ihr Glas. »Auf die Albinos!« juchzte sie.

Saxby achtete kaum darauf. Er war jetzt ganz ernst, gestikulierte, plapperte weiter von seinem Zwergensonnenbarsch und davon, daß Soundso als erster das Albinismusphänomen beschrieben hatte und daß die Biologen von der Georgia State University gelegentlich einen einzelnen in ihren Netzen auf dem St. Mary's River fingen und daß er, Saxby, sie einsammeln und züchten wollte, den spiegelglatten Weiher vor dem großen Haus in einen Fischteich verwandeln würde, von wo er die Tiere an Aquarienliebhaber auf der ganzen Welt verschicken könnte. »Die versorgen sich alle in Afrika und Südamerika«, sagte er, »aber wir haben eine Goldmine hier, im Lake Okefenokee und im St. Mary's Lake. Denk doch nur, Ruth. Denk doch nur mal.«

Diese Aufforderung machte ihr Probleme. Sie dachte nicht an

Fische – was sie anging, so existierten Fische einzig und allein dazu, gekocht, gebraten oder fritiert zu werden –, aber an Jane Shine dachte sie auch nicht mehr. Saxbys Stimme lullte sie ein, der Wein war gut, das Essen noch besser, das Rauschen der Brandung klang sanft und getragen hinter den glänzenden Streifen der Jalousien. Sie trank auf das Wohl von Saxbys Projekt, und sie meinte es aufrichtig. Als die erste Flasche leer war, bestellten sie eine zweite.

Später, als sie am Bug der *Tupelo Queen* standen und den flachen dunklen Klumpen der Insel aus der undurchdringlichen Schwärze des Peagler Sound auftauchen sahen, da fühlte sie Kraft in sich aufwallen. Jane Shine. Was kümmert es sie denn, wenn sie von Jane Shines umzingelt war? Sie hatte ja Saxby, sie hatte Hiro (er würde zurückkommen, natürlich würde er das), sie hatte das große Haus und das Billardzimmer, und sie hatte ihre Arbeit. Sie fühlte sich voller Energie, aufgeschlossen, großzügig, bereit, die kleinlichen Eifersüchteleien zu begraben, die all die Jahre an ihr genagt hatten. Kunst war kein Wettrennen. Es gab keine Sieger oder Verlierer. Schriftsteller wurde man um des Werkes willen, um der Freude am Erschaffen einer Welt willen, und wenn jemand anders – zum Beispiel Jane Shine – dazwischentrat und alle Preise gewann, ganze Zeitschriftenseiten an sich riß, das beste Zimmer auf Thanatopsis House eroberte – na gut, schön für sie. Es war kein Wettbewerb. Wirklich nicht. Für jeden gab es einen Platz.

Nach dem Wein und nach ihrer Erleuchtung an Bord der Fähre fühlte sich Ruth beinahe wie eine Heilige – wie Fellinis Julia, Dantes Beatrice, ja wie Mutter Teresa persönlich –, als sie die Treppe zum Billardzimmer hinaufging, Arm in Arm mit Saxby. Die üblichen Leute waren anwesend. Rauch hing in der Luft. Billardkugeln klickten. Als sie sich durch die Tür schoben, erklang Gelächter von allen Seiten, erstarb zu einem Luftholen, und dann streifte Ruth Saxbys Arm ab und durchquerte den Raum in Richtung des Spieltisches. Alle Blicke lagen auf ihr. Sie wirkte zurückhaltend, das wußte sie, sie wirkte scheu und lieb und sanftmütig. »Ruthie«, sagte Irving Thalamus und sah von seinem Blatt auf.

Dieses »Ruthie« hätte sie warnen sollen – es lag keine Freude darin, keine Dynamik, es war lediglich eine Ankündigung, ausgedünnt wie mit einem Messer –, aber Ruth hörte nicht hin. Sie bewegte sich, durchquerte das Zimmer, die Mundwinkel zu einem breiten Stewardesslächeln verzogen, und ihre ganze Aufmerksamkeit war auf Jane Shine gerichtet. Vage nahm sie Sandy war, irgendwo zu ihrer Rechten, und Bob den Dichter, aber die einzige, die sie deutlich sah, war Jane, die rechts von Thalamus saß, auf dem Platz, der sonst Ruth vorbehalten war.

Niemand sprach ein Wort. Ruth setzte einen Fuß vor den anderen, ihre Schenkel streiften sanft gegen das neue, hautenge rote Kleid, das sie für das festliche Essen angezogen hatte, aber sie schien nicht voranzukommen, der Fußboden war wie ein Hamsterrad, und sie befand sich mitten in einem Traum, der zum Alptraum wurde. Und plötzlich, zu plötzlich, stand sie vor dem Spieltisch, und Jane Shine blickte zu ihr auf. Jane war weiß gekleidet, in ein hochgeschlossenes Leinenkleid mit tausend perfekten Bügelfalten, obwohl es im Zimmer so heiß war wie auf der Teufelsinsel. Ihr andalusisches Haar glitzerte schwärzlich und ringelte sich in dicken wogenden Locken um ihr Gesicht, und ihre Augen – eiskalte violette Augen – waren zu Nadelstichgröße geschrumpft.

»Jane«, sagte Ruth mit einer Stimme, die in ihren eigenen Ohren merkwürdig klang, als versuche sie unter Wasser zu schreien, als hörte sie sich auf einem Tonbandgerät, das mit der falschen Geschwindigkeit lief, »willkommen auf Thanatopsis.«

Jane rührte sich nicht, antwortete nicht, sondern ließ Ruth einfach hängen, während sich in die Stille das Schwirren der Insekten aus der Leere jenseits der Fenster mischte. »Verzeihen Sie bitte«, sagte sie schließlich, »aber kennen wir uns?«

Am nächsten Morgen hatte Ruth mit Frühstück nichts im Sinn – verdauen hätte sie es ohnehin nicht können. Noch vor Owen stand sie auf, noch ehe die Vögel auf den Bäumen erwachten und die Nacht dem ersten dünnen Grauschleier der Dämmerung wich. Sie hatte sowieso kaum geschlafen. In dem engen, überladenen Zimmer hatte sie auf ihrem schmalen Bett gelegen, innerlich vor Wut kochend, und in ihrem Kopf hatte es wie eine außer Kontrolle geratene Maschine gehämmert: *Mein Gott, wie sie dieses Weib haßte!* Saxby hatte versucht, sie zu trösten, aber sie hatte sich von ihm nicht einmal anfassen lassen – es war pervers, das wußte sie, aber sie mußte in ihrem eigenen Zimmer übernachten, Wand an Wand mit ihr, mußte ihren Schmerz verdauen, die Verletzungen wirken lassen, um sie zu läutern und in etwas Brauchbares zu verwandeln.

Der Weg zu ihrem Studio, bei Tag so vertraut, war ein dunkles Nichts, schwärzer noch als die Bäume, schwärzer als das Dickicht, das zu beiden Seiten neben ihr aufragte. Sie hatte keine Taschenlampe, und was ihr durch den Kopf fuhr, waren lauter Namen von Reptilien: Gopherschlange, Schwarznatter, Waldklapperschlange. Auf der Fahrt von Los Angeles hatte Saxby ihr lauter spannende Geschichten erzählt: von nichtsahnenden Sandalentouristen, von Spekulanten und Immobilienmaklern, die in Lippe, Augenlid oder Ohrläppchen gebissen worden waren, von Mokassinschlangen, so dick wie Feuerwehrschläuche, die von den Bäumen fielen. Diese Geschichten, jede kleinste, gräßliche Einzelheit, kamen ihr nun wieder in den Sinn, doch sie zögerte keine Sekunde. Sie tastete sich auf dem unsichtbaren Pfad entlang, horchte, schnüffelte und schmeckte, all ihre Sinne waren hellwach. Die Gefahr, die ungewöhnliche Stunde, die schwer lastende Atmosphäre rings herum ließen sie auf einmal wieder ganz lebendig werden.

Als sie um die letzte Biegung der S-Kurve vor ihrem Studio kam, war es am Osthimmel halbwegs hell, und Jane Shine entschwand allmählich aus ihrem Bewußtsein. Es war vollkommen still, die Luft war mild. Die ersten Lichtstrahlen auf den Fensterscheiben reflektierten die phantasmagorischen Konturen der Bäume hinter ihr. Ein roter Kardinal flog über die Lichtung. Als sie auf die Veranda trat, dachte sie an ihre Erzählung, ihre Novelle, an die Frau in der Santa Monica Bay, an Hiro, der verfolgt wurde und litt, und daran, daß all das auch ihre Geschichte war. Genau: der Ehemann dieser Frau, das war es. Er hatte sie verlassen, alle suchten nach ihm, sogar die Polizei, und er war davongelaufen, in den –

Sie blieb wie angewurzelt stehen. Das Essen war weg – die schwarzen Bananen und fleckigen Birnen, die Fischdosen, die muffigen Kekse und alles andere –, und auf dem Tisch sah es chaotisch aus, und da war jemand, eine Gestalt, ja, da lag jemand auf dem Sofa. Eine große Freude durchzuckte sie – *Jemand hat von meinem Tellerchen gegessen*, dachte sie, *jemand hat in meinem Bettchen geschlafen* –, und sie schob sich ganz leise durch die Tür, drückte den Rücken gegen die Wand – stand ganz einfach still –, bis die Gestalt auf dem Sofa zu Hiro Tanaka wurde. Aber etwas an ihm war anders. Es dauerte einen Augenblick, bis es ihr auffiel: Er war sauber. Keine fleischfarbenen Heftpflasterstreifen, keine Kratzer und Pusteln und Insektenstiche. Und die Sohlen seiner übereinandergeschlagenen Füße waren ebenfalls sauber – und ohne Verletzungen. Er trug immer noch Irving Thalamus' Bermudashorts, die auf seinem Hintern in allen ungeordneten Farben des tropischen Spektrums prangten, aber er hatte ein neues Hemd an, ein graues Allerwelts-Sweatshirt mit einer Art Wappen auf der Brust. Sie legte den Kopf schief, um die Aufschrift lesen zu können: GEORGIA BULLDOGS. Und dann bemerkte sie die Schuhe – nicht Thalamus' ausgetretene Latschen voller Risse und Löcher, sondern ein Paar brandneue Nike-Basketballschuhe. Ruth grinste. Tatsächlich: ein streunender Kater.

Sie wollte ihn nicht aufwecken, stellte sich seinen entsetzten Blick, die vor Schreck herunterklappende Kinnlade vor, wie er zum Fenster hinaussetzte wie ein ertapptes Kind, aber sie konnte ja schlecht den ganzen Tag so dastehen, außerdem brauchte sie einen Kaffee. Nach einer Weile – fünf Minuten, zehn? – ging sie auf Zehenspitzen durchs Zimmer, füllte den Kessel und stellte ihn auf die Kochplatte. Dann fing sie an aufzuräumen, wischte die Krümel vom Tisch in die hohle Hand, warf die leeren Dosen in eine alte Plastiktüte, die sie hinter den Schreibtisch gestopft hatte, und goß Wasser in die steifen rosa Trichter ihrer Kannenpflanzen. Der Dekkel des Kessels fing gerade an zu klappern, als sie sich umdrehte und sah, daß Hiro die Augen geöffnet hatte. Reglos lag er da, gekrümmt wie eine verlorene Seele auf einer Parkbank, aber seine Augen waren offen, und er beobachtete sie. »Guten Morgen«, sagte sie. »Willkomen daheim.«

Er setzte sich auf und murmelte einen Gruß. Er wirkte groggy. Mit spitzen Fingerknöcheln bohrte er sich in die Augen. Dann gähnte er.

Ruth löffelte frischen Pulverkaffee in eine Tasse mit heißem Wasser. »Kaffee?« fragte sie und hielt sie ihm hin.

Er nahm sie mit einer vollendeten tiefen Verbeugung entgegen und schlürfte sie dankbar, die Augen zu Schlitzen zusammengekniffen. Er wartete, bis sie sich selbst eine Tasse eingegossen hatte, dann erhob er sich und stand etwas verlegen vor ihr. »Ich Ihnen so sehr danken möchte«, sagte er und stockte dann.

Ruth hielt die dampfende Tasse mit beiden Händen und blickte in seine seltsamen braunen Augen. »Aber klar doch«, sagte sie, und erst als sie seinen verdutzten Ausdruck bemerkte, gab sie die Lehrbuch-Antwort, wobei sie jedes Wort einzeln betonte, als bräuchte sie Zeit, um es zu zerkauen und hinunterzuschlucken: »Bitte sehr, gern geschehen.«

Darauf schien er fröhlicher zu werden. Er streckte die Hand aus und grinste breit. Seine Vorderzähne standen schief, überlagerten einander, und das wirkte ein bißchen, nun ja, unbedarft. War es etwa das erste Mal, daß sie ihn lächeln sah? Sie wußte es nicht mehr. Aber sie grinste ebenfalls, und sie konnte nicht begreifen, was der ganze Wirbel sollte – Abercorn, Turco, Sheriff Peagler und all die anderen schrägen Vögel auf der Insel lagen völlig schief. Er war harmlos, vielleicht sogar ein wenig bemitleidenswert – wenn sie je daran gezweifelt hatte, so war sie sich jetzt ganz sicher.

Das Grinsen war plötzlich erloschen, er wurde langsam unruhig und sah sich im Zimmer um. »Hiro ich heiße«, stieß er abrupt hervor und streckte dabei die Hand aus. »Hiro Tanaka.«

Ruth nahm seine Hand und verbeugte sich mit ihm, als handelte es sich um den Auftakt eines Menuetts. »Ich bin Ruth«, sagte sie »Ruth Dershowitz.«

»Ja«, sagte er und sein Lächeln kehrte zurück, seine Zähne blitzten. »Rusu, ich mich sehr freue, dich kennenzulernen.«

Die andere Hälfte

Sieben Tage zuvor hatte Hiro Tanaka regungslos am Rand der blasenwerfenden Asphaltstraße gestanden, die ihm Erlösung versprach, jener Straße, die zu der schnellen, sauberen Autobahn und zu all den anonymen Städten an deren Ende führte. Er zögerte, blickte erst nach rechts und dann nach links, doch die Straße verlor sich in beiden Richtungen ins Endlose. Es sah ziemlich trostlos für ihn aus, das mußte er sich eingestehen. Die Sekretärin und ihre Essensrationen gehörten der Vergangenheit an, dazwischen lagen Schlamm und Gestrüpp, während direkt vor ihm die untergehende Sonne den Weg nach Westen wies, wo ein wilder Kontinent und ein noch wilderer Ozean zwischen ihm und dem Ort lagen, dem er für immer den Rücken gekehrt hatte – auch wenn er sich gerade vor Heimweh verzehrte. Was hätte er nicht für die gähnende Langeweile des Nudelladens an der Ecke gegeben, wo das einzige Interessante die Nudeln waren? Oder für die Ruhe des zwanzig Reisstrohmatten großen Parks gegenüber der Wohnung seiner Großmutter, wo die Natur aus gestutzten Büschen und ordentlichen Blumenbeeten bestand und ein Wasserrinnsal sich über glitzernde einzementierte Steine ergoß. Er erinnerte sich noch, wie er als Junge auf der Bank gesessen und Comics oder die neuste *bēsubōru*-Zeitschrift gelesen hatte und wie das Murmeln des Wassers ihn stundenlang der Wirklichkeit entrückt hatte.

Jetzt aber hatte es keinen Sinn, diesen Gedanken nachzuhängen – all das hatte er verloren. Jetzt war er in Amerika, wo die urtümliche Natur tobte, ein brodelnder Hexenkessel voll schnappender Reptilien, Insekten und Schmutz, wo hinter jedem Baum halbwahnsinnige Neger und mordgierige Weiße lauerten – jetzt war er in Amerika und hatte ein neues Leben vor sich. Und im Augenblick wollte er eigentlich nur nach rechts, nach Norden – dort lagen die großen Mischlingsstädte, das wußte er –, aber diese Richtung hatte er schon einmal eingeschlagen, da ging es zu dem Coca-Cola-Laden mit seinen kaum menschenähnlichen Besitzern und schwachsinnigen Kunden, und dieses Erlebnis hatte ihm gar nicht gefallen. Also wandte er sich nach links und brach auf gen Süden.

Diesmal marschierte er direkt am Straßenrand, trotzig und wütend. Wenn sie ihn fangen wollten, würde er kämpfen. Sollten sie doch zur Hölle fahren, diese langnasigen Mistkerle. Zum erstenmal seit Wochen trug er saubere Kleidung – *hakujin*-Kleider –, und er wollte verdammt sein, wenn er sich wieder in den stinkenden Straßengraben verkroch wie ein verschrecktes Kaninchen. Ihm reichte es jetzt. Er hatte genug. Zur Not würde er den ganzen Weg bis zu der Stadt der brüderlichen Liebe zu Fuß gehen. Auf den eigenen zwei Beinen. Und Gott stehe allen bei, die sich ihm in den Weg stellten.

Er marschierte, einen Fuß vor den anderen setzend, die Sonne sank, die Moskitos schwärmten, und die Straße blieb immer gleich. Bäume und Büsche, Schlingpflanzen und Lianen, Stämme, Äste und Zweige. Vögel schwirrten hoch über ihm, Insekten tanzten vor seinen Augen. Er sah zu Boden: die Straße war mit den Leichen von Eidechsen und Schlangen gefleckt, dünn wie Oblaten und lederhart gebrannt. Er blickte wieder auf und sah vor sich etwas über den Asphalt huschen. Bald scheuerte der Baumwollstoff der Turnschuhe an seinen Knöcheln.

Und dann hörte er es, hinter sich: das leise saugende Geräusch eines Motors, das Schwirren von Reifen. Er zog die Schultern ein und biß die Zähne zusammen. Diese Schweine. *Hakujin*-Arschlöcher. Er würde sich nicht umdrehen, würde nicht hinsehen. Das Motorgeräusch kam näher, die Reifen summten auf dem Asphalt, das Herz rutschte ihm fast in die Hose ... und dann fuhr es an ihm vorbei, ein heißer Luftschwall, verrostete Kotflügel, ans Rückfenster gepreßte Kindergesichter. Gut, dachte er, gut, obwohl er schweißüberströmt war und seine Hände zitterten.

Er war keine hundert Meter weit gekommen, da tauchte ein zweiter Wagen auf, diesmal tauchte er aus der Höhlung des Horizonts direkt vor ihm auf. Er senkte den Blick, als das Auto auf ihn zufuhr. Langgestreckt und dunkel, der Kühlergrill wie eine Reihe Zähne, das hohe verschwenderische Heulen eines *amerikajin*-Motors, dann raste auch dieser Wagen vorbei, schon verblaßte die Erinnerung an den dummen, ungerührten Ausdruck im bleichen Gesicht des Fahrers, schon war er unwichtig. Nur hatte das Phantom des zweiten Wagens die Gegenwart eines weiteren verschleiert, und nun wurde ihm plötzlich bewußt, daß ein drittes Fahrzeug nicht nur unbeobachtet hinter ihm aufgetaucht war, sondern jetzt noch dazu abbremste: Direkt neben ihm schob sich die riesige, dämonische Masse des weißen Kotflügels in sein Blickfeld. Bleib ganz ruhig, sagte er sich, achte nicht darauf. Die Reifen knirschten auf Kies. Unbestreitbar funkelte dieser Kotflügel, weiß und gespenstisch, die langgezogene Stahlschnauze einer ganzen Rasse bedrängte ihn. Mahnende Worte von Jōchō schossen ihm durch den Kopf, aber er konnte sich nicht beherrschen. Er blickte auf.

Was er sah, war ein alter Cadillac, mit Heckflossen und funkelnden Verzierungen, die Sorte Auto, in der Fernsehstars und Rocksänger durch die Straßen von Tokio kutschierten. Auf dem Fahrersitz, so tief in die Polster gesunken, daß sie kaum durchs Seitenfenster sehen konnte, saß eine verschrumpelte alte *hakujin* mit tiefgebräunter Haut, ihr Haar von der Farbe zertrampelten Schnees. Sie bremste auf Schrittempo ab und sah Hiro an, suchte seinen Blick, als wären sie alte Bekannte. Entnervt wandte er sich ab und ging etwas schneller, doch der Wagen hielt mit ihm Schritt, der massige weiße Kotflügel schwebte beharrlich neben ihm, als ob er ihn magnetisch anzöge. Hiro verkrampfte sich, war verwirrt und verärgert: Was wollte diese Frau von ihm? Warum fuhr sie nicht einfach weiter und ließ ihn in Ruhe? Und dann hörte er ein elektrisches Surren, als das Fenster geöffnet wurde, und er sah wieder auf. Die alte Dame lächelte. »Seiji«, sagte sie, in ihrer Stimme lag Begeisterung, leidenschaftliche, ungezügelte Begeisterung. »Seiji – sind Sie es wirklich?«

Verwundert blieb Hiro stehen. Der Wagen hielt ebenfalls an. Die alte Dame klammerte sich ans Lenkrad, beugte sich zu ihm hinüber und starrte erwartungsvoll auf den breiten Beifahrersitz. Er hatte diese Frau noch nie im Leben gesehen, und soweit er wußte, war er auch nicht Seiji – obwohl er es im Augenblick eigentlich ganz gern gewesen wäre. Rasch warf er prüfende Blicke in beide Fahrtrichtungen. Dann beugte er sich zu dem Autofenster hinab.

»Ich bin es, Seiji«, sagte die alte Dame, »Ambly Wooster. Erinnern Sie sich nicht mehr. Vor vier Jahren – oder sind es schon fünf? – in Atlanta. Sie haben damals ein wunderschönes Konzert dirigiert. Ives, Copland und Barber.«

Hiro rieb sich mit der Hand über die stopplige Borstenfrisur.

»Ach, diese Chorstimmen«, seufzte sie. »Und welche Nuancen Sie bei *Billy the Kid* herausgearbeitet haben! Großartig, einfach großartig!«

Hiro musterte sie einen Moment – nur für einen Herzschlag, nicht länger –, dann lächelte er. »Ja, richtig«, sagte er, »ich erinnere gut.«

»Ihr seid so schlau, ihr Japaner, mit euren Autofabriken und eurer Suzuki-Technik und diesem prachtvollen Satsuma-Porzellan – immer fleißig wie die Bienen, was? Ihr macht ja jetzt auch eigenen Whiskey, wie ich höre, und natürlich habt ihr auch Bier – euer Kirin und Suntory und Sapporo –, und die sind ja wohl mindestens genauso gut wie alles, was die schlampigen Brauereikonzerne bei uns hier zusammenpanschen können, nur dieser Sake! Sake! Ich habe es nie verstanden, wie ihr dieses gräßliche Zeug trinken könnte. Aber euer Bildungssystem, also das ist ja wirklich ein Weltwunder, all diese Techniker und Wissenschaftler und Chemiker und was es da noch alles gibt, und nur, weil ihr euch nicht vor der Arbeit scheut und alles von der Pike auf lernt und so weiter. Wissen Sie, manchmal wünsche ich mir, *Japan* hätte den Krieg gewonnen – ich denke mir, das hätte dieser charakterschwachen Gesellschaft viel besser getan, diese vielen Raubüberfälle, Millionen von Obdachlosen, Aids, aber bei Ihnen gibt es ja überhaupt keine Verbrechen, nicht wahr? Also ich bin zu Fuß durch die Straßen von Tokio gegangen, zur Geisterstunde und noch später, na, ich sage Ihnen: viel später« – hier zwinkerte ihm die alte Dame etwas überspannt zu – »schwach und hilflos, wie ich bin, und überall bin ich immer nur auf Höflichkeit, Höflichkeit, Höflichkeit gestoßen – Manieren, die sind Ihrem Volk ja so wichtig. Manieren machen eine Gesellschaft aus. Nun, Sie müssen mich ja für schrecklich unpatriotisch halten, wenn ich solche Sachen sage, aber wissen Sie, ich bin Südstaatlerin, und ich denke, wir können gut verstehen, wie man sich als besiegte Nation fühlt, nicht wahr? Wie sagten Sie doch gleich, daß Ihr Name war?«

Hiro saß an dem massiven Mahagonitisch in Ambly Woosters riesigem, scheunenhoch aufragendem Haus in Tupelo Shores Estates. Er hatte den ersten Gang hinter sich, eine sahnige Suppe, *crème de* sonstwas, und er sah hinaus auf die grau heranklatschenden Wellen des Ozeans, nickte artig und betete innerlich, das schwarze Hausmädchen möge bald aus der Küche kommen und einen Teller Fleisch oder Reis bringen, irgend etwas Festes, das er sich wie ein Eichhörnchen in die Backen schieben könnte, ehe jemand den Schwindel aufdeckte und ihn zur Tür hinauswarf. Die alte Dame saß ihm gegenüber und redete ununterbrochen. Sie hatte nicht aufgehört zu reden, nicht einmal richtig Atem geholt, seitdem er neben ihr auf dem Beifahrersitz Platz genommen hatte. Und jetzt, während er die einbrechende Dämmerung beobachtete und den Impuls niederkämpfte, dem Mädchen in der Küche Gewalt anzutun, wenn es nicht sofort Fleisch, Reis und Gemüse hereinbrächte, da fragte ihn die Frau nach seinem Namen. Er geriet in Panik. Das Blut schoß ihm in den Kopf. Wie hieß er noch schnell – Shigeru! Shinbei? Seiji?

Doch dann redete sie weiter, ohne seine Antwort abzuwarten, schwatzte über Blumenarrangements, Teezeremonien, Geishas und Roboter (»... so unfair ist das, wenn diese Boulevardblätter – genau das sind sie nämlich, sie streiten es ja nicht einmal selbst ab –, richtig *un*fair und *un*verantwortlich ist das, ein so vernünftiges, hart arbeitendes, ernsthaftes und selbstbeherrschtes Volk wie das Ihre als *Roboter* zu bezeichnen, die in *Karnickel*ställen leben, schändlich ist das, einfach schändlich, richtig wütend macht mich das...«), und Hiro entspannte sich wieder. Seine Funktion hier war das Zuhören. Zuhören und essen. Und wie zur Bekräftigung seines Gedankens flog in diesem Moment die Küchentür auf und das Hausmädchen kam herein, in den Händen ein Tablett mit zwei faszinierenden Holzschalen.

Eine stattliche Frau, dieses Hausmädchen, massig wie ein Sumo-Ringer, mit bösartigen rotfleckigen Äuglein und einem drahtigen Haarfilz, der zu schmalen Zopfreihen geflochten war, zwischen denen die schwarze Kopfhaut durchschimmerte. Ihre Nase war platt ins Gesicht gedrückt, und sie brachte einen widerwärtigen Gestank mit sich, den Geruch der *hakujin*, der Fleischfresser und Butterstinker, nur noch schlimmer. Von dem Augenblick an, in dem er mit seinen zerrissenen Schuhen und herabhängenden Heftpflastern durch die Tür getreten war und sich über die Schale mit Nüssen auf dem Couchtisch hergemacht hatte, lag ihr angewiderter Blick auf ihm, als wäre er Ungeziefer, als wäre er etwas, das sie zertreten würde, wenn er nicht unter dem Schutz ihrer bekloppten alten Herrin stünde. Sie durchschaute ihn. Das wußte er. Und als sie jetzt durch die Tür kam, warf sie ihm einen lodernden Blick zu, der besagte, daß sein Stündchen noch schlagen werde, und dann werde es kein Pardon geben. Hiro wich ihrem Blick aus.

»Es gibt doch nichts Praktischeres als einen Futon, das sage ich immer, und ich habe gerade neulich erst zu Barton gesagt – das ist mein Mann, Barton, er ist Invalide – oh, vielen Dank, Verneda –, also ich sagte zu Barton: ›Weißt du, Barton, diese Möbel hier, diese düsteren Antiquitäten, die stopfen uns doch nur das Haus voll, ohne zu etwas gut zu sein; die Japaner zum Beispiel, die haben nicht einmal Schlafzimmer –‹« Hier hielt die alte Dame einen Moment lang inne, und ein ratloser Ausdruck legte sich über ihre bisher völlig unbewegten Züge. »Andererseits, wo liegen denn Ihre Kranken und alten Leute, wenn sie Bettruhe brauchen?... Nun, ich nehme an, in Ihren hervorragenden Krankenhäusern, den besten der Welt, *unsere* Mediziner können denen jedenfalls nicht das Wasser reichen, wenn man sich die hiesige Ärztevereinigung mit ihren kleinlichen Streitereien ansieht, und unsere armen Studenten, die ihre Ausbildung in Puerto Rico und Mexiko und all diesen schmutzigen, gräßlichen Dritte-Welt-Ländern machen müssen –«

Mit einer wütenden Handbewegung knallte das Mädchen die hölzerne Schale vor Hiro auf den Tisch, und er fragte sich, ob es nicht schon viel zu spät sei, ob sie ihn nicht längst erkannt und die Polizei gerufen habe, ob er nicht schon in diesem Augenblick umzingelt werde, aber dieser Gedanke durchzuckte ihn nur kurz, dann verflog er wieder, denn seine ganze Aufmerksamkeit wurde von der Schale in Anspruch genommen. Fleisch? Reis? Er konnte seine Enttäuschung nicht verbergen: die Schale war mit grünem Salat gefüllt.

Mit der Zeit jedoch wurde seine Geduld, seine triefäugige, kopfnickende Ausdauer eines Zwangsrekrutierten, mit Süßkartoffeln belohnt, mit mehreren Portionen eines blaßgrünen Gemüses, das zur Unkenntlichkeit verkocht war, und mit Fleisch – frischem, saftigem Fleisch, Rippchen und so. Es war seine erste warme Mahlzeit seit dem Streit mit Chiba an Bord der *Tokachi-maru*, und er stürzte sich darauf wie ein Almosenempfänger, was er ja war. Das Mädchen hatte das Essen in schweren, großen Keramikschüsseln auf den Tisch gestellt, und seine Gastgeberin, die ihren Monolog immer nur kurz unterbrach, um vogelhäppchenweise kleine Bissen von dem Fleisch oder dem zerdrückten Gemüse zu nehmen, drängte ihn wie eine besorgte Mutter (»Ach, Seiji, Sie müssen sich unbedingt noch etwas Okra nehmen. Barton und ich könnten das alles ja weiß Gott nicht – und auch von dem Schweinefleisch, bitte, bitte –«). Wieder und wieder nahm er sich nach, kratzte die Servierschüsseln bis auf den Boden leer und saugte methodisch an den abgenagten Knochen, die sich auf seinem Teller häuften, während die alte Dame weiterplapperte, über Kimonos, Kirschblüten, öffentliche Bäder und die behaarten Ainu-Ureinwohner. Als das verdrießliche Hausmädchen Kaffee und Pfirsichtorte auftrug, war er wie benommen.

Ihm war inzwischen egal, was mit ihm passierte, wo er sich befand oder was die Polizei mit ihm machen würde, wenn sie ihn in die Fänge bekäme – nur eins war wichtig: hier zu sein, in einem Haus mit Teppichen auf dem Boden und Bildern an den Wänden, hier zu sein inmitten all dieser wunderbaren Unermeßlichkeit, all dieses Wohnraums – das war das Paradies, das war Amerika. In Trance folgte er seiner Gastgeberin aus dem Eßzimmer in die Bibliothek, und während das Mädchen abräumte, nippten sie einen süßen, wie Feuer brennenden Likör und gossen sich Kaffee aus einer schimmernden Silberkaraffe ein, die bodenlos zu sein schien.

Irgendwann mußte er ein Gähnen unterdrücken, und dabei fiel sein Blick auf die Uhr auf dem Kaminsims. Es war nach ein Uhr nachts. Das Mädchen hatte schon vor langer Zeit den Invaliden im Obergeschoß versorgt, sich von ihrer Dienstherrin verabschiedet und war nach Hause gefahren – nach Hause aufs Festland, wie Ambly Wooster ihm, weitausholend und langwierig, anvertraute. Er hatte eigentlich keinerlei Probleme mit dem Akzent der alten Dame – ihre Aussprache war deutlich und präzise, kein Vergleich mit dem barbarischen Blöken der Frau in dem Coca-Cola-Laden –, aber dieser Begriff, *Festrand*, war ihm neu. Etwa eine Stunde oder länger hatte er sich einfach nur im Sessel zurückgelehnt, sich innerlich vom Likör massieren lassen und nicht mehr als ein paar Bruchstücke von dem pausenlosen Geplapper der alten

Dame mitbekommen, ja hätte er nicht jene angeborene Höflichkeit besessen, diese Samurai-Disziplin, diesen Zwang, den anderen unter keinen Umständen zu kränken, wäre er vermutlich längst eingenickt. Jetzt aber, ganz plötzlich, schnellte der Begriff dieses *Festrands* in seinem Denken hoch wie ein von lastendem Schnee befreiter junger Ast, und er unterbrach sie mitten in einer Eloge auf das Kabuki-Theater. »Festrand?« fragte er. »Was ist das, danke sehr?«

Ambly Wooster sah verwirrt aus, als sei sie gerade aus einem Traum hochgefahren. Hiro sah jetzt, wie alt sie war, älter als seine *obāsan*, älter als der Vogel, der die tausend Jahre alten Eier legt, älter als irgend etwas. »Na ja, das Festland«, sagte sie, »die Küste von Georgia. Wir sind doch hier auf einer Insel. Auf Tupelo Island.« Sie verstummte kurz und musterte ihn blinzelnd mit ihren wäßrigen alten Augen. »Wie sagten Sie doch gleich, war Ihr Name?«

Eine Insel. Alle Wärme wich aus ihm wie Luft aus einem Ballon. Also saß er in einer Falle, und die Straße führte nirgendwohin. Er räusperte sich. »Seiji«, antwortete er.

Die alte Dame musterte ihn lange, war zum erstenmal seit sechs Stunden still. »Seiji«, wiederholte sie schließlich und bedachte ihn mit einem kalten Blick, als hätte sie ihn noch nie im Leben gesehen und fragte sich, wie er eigentlich dazu kam, in ihr Haus einzudringen, in ihr Eßzimmer, in das Allerheiligste ihrer Bibliothek.

Gab es eine Brücke? fragte er sich. Oder eine Fähre? Konnte er hinüberschwimmen? Er hielt ihrem Blick stand, tat sein Bestes, um demütig, dankbar und bedürftig zu wirken, wobei er eigentlich fest überzeugt war, sie würde ihn gleich hinauswerfen, die Polizei rufen, ihn fesseln und knebeln und in jene dunkle, stinkende *gaijin*-Zelle stecken lassen, die sein Schicksal war. Dann aber beschlich ihn ein böser Gedanke: Was konnte sie denn schon tun, eine alte Frau, ganz allein mit ihrem invaliden Gatten im Haus, in der tiefen, pulsierenden Stille der Nacht?

»Sie brauchen noch ein Handtuch«, sagte sie plötzlich mit ungetrübter Miene und stand aus dem Sessel auf. Ihre blaugeäderten Hände hingen schlaff herab. Und dann lächelte sie. »Wie unhöflich von mir – da halte ich Sie bis tief in die Nacht wach und schnattere vor mich hin wie ein alter Papagei –, was müssen Sie nur von mir denken, Sie Ärmster!« Dann wandte sie sich um und ging auf die Tür zu. »Also, kommen Sie«, sagte sie, auf der Schwelle wartend, »ich zeige Ihnen jetzt Ihr Zimmer.«

Er folgte ihr durch das spärlich beleuchtete Haus die Treppe hinauf und einen langen, mit Teppichen ausgelegten Korridor entlang, in dem sie auf halber Höhe kurz über die Schulter zurücksah und einen Finger auf die Lippen legte. »Pssst.« Sie deutete auf eine geschlossene Tür und flüsterte: »Barton.« Er nickte und nahm undeutlich den Geruch von Medizin und das leise Pfeifen und Rasseln angestrengter Atemzüge wahr, und dann bewegten sie sich geräuschlos weiter, die schmalen Schulterblätter der alten Frau hoben und senkten sich unter dem dünnen Stoff ihrer Bluse. »Hier«, sagte sie, stieß eine lackierte Tür am Ende des Korridors auf und trat beiseite, um ihn einzulassen.

Zuerst dachte er, sie nehme ihn auf den Arm – das konnte nicht das Zimmer sein: Es war riesig, geräumig wie ein Schlafsaal, groß genug für Squash, Gymnastik oder einen Swimmingpool. Und trotz ihres ganzen Geredes über Futons war es beherrscht von einem gewaltigen Himmelbett, das über dem Teppich zu schweben schien wie ein Schiff unter vollen Segeln. Außerdem gab es eine dick gepolsterte Couch und einen Lehnsessel. Dahinter konnte er ein Badezimmer sehen, Fernseher, Klimaanlage und Fenster mit Blick aufs Meer. Zwei Leselampen zu beiden Seiten des Betts badeten den Raum in sattem goldenem Licht. Er zögerte, aber sie nahm seinen Arm und führte ihn hinein. »Schlafen Sie gut«, sagte sie und reichte ihm dabei ein Handtuch. »Und wenn Sie noch irgend etwas brauchen, geben Sie mir nur Bescheid. Gute Nacht also.« Und dann fiel die Tür klickend ins Schloß.

Er fühlte sich trunken. Wie berauscht. So begeistert über sich selbst, daß er laut auflachte. Das Bett – es war erstaunlich, märchenhaft, groß genug, um die ganze Besatzung der *Tokachi-maru* samt Kapitän Nishizawa aufzunehmen. Er hechtete hinein, warf die Beine in die Luft und hüpfte auf den Sprungfedern herum, wobei er kicherte wie ein kleines Kind auf einem Trampolin. Im nächsten Augenblick war er in dem funkelnden Badezimmer – das allein so groß war wie die ganze Wohnung, die er mit seiner *obāsan* geteilt hatte – und durchstöberte die Schubladen: Seife, Shampoo, Eau-de-Cologne, ein Rasierapparat und Aftershave. Es war zu viel. Er mußte träumen. Und dann fiel sein Blick auf sein Spiegelbild, und aller Frohsinn wich schlagartig aus ihm.

Er schnappte nach Luft. Dann sah er noch einmal hin.

Nein, das konnte nicht sein. Das war nicht Hiro Tanaka, der ihn da anstarrte – nicht dieser zerlumpte Landstreicher, dieser Verwahrloste mit filzigem Haar und eingefallenen Wangen, mit Fingernägeln wie ein Totengräber, an dem ein Flickenteppich aus schmuddeligen Bandagen herunterhing wie abgestreifte Schlangenhäute. Er war zwanzig Jahre alt, sah aber aus wie sechzig – das hatte ihm Amerika angetan. Mit einem Mal bekam er Angst. Er sah seine eigene Zukunft vor sich, in einer monotonen, öden Abfolge von Wochen, Monaten, Jahren, in denen er davonlief, sich versteckte, bettelte und wie ein *burakumin* – ein Unberührbarer – auf den anonymen Straßen einer fremden Welt lebte, ohne jede Hoffnung, je eine Arbeit zu finden, zu tief gesunken, zu verdreckt. Er war aus dem Stand der Gnade gefallen, und zwar mitten hinein in den klebrigen Schlamm.

Von Verzweiflung überwältigt, starrte er in den Spiegel, doch dann, nach einer Weile, fiel sein Blick auf die Dusche. Es war die erste Duschkabine, die er seit über einem Monat gesehen hatte. Er musterte sie einen Moment lang nüchtern, als wollte er sie mit anderen Duschen vergleichen. Dann schob er die Glastür auf, betrachtete die blitzenden Armaturen, die Seifenschale, das blasse, duftende Stück französischer Seife darauf, das den ganzen Raum mit Obstgartenaroma erfüllte. Und er untersuchte auch die Wanne – eine Wanne, in der ein mit Blasen übersäter, schmerzgequälter Körper sich stundenlang aalen konnte. Ehe er wußte, was er tat, riß er sich die schmutzigen Verbände, die lächerlichen Shorts und das verschwitzte T-Shirt herunter, und schon fühlte er sich besser. Als er versuchsweise an den Hähnen drehte, rauschte sofort Wasser aus dem Duschkopf, und von diesem Geräusch, diesem Geruch ging es ihm gleich noch besser. Und dann, vollends überzeugt, stieg er in die Wanne und ließ das Wasser über sich laufen, und es war läuternd und rein, erlösend und süß.

Es war schrecklich heiß, einer dieser Tage, an denen einem die Luft wie ein heißer Lappen entgegenschlägt und kein Hund unter der Verandatreppe hervorkriecht, einer dieser Tage, an denen man sich einfach nur mit einem kalten Bier und einem Teller Krabbenfleisch zurücklehnen und zusehen möchte, wie den Atlanta Braves auf dem Baseballfeld der Schweiß herunterläuft. Nur hatte er leider diesen Leuten in Tupelo Shores versprochen, den Rasen zu mähen und die Hecken zu schneiden, und er brauchte das Geld. Nicht für sich selbst – er hatte ja seinen Kautabak und den Garten, und mit seinen Fallen fing er sich mehr als genug Krabben, Austern und fette rote Meerbarben –, sondern für seinen Neffen. Royal wollte unbedingt eins dieser Nietenarmbänder haben, wie es die Punks in den MTV-Clips trugen, und Olmstead White hatte vor, ihn zum Geburtstag damit zu überraschen. Andererseits, bei näherem Nachdenken konnte er vielleicht auch selber ein bißchen Bargeld brauchen – zwar hatte er die meisten seiner Sachen aus dem Feuer bergen können, das Wichtigste jedenfalls, und es war auch kein echtes Problem gewesen, sich in dem umgebauten Hühnerstall hinten auf dem Grundstück häuslich einzurichten, aber ein paar Dinge fehlten ihm. Zum Beispiel Handtücher und Toilettenartikel – er hatte gern ein wenig Kölnisch Wasser und Pimentöl, machte sich gern fein für die Damen, und all diese Fläschchen waren natürlich wie Feuerwerkskörper explodiert. Und so kam es, daß er trotz der Hitze nach einer Mahlzeit aus schwarzen Bohnen und Reis mit einer kleingehackten Zwiebel und einem Schuß der scharfen Soße, die er selbst aus Knoblauch und getrockneten Chilis gerührt hatte, seine Machete über den Lenker des Fahrrads hängte, sich auf den Sattel schwang und auf die harte schwarze Bratpfanne von Straße hinausfuhr, die ihn zu den großen Villen am anderen Ende der Insel bringen würde.

Es waren fünfzehn Kilometer zu fahren, fast die ganze Strecke flach wie sein Küchentisch, und normalerweise war das nichts für ihn – da hätte er die doppelte Strecke und wieder zurück fahren können, ohne danach auch nur schneller zu atmen. Heute aber war er nicht so ganz auf der Höhe – vielleicht lag's an der Hitze –, und obwohl er sich dahinrollen ließ, wo immer es ging, spürte er jedesmal, wenn er in die Pedale trat, einen Druck auf der Brust, als hätte ihm jemand einen festen Strick um die Brust gebunden. Sobald er zu treten begann, spürte er, wie der Strick festgezurrt wurde und ihm alle Luft aus der Lunge preßte, so daß er fast nicht mehr atmen konnte. Seine schlimme Hüfte machte ihm auch zu schaffen, und die Hand, voller Blasen und wundem Fleisch unter dem sauberen, weißen, eineinhalb Meter langen Verbandsstreifen, brannte genauso heftig wie an dem Tag, als dieser Chinese versuchte hatte, sie zu fritieren. Nach fünf Kilometern, als er gerade an Cribbs' Laden vorbeikam, überlegte er kurz, ob er nicht umkehren und wieder nach Hause fahren sollte, so elend fühlte er sich, aber dann dachte er an die hilflose, pausenlos plappernde, alte weiße Dame und ihren bettlägrigen Mann, außerdem hatte er ja fast schon die Hälfte des Weges hinter sich, also radelte er weiter.

Er fühlte sich besser, als er auf die kleine Brücke über Pumpkin Hammock fuhr und die Dosen- und Alligatorschildkröten sah, die dort unten aufgereiht lagen wie Dominosteine auf einem Holzbrett – er hätte auf sie hinunterspucken können, wenn er gewollt hätte –, und er erinnerte sich, wie er und Wheeler als kleine Jungen mit einem alten Fensterhaken Schildkröten aufgespießt hatten, und an den Geschmack der Suppe, die seine Mutter daraus gekocht hatte, und wie sie die leeren Panzer an die Südseite ihres Hauses genagelt hatten, bis sie aussah wie eine Schindelwand. Und dann kam er an Hollieway's Meadow vorbei, wo vereinzelt Gruppen junger Eichen aus den Stümpfen der alten Bäume wuchsen, die man im Bürgerkrieg gefällt hatte, um daraus Schiffe für die Konföderierte Marine zu bauen, seine knochigen alten Knie arbeiteten hart, und der Strick lockerte sich ein Stückchen.

In einem dieser Stümpfe hatte er als Junge einmal eine Eule gefunden, ein Jungtier, das noch nicht flügge war, das Kleinste aus einer dreiköpfigen Brut. Es wäre ohnehin gestorben, die Geschwister hätten es mit ihren messerscharfen Klauen zerfetzt und mit den Schnäbeln auf seinem Kopf herumgehackt, bis es nur noch ein blutiger Klumpen gewesen wäre. Er hatte dem Vogel Fischfleisch gegeben, aber das mochte er nicht, Mäuse dagegen verschlang er gierig. Er erinnerte sich noch, wie seine Mama ihn für verrückt erklärt hatte, als er mit dem langen Messer seines Vaters eine Maus zerlegte, aber die Eule wuchs, er stutzte ihr irgendwann die Flügel, und sie war ganz vernarrt in ihn, jedenfalls bis der Hund sie eines Tages erwischte. Das mußte nun sechzig Jahre her sein, und jetzt, während er durch das Tor auf die Privatstraße der Tupelo Shores Estates rollte und am Salt Air Drive links abbog, staunte er über sein Gedächtnis, über die Macht des menschlichen Erinnerungsvermögens, das ihn von seinem Fahrrad und aus der Hitze entrükken konnte in die Ferne dieser längst vergessenen Jahre. Dann aber eierte er die Einfahrt der Woosters hinauf, ein Schwarm von grünen Schmeißfliegen, der aus dem Nichts auftauchte, stürzte sich auf ihn, und der Strick zog sich sofort wieder fester; er war zurück im Hier und Jetzt. Er schmeckte den Schweiß in seinen Mundwinkeln.

Na gut. Er würde sich erst mal eine Minute in den Schatten setzen, wo das Gras dicht und kühl war, und dann würde er Wasser aus dem Gartenschlauch trinken und sich an die Arbeit machen. Gar nicht nötig, extra Bescheid zu sagen. Sie würden ihn sowieso von drinnen sehen, seine in der Sonne blitzende Machete, und sie würden es hören, wenn er den Rasenmäher anwarf, und dann würden sie sagen: *Ach, das ist ja Olmstead White, der arbeitet da draußen in der Hitze – vielleicht sollten wir ihm gleich mal ein großes Glas Limonade bringen, mit einem Schuß Wodka drin, so wie er es gerne hat.*

Er machte es sich bequem, und der Strick lockerte sich ein wenig. Dann griff er nach dem Schlauch, das kalte Wasser erfrischte ihn, und er wollte anfangen zu arbeiten, aber da war wieder dieses verfluchte Stechen in der Hüfte, und der salzige Schweiß auf seiner verletzten Hand fühlte sich an wie flüssiges Feuer. Scheiß auf den Doktor, dachte er, faßte den Verband mit der gesunden Hand und ließ das Wasser darüberlaufen. bis das Salz abgewaschen war und der brennende Schmerz ein wenig nachließ. Dann nahm er die Machete und stutzte das Heckengebüsch mit kurzen, raschen, aus dem Handgelenk heraus geführten Bewegungen.

So arbeitete er wohl eine gute halbe Stunde und kam dabei langsam zu der zum Meer hin gelegenen Seite der Villa, wo hinter einem hüfthohen Türchen, das ganz von einer blauen Glyzinie überwachsen war, der Swimmingpool lag. Am Rand des Schwimmbeckens saß jemand, und das überraschte ihn – nicht nur wegen der Hitze, sondern weil die alte Dame und ihr Mann sich nicht um den Pool kümmerten, so daß er zwischen den Besuchen des Reinigungsdienstes immer grün wie ein Ententeich wurde. Das mußte ihr Enkel sein, der gerade Semesterferien hatte, vermutete er. Im Laufe der vergangenen Jahre hatte er den Jungen ab und zu gesehen, wenn er im Garten herumhing, auf die Fähre wartete, wie ein Wahnsinniger in seinem roten Sportwagen die Straße zu Cribbs' Laden hinunterbrauste – eigentlich ein ganz netter Bursche, auch wenn seine Augen zu weit auseinanderstanden und er das Haar so trug, wie es 1950 Mode gewesen war. Aber wirklich, und bei diesem Gedanken mußte er kichern, dieser Knabe würde eine Hip-Hop-Frisur noch nicht mal erkennen, wenn sie ihm zu den Ohren rauswuchs. Die Machete blitzte auf, gleichzeitig platschte es; Olmstead White drehte sich kurz um und sah schäumendes Wasser, nasse, weit ausholende Arme, glattes glänzendes Haar wie das eines Fischotters, aber er dachte nicht weiter darüber nach.

Er stutzte die Stechpalmen, die direkt vor dem Haus standen, und dann wandte er sich dem Swimmingpool zu. Die Glyzinie hatte er beim letztenmal nicht geschnitten, und jetzt wucherten die schlangengleichen Zweige in alle Himmelsrichtungen, und die Hecke machte einen reichlich schäbigen Eindruck. Als er über den Rasen ging, die Machete locker in seiner gesunden Hand, mußte er an seine Mutter denken; wieder so ein Streich, den ihm die Erinnerung spielte, als wäre die Gegenwart aus seinem Kopf weggefiltert und die Vergangenheit bräche mit all ihren wichtigen und unwichtigen Einzelheiten über ihn herein. Er sah nichts anderes als ein einziges Bild, das ihm jetzt glasklar, wie in Eis eingeschlossen, vor Augen trat: seine Mutter am Herd, er selbst und Wheeler und sein Daddy am Tisch sitzend, draußen das wilde Hexengeschrei eines Hurrikans, das ihnen in den Ohren pfiff und die Fenster klirren ließ, und seine Mama hantierte mit der gußeisernen Pfanne über dem Feuer und wendete Maiskuchen, als wäre alles wie immer. Als er daran dachte, wich der Druck vollkommen von seiner Brust, und dann sah er auf, fing den Blick des Enkels auf und bemerkte erst jetzt, daß dieser ihn anstarrte, als hätte er ein Gespenst gesehen.

Und das war es, der Anfang vom Ende: das Wiedererkennen. Der Enkel war das nicht – mit einem heftigen, unerwarteten Ruck zerrte der Strick an ihm –, das, das war doch ... er fand keine Worte, die seine Gedanken hätten ausdrücken können, blanke Wut brutzelte in ihm wie Fett in einer heißen Bratpfanne. Er machte drei Schritte vorwärts, schwang die Machete über dem Kopf, und er sah diese Chinesenaugen, die chinesische Nase, den Mund und die Ohren, die wiedergekehrt waren, um ihn heimzusuchen. »Verfluchter Dreckskerl!« schrie er – oder versuchte es zu schreien, denn die Worte blieben ihm in der Kehle stecken, erdrosselten ihn, der Strick zog sich zu wie eine Garotte, wie zwei Stricke, zwei Garotten ... und dann gab etwas in ihm nach, er stürzte nach vorn wie in ein gewaltiges Gewässer, und er spürte, er würde nie wieder nach Luft ringen müssen.

An diesem Morgen – seinem sechsten unter dem Dach der Woosters – war Hiro zum Duft von Eiern, Schinken und gebratenen Tomaten erwacht, außerdem zur Melodie einer vage vertrauten symphonischen Musik, irgend etwas Russisches oder Europäisches. Er schlüpfte in seine frisch gewaschenen Bermudashorts – über Textilien, Taiwan, Korea und Schuhe von Jordache vor sich hin plappernd, hatte Ambly Wooster zuerst versucht, ihm ein Paar Bluejeans ihres Enkels anzudrehen, aber die waren so eng gewesen, daß er den Reißverschluß nicht zubekam –, dann zog er das graue Sweatshirt, die dicken Baumwollsocken und die hohen Nike-Turnschuhe an, die ihm paßten, als wären sie für ihn gemacht, und ging gutgelaunt zum Frühstück hinunter.

Die Musik schwoll an, wie um ihn zu begrüßen, und als er um die Ecke in den sonnenhellen Salon bog, erhaschte er einen kurzen Blick auf Dolly, das Hausmädchen, das immer vormittags kam. Sie flitzte davon wie ein Insekt. Die andere, die argwöhnische Verneda, war eine massige, korpulente Erscheinung, doch Dolly war das genaue Gegenteil: ein schmächtiges, neurasthenisches Wesen, das jeden Blickkontakt scheute. Ihre Frisur war ein Wunder ornamentaler Schneidekunst, ihre Haut so beige wie der Schuluniform-Blazer, den Hiro als Junge getragen hatte. Sie verschwand im Eßzimmer, so daß Hiro mit seinen Gastgebern allein war, die im Erkerzimmer mit Blick über das Meer beim Frühstück saßen. Er machte einen tiefen Diener. Das Fensterglas schimmerte im Licht, draußen segelten Möwen vorbei. Begleitet von Geigenklängen brandete der Ozean ans Ufer.

»Seiji!« rief die alte Dame und machte eine verschmitzte Miene, den Kopf etwas schief gelegt, das schelmische Lächeln von einem Lippenstiftfleck verwischt. Er sah, daß sie sich zurückhielt, sich auf die Lippen biß, die Sturzbäche der Banalitäten einzudämmen versuchte, die sonst in jeder wachen Minute ihre Zunge gegen

Gaumen, Zähne und Lippen peitschen ließ. »*Ohayō*«, begrüßte sie ihn auf japanisch und rang die zuckende Zunge dann noch einmal nieder; die Augäpfel tragen aus den Höhlen, mit solcher Kraft stemmte sie sich gegen den Wortschwall.

Er verneigte sich nochmals. »*Ohayō gozaimasu*«, erwiderte er und machte auch vor ihrem Mann einen Diener. Dieser jedoch bemerkte davon nichts, denn er war blind und taub und klemmte in seinem Rollstuhl wie eine Vogelscheuche auf einem Besenstiel.

Auf dem Tisch standen gebratener Speck, Eier, Toast, Butter, Kaffee, geschmorte Tomatenscheiben und Marmelade. Es war nicht direkt sein Lieblingsfrühstück – er zog eine Portion *ochazuke* vor, in grünem Tee erwärmter Reis –, aber er konnte sich nicht beklagen. Nicht nach seinem Exil in der Wildnis, nicht nach den Krabben und Grashüpfern und der gräßlichen Löffelschleck-Mahlzeit, die er sich aus Kaffeepulver, vegetabilem Kaffeeweißer und künstlichem Süßstoff bereitet hatte. Trotzdem, die Amerikaner machten aus ihrem Essen immer eine solche Schweinerei – servierten es einfach als unförmigen Haufen, ohne jeden Gedanken an Ästhetik und Proportion, als wäre Essen etwas Schändliches –, und wenn er nicht halb verhungert wäre, hätte er die Nase gerümpft. Er zog sich einen Stuhl heran und wollte Platz nehmen.

»Nun – fällt Ihnen denn nichts auf?« fragte die alte Dame und zitterte richtig von der Anstrengung, die Bedeutungssplitter, den ganzen Schwall von Worten und Silben und Sätzen bei sich zu behalten.

Verwirrt hielt er in der Bewegung inne.

»Die Musik«, sagte sie. »Die Musik, Seiji –« dann hatte sie sich wieder in der Gewalt. Sie grinste jetzt, ihre gefurchten Zähne waren gelblich-grau und tot, zu groß für ihren Mund.

Und dann begriff er. Die Musik. Es war eine Nummer, die sie extra für ihn aufgezogen hatte. Klassik sagte ihm gar nichts – er mochte lieber moderne amerikanische Musik, Disco und Soul, Michael Jackson, Donna Summer, Little Anthony and the Imperials –, aber er wußte, was sie von ihm erwartete. Und er brauchte die Zeit hier, Ambly Wooster war nett zu ihm, und es machte ihm nichts aus, überhaupt nichts. Er ließ den Stuhl los, trat einen Schritt zurück, sammelte sich und begann dann, mit den ausgreifenden, kräftigen Bewegungen eines Langstreckenschwimmers, so gut er konnte zu dirigieren.

Später, nachdem Barton gefüttert, gewickelt und hinaus an ein schattiges Plätzchen an der frischen Luft gerollt worden war, nachdem Dolly aufgetaucht und wieder verschwunden war wie ein Hausgeist, den nur das allerleiseste Klappern von Geschirr und Besteck verriet, und nachdem Ambly Wooster ihre Kontinente, ihre Ozeane, ihre Wortwelten losgeworden war und sich für ihren Mittagsschlaf zurückgezogen hatte, schlenderte Hiro zum Swimmingpool hinaus, um ein bißchen in Form zu kommen.

Er fühlte sich hier sicher, der Garten war ein umschlossener Ort, auf angemessene, wohlproportionierte Weise bepflanzt. Und das Wasser – am ersten Tag war es trüb gewesen, aber er hatte die Chemikalien gefunden, Chlor und Säuren, die man hineinschütten mußte, und über Nacht war es glasklar geworden –, das Wasser beruhigte ihn. Den ganzen Nachmittag hindurch, während die Sonne hoch am Himmel stand und es heißer und heißer wurde, sprang er immer wieder in den Pool und planschte herum wie ein junger Seehund, in der Badehose, die Ambly Wooster ihm gegeben hatte. Und mit jedem Sprung ins Wasser fühlte er sich sauberer, menschlicher, weiter entfernt von Schlamm und Sumpf. Er legte sich zum Trocknen in die Sonne, beobachtete die Möwen, die über den Himmel zogen, und nachdem Dolly mit gesenktem Blick herangeschlichen war, um ihm einen Teller mit Sandwiches und Obst zu bringen, aß er mit stiller Zufriedenheit und einer tiefen, beständigen Dankbarkeit.

Amerika war doch nicht so übel, dachte er nun. Und er gab sich sogar kurz der Phantasie hin, dazubleiben und Seiji zu werden, wer immer das auch war, vielleicht seinen Vater aus dem Telefonbuch herauszusuchen und ihn hierher einzuladen. Sie könnten miteinander schwimmen, er und sein Vater, und gemeinsam, mit viel Konzentration und Geduld, könnten sie Ambly Woosters sprudelndem Monolog Einhalt gebieten und sich gelegentliche Atempausen erkämpfen. Aber er wußte auch, wie unrealistisch dieser Einfall war, daß er nur träumte und seine Gedanken schweifen ließ. Früher oder später würden sie ihn erwischen. Er war auf einer Insel gelandet – ausgerechnet! –, und von dieser Insel mußte er wegkommen. Eine Möglichkeit war, sich von der alten Dame auf dem Rücksitz ihres Wagens hinüberfahren zu lassen, aber das barg natürlich mehrere Probleme. Erstens schien es schon eine unüberwindbare Schwierigkeit, sie auch nur lange genug vom Reden abzuhalten, um ihr diesen Vorschlag zu unterbreiten. Und was sollte er ihr sagen – daß er ein Verbrecher, ein Gesetzloser, ein Vandale war? Daß er gar nicht Seiji hieß? Außerdem: wo *war* überhaupt das Festland? Vom Pool aus sah er nichts als das offene Meer, idyllisch, endlos und blau, ein Meer, das über den Buckel der Welt hinwegschwappte und die Küsten Afrikas umspülte. Und hinter dem Haus stand ein anderes Haus, und dahinter noch ein Haus, und dann kam der Sumpf.

Ein Boot, dachte er. Vielleicht konnte er sich irgendwo ein Ruderboot, einen kleinen Katamaran oder eine Jolle ausleihen, irgend etwas. Wie weit mochte das Festland entfernt sein? Er dachte an dieses theoretische Boot, an die Chance, die ihm die Wellen boten, und an den gärenden, nach Jauche stinkenden Morast, der bestimmt eine Barriere vor diesem ersehnten Festland bildete, als er sich plötzlich beobachtet fühlte. Er blickte auf, und da stand er, jener Mensch, dem er am allerwenigsten begegnen wollte.

Aber nein, es war ein böser Traum. Er halluzinierte. Es konnte nicht sein. Dann aber bewegte sich die Halluzination, und er wußte, daß er keineswegs träumte. Der Neger, der Kannibale, der Wahnsinnige, der auf ihn geschossen hatte, als er wehrlos und hungrig und halb ertrunken gewesen war, war so real wie die Sonne am Himmel. Schlimmer noch: er hatte eine Waffe in der Hand – ein Kendo-Schwert –, und er kam auf ihn zu, mit rollenden Augen, der Mund ein schwarzes Loch, in dem sein Gesicht geradezu verschwand. Hiro war von Ehrfurcht ergriffen. Entsetzt. Dieser Mann sah gar nicht aus wie ein Mensch – er war ein Besessener, direkt aus der Hölle –, und er krümmte sich und keuchte und stieß einen Fluch aus, in dem heiseren, belegten Tonfall der Schamanen und Hexenmeister.

Dann schoß Hiro hoch. In Jōchōs sämtlichen Werken stand nichts, was ihn hierauf vorbereitet hätte. Er warf noch einen Blick auf den dämonischen Neger, der jetzt wütete und tobte und auf die Erde einschlug, dann hatte er seine Kleider zusammengerafft und setzte über den Zaun wie ein Hürdenläufer. Er sah sich kein einziges Mal um – spürte nicht einmal, daß seine Füße den Boden berührten. Drei weite Sätze, dann hatte er den Garten hinter sich, sprang über einen weiteren Zaun ins Nachbargrundstück, wo eine

Frau, deren Nase mit einer obszönen Schmiere bedeckt war, aus ihrem Liegestuhl hochfuhr und einen Schrei ausstieß, der wie ein wirbelnder Tomahawk die Luft durchschnitt, und dann war er schon auf dem nächsten Grundstück, wo er sich einer Meute Hunde von Plüschtiergröße erwehren mußte. Er rannte weiter. Zwischen herumstehenden Gartenmöbeln hindurch, über Terrassen, über Lattenzäune, Ziegelmauern und Maschendrahthindernisse flog er hinweg, als wäre er zum Hürdenläufer geboren. Stimmen schrien auf ihn ein, aber er achtete nicht darauf. Aus dem Schatten sprangen ihm Hunde mit gesenkten Köpfen in den Weg, und von überall hallte plötzlich ihr Bellen, Knurren und wahnsinniges, übergeschnapptes Heulen wider. Er rannte weiter.

Irgendwann, als er atemlos und in panischer Furcht eine kunstvoll angelegte Anhöhe hinaufhetzte und Hals über Kopf durch eine Gruppe von Zierkiefern brach, ließ ihn das erste, noch ferne Heulen von Sirenen erschauern. Jetzt jagten sie ihn. Tief geduckt, immer in der Deckung der Bäume bleibend, erreichte er den Scheitelpunkt der Anhöhe, wo er feststellte, daß sein Fluchtweg von einer hohen, groben Stuckmauer abgeschnitten wurde. Es war eine amerikanische Mauer, protzig, aber aus minderwertigem Material, der Verputz blätterte wie blasige Haut in großen Fladen ab. Sie war an die drei Meter hoch, mindestens. Er preßte sich flach gegen die rauhe Wand und versuchte seinen Atem zu beruhigen, während das Pandämonium der Umgebung so sehr in seinen Ohren dröhnte, daß es das ferne Brausen der Brandung übertönte. Er fühlte sich nackt. Verletzlich. Verloren. Es gab keine andere Möglichkeit, als hinüberzuklettern und das Beste zu hoffen.

Es war eine Kleinigkeit. Er kletterte hinüber. Als er auf der anderen Seite hinabsprang, war er wieder in einem Garten: üppig, verwildert, verlassen. Es gab einen Swimmingpool und eine kleine Umkleidekabine. Von weitem zu hören: Schreie, Gebell, das Heulen von Sirenen. Gewandt, geräuschlos, mit dem lautlosen, sicheren, athletischen Schritt des Samurai ging er am Fliesenrand des Beckens entlang, zog die Tür der Kabine behutsam auf und verbarg sich in der Dunkelheit des Lattenhäuschens.

Später – viel später –, als die Nacht etwas Greifbares und kein Geräusch mehr zu hören war außer dem Zirpen der Grillen jenseits der Mauern und ein schläfriges Brummen vom Haus her, das über dem Garten, dem Swimmingpool und der Kabine aufragte, kam Hiro heraus. Geräuschlos – nicht eine Welle schlug er – badete er im Pool, wusch die Spuren seiner Flucht ab, die Grasflecken, den Schmutz und den Staub. Dann saß er reglos im Dunkeln, bis er trocken und sein Herzschlag fest und ruhig war. Vorsichtig, umständlich, als wäre es ein Ritual, zog er die Shorts an, streifte sich das Sweatshirt über den Kopf, schlüpfte in die Socken und die ledernen Turnschuhe: Er hatte es nicht eilig. Er hatte einen Plan. Einen einfachen Plan. Ein Plan, der bei dem Häuschen im Wald und der Sekretärin mit den weißen Beinen anfing und endete. Wieder sah er sie vor sich – zum hundertstenmal –, wie sie in jener Nacht in dem Boot gelegen hatte, ausgestreckt und unbekleidet, und er sah sie an ihrem Schreibtisch, wie sie sich zu ihm herumdrehte, ihm Essen und Unterkunft anbot. Und dann erhob er sich, fand das Gartentor neben dem Haus und stapfte leise über den Rasen. Im nächsten Moment roch er den Teer und spürte die harte, glatte Oberfläche der Straße unter den Füßen.

Spontan bückte er sich, um sie zu berühren. Sie war noch warm.

Noch immer auf freiem Fuss

Jetzt gab es keinen Zweifel mehr: er würde bei ihr bleiben, unter ihrem Schutz, und zwar unbefristet. Oder jedenfalls bis die Lage sich etwas beruhigt hatte. Er hatte am anderen Ende der Insel, in Tupelo Shores Estates, ein wenig Ärger bekommen, und die Insulaner waren wieder einmal in heller Aufregung. Am Tag nach seiner Rückkehr erschien ein Artikel über ihn auf Seite sechs des *Savannah Star* – nicht allzu viele Einzelheiten, das nicht, aber sie hatten ihn nicht vergessen: Illegaler auf Tupelo noch immer auf freiem Fuss lautet die Schlagzeile –, und sofort verbreitete sich das Raunen apokalyptischen Tratsches auf der Insel. Zwei Tage später widmete ihm die *Tupelo Island Breeze* ihre gesamte Titelseite.

Ruth hätte die Story in der *Breeze* fast übersehen, wenn Sandy De Haven nicht gewesen wäre. Sie hatte den Tag mit ihrem exotischen Flüchtling verbracht – sie über »Die Tränen und die Flut« brütend, er in einem Taschenbuch mit japanischen Hieroglyphen schmökernd, das er irgendwo gefunden haben mußte – und war erst gegen Ende der Cocktailstunde eingetroffen. Sandy stand hinter der Bar im vorderen Salon und mixte Drinks. Zwischen Bob dem Dichter und Ina Soderbord lief nichts mehr – Bobs Frau war übers Wochenende gekommen, und damit war die Sache beendet –, deshalb saß Ina, deren weiße Augenbrauen wie in einer Luftspiegelung nahtlos in weiße Ponyfransen übergingen, an der Theke und himmelte Sandy an. Die anderen waren fast alle schon ins Speisezimmer hinübergegangen, und für diese kleine Gnade war Ruth herzlich dankbar: zumindest blieben ihr so Jane Shine und ihr widerwärtiges silbriges Lachen erspart.

»Hallo, La D.«, sagte Sandy, »was steht an?« Er griff bereits nach dem Wodka, dem Glas, dem Eimer mit glitzerndem Eis.

»Nicht allzu viel«, antwortete Ruth achselzuckend, »viel Arbeit, das reicht ja.« Was sollte sie schon antworten – daß sie einen flüchtigen Verbrecher beherbergte? Sie lächelte Ina an. Ina lächelte zurück.

»Pur mit Zitrone, stimmt's?«

Ruth nickte, und Sandy reichte ihr das Glas. In den Fenstern spiegelte sich das goldene Licht, und eine Zeitlang stand sie einfach nur da, ließ sich einfangen von der Erfülltheit des Augenblicks. Saxby war irgendwo draußen mit seinen Netzen und Reusen und Angelstiefeln, aber sie würde ihn noch sehen, ehe die Nacht herum war – er hatte es versprochen –, und Hiro war draußen im Studio, mucksmäuschenstill. Wartete auf sie. War abhängig von ihr. Zum erstenmal seit Tagen fühlte sie sich gut, fühlte sich wie früher. Doch dann drang das Geschnatter aus dem Speisezimmer herüber, und sie mußte sich enorm konzentrieren, um Jane Shines gräßliches Kichern auszublenden. Als sie das Glas an die Lippen hob, schmeckte der Wodka nur noch säuerlich. Der Augenblick war vorbei.

»Schon gelesen?« fragte Sandy und schob eine Ausgabe der *Breeze* über die Theke. Sie betrachtete die Zeitung eine Weile, ehe sie es sah, dann setzte sie ihren Wodka ab. INVASION DURCH AUSLÄNDER! zeterte die Schlagzeile in Neun-Zentimeter-Lettern, und darunter war ein körniges Foto von Hiro, der einfältig aus dem Bild glotzte. Direkt unter seinem Kinn, wie ein Auswuchs, steckte eine Karte mit mehreren mysteriösen Schriftzeichen und einer siebenstelligen Nummer. Er wirkte verloren und hoffnungslos, und wenn sie es nicht besser gewußte hätte, hätte sie ihn auf zwölf geschätzt.

»Ziemlich verwegener Typ, was?« bemerkte Sandy grinsend.

Ruth antwortete nicht. Sie las bereits die Spalten des Artikels, die eingeschobenen Kästen mit den Augenzeugenberichten von Hiros Wüten in den Ziergrotten und Blumenrabatten von Tupelo Shores Estates. Das Interview mit der Frau, die ihn nichtsahnend beherbergt hatte; die Aussage einer Nachbarin, die behauptete, der Entsprungene habe sie zu Tode erschreckt, indem er unvermittelt über ihr Grundstück rannte; den Bericht über den tödlichen Herzinfarkt eines gewissen Olmstead White anläßlich der Begegnung mit dem Verdächtigen, der ihn überdies schon einmal, drei Wochen zuvor, in seinem Haus attackiert hatte.

»Dieser Japanerbursche sitzt ganz schön in der Scheiße, was?« Sandy grinste immer noch. Er beugte sich über die Theke und starrte Ruth durch seine langen gebleichten Locken an. All das war für ihn ein Heidenspaß.

Ina schlürfte Weißwein mit einem Eiswürfel drin. Ihre Stimme klang heiser und dünn im Verhältnis zu ihrer Statur. »Wenn sie diesen armen Kerl nur in Ruhe ließen – ich meine, seht ihn euch doch an« – hier beugte sie sich vor und tippte mit einem lackierten Fingernagel auf das Zeitungsfoto – »sieht der etwa gefährlich aus?«

Ruth las gerade etwas über Sheriff Peagler, der geschworen hatte, dieser Gesetzlosigkeit so oder so ein Ende zu setzen – der Gesuchte sei ja nicht einmal amerikanischer Staatsbürger, habe also gar kein Recht, in diesem Land zu sein –, und nein, er wolle nicht ausschließen, daß dieser (Schimpfwort gestrichen) sofort erschossen werde.

»Erst heizt man diesen Schweinebauern ordentlich ein, und dann...« Ina beendete ihren Satz nicht.

»Genau, das meine ich ja«, sagte Sandy. »Das wird so aussehen wie eine Szene aus *Ein Mann wird gejagt*.« Er nahm einen Schluck von seinem Wodka-Orange. »Kennst du den? Mit Marlon Brando, Jane Fonda und Robert Redford?«

Ruth sah zum erstenmal auf. »Ja«, sagte sie. »Ich meine, nein. Hör mal, kann ich mir das hier mitnehmen, die Zeitung, meine ich?«

Das Abendessen ließ Ruth an diesem Tag aus. Sie ging kurz in der Küche vorbei, wo Rico herumwuselte, diesmal unter Aufsicht des Chefkochs (heute war Armand de Bouchette da, jener Mann, der Thanatopsis House zur besten aller Künstlerkolonien gemacht hatte – jedenfalls was die Küche betraf), füllte Thermo-Essensbehälter mit *pompano en papillote, artichauts au beurre noir*, gedünsteten Zwergauberginen und Grillkartoffeln im eigenen Saft, dazu nahm sie sich Baguette. »Wird wohl ein romantischer Abend zu zweit, ja?« De Bouchette trat vor sie, die Kochmütze ein wenig in den Nacken geschoben, die Stirn amüsiert gekräuselt. Er war Ende fünfzig und erholte sich von einer ganzen Serie von gescheiterten Ehen, ein Mann, der gern Cognac süffelte und den weiblichen Gästen des Hauses wie zufällig an den Hintern faßte. »Mit Saxby, ja? Oder hast du vielleicht irgendwas laufen, wovon du niemand was erzählst?«

Ruth hielt den Kopf gesenkt und hantierte mit den Essensbehältern. »Nein, ich arbeite noch, Armand. Sax kommt mich dann später abholen – falls er es rechtzeitig auf die Fähre schafft. Rasend romantisch.« Dann strahlte sie ihn mit ihrem breitesten Lächeln an, stibitzte eine Flasche Wein aus dem Regal über dem Küchentisch und rauschte davon, so daß er vergeblich nach ihrem entschwindenden Hinterteil griff.

Es war fast sieben, als sie zum Studio zurückkam. Die Sonne ging gerade unter. Ein leichter Wind wehte vom Meer her. Alles war ganz still. Hiro würde sie nicht vor dem Morgen erwarten, und als sie sich der Lichtung näherte, überlegte sie, wie sie ihr Kommen ankündigen konnte, ohne ihn zu erschrecken. Anfangs dachte sie daran, aus sicherer Entfernung zu rufen – »Hiro, ich bin wieder da!« oder »Ich bin's, Ruth!« –, aber wenn irgend jemand anders sich in Hörweite befände, hätte das fatale Konsequenzen. Andererseits, wenn sie ihn nicht irgendwie warnte, würde er durchs Dach schießen wie eine Saturn-Rakete, sobald sie den Fuß auf die Verandastufen setzte. Auf halbem Wege fiel ihr die Lösung ein: Sie würde etwas singen, laut vor sich hinträllern, und wenn sie jemand hörte, sollte er eben denken, sie sei betrunken oder beschwingt oder durchgedreht. Also drückte sie sich die Zeitung und die Thermobehälter an die Brust, schlenderte über die Lichtung und schmetterte in einem hohen, reinen Gesangsverein-Sopran das erstbeste Lied heraus, das ihr in den Sinn kam: *»Oh, where have you been, Billy Boy, Billy Boy? / Oh, where have you been, charming Billy? / I have been to seek a wife, / She's the –«*

Sie stockte mitten in der Zeile – Hiros Kopf war im Fenster emporgeschnellt wie ein Stehaufmännchen. Seine Miene war eine Maske reinsten Entsetzens, das Gesicht eines Mannes, der von einem Bombengeschwader geweckt wird, von Leuchtspurgeschossen, dem pilzförmigen Schreckensding selbst. Dann aber fing sie seinen Blick auf und sah, daß er sie erkannte, und es war alles wieder gut.

»Ich habe Essen mitgebracht«, sagte sie beim Betreten des Studios und hoffte, dieses Wort werde ihn beschwichtigen, »und das hier.« Sie stellte die schimmernden Behälter ab und hielt die Zeitung hoch.

Benebelt starrte Hiro auf die Titelseite, die sie jetzt straff wie ein Laken vor ihm aufgespannt hielt. Sie sah, wie sich sein Blick auf die Schlagzeile heftete.

»Kannst du Englisch lesen?« fragte sie.

Das konnte er. Natürlich konnte er das. Und er war stolz darauf. Die Amerikaner mit ihren großen Füßen und ihrer herablassenden Großkotzigkeit gegenüber der restlichen Welt konnten keine andere Sprache als die eigene. Aber die Japaner, das gebildetste Volk der Erde, lernten in der Schule Englisch, und zwar schon in der Grundschule. Da es aber nur wenige englische Muttersprachler in Japan gab und das japanische System vor allem in Pauken und Auswendiglernen bestand, war das passive Verständnis des durchschnittlichen Japaners weit höher entwickelt als der aktive Sprachgebrauch.

Hiro blickte von der Zeitung auf. »In Schule wir lernen«, erwiderte er schlicht.

Ruth faltete das Blatt und gab es ihm. Er senkte den Kopf und warf ihr einen zerknirschten Blick zu. »Jetzt sind sie wirklich hinter dir her«, sagte sie. »Was hast du bloß da unten angestellt?«

Er zuckte die Achseln. »Nichts, Rusu. Gut essen. Zuhören, wie alte Dame redet, redet, redet. Sie nie hat Mund gehalten.«

Er probierte es mit einem Lächeln, dem Lächeln des Schuljungen, der bei einem Streich erwischt worden ist. An dem Vorfall in Tupelo Shores war mehr dran, als er erzählte – da war sie sich sicher. »A propos essen«, sagte sie, »ich hoffe, du magst Fisch.«

Während des Essens – sie saßen zusammen an ihrem Arbeitstisch, nachdem sie die Schreibmaschine und den wüsten Stapel von bekritzelten Seiten, die demnächst zu ihrer ersten Novelle gerinnen sollten, beiseite geschoben hatte – beichtete er ihr die ganze Geschichte. Er erzählte ihr von Ambly Woosters Verwirrtheit und davon, wie sie ihn gedrängt habe, über Nacht zu bleiben, er erzählte ihr, wie schön es gewesen sei, eine Dusche, saubere Bettwäsche und drei Mahlzeiten pro Tag zu haben, und von dem Schrekken und Entsetzen, den Olmstead Whites unmotivierte Attacke in ihm ausgelöst habe. »Ohne Warnung, Rusu, gar nichts – und er hat Schwert dabei, ein Kendō-Schwert, ich glaube. Er will mir weh tun, Rusu, mein Blut will er sehen.«

Olmstead White war tot, und Ruth fragte sich, was für rechtliche Konsequenzen dies wohl hatte. »Du hast ihn doch nicht angefaßt, oder?«

Hiro sah weg. Er wurde rot. »Bin weggerannt«, sagte er.

Ruth schenkte Wein ein, und sie tranken und redeten, bis das Häuschen im Dunkeln lag und die vertrauten Gegenstände ihres Studios – die Schreibmaschine, die Kochplatte und das Kaffeegeschirr, ihre Kannenpflanzen und das David-Hockney-Plakat, das sie an die Wand geheftet hatte, um den Raum ein wenig aufzuhellen – im tiefer werdenden Zwielicht allmählich ihre Konturen verloren. Sie erzählte Hiro von ihrer Jugend in Santa Monica – gab es dort Japaner? wollte er wissen, gab es Neger? Mexikaner? –, und er erzählte ihr von seinem Hippie-Vater, von der Schande seiner Mutter, von den Schimpfnamen, die ihn verfolgten, seit er laufen konnte. Sie beugte sich zu ihm hinüber, während er sprach: das war es also. Sein Haar, seine Augen, seine Statur – er war ein halber Amerikaner.

Später erzählte sie ihm, was sie tat – Schriftstellerin war sie? Der Gedanke schien ihn zu überraschen, obwohl er ständig dort gesessen und ihr bei der Arbeit zugesehen hatte –, und von Jane Shine, die nach Thanatopsis House gekommen war, um Ruth ihren Platz streitig zu machen. Hiro nahm Anteil. »Sehr böse Situation, Rusu – nie sich im Kreis herumstoßen lassen.« Und dann erzählte er ihr von Chiba und Unagi und seinen Traum von der Stadt der brüderlichen Liebe.

Im Sommer legt sich die Dunkelheit sehr rasch über die Inseln. Die Sonne erbleicht, das dichte Grün der Vegetation verblaßt zu Grau, und die Nacht fällt herab wie ein Vorhang. Sie aßen, sie unterhielten sich; bald wurde die Dunkelheit vor den Fenstern von Glühwürmchen durchbohrt, und Ruth erkannte Hiros Gesichtszüge kaum noch. »Ich helfe dir, wenn ich kann«, sagte sie schließlich. »Vermutlich macht mich das zur Helfershelferin oder so, aber ich werde mir noch etwas ausdenken, wie ich dich von der Insel runterbringe und in irgendeinen Zug oder Bus setze, damit du nach Norden fahren kannst.« Sie zündete sich eine Zigarette an, das Streichholz flackerte kurz in der Finsternis auf. »Deine Stadt der brüderlichen Liebe findest du wahrscheinlich nicht, aber in New York kannst du wenigstens untertauchen – soviel steht fest.«

Hiros leise, verunsicherte Stimme drang aus der Dunkelheit an ihr Ohr. »Niemals kann ich zahlen meine Schuld zurück, Rusu, nicht einmal in hundert Jahren.«

»Vergiß es«, sagte sie, »du würdest für mich dasselbe tun – jeder würde das.« Sie war sich nicht ganz klar, was sie damit sagen wollte, aber sie spürte seine Verlegenheit, irgendeine japanische Macho-Tour vermutlich, und sie redete nur, um davon abzulenken. Um das Thema zu wechseln, fragte sie ihn, ob er eine Zigarette wolle.

»Nein, danke sehr«, sagte er. Seine Stimme wurde noch leiser. »Aber wie, Rusu, wie ich kann weg von dieser Insel?«

Sie hatte keinen Schimmer. Sie selbst besaß kein Auto, und nach dem Gesicht zu urteilen, das Sax in jener Nacht auf dem Meer gezogen hatte, konnte sie gerade ihn nicht in ihr Geheimnis einweihen. Oder doch? »Ich weiß nicht«, sagte sie, und in diesem Augenblick wurde ihr klar, daß ihr gar nicht so viel daran lag, ihn aufs Festland gelangen zu lassen, einstweilen jedenfalls noch nicht. »Aber du darfst es nicht riskieren, hier wegzugehen – aus dem Studio, meine ich. Verstehst du? Sie sind hinter dir her – die ganze Insel. Und die beiden Männer – die mit der Disco-Musik –, die kommen wieder. Das weiß ich ganz genau.«

Sie hatte die Worte kaum ausgesprochen, da zuckte Hiro zusammen. »Pssst, Rusu«, sagte er, »was war denn das?«

»Was?«

»Psssst! Hör doch!«

Und dann hörte sie es auch: das Knacken von Zweigen, die Schritte auf dem Pfad. Plötzlich richtete sich ein Licht auf die Außenwand des Studios, und Hiro warf sich platt auf den Boden.

»Ruth? Bist du da?«

Saxby.

Im nächsten Moment war sie auf den Beinen – »Ja, ja, hier bin ich«, rief sie und versuchte, möglichst nonchalant zu klingen, obwohl ihr Herz fast ein Loch durch die Rippen schlug –, und dann war sie an der Tür und fing ihn auf der Schwelle ab.

Er trug ein T-Shirt und Jeans, und das Haar hing ihm in die Stirn. Er hielt eine Taschenlampe in der Hand und richtete den Lichtstrahl seitlich auf ihr Gesicht. »Ich hab überall nach dir gesucht«, sagte er.

In ihrem Kopf herrschte totaler Kurzschluß. Sie konnte nicht klar denken. »Ich war hier«, stellte sie fest.

»Und was machst du hier?« sagte er. »Im Dunkeln herumsitzen? Hast du nicht gerade mit jemandem gesprochen?«

»Ich arbeite«, sagte sie.

»Im Dunkeln?

»Ich habe nachgedacht. Laut nachgedacht.«

Er sagte nichts, aber nach kurzem Grübeln ließ er die Lampe sinken und legte einen heiseren Ton auf. »He«, sagte er, »du bist echt komisch, weißt du das, Ruth Dershowitz?« Und dann packte er sie, die Fliegentür stand sperrangelweit offen, und der Lichtkegel seiner Taschenlampe hüpfte hektisch auf der Zimmerdecke herum. »Aber das gefällt mir ja so an dir.«

Sie sträubte sich ein bißchen, dann ließ sie sich von ihm küssen und umarmen. »Komm, gehen wir, Sax«, flüsterte sie ihm ins Ohr. »Gehen wir zurück zum Großen Haus.» Pause. »Irgendwie ist mir jetzt gar nicht mehr nach arbeiten.«

Er küßte sie wieder, fest und drängend. »Machen wir's uns doch gemütlich«, sagte er und legte ihr eine Hand auf die Brust.

»Nicht hier«, sagte sie.

»Auf der Couch«, flüsterte er, schaltete die Lampe aus und ließ sie polternd auf die verwitterten Bohlen der Veranda fallen. Er nestelte an ihrem Oberteil herum, preßte sie gegen den Türrahmen, hob sie ein Stück hoch in die Luft und suchte mit seiner Zunge ihren Mund – alles zur gleichen Zeit.

»Nein«, sagte sie.

»Doch«, sagte er.

»Dann hier draußen. Auf der Veranda.« Er hatte ihr das Oberteil jetzt bis zu den Achseln hochgerollt, eine Hand lag auf ihrer Hüfte; sie spürte seine feuchte Zunge auf den Brustwarzen. »Hier draußen«, sagte sie schwer atmend, »unter dem Sternenhimmel.«

Schon drehte sie sich um, packte ihn am Gürtel und zerrte ihn von der Tür weg. Im nächsten Augenblick streckte sie sich auf den rauhen Brettern des Verandabodens aus, er lag schwer atmend auf ihr, und sie machte ihm Platz, sie war aufgedreht und geil, und ihr war alles egal. Hinter ihnen fiel die Fliegentür mit plötzlichem lautem Schnappen ins Schloß. *Er ist da drin*, dachte sie, während sie sich unter Saxbys Körper hin und her bewegte, *er kann alles hören*, und dann überschlug sich alles in ihr und sie dachte nichts mehr, gar nichts mehr.

Am nächsten Morgen brachte sie ihm Frühstück. Keiner von beiden erwähnte Saxby oder den Vorfall der vergangenen Nacht. Jedenfalls nicht sofort. Er war schon wach, als sie kam, aber er wirkte in sich gekehrt, verschlossen, eingerollt wie eine Katze, und seine Augen blickten stumpf und teilnahmslos. Die leichte Decke, die sie ihm gegeben hatte, lag zerknüllt in der einen Ecke der kleinen Couch, während er sich in der anderen zusammenkauerte, nur mit den bunten Shorts bekleidet – er hatte darauf verzichtet, Socken und Sweatshirt anzuziehen. Und der Raum roch nach ihm – jetzt fiel er ihr zum erstenmal auf, sein Geruch –, allerdings nicht unangenehm, keineswegs. Nur anders. Das Studio hatte immer nach altem Holz gerochen, nach Schimmel und Moos und Erde – es hatte »nach Wald« geduftet, anders konnte sie es nicht beschreiben –, und nun roch es nach ihm. Jetzt bewohnte ein Körper diesen Raum: sein Körper.

Während sie im Zimmer umherging, sich um den Kaffee kümmerte und den Tisch deckte, spürte sie, daß er sie ansah. Der Himmel war bedeckt, grau, die Wolken hingen tief. Sie hatte weichgekochte Eier, Weizentoast, Marmelade und Obstsaft mitgebracht. »Hast du Hunger?« fragte sie, nur um etwas zu sagen. »Ich hab dir Frühstück gebracht.« Er rührte sich nicht. Erst nach einer Weile neigte er kaum merklich den Kopf – die Parodie einer Verbeugung – und stand auf. Er sah aus wie ein elternloses Kind, er sah jung und mürrisch aus, mißgelaunt und undankbar. Plötzlich wurde sie zornig. »Was hätte ich denn tun sollen?« fragte sie. »Ihn zum Dominospielen reinbitten?«

Hiro ließ die Schultern hängen und musterte sie mit waidwundem Blick.

»Er ist mein Partner. Mein Liebhaber.« Sie stand einen Meter vor ihm. Die Eier wurden kalt. »Verstehst du das?«

Es dauerte lange, bis er antwortete. »Ja«, sagte er schließlich, so leise, daß sie es kaum hörte.

»Du und ich«, fing sie an und gestikulierte dabei emphatisch mit dem ausgestreckten Zeigefinger, »du und ich, wir sind –« anfangs fehlte ihr das rechte Wort »– Freunde. Verstehst du?«

Von draußen ertönte das dumpfe, ferne Hämmern eines Spechts, der auf einen Baum einhackte, dann wurde irgendwo kreischend eine Kettensäge angeworfen. Das Wasser auf der Platte begann zu kochen. Die letzte Seite vom Vortag ringelte sich in der Schreibmaschine.

»Ja«, sagte Hiro. »Ich verstehe.«

Die nächste Woche verging ohne Zwischenfälle.

Hiro verbrachte die Tage damit, die Bücher und Zeitungen zu lesen, die sie ihm brachte, er kippelte auf dem Stuhl und sah ihr dabei zu, wie sie auf die Tastatur einhackte, sich etwas notierte oder auf die Mauer von Grün hinausstarrte und darauf wartete, daß ihr ein Wort oder eine Wendung einfiel. Um die Mittagszeit herum machte er sich rar – sie wußte nicht, wohin er verschwand und bemerkte es oft gar nicht, so verstohlen waren seine Bewegungen geworden. Aber er tauchte mit hoffnungsfroher Miene wieder auf, sobald Owen sich umdrehte und in den Wald davonschlich. Und dann lief jeden Tag dasselbe Ritual ab – eigentlich war es zum Lachen. Er verbeugte sich und lächelte, er katzbuckelte, schnitt Grimassen, rang die Hände und weigerte sich, den Essensbehälter anzurühren – nicht einmal ansehen wollte er ihn –, bis Ruth ihm zehnmal versichert – und dann nochmals beteuert – hatte, nein, sie habe keinen Hunger, sie wolle nichts essen, und ja, es sei einzig und allein für ihn.

Abends, wenn sie ihn allein ließ, bereitete er sich ein armseliges Mahl aus den Lebensmitteln, die sie für ihn schmuggelte – Brot und Marmelade, welker Salat, eine Tasse weißer Reis –, dann rollte er sich auf der Couch unter der dünnen Decke zusammen und träumte, so stellte sie es sich jedenfalls vor, von der Stadt der brüderlichen Liebe. Morgens wartete er immer schon auf sie, ordentlich gekleidet in das Sweatshirt der »Georgia Bulldogs« oder das karierte Baumwollhemd, das sie von Saxby ausgeliehen hatte, und im Raum hinterließ er keinerlei Spuren, da war nur er selbst und der schwache, leicht an Hefe erinnernde Geruch, den er beim Leben und Atmen verströmte. Bücher, Decke und Lebensmittel waren ordentlich verstaut, der Boden gefegt, der Kaminsims abgestaubt, Papier, Bleistifte und Kugelschreiber liebevoll auf dem Schreibtisch für sie zurechtgelegt. Und da war er selbst, ihre brave Kreatur, erwartete sie, mit einem breiten, reinen, unkomplizierten Lächeln, das in seinen Augen erstrahlte und sein großes, fröhliches Mondgesicht in Fältchen legte.

Zu dieser Zeit arbeitete sich Ruth gerade ganz langsam, so wie eine Guerillaeinheit aus dem Gebirge herab vordringt, um erst die Provinz zu infiltrieren und dann die Hauptstadt zu belagern, zurück in eine tonangebende Position im inneren Kreis von Thanatopsis House. Seit Jane Shines Ankunft hatte sie sich bedeckt gehalten – es blieb ihr gar keine andere Wahl, denn sie konnte es nicht ertragen, im selben Raum mit ihr zu sein. Es herrschte Krieg zwischen ihnen, seitdem Jane sie an jenem ersten Abend geschnitten und Ruth damit gezwungen hatte, umständlich die Verbindung über den Iowa-Workshop zu erläutern, bis Janes Blick über die Sprungschanze ihrer Nase geschnellt war und sich auf Ruth niedergelassen hatte wie auf einem Insekt, einem beinlosen Bettler, der an ihrem kaiserlichen Rockschoß zupfte, und sie schließlich, mit einem leisen Seufzer, erwidert hatte: »Ach ja, ich glaube, jetzt erinnere ich mich an Sie – aber hatten Sie damals nicht eine andere Haarfarbe?« Ruth hatte ein oder zwei Tage gebraucht, sich eine Strategie zurechtzulegen – außerdem war sie in Gedanken ständig mit Hiro beschäftigt –, jetzt aber warf sie sich mit aller Kraft in die Schlacht.

Jane war eine Spätaufsteherin – sie brauchte ihren Schönheitsschlaf, brauchte viel Zeit für ihr Gesichts-Peeling und für die Brustmuskel-Gymnastik, Zeit für tausend Bürstenstriche über die reinweiße Kopfhaut und zum Auftragen von Grundierung, von Abdeckstift und Lidschatten, von Rouge und Eyeliner, Mascara und schimmerndem Puder, was ihr alles zusammen die Erscheinung des spontanen, unverbrauchten Mädchens von nebenan mit dem Zigeunerhaar und dem außerirdischen Blick verlieh. Und das war ihr schwacher Punkt. Ruth fing an, sehr früh aufzustehen, noch bevor Owen klopfte. Sie zog sich an, als hätte sie eine Verabredung mit einem Literaturkritiker – Frisur, Make-up, tief ausgeschnittene Bluse, das volle Programm eben –, und sie stellte sicher, daß sie jeden Morgen als erste am Geselligen Tisch war und als letzte wieder aufstand. Sie war bezaubernd, klug und verführerisch, und sie machte so oft wie möglich indirekte, aber vernichtende Anspielungen auf La Shine, wie sie inzwischen allgemein genannt wurde. Und wenn Irving Thalamus herunterkam, mit Säcken unter den Augen, einem Gesicht, das so zerknittert und zerfurcht war wie der Boden des Roten Meeres, und einen frühmorgendlichen Hauch von Bourbon an sich, war sie wieder sein Mädchen, ganz wie früher. Sie berührte ihn beim Sprechen, schmiegte sich an ihn, warf den Kopf beim Lachen zurück, so daß er ihren Hals und ihr Dekolleté bewundern konnte.

Zur Cocktailstunde scharte sie Sandy, Ina und Regina um sich – und auch Saxby, wenn er nicht gerade auf der Suche nach seinen Zwergfischen in den Sümpfen war – und bildete eine Einflußsphäre in der einen Ecke des Zimmers, während Jane Shine ihre Kräfte in der anderen sammelte. Manchmal aß sie anschließend mit Saxby und seiner Mutter zu Abend, in Septimas Wohntrakt – dies war ja letzten Endes der *wahre* innere Kreis –, und statt sich auf Gefechte mit Jane Shine im Billardzimmer einzulassen, sah sie sich lieber einen alten Film auf Video an oder starrte stundenlang in die grünschimmernde Leere von Saxbys Aquarium. Sie machte gute Figur bei Septima und war sich ihrer Gunst bewußt, und dabei dachte sie an Hiro und zählte die Tage, bis Jane Shine sich mit ihrem literarischen Monstrositätenkabinett wieder nach Hause zurückziehen würde.

Gegen Ende der Woche tauchten erneut Abercorn und Turco auf, unvermeidlich wie Reklamepost. Seinen Ghettoblaster hatte Turco diesmal zu Hause gelassen – die Sache war ernst geworden, jetzt hatte er eine neue, unfehlbare Technik, es würde garantiert klappen. Er schlug sein Biwakzelt in einem Gebüsch hinter dem Rasen auf der Nordseite auf, Abercorn war eine winzige Kammer im zweiten Stock zugewiesen worden (wie er es überhaupt geschafft hatte, Septima zu beschwatzen, ihn nochmals aufzunehmen, war Ruth ein Rätsel). Ruth kam gerade die Treppe vor dem Haus hinauf, ausgepumpt, aber gut gelaunt, nachdem sie den ganzen langen Nachmittag hindurch gearbeitet hatte und ihrer Meinung nach wirklich gut mit der Novelle vorangekommen war, da sah sie durchs Fenster Turco in der Halle stehen. Er trug Kampfanzug und Schnürstiefel, und er hatte gerade Laura Grobian gegen die Treppe gedrängt und wedelte ihr mit irgend etwas vor dem Gesicht herum. Ruth zögerte – *Hiro?* dachte sie, aber sie konnte sich schlecht wieder davonstehlen, ohne Verdacht zu erregen, also riß sie sich zusammen und rauschte durch die Tür, als wäre alles in bester Ordnung.

Laura Grobian sah mit einem gefrorenen Lächeln zu ihr hinüber. Sie überragte Turco um gut zehn Zentimeter. »... und in der Robotertechnik«, sagte Turco gerade knurrend, »warum glauben Sie denn, daß unsere japanischen Freunde da führend sind? Gerissen sind die, weiter nichts. Gar keine Frage. Aber Sie brauchen sich keine Sorgen zu machen, meine Beste, wir werden diesen Burschen schon kriegen, dauert höchstens noch eine Woche, würde ich sagen, wenn's hochkommt –«

»Hallo, Laura«, sagte Ruth, schritt quer durch die Halle, um einen Blick in die Postfächer zu werfen, bevor sie herumwirbelte und die beiden ansah, »ach, Mr. Turco. Wieder zurück?«

Turco ließ von Laura Grobian ab und wandte sich Ruth zu. Zuerst drehte er den Kopf, dann schwenkte er den Oberkörper herum und schließlich setzte er die Beine um, wodurch Ruth unwillkürlich an ein Chamäleon denken mußte, das ein Insekt aufs Korn nimmt. Er zögerte kurz, als müßte er sie erst einordnen, dann tat er einen Schritt auf sie zu und hielt den Gegenstand hoch – irgendein Kleidungsstück aus Baumwolle, das sah sie jetzt –, mit dem er schon vor Laura Grobian herumgewedelt hatte. »Ich habe der Dame hier gerade gesagt, daß wir in der Sache mit diesem Ausländer zwar momentan ziemlich alt aussehen, aber keine Angst – wir sind ihm dicht auf der Spur.«

Die Adern an Turcos Hals traten hervor. Das Tarnhemd klebte ihm an Brust und Armen wie eine Körperbemalung, und den stechenden Blick hatte er ganz offensichtlich lange geübt, ein kleiner Mann, der sich um Effekt bemühte. Ruth konnte sich nicht beherrschen: »Keine Donna Summer diesmal?«

Leise Wut flackerte kurz in seinem Blick auf, verflog aber gleich wieder. Er trat noch einen Schritt vor, drang in ihre Sphäre ein. »Eine Falle«, sagte er und breitete das Kleidungsstück aus. Es war ein modisches T-Shirt mit einem schicken Designernamen vorne drauf. »Das hier ist der Köder – das und ein paar – raten Sie mal: Jeans, dazu vielleicht noch etliche Schals und T-Shirts mit so blöden Aufschriften wie BE HAPPY oder KEEP ON TRUCKIN'. Hauptsache englisch. Da werden alle Japsen schwach.«

»Entschuldigen Sie mich«, flüsterte Laura Grobian und verschwand zur Tür hinaus, in die goldene Umarmung der Nachmittagssonne. Turco drehte sich nicht einmal um. Er stand einfach da, ganz dicht vor Ruth, in den Adern an seinem Hals pulsierte es, und fixierte sie mit starrem Blick. »Funktioniert garantiert«, sagte er. »Glauben Sie mir.«

Ruth bedachte ihn mit einem munteren Lächeln. Turco und Abercorn, diese zwei unfähigen Clowns, hatten ungefähr so gute Chancen wie Laurel und Hardy, Hiro zu fangen. Sie würden Ruth nur eine weitere Gelegenheit für Ablenkungsmanöver bieten, sie wären noch ein Keil, den sie zwischen Jane Shine und die Kolonie treiben konnte, noch ein Vehikel, das ihre Pläne weiter voranbrachte. Ein paar Tage lang würden sie herumstochern, ohne etwas zu finden. Keine Spur. Und jeden Abend, wenn Sax anderweitig beschäftigt war, würde sie vor Abercorn, dem armen Idioten, mit den Augen klimpern, ihn trösten, mit ihm mitfühlen, sich versonnen den Zeigefinger in die Wange bohren und ihm alle möglichen hilfreichen Ratschläge geben. Hatte er schon in Clara Kleinschmidts Schrank nachgesehen? Im Hühnerstall des Sheriffs?

»Sie haben recht«, sagte sie schließlich, »da bin ich auch ganz sicher.« Und dann, nachdem sie bereits bis zum Fuß der Treppe gelangt war, hielt sie kurz inne und sah über die Schulter zurück. »Waidmannsheil«, sagte sie und hatte größte Mühe, dabei ernst zu bleiben, »so sagt man doch, oder?«

Ja, sie spürte es deutlich, so langsam sah die Welt für sie wieder rosig aus.

Und dann, plötzlich und ohne Vorwarnung, brach alles wieder zusammen.

Es war am Abend nach der Ankunft von Abercorn und Turco, am Abend nach einem Tag, an dem die Künstler in Thanatopsis House ihre diversen Projekte kaum hatten vorantreiben können. Jeder war zerfahren und ungeduldig, niemand konnte sich so recht konzentrieren. Den ganzen Tag hatte ein steter Ostwind geweht, und die ganze Insel wirkte wie frisch aus dem Meer getaucht. Beim Frühstück hatte Unruhe geherrscht, die Wartezeit bis zum Mittagessen war endlos erschienen, und die Cocktails – zu den Cocktails kamen alle zu früh. Aufregung lag in der Luft, eine Atmosphäre von Möglichkeit und Romantik, jenes Flair von unverbesserlicher Hoffnungsfreude, die immer mit der Aussicht auf ein rauschendes Fest verbunden ist.

Auf dem Fest – das Owen aus zweifachem Anlaß organisiert

hatte, sowohl um Septimas zweiundsiebzigstem Geburtstag Tribut zu zollen als auch um Peter Anserine zu verabschieden, der zurück ans Amherst College ging, um dort im Herbstsemester Vorlesungen zu halten – würde es Essen von einem Partyservice aus Savannah geben, eine Tanzkapelle und eine Freiluftbar. Ebenso wie an sämtliche Künstler der Kolonie waren Einladungen an die *haut monde* von Savannah und Sea Island sowie an alle Einwohner Tupelos ergangen, Sheriff Peagler und dessen Bruder Wellie – der inoffizielle Bürgermeister der Insel – wurden erwartet, zudem eine Schar Rechtsanwälte, Galeristen, Kunstmaler und blaunasige Witwen aus Tupelo Shores Estates und Darien. Aus Savannah kam ein Fotograf herüber, um für die Gesellschaftsspalte des *Star* über das Fest zu berichten. Und der Gewinner des Pulitzer-Preises für Lyrik, ein ehemaliger Gast der Kolonie, wollte sich telefonisch melden. Für Thanatopsis war es das Ereignis des Jahres.

Ruth hatte sich für diesen Anlaß ein Kleid aufgehoben, wadenlang aus schwarzem Chiffon mit einer Seidenrüsche an der Hüfte, dazu ein Paar schwarze Pumps. Es mochte etwas warm für die Jahreszeit sein – sie hatte es eher für den Herbst gedacht –, aber es war Ende August, der Wind hatte alles ein wenig abgekühlt, und sie hatte eigentlich auch gar nichts anderes – außerdem war es immerhin ein Modell von Geoffrey Beene, auch wenn sie es spottbillig bekommen hatte. Den Nachmittag über hatte sie Hiro über Japan ausgefragt – Stimmte es, daß man für Steaks sechzig Dollar das Kilo zahlte? Kam er sich komisch vor, wenn er eine Gabel benutzte? Bezahlten sie dort wirklich Leute dafür, daß sie einen in die U-Bahn quetschten? –, und dann hatte sie ihn bald verlassen. »Ich bin morgen früh zurück«, sagte sie. »Sei brav. Ich bring dir auch ein paar gute Sachen von der Party mit.« Und auf seine unvermeidliche Frage erwiderte sie: »Bald.«

Sie nahm ein ausgiebiges Bad und widmete sich eine halbe Stunde lang ihren Nägeln. Sax und Sandy hatten vor, im Smoking zu erscheinen – die anderen würden sich mit schmalen Schlipsen und Nylonhemden behelfen. Es würde Champagner geben – und zwar guten: Bollinger und Perrier-Jouët. Kaviar und Hummer. Bretonische Austern. Ruth bereitete sich vor, als rüste sie sich für eine Schlacht, verwendete viel Zeit auf jedes Detail, strebte nach jener Perfektion, die sie unerschütterlich, unbesiegbar machen würde – und dabei war sie sich die ganze Zeit über bewußt, daß auf der anderen Seite der Wand Jane Shine dasselbe tat. Zweimal sah Saxby nach ihr, und zweimal vertröstete sie ihn. Sie rieb sich die Haarspitzen ein, trug Lidschatten und Rouge auf, schminkte sich die Augen. Als Saxby zum drittenmal klopfte, rief sie ihm zu, er solle schon ohne sie runtergehen – sie würde nachkommen, sobald sie fertig wäre.

Die Party war seit eineinhalb Stunden im Gang, als Ruth ihren Auftritt hatte. Sie überquerte den Rasen zu den Melodien der Kapelle, die irgendeine brasilianische Musik spielte – Samba oder Bossanova oder so –, und das Gewirr der aufgeregten Stimmen wurde lauter. Das Zelt, das über der Tanzfläche errichtet war, hatte eine hohe Kuppel und war an allen Seiten für den lauen Wind offen, und als Ruth den Weg entlangschritt, sah sie Konstellationen von japanischen Lampions, die sich langsam um die großen Aluminiumpfeiler drehten, an denen sie hingen. Sie trat in einen mit Schnittrosen dekorierten Laubengang, wo ihr ein Schwarzer mit schwarzem Schlips und weißen Handschuhen ein Tablett mit unzähligen Gläsern voll Champagner hinhielt. Tara, dachte sie. Der Alte Süden. Eine Szene aus *Vom Winde verweht*.

Im nächsten Moment merkte sie, wie sehr sie sich geirrt hatte.

Falls sie vorgehabt hatte, sich unter Applaus, bewundernden Pfiffen und in einem Blitzlichtgewitter in die Menge zu werfen wie Scarlett O'Hara persönlich, wurde sie schwer enttäuscht. Es war beinahe, als wäre sie auf der falschen Party gelandet – sie kannte überhaupt niemanden. Einen Moment lang stand sie im Eingang, um sich zu orientieren, einen nackten Ellenbogen in die Handfläche gestützt, die das Glas haltende Hand elegant im Gelenk abgeknickt. Die meisten Frauen auf dem Fest sahen aus, als hätten sie ihre Roben von der Stange gekauft, und die Männer waren alle in Hemden und Jacketts gestopft, die ihnen mehrere Größen zu klein schienen. Rot dominierte bei den Gesichtern, Glatzen, nackten Schultern und Armen, Weiß bei Haaren. Ruth hatte etwas Magisches – oder wenigstens Elegantes – erwartet, und statt dessen war sie auf den Geriatrie-Ball des Landwirtschaftsverbands geraten.

Sie tauschte ihr leeres Glas gegen ein volles ein, ging auf die Tanzfläche und hoffte, dort jemanden von Thanatopsis House zu treffen – oder zumindest irgendwen, der unter sechzig war. Nachdem sie behende einer älteren Frau mit einer Aluminium-Gehhilfe ausgewichen war und sich ihren Weg durch eine Gruppe von Männern mit schütterem Haar, näselndem Akzent und teuren Anzügen gebahnt hatte – Rechtsanwälte, nahm sie an –, befand sie sich plötzlich auf Kollisionskurs mit Clara Kleinschmidt und Peter Anserine. Die beiden standen leicht vorgeneigt nebeneinander, in den Händen Champagnergläser und Servietten, auf denen irgendwelche Häppchen lagen. Sie aßen schnell und gierig und redeten dabei. Claras Augen waren feucht. Sie trug ein bodenlanges Kleid mit langen Ärmeln, Schulterpolstern und Straßapplikationen auf der Brust. Von der Hüfte aufwärts erinnerte es an eine russische Uniform.

»Clara, Peter«, begrüßte sie Ruth und schob sich zwischen die beiden. »Prima Party, was?«

»Oh, hallo«, sagte Peter Anserine nonchalant und musterte sie interessiert. An seiner Lippe klebte etwas Ei und Kaviar. Er schien froh, sie zu sehen – oder froh über die Unterbrechung. Ruth konnte in diesem Augenblick an nichts anderes denken als an das saftige Gerücht, das die beiden – den großen, geistvollen, geschiedenen Brahmanen der Romanciers mit der schlichten Clara – für mindestens eine leidenschaftliche Nacht miteinander verknüpfte.

»Hallo, Ruth«, stieß Clara hervor und knabberte kummervoll an der Scheibe Toast mit Fischeiern, die trostlos auf ihrer Handfläche lag. Der verwegene Blick ihres Schielauges wirkte noch verwegener als sonst. Und ja, das waren tatsächlich Tränen.

»Phantastisch«, sagte Peter Anserine. »Wirklich. Die beste Party, auf der ich war, seit letzten Frühling in Boston.«

Ruth blieb am Ball, nutzte die Peinlichkeit des Augenblicks, um Anserine aus der Reserve zu holen, ihn auszufragen, wenn er seine Deckung schon einmal fallen ließ. Fehlte ihm Boston eigentlich nicht? Er würde also im Herbst wieder nach Amherst gehen, ja? Nur für das Semester oder für ein ganzes Jahr? Und dann zurück nach Boston, oder –

»Ja, also«, begann er als Antwort auf diese letzte Frage, wobei er einen Seitenblick auf den Kellner warf, der sich mit einem Tablett voller Eßwaren vorbeischlängelte, »natürlich ist Boston meine Stadt. Aber ich muß mir auch erst noch eine kleine Wohnung suchen. Um nahe bei den Kindern zu sein.«

Clara war ganz mit ihrem Essen beschäftigt, immer noch vorgebeugt und auf den schwierigen Jongleurakt mit Serviette, Glas und Häppchen konzentriert.

»Wunderbar«, sagte Ruth, »einfach wunderbar. Du wirst uns hier fehlen, wirklich.« Es entstand eine verlegene Pause, in der niemand ein Wort sagte. Die Kapelle verstummte kurz und dröhnte dann wieder mit einer gellenden Version von *Nature Boy* los, während Peter Anserine Ruth mit einem langen, musternden, unzweifelhaft nicht nur kollegial gemeinten Blick bedachte. Sie trat von einem Fuß auf den anderen, leerte ihr Glas und seufzte. »Na, ich werde mal auf die Suche nach Sax gehen«, sagte sie. »Viel Spaß noch.«

Und dann arbeitete sie sich vorwärts in Richtung Bar, wobei sie hie und da Leute grüßte, die sie aus Darien oder von den Fahrten mit Saxby an den Strand von Tupelo Shores kannte – immer Ausschau haltend nach Sandy, Irving Thalamus, irgendwem. Sie blieb stehen, um die Tanzfläche abzusuchen und ein Glas Champagner entgegenzunehmen von einem schwarzen Bediensteten, dessen Miene ungerührt blieb und dessen Haar und Uniform so weiß waren wie ein Becher mit Waschmittel. Die Band spielte jetzt einen schweren, pulsierenden Rhythmus, der stark an Reggae erinnerte, und während sich die Tänzer nach *Nature Boy* aus ihren engen Umarmungen lösten und anfingen, zu dem spastischen Takt mit den Gliedmaßen zu fuchteln, entdeckte Ruth Sandy. Er tanzte mit einem Mädchen, das sie noch nie gesehen hatte – es wirkte sehr jung, als wäre es gerade erst in der Pubertät, aber es war eine geborene Schönheit. Ruth fragte sich, wer das wohl sei, und verspürte einen leisen Stich der Enttäuschung, als Sandy sich eng an sie schmiegte, dann aber erblickte sie Abercorn, der mit seinem gefärbten Schopf und gesprenkelten Gesicht alle anderen hoch überragte, als balancierte sein Kopf auf einer langen Stange. Er wand sich in rhapsodischen Zuckungen zur Musik. Mit wem tanzte er da eigentlich? Das Gedränge wurde einen halben Takt lang noch dichter, dann wich es auseinander, und Ruth sah gegenüber von Abercorn voller Staunen Ina Soderbord mit ihren breiten Hüften, Schultern und Brüsten wackeln, als ob sie gerade mit einem Schlauch abgespritzt würde. Dann gruppierte sich die Menge neu, und vor ihr wand und krümmte sich Bob Penick mit seiner Frau (eine Haarfarbe wie Hühnerleber, glänzendes High-School-Ballkleid mit verwelktem Ansteckstraußchen), keine zehn Schritte von Ina entfernt. Sie tanzten einen abgewandelten Frug, einen Tanz, den Ruth in ihrer Schulzeit gelernt und sich wieder abgewöhnt hatte.

Sie trank den Champagner aus – war das schon ihr drittes Glas? – und nahm sich ein neues von dem Mann mit dem steinernen Gesicht. (Bekam Lust, ihn zu necken, so wie die Touristen die Wachsoldaten vor dem Buckingham-Palast – wollte ihn kitzeln, ihm ins Ohr pusten oder so etwas –, aber sie besann sich noch rechtzeitig: wieviel Lässigkeit konnte man schon von einem alten Schwarzen erwarten, der in Georgia auf einer Party in einem gestärkten Smoking reichen weißen Leuten ihre Drinks servieren mußte?) Sie fühlte sich beschwingt und amüsiert, auch wenn ihr der große Auftritt versagt geblieben war. Abercorn mit Ina Soderbord. Das war witzig: das Bleichgesicht mit einer noch Bleicheren. Und wenn die nun Kinder bekamen? Die hätten wohl weder Haare noch Augenbrauen, wären weiß wie Engerlinge, mit rosa Fischäuglein, und sie würden zu wahren Riesen aufwachsen, mit mächtigen Schultern und Brüsten und mit Füßen, bei denen jeder Schuhverkäufer Alpträume hätte. Die Jungen würden billige Mäntel kaufen, und die Mädchen würden Doppelnamen annehmen – Soderbord-Abercorn –, und die Leute würden glauben, es handle sich um ein landwirtschaftliches Produkt, vielleicht ein Mittel gegen Saateulenraupen, das man auf den Feldern versprühte. O ja, es war zum Schießen. Und Ruth war beschwingt, Aber wo war Sax?

In diesem Augenblick ließ die Band die Blasinstrumente aufjubeln und ging nahtlos über in einen pianoklimpernden Boogie-Woogie – abwechslungsreich waren sie ja, das mußte man ihnen lassen –, und das trockene, keckernde Lachen von Irving Thalamus hallte von der Bar herüber. Ruth drehte sich um und bahnte sich mit den Ellenbogen einen Weg durch die Menge, folgte diesem Geräusch so unbeirrbar wie eine Katze, die einem Rascheln im Gras nachspürt. Ein unbedeutendes Dichterpaar und ein Schwarm alter Damen in rosa Chiffon machten ihr Platz, und da war er, Irving Thalamus, lehnte an der Theke und lachte direkt in Regina McIntyres Dekolleté hinein. Regina zeigte großflächig totenweiße Schultern und Busen, der Rest ihres Körpers steckte in einem schwarzen Lederkleid, in dem sie aussah wie eine Statistin in einem Film über Vampire aus dem Weltraum. Aber Ruths Blick verweilte nicht lange bei Regina oder Thalamus, weil sie jetzt am anderen Ende der Theke Saxby erspähte, und im nächsten Moment wurde ihr heiß und übel und bang zugleich, sie fühlte sich wie Madame Butterfly, der man gerade das Kind wegnehmen will: Saxby saß mit Jane Shine zusammen.

Jane Shine.

Es war ein Schlag, der sie ins Wanken brachte. Da war diese Frau, die sie von allen Lebewesen am meisten verabscheute, ihre Feindin, ihre Heimsuchung, ihr Popanz, und sie hatte Saxby in ihren Klauen. Makellos, ekelerregend, cool wie ein Fotomodell auf dem Laufsteg, schmiegte sie sich an Saxby, die kalte weiße Hand wie einen Enterhaken in seinen Arm gekrallt. Ruth sah schwarze Seide und Diamanten, eine Angriffswelle, eine aufgewühlte Wolke von Haar, die Saxby in ihre todbringende Aura hüllen wollte, und auf einmal stellte sie sich Saxby im Jaguar vor, Jane Shine als etablierte Doyenne von Thanatopsis House, ihr eigener Aufenthalt rätselhaft rasch abgebrochen. Es war zuviel. Ruth wurde damit nicht fertig. Sie zuckte zurück wie von einem unaussprechlichen Schrecken gepackt – Saxby hatte sie noch nicht gesehen, und Shine und Thalamus auch nicht –, und dann fing Regina ihren Blick auf und lächelte – oder griente –, und Ruth kämpfte sich durch das Gedränge davon, wobei sie Thalamus' fragendes »Ruthie?« hinter sich hörte und sah, wie auf der Bühne der Klavierspieler von seinem Hocker aufgestanden war und die Tasten jetzt mit Füßen, Ellenbogen und seinem Hinterteil bearbeitete, und die Menge grölte, grölte.

Ein Messerstich in den Rücken. Verrat. Eben noch hatte sie die weinende Clara Kleinschmidt beschmunzelt, auf ihrem Olymp über allem stehend, La Dershowitz, und jetzt – jetzt spürte sie selbst brennende Tränen aufsteigen. Wie konnte er? Wie konnte er mit ihr auch nur reden? Blind schob sich Ruth durch die Menge. Sie fühlte sich wie geohrfeigt, gedemütigt, und ihr blieb kein anderer Ausweg, als davonzulaufen und sich zu verstecken. Sie drängte sich an dem alten Kellner vorbei – *Aus dem Weg, Onkel Tom!* dachte sie bitter; sein Blick, nicht mehr als ein ganz kurzes Heben der Lider, entgegnete: *Schande* –, und die Gruppe der Rechtsanwälte mit dem schütteren Haar mußte ihr mit einem kleinen Tanzschritt ausweichen. Vage nahm sie die Bläser wahr, die durch das zweite Zelt gellten, als der Boogie in einem donnernden, ohrenbetäubenden Finale endete, und dann sah sie den ersehnten Ausgang vor sich.

Sie war draußen – *Mach, daß ich mich noch beherrschen kann,* betete sie, *lieber Gott, bitte laß mich noch nicht hier zusammenbrechen* –, ging durch den Laubengang, rannte praktisch schon, als am anderen Ende Septima auftauchte, mit frisch gefärbtem, dauergewelltem Haar und so stark geschminkt, daß sie zwanzig Jahre jünger aussah. Allein ihre Robe war mehr wert als alle anderen Fetzen von Kleidung auf diesem Fest zusammen, und mit ihrem aus dem Tresor befreiten Schmuck begab sich Septima zu ihrem ganz persönlichen großen Auftritt. An Owens Arm. Sie schien auf ihren hohen Absätzen leicht zu schwanken, als Ruth auf sie zukam, und zwang sich ein Lächeln auf die Lippen. »Aber Ruthie«, stieß sie hervor und hielt sie mit einer dürren, blaugeäderten Hand auf, die sich für Ruth wie der Griff des Todes anfühlte, »was ist denn mit dir passiert? Du bist ja bleich wie ein Gespenst.«

Ein Gespenst, ja: sie war praktisch schon weg. Und was kümmerte das schon Septima? Oder Owen – der sie angrinste, aus der dunklen Nacht heraus ansah wie ein Scharfrichter? Wahrscheinlich hatten sie schon ihre Taschen für sie gepackt – sie galt nichts mehr hier, war nur ein Gespenst, und Jane Shine war alles. »Ich – gar nichts«, stammelte sie mit überquellenden Augen, »ich bin bloß ... ich kann nicht –«, und dann riß sie sich los, schüttelte die Hand der alten Hexe ab und rannte über den Rasen davon, während in ihrer Kehle die Galle von achtzehn Jahren Zurücksetzung und Niederlagen hochstieg.

Ihr erster Gedanke war es, in ihr Zimmer zu fliehen, die Tür hinter sich zuzuknallen und die Welt in Reglosigkeit erstarren zu lassen – aber auf der Veranda, in der Eingangshalle und im Salon waren Gäste, plauderten und lachten, hielten sich an Drinks fest und vertilgten Fleisch- und Käsehäppchen. Sie konnte ihnen nicht gegenübertreten. Nicht jetzt. Nicht in diesem Zustand. Und dann dachte sie an ihr Studio. Das war ihre Zuflucht, ihr sicherer Unterschlupf, dort regierte sie noch immer und war La Dershowitz – und dort war auch ihr Hiro.

Sie mied das Große Haus und überquerte den Rasen in die andere Richtung, in Eile jetzt, die Nacht war mondhell, der Pfad nahm unter ihren Schritten Gestalt an. Von einer Sekunde auf die andere ebbten die Geräusche des Festes ab, wurden von der empfindungslosen Masse des Laubes aufgesogen, und sie nahm die leiseren Klänge der Nacht wahr, das Rascheln und Keckern der Tiere, die dort töteten, fraßen, vögelten. Sie sah Glühwürmchen und Moskitos, hörte den leisen, kehligen Ruf einer Eule. Ihre Beine schritten mechanisch aus, die Füße hoben und senkten sich. Weshalb war sie eigentlich so durcheinander? Na gut, er hatte mit ihr geredet, und na gut, sie hatte die Hand auf seinen Arm gelegt. Das bedeutete gar nichts. Oder doch? In diesem Moment fiel das Argument in sich zusammen, und sie wußte genau, daß diese Hand auf seinem Arm etwas bedeutete – alles bedeutete – und daß er es auch wußte. Natürlich wußte er das. Und er hätte es besser wissen sollen. Von neuem stieg die Wut in ihr auf, brannte wie Säure, jetzt sogar noch stärker, weil der Schock der Entdeckung vorüber war. Und Saxby würde dafür bezahlen – oh, und wie er dafür bezahlen würde.

Jetzt aber, ehe sie es recht bemerkte, hatte sie die vertraute scharfe Kurve erreicht, und das Studio lag vor ihr, in Mondlicht getaucht. »Hiro«, rief sie und kümmerte sich einen Dreck darum, ob sie die ganze Welt hören konnte. »Hiro, ich bin's. Ich bin wieder da.«

Er hatte furchtsam von innen verriegelt, und sie rüttelte an der Klinke der Fliegentür. »Hiro, wach auf. Ich bin's.«

»Rusu?« Seine Stimme drang aus der Tiefe des Zimmers an ihr Ohr, verschlafen und fragend, und dann sah sie, wie sich seine verschwommene Gestalt von der Couch erhob und er nach den Shorts griff. Er war nackt, das Mondlicht fiel schräg durch die Fenster auf seine etwas gekrümmten Beine und die ungelenk herabhängenden Arme. »Ich komme«, rief er, und sie sah, wie er sich zurück ins Dunkel bewegte, um erst ein Bein, dann das andere in das schwarze Loch der Shorts zu heben.

»Wie spät ist?« fragte er, als er die Tür öffnete, um sie hereinzulassen. »Es gibt Probleme?«

»Nein, gar nicht«, sagte sie und wandte sich ihm zu.

»Soll ich machen Licht?« Er war da, direkt neben ihr. Sein Atem roch abgestanden vom Schlaf, seine Haut schimmerte im Mondlicht.

»Nein« erwiderte sie, und sie flüsterte jetzt, »nein, wir brauchen kein Licht.«

Parfait in Chrom

Er wußte gar nicht, weshalb sie sich so aufregte – wirklich nicht. Nach der Party sah sie ihn volle sechs Tage nicht einmal an, geschweige denn, daß sie mit ihm sprach. Saxby war klar, daß es mit Jane Shine zu tun hatte und mit Ruths persönlicher Unsicherheit, und ihm war auch klar, daß er Geduld mit ihr haben mußte – aber ihr mußte auch etwas klar sein, nämlich daß er reden konnte, mit wem er wollte. Nur weil Ruth sich jedesmal halb in die Hosen machte, wenn Jane Shine auch nur erwähnt wurde, hieß das ja nicht gleich, daß er die Frau wie eine Aussätzige behandeln mußte, oder? Er mochte sie recht gern. Sie war – *er dachte an ihr Haar, ihre Augen, ihren Hals, das kaum merkliche Lispeln, das ihre Worte so klingen ließ, als würde sie aus dem kastilischen Spanisch übersetzen* – interessant. Und außerdem: sonst hatte er ja nichts gemacht – nur mit ihr geredet –, und wenn Ruth deshalb so in Rage geriet, warum hatte sie ihn dann überhaupt allein vorgeschickt? Was erwartete sie denn – daß er taub, stumm und blind herumlief? Daß er in einer Ecke stand, eine Sonnenbrille auf der Nase und in der Hand ein Schild mit der Aufschrift EIGENTUM VON R. DERSHOWITZ, bis sie sich herbemühte?

Es stimmte schon – er hatte sich ein wenig mitreißen lassen, von dem vielen Champagner und der Musik und dem allgemeinen Trubel des Fests, und über längere Strecken hatte er Ruth sogar gänzlich vergessen. Er amüsierte sich eben – war das ein Verbrechen? Sie hatte sich verspätet. Machte sich noch fertig. Ich komme nach, und wir treffen uns dort, hatte sie gesagt. Also ging er an die Bar, schick angezogen und ohne Pläne, und da stand auf einmal Jane Shine neben ihm. »Hallo«, sagte sie, und als soziales Wesen, das er war, erwiderte er ihren Gruß. Sie holte Luft und sagte, Irving habe ihr erzählt, er, Saxby, sei an Aquaria interessiert – so sagte sie es: »an Aquaria interessiert« –, und da biß er an. Sie habe als Kind selbst mehrere Aquarien gehabt, und ihr Ex-Mann sei mit ihr in einem Einbaum den Orinoco hinaufgefahren, und dort hätten sie

Herbert Axelrod höchstselbst getroffen. Der Schutzheilige der Aquarianer war damals auf einer artenkundlichen Expedition gewesen, und er hatte sie in sein Basislager eingeladen, wo sie ein Gericht aus *piracuru* und Zwiebeln aßen und er ihnen ein Aquarium zeigte, in dem sich eine neue Salmlerspezies tummelte, die er am selben Tag erst entdeckt hatte.

Für Saxby war es die Stimme des Himmels.

Als es spät wurde und Ruth immer noch nicht erschienen war, ging er über die Wiese ins Haus zu ihrem Zimmer hinauf und klopfte zum viertenmal an diesem Abend an die Tür. Niemand antwortete. Er steckte den Kopf durch die Tür und stellte fest, daß sie weg war. Verwirrt sah er in den beiden Badezimmern im ersten Stock nach, machte rasch im Salon und auf der Veranda die Runde, dann ging er über den Rasen zurück auf die Party, weil er annahm, sie im Gedränge übersehen zu haben. Suchend wanderte er durch die Menge, nahm sich ein Glas Champagner, und als ihm jemand einen Teller mit einem Imbiß reichte, aß er etwas. Sie war nicht auf der Tanzfläche, und sie war nicht an der Bar. Er trank einen Bourbon on the rocks, dann einen zweiten. Er sprach mit Sandy, Abercorn, Regina und Thalamus, Thalamus hatte sie vor ungefähr einer Stunde gesehen, da ging sie gerade von der Bar weg – ob er sie schon auf der Tanzfläche gesucht habe? Saxby beteuerte, dort sei er bereits gewesen, dann kippte er den nächsten Bourbon, weil er sich die ganze Sache nicht erklären konnte. Er ging zurück ins Haus und fragte jeden, den er traf, ob sie irgendwo gesehen worden war, und er suchte nochmals in den Badezimmern und in der Küche. Sie war verschwunden.

Er kehrte wieder hinaus auf die Party zurück, trank einen Bourbon mit Wellie Peagler und spülte mit einem Glas Champagner nach. Wellie repräsentierte eine Gruppe von Investoren, die auf der Insel einen Golfplatz anlegen und ein Freizeitzentrum bauen wollten, und ehe er sich's versah, stritt Saxby voller Leidenschaft für die Unantastbarkeit und die historische Bedeutung von Tupelo Island, schnappte sich ein Glas Champagner von einem vorbeischwenkenden Tablett und beschied Wellie, er könne sich seine Investoren in den Arsch schieben. Wellie nahm es nicht krumm – er musterte ihn nur mit väterlichem Lächeln und machte ihn dann mit einem großen, blassen, polternden Kerl bekannt, der sich als Risikounternehmer vorstellte, und man stieß darauf an – auf das Risikounternehmertum –, und als nächstes auf Neunereisen und auf Birdies und Eagles. Und dann, bevor er recht wußte, was geschah, kam eine Frau, mit der er eine kurze Affäre gehabt hatte, als er Weihnachten vor zwei Jahren auf Besuch bei seiner Mutter gewesen war, ergriff ihn am Arm und zog ihn auf die Tanzfläche. An den Rest erinnerte er sich nur verschwommen, obwohl er noch wußte, daß er sich irgendwann an der Bar unterhielt – mit wem und worüber, hatte er vergessen –, als seine Mutter ihm die Hand auf den Arm legte und fragte, wo eigentlich Ruth sei.

Ruth. Der Name stieg wie aus der untersten Schublade seines Gedächtnisses auf. Ihr Gesicht trat ihm vors geistige Auge, und es war wutverzerrt. Er sah seine Mutter an und zuckte die Achseln.

Ob es ihr gut gehe? wollte seine Mutter wissen. Fühlte sie sich schlecht? Hatten sie Streit gehabt?

Er verteidigte sich in aller Unschuld – nein, sie hätten nicht gestritten, er suche sie schon den ganzen Abend –, und er wollte sich gerade noch einen Drink holen, als Septima sich bei ihm einhängte und mit zittriger Stimme verkündete, sie sei müde. Sie behielt ihn während der folgenden endlosen Verabschiedungen fest im Griff und zerrte ihn dann über den Rasen, die Stufen empor und ins Haus hinein, wo sie ihn ins Bett brachte. Der Schlaf kam wie eine Guillotine.

Am nächsten Morgen hatte er Kopfschmerzen.

Rico machte ihm ein paar verlorene Eier und eine Bloody Mary, und er aß die Eier und kippte den Drink, fühlte sich aber nur noch schlechter davon. Erst gegen zwei Uhr nachmittags schaffte er es ins Obergeschoß, um nach Ruth zu sehen. Ihr rätselhaftes Verschwinden war ihm wieder eingefallen, als er wie betäubt zugesehen hatte, wie aus seinem Ei der Dotter herausfloß, und er abwägte, ob sein Magen so schwere Kost überhaupt verkraften konnte. Ruth, dachte er. Teufel noch mal, was war eigentlich mit Ruth gewesen? Während er die Treppe hinaufging, hatte er die Vorahnung einer Krise, ein ominöses, unausweichliches Gefühl, aber er schrieb es diversen Fehlzündungen seiner Neuronen und dem Ei zu, das bleiern wie der Tod in seinem Magen lag. Ruth war nicht in ihrem Zimmer. Ihre Kosmetika – Mascara, Lippenstift, Tiegel mit dieser und jener Creme – standen wild auf dem Toilettentisch verstreut, und ihr Bett war unberührt. Oder es war schon wieder gemacht. Immerhin war es ja zwei Uhr. Um diese Zeit war sie längst in ihrem Studio und arbeitete. Einen Augenblick lang durchzuckte ihn die Idee, hinüberzuwandern und das Rätsel rund um die Party aufzuklären – sowie jedes eventuelle Mißverständnis, das damit verbunden sein mochte –, aber seine Beine fühlten sich an wie Wachs, und er ging lieber in sein Zimmer zurück, um sich ein bißchen hinzulegen, bis sich die Welt wieder an ihn angepaßt hatte.

Er erwachte zum Abendessen und fühlte sich ausgelaugt wie Stroh. Nachdem er sich das Gesicht gewaschen und das Haar mit etwas Gel aus der Stirn gekämmt hatte, wankte er wieder die Stufen zu Ruths Tür hinauf. Diesmal hatten seine Finger kaum das Holz berührt, da flog die Tür auf.

Vor ihm stand Ruths kleine Gestalt, ihr Gesicht blutleer, ihre Augen wie Glassplitter, eiskalt und böse funkelnd. »Du Mistkerl!« sagte sie.

»Aber ich –«

»Erzähl das doch Jane Shine«, fauchte sie, und die Tür krachte mit einem Knall ins Schloß, der im ganzen Korridor widerhallte.

Gerade wollte er nach dem Türknopf greifen, ihren Namen rufen, seine Unschuld beteuern, da hörte er das Kratzen von Holz auf Holz und sah die Türfüllung erbeben, als ein massiges Erbstück von innen dagegengeschoben wurde. Er konnte sich nicht beherrschen und probierte den Türknopf trotzdem. Drehen ließ er sich, aber die Tür selbst ging keinen Millimeter weit auf.

Sie hatte ihn mit Jane Shine gesehen – das war es also. Es war ihm zwar unangenehm, aber er hatte ein gutes Gewissen. Wirklich. Und während er ratlos im Gang stand und Grüppchen von Künstlern sich auf dem Weg zum Abendessen an ihm vorbeidrückten, freundlich grüßend und wissend lächelnd, fühlte er sich mißverstanden, verkannt und gekränkt, ohne Gerichtsverhandlung abgeurteilt. Aber Ruth war heißblütig – er kannte ihr Temperament nur allzu gut –, und er hatte nicht vor, sie durch die verrammelte Tür hindurch anzuflehen, während gefeierte Komponisten und Legenden der jüdisch-amerikanischen Prosa grinsend an ihm vorbeischlenderten. Letztlich stand er zwei volle Minuten lang sprachlos da, dann zuckte er die Achseln und ging zum Abendessen hinunter.

Im Lauf der nächsten Tage versuchte er, an Ruth heranzukommen, es wiedergutzumachen, ihr alles zu erklären – obwohl er sich nichts vorzuwerfen hatte, höchstens daß er bei ihren neurotischen Spielchen auch noch mitspielte. Aber sie redete nicht mit ihm. Sie wandte sich in aller Öffentlichkeit von ihm ab, reagierte nicht auf sein Klopfen, verkroch sich länger und länger in ihrem Studio. Ihn deprimierte die ganze Sache, und je trübseliger er wurde, desto mehr suchte er die Gesellschaft von Jane Shine, beim Cocktail, beim Abendessen oder spät nachts im Billardzimmer. Er spielte mit dem Feuer, das war ihm völlig klar, aber nicht nur Ruths Verhalten deprimierte ihn, auch sein Projekt gedieh nicht so recht – und Jane Shine mit dem wissenden Lächeln, den schimmernden Augen und ihrem kundigen Geplauder über Fische lieh ihm verständnisvoll ihr Ohr.

Das größte Problem an dem Projekt war, daß es einfach nicht in Gang kam. Falls der Albino-Zwergsonnenbarsch je existiert hatte, war er inzwischen ausgestorben, war den Weg der Dronten und Dinosaurier gegangen – jedenfalls schien es so. Saxby hatte eine Fangprämie ausgesetzt – fünfzig Dollar pro Fisch –, für jeden Entomologen, Fischforscher und Amateuraquarianer, der im Staate Georgia sein Netz in tote Wasser, Flüßchen, Rinnsale, Bäche, Stromschnellen und Altarme tauchte, aber niemand hatte sich gemeldet. In seinen eigenen Netzen tummelten sich lauter interessante Dinge: junge Stichlinge und Welse, Schmuckschildkröten, Frösche, frisch geschlüpfte Wassermokassinschlangen im Pfeifenreinigerformat und auch etliche Handvoll glitzernder *Elassoma okefenokee* (natürlich waren sie immer nur braun, enttäuschend und unabänderlich braun, die Farbe von Scheiße und gebrochenen Herzen). Kein einziger milchigweißer Mutant steckte seinen schuppigen kleinen Kopf aus dem Fangkorb. Aus Langeweile und Ungeduld und trotz seines ursprünglichen Vorsatzes nahm er schließlich doch etwas für sein Aquarium mit nach Hause. Er konnte nicht widerstehen. Er war ein Junge in Männerkleidern, und das war sein neues Spielzeug.

Am ersten Tag kippte er etwa hundert *Elassoma* in sein Aquarium, alle von deprimierendem uniformem Braun, obwohl manche der Männchen, wenn das Licht in einem ganz bestimmten Winkel einfiel, eine ermutigende Grautönung zeigten. Die kaum drei Zentimeter langen Fischlein verschwanden nahezu in den Weiten des siebenhundertfünfzig Liter fassenden Gefäßes, und er begann sich zu fragen, ob ein kleineres Aquarium nicht ebenso zweckdienlich gewesen wäre. Immerhin herrschte jetzt Leben darin, und er war aufgeregt, elektrisiert von derselben Energie, die ihn an seinem achten Geburtstag durchzuckt hatte, als sein Vater ihn mit dem ersten Vierzig-Liter-Aquarium überraschte. Am nächsten Tag setzte er weitere hundert Zwergsonnenbarsche ein, dazu noch etliche Exemplare anderer Arten – Gambusen, Forellenbarsche, Goldaugen, Floridakärpflinge und einen wuselnden kleinen Schwarm von kaum zentimeterlangen Zwergwelsen als Bodenpatrouille.

Als er am nächsten Morgen – am Tag der Party – aufwachte, stellte er fest, daß dreißig seiner Zwergsonnenbarsche mit dem Bauch nach oben in einem schleimigen Film trieben. Er prüfte den pH-Wert des Wassers, doch der stimmte – leicht sauer, genau wie die torfige Brühe des Sumpfes auch. Ratlos fischte er die bleichen, aufgedunsenen kleinen Leichen heraus und warf sie aus dem Fenster ins Blumenbeet. Als er später am Nachmittag wiederkam, war die Hälfte aller Fische im Aquarium tot – sogar die Welse kämpften dicht unter der Oberfläche um ihr Leben, und die konnte man selbst mit einem Hammer kaum totkriegen. Und dann fiel ihm auf, daß das Wasser von unzweifelhaft gelblicher Tönung war, als schwämmen die Fische in Marinade oder Urin statt in dem klaren Brunnenwasser, das er so sorgfältig gefiltert hatte. Irgend etwas stimmte hier nicht, ganz und gar nicht, daher schlug er Axelrods *Exotische Aquarienfische* auf, um dem Rätsel auf den Grund zu gehen.

Das Kapitel »Invasive Organismen« belehrte ihn, daß die von ihm geschaffene unberührte Welt von unerwünschten Elementen infiltriert worden sein dürfte. Im Wasser – seinem Wasser – gediehen offenbar Protozoen – er kannte sie noch aus dem Biologie-Grundkurs: raubgierige kleine Tierchen mit winzigen wimmelnden Schwänzchen – und rotteten die erwünschten Elemente aus. Die Lösung für sein Problem war angeblich Kaliumpermanganat, das die Protozoen vernichten, die Fische aber unversehrt lassen würde; nachdem er die Chemikalie in einer Tierhandlung auf dem Festland besorgt und ins Aquarium gekippt hatte, mußte er zusehen, wie auch der Großteil der noch verbliebenen Fische langsam an die Oberfläche trieb und seinen letzten Atemzug tat. Am nächsten Tag tauchte ein Rudel fleischfressender Wasserkäfer aus dem Nichts auf und erledigte die restlichen Überlebenden.

In Ruths Abwesenheit bot ihm Jane Shine Trost. Nach dem Abendessen führte er sie den Korridor entlang in den hinteren Salon, wo sie gemeinsam auf die blasse Masse von toten Leibern starrten.

»Es ist ein Jammer«, sagte sie. »So viel Mühe, und alles umsonst.«

Er beobachtete sie aus dem Augenwinkel, sah ihr vom warmen Schein des Aquariums erhelltes Gesicht und bekam Schuldgefühle. Ruth würde ihn umbringen. Ihn bei lebendigem Leibe auffressen. Aber er war deprimiert und mutlos, und wo war sie denn, wenn er sie brauchte? Er seufzte. »Ich werde wohl das ganze Zeug wegkippen und noch einmal von vorn anfangen müssen.« Er sah sie mit einem kläglichen Lächeln an. »Gott hat das gleiche Problem gehabt. Sagt man jedenfalls.«

»Es ist so schön«, murmelte sie, den Blick starr auf das Aquarium geheftet.

Sie sahen zu, wie ein todkranker Floridakärpfling kraftlos an die Oberfläche taumelte, gefangen im spinnenartigen Griff eines Wasserkäfers.

Jane wandte sich ihm zu. »Es liegt an den Pflanzen«, sagte sie. »Die sind mit den Pflanzen reingekommen.«

»Ja«, sagte er. »Ich weiß.«

»Ich würde in irgendein Aquarien-Zentrum fahren – habt ihr so etwas, in Savannah vielleicht? Kauf deine Pflanzen dort. Wenigstens kannst du dann sicher sein, daß sie sauber sind.«

Er nickte. Aquarien-Zentrum. Es war ja so einfach: die Natur war unrein und subversiv, und die netten Angestellten im Aquarien-Zentrum würden sie ihm nur allzu gern desinfizieren. Ja, natürlich. Und wie sie das sagte, wie sie jedes Wort herauspreßte, als wäre es zu wertvoll, um in die Welt entlasen zu werden, machte sie ihn richtig hilflos. Wie konnte er diese Stimme in Frage stellen? Sie sprach, und er fühlte sich wie ein stürzender Baum.

»Ansonsten« – sie machte eine Geste in Richtung des zappelnden Fisches – »tja, da kannst du dir ja alles *mögliche* einschleppen.«

Als Ruth endlich wieder zu ihm zurückkam, empfand er nichts als Erleichterung. Klar, er hatte seine Erfahrungen in den Single-Bars von La Jolla und Westside L. A. gemacht, und Jane Shine hätte nicht verführerischer wirken können, wenn sie in Wolken von Pheromonen gehüllt gewesen wäre, aber was er wirklich wollte, das war Ruth. Ruth war greifbar und real auf eine Weise, die Jane Shine mit ihrer aufgebauschten, jenseitigen Schönheit nie erreichen konnte. Ruth war attraktiv auf ihre ganz eigene Art, irgendwie einmalig, und er konnte nicht genug von ihr bekommen. Aber es war weit mehr als nur Attraktivität. Sie war pure Lebensenergie, eine Flutwelle, sie riß alles mit sich, dabei hatte sie zugleich etwas Verletzliches, Unsicheres an sich, und deswegen fühlte er sich stark, wenn er für sie da war. Und ihre zwanghafte Beschäftigung mit der Schriftstellerei – das ganze Inventar ihrer Bücher und Autoren und Rezensionen, ihre Listen, wer gerade *in* und wer *out* war –, sie war das perfekte Gegengewicht zu seinen Fischen. Es war eine Obsession, damit konnte er etwas anfangen, ein Daseinszweck. Es war egal, ob eine Obsession sich aufs Briefmarkensammeln, auf Paläontologie oder Renaissancemalerei richtete – es war sogar egal, ob man gut darin war oder nicht –, jedenfalls verlieh sie Ruth ein Feuer und eine Kraft, die andere Frauen im Vergleich zu ihr glanzlos wirken ließ. Er hatte seine Fische, und das fand sie in Ordnung; sie hatte ihre Schriftstellerei.

Sie kam eines Tages zur Cocktailstunde herüber und legte ihm eine Hand auf den Arm (glücklicherweise wollten es die Schicksalsgöttinnen, daß er gerade mit Sandy an der Bar lehnte und Jane nirgends zu sehen war). »Hallo«, sagte Ruth, und damit hatte sich's, die sechs Tage des Schweigens waren vergessen, Jane Shine wurde zum Tabuthema, die Party zur fernen Erinnerung. Und ohne ein weiteres Wort nahm sie seine Hand und führte ihn hinauf in ihr Zimmer.

Am Morgen, bevor sie zum Frühstück ins Gesellige Zimmer entschwand, weckte sie ihn mit sanftem Streicheln und feuchten Küssen, um ihn zu bitten, sie am Nachmittag nach Savannah zu fahren – sie müsse Lebensmittel einkaufen. »In Savannah?« fragte er. »Wieso nicht in Darien?«

»Ach«, sie sagte es beiläufig, sah dabei aus dem Fenster, »weißt du, ich will ein paar Sachen besorgen, die man in dem popligen Supermarkt dort nicht bekommt.« Sie drehte sich zu ihm und grinste, und er spürte wieder die Erleichterung, ein starkes, pulsierendes Gefühl, das ihm über den Rücken rieselte wie eine heiße Dusche. »Seien wir doch ehrlich, Sax, Darien/Georgia ist nicht gerade ein Feinschmeckerparadies.«

»Von mir aus gern«, sagte er achselzuckend, und um vier fuhr er sie zu einem Laden auf der De Lesseps Avenue, wo er in einer Kneipe am Wasser ein Bier trank, während sie einen Einkaufswagen herumschob. Als er eine Stunde später wieder vorfuhr, um sie abzuholen, erwartete sie ihn am Straßenrand, umgeben von braunen Papiertüten. Er war erstaunt über die Menge – acht Tüten voller Konserven –, und noch mehr darüber, daß sie sein Angebot ausschlug, ihr dabei zu helfen, die Sachen zum Studio zu tragen. »Wie bitte?« fragte er, warf einen Blick über die Schulter auf den Berg von Lebensmitteln und legte dabei den Gang ein. »Du willst das ganze Zeug allein zu deiner Hütte schleppen? Die ganzen Dosen?«

Ruth betrachtete ihre Nägel. »Nicht alles auf einmal«, sagte sie, »mach dir deshalb keine Gedanken.«

»Aber das ist gar kein Problem, ich meine, ich tu es doch gern für dich –«

»Mach dir deshalb keine Gedanken«, wiederholte sie.

Aber Saxby machte sich sehr wohl Gedanken, auf dem Weg zur Fähre, bei der Überfahrt über den Peagler Sound und auf der Asphaltstraße zum Haus. Wie wollte sie acht Papiertüten voller Konservendosen zu ihrem Studio verfrachten – und wozu in Gottes Namen brauchte sie die überhaupt? Sie bekam doch Frühstück und Abendessen im Großen Haus, und mittags brachte Owen ihr einen Gourmet-Lunch – es war das beste Essen von allen Künstlerkolonien, jedenfalls behauptete das seine Mutter. Es war total verrückt. Rechnete sie mit einer Belagerung oder so?

Und dann, als sie gerade mit der Beute in ihr Schlafzimmer stolperten, riß eine der schweren Tüten auf, so daß die Dosen über den Boden kollerten, aber Ruth hielt ihn zurück, als er sich bückte, um sie einzusammeln. »Das mach ich selbst«, sagte sie, wandte ihm den Rücken zu und beugte sich über die Konserven, als wollte sie sie vor ihm verstecken. Das war komisch. Noch komischer fand er die zwei Dosen, die sie übersehen hatte.

»Makrelen in Sojasauce?« las er. »Bambussprossen? Was ist denn mit dir los, machst du hier etwa auf orientalisch?«

Sie fuhr herum, und wenn sie ihm die Dosen auch nicht aus der Hand riß, nahm sie sie ihm jedoch entschieden weg und ließ sie in die unergründlichen Tiefen der Tüte auf dem Tisch hinter ihr fallen. »Nein«, sagte sie dann lächelnd, »nicht direkt. Ich möchte nur ... ich will eben mal was anderes probieren.«

»Makrelen in Sojasauce?« Er schüttelte den Kopf und lächelte ebenfalls, und dann warf sie sich ihm in die Arme, aber das Ganze war seltsam, wirklich in höchstem Maße seltsam.

Am Wochenende fuhr Jane Shine mit irgendeinem Clown in einem silbernen Jaguar XKE nach Sea Island, und Saxby sah zu, wie Ruth zu neuem Leben erwachte. Zur Cocktailstunde drehte sie geradezu Pirouetten durch den Salon, und beim Abendessen konnte sie nicht still sitzen, flatterte von Tisch zu Tisch wie eine Klatschreporterin bei einer Premiere. Saxby machte das nichts aus. Er war froh, daß sie glücklich war, ihre Vorrangstellung wieder herausstreichen und wie eine Supernova am Firmament von Thanatopsis funkeln konnte. Und er war auch ganz froh, daß sie den Vorfall bei der Party offenbar vergessen und ihm sein Verhalten in der Jane-Shine-Affäre sowie diverse andere läßliche Sünden vergeben zu haben schien, deren er sich gar nicht unbedingt bewußt, aber dennoch für schuldig befunden worden war. Während sie mit Thalamus am Nachbartisch herumblödelte, lud er seine Aquarianersorgen bei Clara Kleinschmidt ab, nur um sich selbst reden zu hören – und auch, um sich an ihr ein wenig für Arnold Schönberg zu rächen.

Nach dem Essen gab Patsy Arena ein Solokonzert, eine untersetzte, kubanischstämmige Frau mit breitem Gesicht, die aussah, als wäre sie einem Bild von Fernando Botero entsprungen. Sie war neu in der Kolonie, erst vor einer Woche auf Einladung von Clara Kleinschmidt eingetroffen, und sie traktierte den alten Steinway-Flügel im vorderen Salon, als klopfe sie Fleisch weich. Insgesamt wollte sie an diesem Abend drei Stücke spielen, zwei eigene Kompositionen und eine von Clara. Owen dämpfte das Licht. Ruth ergriff Saxbys Hand. Alles räusperte sich, rutschte auf den Sitzen herum und beugte sich beklommen und erwartungsvoll vor.

Peng! Patsy Arena drosch auf das Klavier wie ein Boxer. Stille. *Eins und zwei, eins und zwei*, flüsterte sie und nickte dabei mit dem Strubbelkopf. *Peng! Peng!* ließ sie die geballte Faust auf die Tasten krachen. Dann lange Zeit Stille. Drei volle, quälende Minuten lang saß sie stocksteif da und starrte auf den billigen Plastikwecker, der vor ihr auf der glänzenden Ebenholzfläche stand. Schließlich ging der Wecker los – *ding-ding-ding* –, und *Peng!* schlug sie wieder auf den Flügel ein. Das Stück trug den Titel *Parfait in Chrom* und dauerte fünfundvierzig Minuten.

Danach, sozusagen als Dessert, gab es den wöchentlichen Film (*Die Frau in den Dünen* von Teshigahara, eine Verbeugung vor Owen, der gerade eine japanische Phase hatte). Fast alle standen sowohl den musikalischen Vortrag wie den Film durch, die letztendlich eine Menge gemeinsam hatten. Das Leben auf Thanatopsis, so stimulierend es für die künstlerische Empfindsamkeit auch sein mochte, bot gewisse Probleme, was die Unterhaltung betraf – Saxby war sich klar darüber, daß die meisten der Gäste es grauenhaft langweilig fanden –, und die abendlichen Lesungen, Konzerte und Ausstellungen stellten ebenso wie die Filmvorführungen kurze Augenblicke der Erlösung in einem höchst kargen Kontinuum dar.

Natürlich hielt das Ruth keineswegs davon ab, den Dialog des Films zur großen Belustigung ihrer Künstlerkollegen spontan abzuändern oder später im Billardzimmer Patsy Arenas Auftritt zu parodieren. Sie versetzte die ganze Mannschaft in hysterisches Gelächter. Alle hatten knallrote Köpfe und platzten fast vor Lachen, als Ruth die ungeschlachten Attacken der Pianistin auf ihr Instrument imitierte, aber dann kam Clara mit ihrem Schützling hereingestampft, und Ruth spielte den Ball geschickt Abercorn zu, der unschuldig in sein Bier gekichert hatte. »Na, Det, hat sich heute irgendwas in euren Schlingen verfangen?« wollte sie wissen.

Das Lachen verebbte. Clara schenkte Patsy einen Drink ein. Alle Blicke lagen auf Abercorn.

Abercorn trieb sich seit etwa einer Woche wieder in der Gegend herum. Manchmal hatte er den anderen Burschen dabei, manchmal auch nicht. Ruths Frage enthielt eine feine Spitze, und Saxby schwenkte das Eis in seinem Drink, während er zusah, wie sich Abercorn wand. Eigentlich mochte er den Mann recht gern – vielleicht tat er ihm aber auch nur leid. Abercorn sah aus seinen großen, gehetzten Kaninchenaugen zu Ruth empor. Die Frage schien ihn traurig zu stimmen. »Nichts«, antwortete er. Er rieb sich die Nasenflügel, kratzte sich am Ohr. »Lewis und ich glauben, daß noch jemand anders im Spiel ist.«

Ruth blickte weg. Plötzlich war sie aufs heftigste daran interessiert, wie sich das Licht in ihrem Bourbon brach. Zu diesem Zeitpunkt dachte sich Saxby noch nichts dabei – aber an ihren Gesichtsausdruck, an die leicht gespitzten Lippen, den gesenkten, aber höchst wachsamen Blick sollte er sich später erinnern. »Versteh ich nicht«, sagte er. »Wie meinen Sie das? Glauben Sie etwa, jemand auf der Insel versteckt ihn irgendwo oder so?«

Abercorn nickte, langsam und gravitätisch, so daß sein Kinn in den Kreis der rings um ihn stehenden Künstler hineinstach. Jetzt hörten sie ihm alle zu. »Ich kann es mir nicht anders erklären – er ist jetzt seit fünf Wochen auf der Insel, und außer seiner Aktion unten in Tupelo Shores und dem bißchen Zeug, das er hie und da zusammenstehlen konnte, muß man sich doch fragen: Wovon ernährt der sich eigentlich?«

Darüber hatte Saxby noch nicht nachgedacht – bis zu diesem Augenblick hatte er den stämmigen, plumpen Japanerburschen, der in jener Nacht damals platschend aus dem Peagler Sound gestiegen und später aus dem Supermarkt vor ihm davongelaufen war, eigentlich nur für eine witzige Anekdote gehalten. Jetzt aber – nur einen Moment lang, so rasch, daß er den Gedanken sofort wieder verwarf, kaum daß er ihn gedacht hatte – fiel ihm eine Antwort auf die Frage ein: von Makrelen in Sojasauce.

Am nächsten Abend – einem Samstag – erschien Ruth nicht zur Cocktailstunde. Saxby saß mit seiner Mutter auf der Veranda und hielt nach ihr Ausschau. Als Armand den Gong zum Abendessen schlug und sie immer noch nicht aus ihrem Studio zurückgekehrt war, schlenderte er hinüber ins Eßzimmer und setzte sich an einen der kleinen Tische weiter hinten zu Septima und Owen. Seine Mutter schwatzte irgend etwas über Interna der Kolonie – wer alles für den nächsten Herbst eingeladen war und wie Soundso von der Yaddo Corporation abgelehnt worden sei und sie selbst ebenfalls nicht im Traum daran denke, diese Frau aufzunehmen –, und er verschloß die Ohren, schottete sein Gehirn ab und hob die Gabel zum Mund. Nach dem Essen zog er sich in den hinteren Salon zurück und grübelte vor seinem Aquarium. Am Vormittag hatte er das todbringende Wasser ausgeleert, Pflanzen, Steine und Kies weggeworfen – er wollte das Gefäß ein paar Tage lang ruhen lassen und dann noch einmal ganz von vorn anfangen. Aber er hatte seine Lektion gelernt: Diesmal würde er in ein Aquarium-Zentrum gehen und mehr Geduld haben. Keine Experimente mehr. Er würde Albinos züchten und damit Geld verdienen. Mehr noch, er würde sich einen Platz unter den großen Amateuraquarianern des Jahrhunderts erobern, zusammen mit William Vorderwinkler, Daniel DiCoco und Paul Hähnel, dem Vater des Fächerguppys.

Er sprach den Titel probeweise aus – *Saxby Lights, Ahnherr des Albino-Zwergsonnenbarsches* –, dann legte er eine Cassette ein – Albinoni, ein Lieblingsstück seiner Mutter – und machte es sich mit der neuesten Ausgabe des *National Geographic* im Sessel bequem. Er versuchte, einen Artikel über die abnehmende Spannkraft der Bartfäden bei den Muscheln der Pazifikküsten und die Konsequenzen für die Zukunft der kommerziellen Schalentierzucht zu lesen, konnte sich jedoch nicht konzentrieren. Er war ruhelos. Für den Abend war eine Lesung angesetzt – Bob Penick wollte einen Vorgeschmack auf seinen neuen Gedichtband geben –, aber Saxby hatte für Lyrik nicht viel übrig und wäre nur hingegangen, um Ruth einen Gefallen zu tun – und die war immer noch nicht da. Es wurde dunkler im Haus, er streckte sich zum Schalter der Lampe, allmählich brach die Dämmerung herein.

Und dann sprang er plötzlich aus dem Sessel, traf innerhalb von Sekunden einen Entschluß – zum Teufel mit ungeschriebenen Gesetzen, er würde jetzt hingehen und Ruth überraschen. Schließlich arbeitete sie da draußen schon zwölf Stunden durch, verdammt noch mal – in dieser Zeit hätte sie ja *Krieg und Frieden* vorwärts und rückwärts schreiben können. Was zuviel war, war zuviel. Wenn ihr kreativer Kokon dabei einen Riß bekam, dann war das eben Pech, aber sie konnte ihn ja am nächsten Tag wieder flicken. Er hatte das Warten satt.

Rote Erde, das Grün wurde langsam grau, der Pfad lag vor ihm wie eine Rauchfahne. Er schritt schnell aus, erst plagten ihn die Sandmücken, dann die Moskitos. Anolisechsen raschelten durch das dichter werdende Unterholz. Über sich hörte er das leise Schmatzen und danach das klagende, geschluchzte Trällern der Nachtschwalbe, deren Ruf ihr den Namen »Chuck-will's-widow« eingebracht hatte; von allen Bäumen erklang das Geschnatter der sich zur Ruhe begebenden Tagvögel. Es war die Abendstunde, in der die Rautenklapperschlange aus ihrem Loch im Boden herausgleitet und sich von den Bewegungen der warmblütigen Tiere anlocken läßt, die ihre Beute bilden. Saxby trat sehr behutsam auf.

Und dann, an der letzten Biegung vor dem Studio, bemerkte er etwas Dunkles auf dem Pfad vor sich. Dick und fast unsichtbar, schwarz in den Schattierungen der Nacht. Vermutlich war es nur eine Streifennatter, aber in ein paar Minuten würde er diesen Pfad zusammen mit Ruth noch einmal entlangkommen, und er wollte keine dummen Überraschungen erleben. Zehn Meter vor dem Tier – es war tatsächlich eine Schlange, eingeringelt wie ein Lasso lag sie mitten auf dem Pfad – bückte sich Saxby nach einem Stock. Geduckt, einen Fuß langsam vorschiebend, den Stock vor sich haltend wie ein Florett, näherte er sich ganz vorsichtig dem Vieh und spürte, wie ihm das Herz kurz stehenblieb, als es auf den Stock losging und im selben Moment ohrenbetäubend zu klappern begann. Das schwirrende Geräusch war wie eine Explosion, wie gellende, schrille Kastagnetten. Aber ebenso rasch verstummte es auch wieder, und die Schlange verschmolz schemenhaft mit dem Unterholz, wobei sie nur ein kaum hörbares Rascheln von Laub und Zweigen verursachte.

Saxby ließ den Stock fallen und ging weiter den Pfad entlang, während ihm das Blut in den Ohren pochte. Mit Schlangen hatte man doch immer einen Riesenspaß, dachte er und setzte mit übertriebener Sorgfalt einen Fuß vor den anderen, als wate er durch nassen Zement. Als er an die letzte Biegung des Pfades gelangte, war es stockfinstere Nacht, und er ärgerte sich, daß er seine Taschenlampe vergessen hatte. Aber Ruth würde eine haben – und wenn nicht, würden sie sich eben einen Stock abschneiden und damit vor sich über den Weg streichen, so wie er es als Junge immer gemacht hatte, wenn er von einem seiner Abenteuer am anderen Ende des Sumpfes spät nach Hause zurückgekehrt war. Er dachte an Ruth, in seinem Kopf nahm bereits eine amüsante Version der Begegnung mit der Schlange Formen an, da kam das Studio in Sicht.

Es brannte kein Licht.

Das war eine Überraschung. Zuerst dachte er, er hätte sie irgendwie verpaßt, dann aber erinnerte er sich an seinen letzten Verdauungsspaziergang zum Studio und wie er sie damals im Dunkeln sitzend angetroffen hatte. Er wollte ihren Namen rufen, aber etwas ließ ihn zögern. Sie sprach dort mit jemandem, ihre Stimme war ein undeutliches Murmeln, in dem ein mahnender oder drängender Unterton lag, als schelte sie ein Kind. Und dann ging quietschend die Fliegentür auf und fiel wieder zu. Saxby erstarrte. Da stand jemand auf der Veranda, und es war nicht Ruth.

Hundegebell

Als Ruth mitten in der Nacht zu ihm kam, träumte er gerade von seiner Mutter, von seiner *haha*, seiner *okāsan*, dem milde lächelnden Mädchen im Minirock, das ihn auf die Welt gebracht und gestillt und tief in die Augen geblickt hatte. Es war das Gedächtnis der Wiege, eine Traum-Erinnerung, idealisiert und destilliert aus dem Stapel von Fotografien, den seine Großmutter in der untersten Schublade ihrer Kommode aufbewahrte. Die Fotos flatterten durch seinen Traum wie ein Kartenspiel, und er sah seine Mutter vor einem Paukstudio stehen, mit ihrer Gitarre, den stämmigen Beinen und dem hübschen breiten Gesicht, das er von ihr geerbt hatte; er sah sie auf dem Futon, jetzt etwas schlanker, den Blick fest auf den strampelnden Säugling gerichtet, den sie im Arm hielt; er sah sie in einer überfüllten Bar allein herumstehen, hinter sich Flaschen wie blinkende Sterne. Und dann stieg ihr Gesicht auf wie der Mond am Himmel über ihm, und auf einmal war sie Chieko, die Frau mit den breiten Hüften, die er in einer Spelunke im Yoshiwara-Bezirk kennengelernt hatte, ihre Arme umschlossen ihn, ihre Lippen saugten an seinen wie eigenständige Wesen...

Dann klapperte die Tür, und ihm war klar, daß die Polizei ihn holen kam, mit Negern und Hunden.

Aber nein, es war Ruths Stimme, die da aus der Nacht zu ihm drang. Ruths Stimme. Hastig griff er nach den Shorts, nach dem Türriegel. Stimmte etwas nicht? Nein. Wollte sie, daß er das Licht einschaltete? Nein. Sie verströmte einen Moschusduft, einen Geruch, der aus einer Flasche aufstieg und der ihn in seinen Traum zurückversetzte, zu Chieko und den glitzernden Lichtern von Yoshiwara.

Ruth küßte ihn, ihre Lippen lagen kühl auf seinen, und er spürte ihre Zunge in seinem Mund. Ihr Kleid war aus dünnem Chiffon und fühlte sich auf seiner Haut elektrisierend an. Er begriff nicht – sie waren doch Freunde, hatte sie gesagt, nur Freunde, und der lange Butterstinker mit den Haaren wie Reispapier und diesen hellen Augen mit dem unsteten Blick, der war ihr Liebhaber. Aber nun rutschte ihr Kleid zu Boden, als zöge eine unsichtbare Hand daran, und sie umarmte ihn, preßte sich gegen ihn, das ganze reine, weiße, langbeinige Rätsel, das sie war, trat mit ihm in Beziehung, und er versuchte gar nicht zu verstehen, wollte nicht verstehen, es war ihm egal.

Am Morgen, am hellen Tag, hob sie den Kopf von seiner Brust und sah ihm in die Augen. Er fühlte, wie sie sich an ihn schmiegte, und er lauschte dem leisen Murmeln des Lebens, das in den Bäumen draußen erwachte, und hielt dem Blick ihrer kühlen grauen Augen stand, wenn auch jedes Fältchen seines Gesichts seine Aufregung widerspiegelte. Sie schien sich über irgend etwas klar werden zu wollen, taxierte ihn, ließ die Nacht und den Augenblick und die plötzliche Vielfalt ihrer Möglichkeiten Revue passieren. »Nur Freunde«, flüsterte er, und das war genau das Richtige. Sie lächelte, öffnete sich ihm, erblühte geradezu, und dann küßte sie ihn und alles war wieder gut.

Sie ging in ihr anderes Haus zurück, in das Große Haus, noch ehe die Sonne über den Bäumen stand, und später brachte sie ihm Brötchen, Obst und in Streifen geschnittenes Fleisch. Während er aß, setzte sie sich an die Schreibmaschine und schlug mit wilder Kraft auf die Tasten ein. Nach ungefähr einer Stunde, während einer der langen Pausen, in denen sie aus dem Fenster starrte und mit entrückter Stimme etwas vor sich hinmurmelte, räusperte er sich und fragte sie, was sie da eigentlich schreibe.

»Eine Erzählung«, sagte sie, ohne aufzublicken.

»Thriller?«

»Nein.«

»Liebesgeschichte?«

Sie drehte sich auf ihrem Stuhl zu ihm um. Er hatte es sich auf der Couch bequem gemacht und blätterte in einer Wochenzeitschrift – Berichte über Crack, Aids, auf dem Schulhof niedergeschossene Kinder – und langweilte sich bis in die Haarwurzeln. »Es ist eine tragische Erzählung«, sagte sie, »sehr traurig«, und stellte das Gefühl mit herabgezogenen Mundwinkeln pantomimisch dar.

Während sie weitertippte, dachte er eine Weile darüber nach. Eine tragische Erzählung. Natürlich. Was sonst? Das Leben war ja tragisch. »Von was es handelt?« fragte er, obwohl er wußte daß er sie von der Arbeit abhielt, und deshalb ein schlechtes Gewissen hatte.

»Von Japanern«, sagte sie, ohne sich umzudrehen. »In Amerika.«

Das überrachte ihn, und noch ehe er es richtig aufgenommen hatte, platzte er heraus. »So wie ich?«

Jetzt wandte sie sich um. »Ja, so wie du«, sagte sie und tippte schon wieder weiter.

Zur Essenszeit ging er hinaus und kauerte sich ins Gebüsch, bis der *hakujin* mit dem kerzengeraden Rücken und der Drahtbürstenfrisur den Essensbehälter an den Haken gehängt hatte und wieder verschwunden war. Anfangs wollte Ruth das Essen nicht anrühren – es waren kleine Brötchen mit Gurke und Wurst, frisches Gemüse und Himbeeren mit Schlagsahne zum Nachtisch –, aber er bestand darauf. Zwar war er halb wahnsinnig vor Hunger, aber er hatte derartige Schuldgefühle, weil er ihr soviel verdankte – und nach der vergangenen Nacht noch mehr –, daß er nicht mit ansehen konnte, wie sie leer ausging. Sie war so schmächtig, und das nur seinetwegen. »Wir teilen«, sagte er, ließ sich vor ihr auf die Knie nieder und berührte mit der Stirn den Boden, »bitte!«

Sie lachte, als er sich vor ihr niederwarf, und schließlich gab sie nach, schob die Schreibmaschine beiseite und schaffte Platz auf ihrem Arbeitstisch. Schweigend aßen sie, aber er bemerkte voller Dankbarkeit, voller Liebe, daß sie ihm den Löwenanteil zukommen ließ. Während er die Reste vertilgte, rauchte sie eine Zigarette, und er brach die Stille mit einer Frage, die ihm plötzlich und unmotiviert durch den Kopf schoß: »Rusu, bitte und Verzeihung, wie alt du bist?«

Sie legte den Kopf zurück, zog an ihrer Zigarette und stieß die Antwort zusammen mit dem Rauch aus: »Neunundzwanzig.«

»Du geschieden bist?«

Sie schüttelte den Kopf. »Nie geheiratet.«

Er bedachte dies eine Weile, wischte Krümel vom Tisch, dann durchquerte er den Raum, um sich zur Tür hinauszulehnen und den Essensbehälter zurück an den Haken zu hängen. »In Japan«, sagte er, »eine Frau heiratet mit vierundzwanzig. Ein Mann mit achtundzwanzig.«

Ruth grinste, in ihren Augen lag ein gewitzter, sarkastischer Blick, und er hatte eine plötzliche Vision, wie sie im »Big Apple« lebte, in einem Reihenhaus mit einer Badewanne so groß wie die Wohnung seiner *obāsan*, mit Gemälden an den Wänden, Möbeln aus Chromstahl und Leder und dem allgegenwärtigen tiefen Flauschteppich, und er sah sich selbst, wie er zu ihr nach Hause kam, ein Angestellter in Anzug und Krawatte, mit einer schicken kalbsledernen Aktentasche in der Hand. »Und wie alt bist du?« fragte sie.

Er war zwanzig. Gerade geworden. Aber er wirkte älter, das wußte er, und er wollte sie nicht mit dem großen Altersunterschied enttäuschen. »Einunddreißig«, erwiderte er.

Sie runzelte die Stirn und entließ zwei dünne Rauchsäulen aus der Nase. »Wirklich?« fragte sie. »Drei Jahre über der Zeit. Ich muß mich sehr wundern über dich, Hiro, du solltest selbst längst verheiratet sein.«

Während der nächsten paar Tage verbrachte sie fast die ganze Zeit bei ihm und kehrte nur nachts zum Schlafen in das Große Haus zurück. Er stellte ihr keine Fragen wegen ihrer Schlafgewohnheiten, denn er war immer noch sehr zurückhaltend in ihrer Nähe. Er wollte sie, und er versuchte, ihr das mit Blicken zu zeigen oder durch scheinbar zufällige Berührungen, wenn sie von ihrem Schreibtisch aufstand. Einmal, nachdem er ihr unendlich lange Stunden beim Arbeiten zugesehen hatte, trat er hinter sie und legte ihr die Hand auf die Schulter. »Nicht jetzt«, sagte sie und zog ihn an sich, um ihm einen jener flüchtig hingetupften Küsse aufzudrücken, die Amerikaner so gern verteilen. »Ich arbeite noch.« Später, als sie aus dem Großen Haus zurückkam und Abendessen für sie beide mitbrachte, versuchte er es mit einem stummen Appell – einer Geste, einem langsam schmelzenden Blick –, und sie bemerkte es, ging auch darauf ein, erklärte aber, sie fühle sich nicht wohl. »Die Hitze«, sagte sie und lenkte mit einer Frage über Japan von dem ab, was zwischen ihnen geschah: War es dort eigentlich je *so* heiß?

Und dann kehrte sie eines Abends von der Cocktailstunde im Großen Haus nicht mehr zurück. Es wurde sieben, und sein Magen knurrte. Es wurde acht, die Sonne verschwand, und er verlor langsam die Hoffnung. Vielleicht – aber nur vielleicht – kam sie in der Nacht ja doch noch wieder. Stundenlang wartete er, vor sich hingrübelnd. Was wollte sie denn überhaupt von ihm? War alles nur ein Spiel für sie, ein Scherz? Und wann würde sie ihr Versprechen erfüllen, wann würde sie ihn aus diesem stinkenden Loch von Insel wegbringen? Er war verbittert, als er so ohne sie im Dunkeln dasaß – verbittert und, obwohl er es sich nicht eingestehen wollte, auch eifersüchtig –, und er vergaß seine Dankbarkeit und alles, was er ihr schuldete, und er erhob sich aus dem Schaukelstuhl und knipste die Lampe über ihrem Arbeitstisch an.

Da war sie, ihre Erzählung. Eine Seite steckte in der Schreibmaschine, die übrigen lagen auf dem Tisch verstreut, als hätte sie ein plötzlicher Windstoß dort hingeweht, einzelne Seiten waren quer durchgestrichen, bekritzelt, voller Kaffee- und Tintenflecken. Wie viele Male hatte er sie schon ordentlich zusammengelegt, wie oft hatte er ihre Bleistifte und Kugelschreiber geordnet und ihre Kaffeetasse gespült? Nie hatte er auch nur ein Wort davon gelesen. Nicht weil er nicht neugierig war, sondern weil er sich geschämt hätte. Wie konnte er so in ihre Privatsphäre eindringen, nach allem, was sie für ihn getan hatte? So dachte er, so hatte ihn seine *obāsan* erzogen. Jetzt aber, nachdem er im Dunkeln gegrübelt hatte und die Eifersucht des Liebhabers in ihm fraß, dachte er anders. Er gab einen Dreck auf ihre Privatsphäre. Er setzte sich hin, stöberte in den Seiten und begann zu lesen:

> Er war ein Japaner in der vollen Blüte des japanischen Mannestums, fest und unnachgiebig. In den frühen Morgenstunden kam er vom Büro nach Hause und zerrte an ihrem Kimono. Die Kinder schliefen, die Sony-Anlage war stumm, die winzige Wohnung blitzblank wie ein Messer. Schon bei seiner ersten Berührung wurde Michiko feucht. Sein Atem roch nach Whiskey, nach dem importierten Whiskey, den er jeden Abend in der Animierbar trank, und dieser Geruch erregte sie. Sie liebte sein Vollmondgesicht und die stolze harte Rundung seines Bauchs, der sich gegen den ihren preßte, und sie liebte seine Zähne, seine Zähne vor allem. Sie standen durcheinander wie Freud und Leid, der Weg zu seinem Lächeln war so gewunden wie ein mühsamer Pfad hinauf auf den Fudschijama.

Er drang in sie ein, und ihren Lippen entrang sich ein Schrei. »Hiro«, stöhnte sie und klammerte sich an ihn, hielt sich an ihm fest wie eine Ertrinkende. »Hiro, Hiro, Hiro!«

Hiro sah von der Seite auf. Das Zimmer kam ihm auf einmal fremd vor, wie ein Käfig, dessen Wände ihn bedrängten, und das Lampenlicht fesselte seine Handgelenke. Er hatte nicht den Mut weiterzulesen.

»Wann?« verlangte er zu wissen.

Sie packte Lebensmittel aus, genug Essen für eine ganze Armee, genug, um eine Belagerung zu überstehen und um ein Tier mindestens einen Monat lang gut im Futter zu halten. »Ich hab's dir doch gesagt, Sax hat nur einen Pritschenwagen. Aber um dich zu verstecken, brauch ich ein Auto mit Kofferraum.« Ihre Ellenbogen hüpften; auf dem Tisch stapelten sich die Dosen. »Der Wagen seiner Mutter wäre ideal. Nur brauche ich irgendeine Ausrede, um ihn mir auszuleihen.«

»Du mich hinhältst, Rusu. Du mich willst hierbehalten. Du mich willst machen zu deinem Gefangenen.«

Das Licht, das Dschungellicht, fing sich in ihrem Haar, ließ ihre Augen blitzen. Sie stöberte in ihrem Rucksack nach einer weiteren Fischdose. »Wärst du denn lieber da draußen?«

»Wann, Rusu?« wiederholte er.

Sie schüttelte prüfend den Rucksack und wandte sich zu Hiro um. »Ich will dich nicht gegen deinen Willen hierbehalten – wirklich, Hiro, das will ich nicht. Denk doch mal, was für ein Risiko ich eingehe, wenn ich dich hier verstecke. Ich hab dich gern, ehrlich. Ich möchte dich gern hier wegbringen ... nur eben – es ist gar nicht so leicht, das ist alles. Du willst doch nicht, daß sie dich erwischen, oder?«

Er stand vor ihr, die Hände in die Hüften gestützt. Er gab keine Antwort.

»Sie hat einen alten Mercedes mit einem Kofferraum so groß wie der Grand Canyon. Der wäre ideal.« Sie entblößte ihr vollkommenes rosa Zahnfleisch und strahlte ihn aus unschuldigen Augen an, und plötzlich verließ ihn aller Kampfgeist.

»Okay«, sagte er und senkte den Blick. »Bald, ja?«

»Bald«, antwortete sie.

Und dann, zwei Nächte später, kam sie die Stufen heraufgewankt, beladen mit weiteren Lebensmitteldosen, und er bemerkte sofort ihr rätselhaftes, dünnes Lächeln. »Ich hab eine Überraschung für dich«, keuchte sie, stapfte quer durch den Raum und ließ sich auf den Schreibtischstuhl fallen, wo sie den Rucksack ablegte. Sie warf die Brust nach vorn, machte sich in den Schultern schmal und streifte die Tragriemen ab. Er konnte sie riechen, ihren schweren, dunklen Duft, Parfum vermischt mit Schweiß.

»Überraschung?« Er kam näher und sah zu, wie ihre Hände an der Schnur des Rucksacks nestelten. Er erwartete eine Süßigkeit – ein Stück Kuchen oder einen Mars-Riegel vielleicht; sie wußte, daß er furchtbar gern Mars aß –, doch sie zog nur eine weitere Dose Makrelen in Sojasauce und ein Zellophantütchen mit getrockneten Wurzeln aus der Tiefe des Gepäckstücks. Sein Gesicht wurde länger. Wie sie auf die Idee verfallen war, daß ihm das hier – dieses *Zeug* – schmeckte, war ihm ein Rätsel. Getrocknete Fischköpfe, in Plastik eingeschweißte Rindenschnipsel, dünne schwarze Pilze wie abgestreifte Hautfetzen, Dose um Dose mit Bambussprossen – was glaubte sie denn, wer er war, irgendein barfüßiger Hinterwäldler aus Tohoku oder so? Getrocknete Fischköpfe? Er hätte praktisch alles andere lieber gehabt – Chef-Boyardee-Dosenmenüs, Mikrowellen-Hamburger, Tütensuppen –, aber darum zu bitten, war ihm zu peinlich. Als Bettler durfte man nicht wählerisch sein.

Sie wandte sich ihm zu, legte ihm die Hände auf die Schultern und hauchte einen ihrer luftigen Küsse in Richtung seiner Wange. »Es ist alles vorbereitet«, sagte sie. »Übermorgen. Sax geht auf die Suche nach seinen Zwergfischen, und ich fahre in Septimas Auto nach Savannah – Kleider einkaufen.«

Er brauchte eine Weile. »Du meinst –?«

Sie strahlte ihn an.

»Rusu«, sagte er, und er konnte sich nicht beherrschen, Freude und Überraschung schossen in ihm hoch wie ein Rakete. Er schloß sie in seine Arme – er würde hier wegkommen, war so gut wie unterwegs, sein Leben würde neu beginnen –, dann aber spürte er ihren Körper, der sich an ihn schmiegte, und ein heftiges Verlustgefühl ernüchterte ihn schlagartig. Sie würde ihn in die Stadt bringen, und er würde von ihr gehen, ein Köter mehr in einem großen Rudel werden. Er würde sie nie wiedersehen.

»Also«, fragte sie, beugte den Kopf zurück, um ihn zu mustern, ein breites Grinsen auf den Lippen, »bist du glücklich?«

Er wußte nicht, was er sagen sollte. Er suchte nach den rechten Worten – glücklich, ja, aber auch unglücklich –, als ein scharfes, zischendes Geklapper aus der Finsternis zu ihnen hereindrang. Beide schreckten auf. Hiro dachte an einen geplatzten Reifen auf der Autobahn, an eine in Fetzen gerissene Karkasse, aber der Lärm hörte nicht auf, eine wahre Explosion von Rasseln und Zischen, so wie nichts, was er jemals erlebt hatte. Ruth sah sich nervös um. Hiros Gesichtsmuskeln waren völlig erschlafft.

»Eine Schlange«, flüsterte sie und packte ihn am Arm. »Das ist eine Klapperschlange.« Und dann: »Da muß jemand den Weg entlangkommen.«

Klapperschlange. Aus der Tiefe seiner Erinnerung stieg der flache, bösartige Kopf auf, die kalten leblosen Augen. Er war wieder ein Junge, an der Hand seiner *obāsan*, und sah mit starrer Faszination durch das giftbespritzte Glas des Reptilienhauses im Zoo von Tokio.

»Du mußt dich verstecken.« Ruth war ganz aufgeregt. »Draußen, hinter dem Haus.«

Der flache, bösartige Kopf, die zuckende Zunge. Hielt sie ihn etwa für verrückt? Da hinaus würde er bestimmt nicht gehen.

»Sofort.« Ihre Stimme klang hart und tonlos. »Geh!«

Ihre Hände faßten nach ihm, sie schob ihn hinaus, die Fliegentür ging quietschend auf und schnappte hinter ihm ins Schloß wie ein Raubtiermaul. Er stand auf der Schwelle, spähte in die schwarze Kehle der Nacht und fragte sich, ob er sich nicht einfach auf der Veranda zusammenrollen konnte, bis das hyperaktive Reptil und all seine flachköpfigen Verwandten wieder in ihre Löcher gekrochen waren. Er hielt den Atem an. Alles war still. Keine Schlangen, keine Eindringlinge. Aber er erinnerte sich an das letztemal, erinnerte sich daran, wie Ruth und ihr *bōy-furendo* sich auf den harten Brettern der Veranda vergnügt hatten, und er flankte übers Geländer, um sich in den dunklen Schatten des Hauses zu verbergen.

Für alle Fälle.

Am Morgen war er beim ersten Sonnenstrahl wach. Etwas hatte ihn geweckt, ein leises Geräusch an der Peripherie seines Bewußtseins. Sein Blick erfaßte die vertrauten Deckenbalken, müdes, totes Holz und das ungesunde, grünliche Licht, das immer wie Giftgas im Raum hing. Er zwinkerte zweimal und fragte sich, welches Geräusch ihn eigentlich geweckt hatte. Die Vögel veranstalteten ein Höllenspektakel, beschimpften einander in den Bäumen, und er hörte das feuchte Quaken von Fröschen, Echsen oder so, das keckernde, stoßweise Gekreisch eines Affen – aber gab es hier überhaupt Affen? Aber das alles war nichts Ungewöhnliches, nichts anderes als das, was er Tag und Nacht hörte, seitdem er von seinem Schiff gesprungen war. Die Natur war das. Überall diese wimmelnden kleinen Lebewesen, Kröten, das ganze Gewürm ... Was würde er nicht für den Lärm einer guten Disco geben: laute Stimmen, das Getöse einer Rhythmusmaschine, Gelächter und Rufe von der Bar, das tuckernde Grollen der großen Hondas und Kawasakis, die draußen vorfuhren ... aber da, da hörte er es wieder. Ein Hecheln oder Keuchen, wie es ein Hund an einem Würgehalsband von sich gibt, oder ein Greis mit einem Lungenemphysem, der sich eine Treppe hinaufkämpft.

Er hörte dieses Hecheln, und wie er so halbwach dalag, dachte er an seinen Großvater. Als kleiner Junge in Kioto, bevor der Großvater gestorben und seine *obāsan* nach Yokohama gezogen war, um bei ihrer Familie zu sein, hatte er im selben Zimmer geschlafen wie der alte Mann. Hiro hatte nachts immer Angst gehabt, Angst vor den huschenden Schatten auf der Wand, vor dem schweren Atem des Großvaters und auch vor ungreifbaren Dingen, vor Vampiren und Werwölfen, vor dämonischen Skeletten und vor dem Fuchs, der menschliche Gestalt annimmt. *Ojisan* war schon pensioniert, er bekam eine gute Rente von der Traktorenfabrik Kubota, und auf dem Firmenfriedhof war eine Grabstelle für ihn reserviert, aber *obāsan* ging noch arbeiten, zur Nachtschicht in die Glasfabrik. Manchmal, wenn er, Hiro, sich so fürchtete, daß er glaubte, er würde gleich aufplatzen wie eine Wurst, weckte er seinen Großvater, und dann holte der alte Mann tief Luft und schlang seine spindeldürren Arme um ihn. »Hab keine Angst«, flüsterte er, »*inu ga wan-wan hoeyoru wai* – wau-wau, bellen die Hunde in der Nacht.« Hundegebell, sonst nichts.

Und dann, ungeheuerlich, wurde aus dem Hecheln, das ihn geweckt hatte, auf einmal tatsächlich ein Bellen – richtiges Bellen, deutlich und unverkennbar, und er glaubte einen Augenblick lang, sein *ojisan* liege neben ihm und imitiere mit seiner pfeifenden alten Stimme leise einen Hund. Dann aber kam ihm eine zweite Möglichkeit in den Sinn, und er setzte sich vor Schreck kerzengerade auf: Es könnte *wirklich* ein Hund sein. Ein Polizeihund. Ein Spürhund. Und er würde nicht nur bellen – o nein, dieser Hund würde auch beißen.

Zwei Stunden zuvor und nur gut zwei Kilometer entfernt, war Eulonia White Pettigrus Sohn vom scheppernden Surren und dem blechernen Quaken von Schlagzeug und Gitarre erwacht, die aus seinem Radiowecker drangen. Royal schaltete das Radio aus und setzte sich auf; die Finsternis ballte sich rings um ihn wie eine Faust. Er hatte gar nicht schlafen wollen, weil er wußte, daß er Punkt vier wach und angezogen sein mußte – um vier, hatte Jason Arms gesagt –, sonst würde er die ganze Geschichte verpassen. Jetzt war er wach, er roch seine Umwelt, und er hörte sie auch – jedes kleinste Geräusch: die Mäuse in der Küche, die Fledermäuse in der Luft, sogar das leiseste Rascheln der Regenwürmer, die sich im Gras draußen vor dem Fenster paarten. Während er tief durchatmete und versuchte, das kleine Rädchen zu verlangsamen, das in seiner Brust wie wild raste, drang ihm der Duft in die Nase: die Welt roch frisch, wie während der Nacht aus dem Schutt neu erschaffen, süß und schwer und verlockend wie ein noch eingewickelter Double-Bubble-Kaugummi.

Die Leuchtziffern des Radioweckers zeigten 3.35 Uhr. *Ich hab mehr Recht als jeder andre, mit dabeizusein*, dachte er, und seine Finger zitterten, während er sich das Nietenarmband umlegte. Aus dem hinteren Zimmer hörte er das leise Schnarchen seiner Mutter, das Kommen und Gehen ihrer sanft rasselnden Atemzüge. Die Köstlichkeiten in der Küche (Erdnußbutterkekse mit Schokoladesplittern) fielen ihm ein, aber nur kurz und nicht sehr überzeugend – er war viel zu aufgeregt, um etwas essen zu können.

Draußen war der Geruch stärker, süßer, er durchdrang alles und legte sich über den üblichen Gestank nach Krabben und Schweinen und nach dem Hundezwinger hinter dem Haus von Jasons Familie. Royal ließ sich krachend auf die Stufen sinken, um seine Basketballschuhe zu schnüren, und dann wurde es ihm klar: Was er da roch, war Pfeifentabak, Yerdell Carters Spezialmischung mit zerriebenem Zimt und Hagebutten. Aber hieß das – seine Finger erstarrten auf den Schnürsenkeln –, daß er zu spät dran war, daß er alles verpaßt hatte? Auf einmal drang aus der Dunkelheit das Gewisper wachen Lebens zu ihm – das leise Fauchen eines Streichholzes, verschwörerisches Stimmengemurmel; jeder schien das Geheimnis zu kennen. Er stieß einen leisen Fluch aus, und das kleine Rädchen in seiner Brust drehte sich wieder etwas schneller. Er dachte an die Waschbärenjäger, die sein Vater jeden Herbst unter der großen alten Eiche im Garten versammelte: jaulende Hunde, schemenhaftes Durcheinander, ausgespuckter Kautabak, leise, verschluckte Witze, die irgendwo zwischen Kehle und Zunge steckenblieben. Royal zerrte an den Schnürsenkeln, in seinen Ohren hämmerte das Blut – *mehr Recht als jeder andre* –, und dann ließ er die Veranda mit einem gewaltigen, ungestümen Satz hinter sich und rannte über die Wiese zum Grundstück der Arms hinüber.

Jason war schon auf, beschäftigte sich mit den Hunden, in der Hand eine Tasse Kaffee; er wirkte bedeutend und erwachsen, dabei war er bloß zwei Jahre, acht Monate und elf Tage älter als Royal. Eine schummrige 25-Watt-Birne brannte ein gelbliches Loch in die Nacht auf der Veranda, und schon von der Mitte der Wiese her konnte Royal die dunklen Gestalten der dort versammelten Männer ausmachen, es waren acht oder zehn, die da im Halbdunkel hockten und bedächtig die Sandwiches kauten, die ihnen Jasons Mutter in der schummrigen Küche gemacht hatte. Seine Augen bestätigten ihm, was seine Nase bereits wußte: Yerdell Carter war auch dabei, er sah die warme Glut seiner Pfeife, das Jagdgewehr zwischen den Knien. Die übrigen (er erkannte Jenkins, Butterton, Creed, alles Freunde seines Vaters und Waschbärenjäger) kauerten über Schrotflinten, umfaßten das stumpf glitzernde Metall so selbstverständlich wie Regenschirme vor einem Wolkenbruch.

Die Wiese war naß vom Tau, und als sich Royal schwer atmend näherte, quietschten seine Turnschuhe. Er war zu groß für seine sechzehn Jahre, zu schlaksig, er hatte die schmalen, langen, afrikanischen Unterschenkel seines Vaters und eine sorgfältig gestutzte Tolle aus gebleichtem und geglättetem Haar. Er sah einfach – nun ja, *anders* aus, und er wußte, irgend jemand würde deswegen bestimmt eine schlaue Bemerkung machen. Yerdell Carter war sein Mann. Nachdem er mit hörbarem Klatschen eine Stechmücke erledigt hatte, verzog er das verfallene alte Gesicht zu einem Grinsen und fragte Royal, ob er vielleicht auf Chinesenjagd gehen wolle.

Royal gab keine Antwort. Sein Vater hätte hier sein müssen, aber der fuhr mit seinem Lastwagen irgendwo in Kansas oder Wyoming oder einem dieser windigen Staaten herum, die Royal nur aus Videos kannte. Zwei Drittel der Zeit fuhr sein Vater mit dem Laster herum, und wenn er nach Hause kam, dann war Feierabend. Royal war sechzehn und wog gut acht Kilo zu wenig, ein schlaksiges Etwas aus Knorpeln und Knochen. Aber wohin Jason mit seinen Hunden ging, da ging er auch hin. Davon konnte ihn niemand abhalten.

Jason sah von den Hunden seines toten Vaters auf und hielt ihm ein Sandwich hin, Weißbrot mit Mortadella. »Nee, danke«, sagte Royal und schüttelte den Kopf, als hätte man ihm gerade den Leib Jesu Christi angeboten, Fleisch und Blut, noch warm und pulsierend, »keinen Hunger.«

Am Abend zuvor – vor sechs Stunden also – hatte er sich mit Jason und Rodney Cathcart die *Rock 'n' Roll High School* auf Jasons Videorecorder angesehen, als auf einmal Sheriff Peagler vor der Tür stand. Jasons Mutter lag schon im Bett, und die drei Jungen hätten sich fast in die Hosen gemacht, als sie sahen, wer da klopfte. Sie hatten Gras geraucht – hatten alle Kippen, die sich im Lauf des Sommers angesammelt hatten, zu einem jämmerlichen Joint gedreht –, und die Schwaden hingen im Wohnzimmer wie ein böser Dschinn. Aber an Marihuana war der Sheriff gar nicht interessiert. Er kam wegen der beiden großen Schweißhunde und der kleinen Bracke, für die Jasons verstorbener Vater in Brunswick hundertzehn Dollar auf den Tisch gelegt hatte.

Der Sheriff war ein knochendürrer Weißer mit tiefen Furchen im Gesicht und harten blauen Augen, die einen wie mit der Zange packten. In der High-School war er ein Football-Star gewesen – Stürmer – und hatte damit ein Stipendium an irgendeinem College im Norden gekriegt, aber nach zwei Spielsaisons war er wieder abgegangen. Er trug Hut und Sheriffstern, ansonsten aber hatte er Jeans, T-Shirt und Stiefel an wie alle anderen Leute auch. Er klopfte einmal und steckte gleich den Kopf zur Tür herein. »Jason«, sagte er, »könntest du mal einen Moment rauskommen?«

So war das gewesen. Und deshalb standen inzwischen zwölf Männer (bald würden es fünfzehn sein) vor dem Haus der Arms und sahen aus, als wollten sie auf Waschbärenjagd gehen; deshalb tat Jason so wichtig, und deshalb konnte Royal nichts essen. Sie hatten den verfluchten Chinesen aus Japan gefunden, der seinen Onkel umgelegt hatte. Der Sheriff brauchte die Hunde, und er bezahlte Jason fünfundzwanzig Dollar dafür, daß er sie zur Verfügung stellte und als Hundeführer mitkam, aber er bat Jason, die Sache geheimzuhalten. »Ich werde mir diesen Delinquenten kaufen und ihn ein für allemal aus dem Verkehr ziehen«, hatte er gesagt und ein kompliziertes College-Wort verwendet, um seiner Absicht Nachdruck zu verleihen, »aber ich will nicht, daß die halbe Insel antanzt und mir dabei im Weg rumsteht, verstanden?« Aber ihm und Rodney hatte Jason es natürlich erzählen müssen, noch während der Sheriff aus der Einfahrt zurück auf die Straße setzte und im Fernsehen die Ramones in ihren schwarzen Röhrenjeans Akkorde zerfetzten, und Rodney war nach Hause gegangen und hatte es seiner Mutter erzählt, und vielleicht seinen drei Brüdern, sechs Schwestern, seinem Großvater und seinem Daddy auch noch, und jetzt, als der Sheriff um vier Uhr Jason und die Hunde abholen kam, scharte sich doch eine beträchtliche Menschenmenge zusammen.

Donnernd und dröhnend, wie ein Wolkenbruch brach die Stimme los, und sie stürzte ihn in eine so absolute und plötzliche Panik, daß ihm die Zahnfüllungen schmerzten und selbst Jōchō nicht mehr helfen konnte. »*Heyro Taynayka, Sie kommen jetzt auf der Stelle da raus, und dabei tun Sie schön brav die Hände über dem Kopf halten, damit ich sie auch ja gut sehn kann!*« Und neben dieser Stimme raste das Hundegebell – wild und geifernd, ein Gebell, das an seinem eigenen Ingrimm und Speichel fast erstickte, das Gebell von Killerhunden und Menschenfressern. Sie würden ihm das Fleisch von den Knochen reißen.

Im Nu war er in seine Shorts geschlüpft, für die Turnschuhe blieb keine Zeit, und schon kletterte er über Ruths Schreibtisch zum hinteren Fenster. Hoch flog der Schieberahmen, einen Fuß auf den Tisch, den anderen aufs Fensterbrett, doch dann erstarrte er. Sein *hara* sank wie ein Stein, sein Herz wurde zu Asche. Was er dort sah, waren Neger – Neger mit Gewehren und Hunden. *Hakujin* auch, mit Uniformen und blinkenden Sternen, mit noch mehr Gewehren und noch mehr Hunden. Er war umzingelt. Es war aus. Alles vorbei.

»*Heyro Taynayka*«, donnerte die Stimme vor dem Haus wieder los, »*ich tu jetzt bis zehn zählen, und bis dahin kommen Sie von selber raus, sonst kann ich für keine Konsequenzen nicht garantieren! Eins. Zwei. Drei*...«

Er kannte sie. Sie waren schon hinter ihm her gewesen, ehe er noch einen Fuß auf ihre Insel gesetzt hatte, sie hatten ihn aus Hog Hammock vertrieben, und aus Ambly Woosters Haus auch. Amerikaner. Mörder. Individualisten außer Rand und Band. Er zog den Kopf ein und ging auf die Tür zu, besiegt und bezwungen, keine Gnade erwartend, sondern das Gesetz des Dschungels, das Gesetz von Bastard und räudigem Halbblut. Wenn er den Schwanz einzog und die Hände auf den Kopf legte, dann konnte er ... konnte vielleicht ...

Mit einem Mal jedoch flüsterte ihm, magisch und hinterlistig, Jōchō ins Ohr – *Der Weg des Samurai ist der Weg durch den Tod; einen Mann mit starkem Willen können mitunter zehn Männer nicht überwältigen* –, und er war wieder Japaner durch und durch, kein Bastard, kein *happa*, kein halber *hakujin*, sondern Japaner, und neue Kraft durchströmte ihn, sammelte sich als feuriger Ball in seinem Bauch. Er trat durch die Tür – »Nicht schießen!« rief er –, die Hände auf den Kopf gelegt, aber mit einem Blitzen in den Augen.

In diesem Augenblick entspannten sich alle – der Sheriff, die Staatspolizisten, die Neger mit den blutunterlaufenen Augen, der schlaksige *hakujin* mit dem weißgefleckten Gesicht und der Zwerg in Tarnuniform, von dem Ruth ihm erzählt hatte –, sie alle lockerten ihre Spannung für den winzigen Bruchteil einer Sekunde. Hiro stand auf der Schwelle, trat auf die Veranda, und sie glotzten ihn alle an, als hätten sie noch nie einen Mann mit *hara* gesehen. Das genügte ihm, dieser Sekundenbruchteil, in dem der Sheriff das Megaphon von den Lippen hob und die Neger, die Polizisten und die weißen Proleten den Finger vom Abzug nahmen ...

»Fahrt zur Hölle!« brüllte Hiro auf einmal und hechtete auf den Bretterboden, worauf ringsherum eine Kanonade der erst verblüfften, dann wutentbrannten Belagerer losging. Glas klirrte, Holz splitterte, Schüsse trafen Ruths Olivetti, die Querschläger schwirrten in tödlichen Synkopen umher und durchschlugen den Büchsenstapel, die Bambussprossen und Makrelen in Sojasauce. Und dann, im nächsten Sekundenbruchteil, in der kurzen Pause zwischen der ersten Salve und der zweiten, flankte er über das Geländer und rannte den ersten Mann, der ihm im Weg stand, über den Haufen. Es war ein alter Neger mit rauchender Flinte und einer Pfeife zwischen den Zähnen. Der Alte war wie ein Teppich, eine Bastmatte, ein Stück Stoff. Dann war er weg, und es stand ein zweiter Neger da, dann ein Weißer, und Hiro rannte mitten durch sie hindurch, als wären sie aus Papier, dämliche, verdutzte Mienen, schwarze und weiße, segelten rücklings aufs Hinterteil, Gewehre, Zigaretten und Brillen flogen durch die Luft wie bei einem wundersamen Levitationstrick.

Der Dschungel umfing ihn. Noch eine zweite Sperre erwartete ihn dort, es gab einen erschreckten Schrei und einen Schwall von Flüchen, dann klatschten Hiros nackte große Füße durch den Schlamm eines Trampelpfads, den er so gut kannte wie den Treppenaufgang zur Wohnung seiner *obāsan*. Jetzt hörte er die Hunde, die grausame Freude in ihrem vielstimmigen Jaulen, als man sie auf ihn losließ, aber er war ein Samurai, ein Held, der getötet hatte, und er war auf dem Weg in einen Sumpf, der sechzig Hunde verschlucken würde... und er würde keinen Augenblick zögern. Kopfüber würde er sich in den Morast hechten, in ihm sein und ihn einatmen, sich den nackten Leib damit beschmieren und für immer hier in der Wildnis leben, in seiner urtümlichen Heimat, als Tarzan der Affenmenschen, unbesiegbar und –

Abrupt wurden seine rasenden, wirren Gedanken abgewürgt. Vor ihm, mitten auf dem Pfad, Kopf und Schultern kampflustig vorgeschoben, stand ein Neger. Ein Junge. In Basketballschuhen. Und Jeans. Haare wie ein Kannibale aus Neuguinea. Hiro rannte auf ihn zu, Blätter im Gesicht, ein Sonnenstrahl bohrte sich durchs Geäst, unter seinen Füßen der Boden, und da stand ein Neger. Hiro war verwirrt – wie kam der denn hierher? –, aber es blieb keine Zeit, sich vorzustellen. Hinter ihm kläfften die Hunde, knallten die Flinten und brüllten gellende Stimmen erbost durcheinander. Hiro galoppierte den Pfad entlang wie ein Stier, der in die Arena hineinstürzt.

»Gehn weg!« rief er und schlug mit dem Arm nach dem Jungen. Im nächsten Moment spürte er den Aufprall, Körper auf Körper, die Hände des Jungen, die sich wie Klauen in seine Hüfte krallten, dann rutschten die Füße unter ihm weg, und er lag, nach Atem ringend, mit dem Gesicht nach unten im Dreck. Ehe er noch wußte, was passiert war, hockte der Junge auf ihm und trommelte auf ihn ein; seine Fäuste waren harte kleine Knochenpakete. »Du schlitzohrige Drecksau, du!« schrie der Junge, und Hiro konnte seinen Schweiß riechen, während er versuchte, die Schläge abzuwehren und wieder auf die Beine zu kommen, dabei hörte er, wie die Hunde immer näher kamen, ihn überrannten, und die Stimme des Jungen erhob sich zu einem Geheul, einem Kreischen, einem Schwall von schrillen, durchdringenden Silben, die ihn durchbohrten wie Schüsse: »Du hast meinen Onkel umgebracht!«

Zweiter Teil
Okefenokee

Offenes Geheimnis

Sie war in Schwierigkeiten, in großen Schwierigkeiten, das war ihr in dem Augenblick klar, als Saxby zur Tür hereinkam. Eigentlich hätte er längst weg sein sollen, auf dem Weg zum Okefenokee-Sumpf, um dort seine Netze auszuwerfen und die Fische aufzuscheuchen. Und dann war da sein harter, enttäuschter Gesichtsausdruck – der Ausdruck eines Mannes, der gerade sein Leben neu durchdenkt, seine Weltsicht überprüft, der Ausdruck des empörten Moralisten, des Inquisitors, des Richters, der nur den Strick als Urteil kennt. Mit einem eisigen Schauer rief sie sich die vergangene Nacht ins Gedächtnis zurück. Als sie spät aus dem Studio zurückgekehrt war, hatte Saxby im Billardzimmer auf sie gewartet, aber obwohl sie eine Stunde lang dort geblieben und dann miteinander ins Bett gegangen waren, hatte er mürrisch und nachdenklich gewirkt, zurückgezogen, unzugänglich. Das alles zuckte ihr während des Aufwachens durch den Kopf, als er zur Tür hereinschlüpfte und sie hinter sich zuzog.

Das Zimmer lag noch im Dunkeln – sie hatte vor dem Zubettgehen die Jalousien heruntergelassen, weil sie ausschlafen wollte –, doch nun schlug ihr das Tageslicht hart und kompromißlos entgegen, obwohl er es mit der Tür gleich wieder hinausdrängte. Die Helligkeit waberte an den Ecken des Fensterrahmens, durch die Türritzen schlich sich die Sonne herein. Es war Sonntag. Die Uhr zeigte 7.15. »Saxby?« murmelte sie; sie war wach, schlagartig wach. »Stimmt irgendwas nicht?«

Natürlich stimmte etwas nicht – er hätte seit zwei Stunden weg sein sollen. Saxby sagte kein Wort. Er stand einfach nur da, mit dem Rücken zur Tür. Und dann bewegte er sich plötzlich, durchquerte den Raum mit zwei wütenden Schritten und ließ die Jalousie hochschnappen. Ruth fühlte das Licht im Zimmer explodieren, sie kniff die Augen fest zu, blinzelte – es tat weh, es war eine Attacke. »Sie haben ihn«, sagte Saxby. »Er ist im Gefängnis.«

Sie konnte nicht anders. Er hatte sie überrumpelt, und sie nahm

nahm Zuflucht bei ihren natürlichen Abwehrstrategien. Sie setzte sich auf, die Bettdecke vor die Brust gepreßt. Ihr Mund war klein, die Augen groß. »Wer?«

Er sah zornig und gefährlich aus, wie ein waidwundes Tier. »Tu nicht so, Ruth. Du weißt genau, wer. Dein kleiner Liebling. Dein Schoßhündchen. Oder war er noch mehr als das, häh? ›Ich will mal was anderes probieren‹, hast du gesagt. Stimmt's? Das war was ganz anderes, oder?«

»Sax«, sagte sie.

Er stand jetzt über ihr, ein Muskelpaket im Gegenlicht des Fensters. Sie konnte die Adern an seinen Armen hervortreten sehen. »Hör auf mit deinem ›Sax‹«, sagte er. »Ich war dort, Ruth. Gestern abend. Ich hab ihn gesehen.«

Sie verlagerte das Gewicht, zog sich die Decke bis unter die Achseln. »Also gut«, sagte sie und griff nach einer Zigarette, »es stimmt. Ich hab ihm geholfen. Aber es ist nicht so, wie du denkst.« Sie riß ein Streichholz an, inhalierte, blies es aus und legte den schwarzen, gekrümmten Rest in den Aschenbecher auf dem Nachttisch. »Er hat mir leid getan, weißt du? Wie ein streunender Hund oder so. Alle waren sie hinter ihm her, und er war – er ist nur ein kleiner Junge, und außerdem hab ich ihn gebraucht – ich meine, nicht gleich am Anfang –, aber ich hab ihn für diese Erzählung gebraucht, an der ich arbeite...«

Saxby stand stocksteif da. Er war jetzt der Mann im Boot auf dem Peagler Sound, starr auf sein Ziel konzentriert und unbeirrbar, außerhalb ihrer Reichweite. »Wie lange schon?« wollte er wissen. »Zwei Wochen? Drei? Einen Monat? Es ist ein Riesenscherz für dich, was? Auf Kosten von uns allen hier. Auf Kosten von Abercorn und diesem kleinen Ledernacken-Schnüffler, oder was immer der ist, von Thalamus, Regina, Jane – sogar auf Kosten meiner Mutter. Aber wirklich weh tut mir, daß du auch mich so verladen hast. Wieso hast du mir nicht vertraut? Antworte, verdammt noch mal!«

Sie beschäftigte sich mit ihrer Zigarette. Nur mühsam beherrschte sie sich, nicht loszugrinsen aus Schuldgefühl und Scham und Trotz, denn das würde alles nur verschlimmern. Und sie brauchte Sax auf ihrer Seite, jetzt mehr denn je. Wenn er es wußte, dann wußten es alle – bei diesem Gedanken verkrampfte sich ihr

Magen –, und sie würden es nicht gerade lustig finden. Sie war eine Komplizin, eine Helfershelferin, hatte sich schuldig gemacht. Dafür konnte sie ins Gefängnis kommen. »Ich wollte es dir ja sagen, Sax – ich hatte vor –« begann sie, verstummte dann aber. Es wurde noch heller im Zimmer. Alles war still. »Sieh mal, Sax, es war ein Spiel. Ich wußte etwas, das sie alle nicht wußten – weder Peter Anserine noch Laura Grobian noch Irving Thalamus. Ich war hier immer unsicher, das weißt du. Und dieses Geheimnis gab mir etwas zum Festhalten, es war etwas, was mir gehörte –«

»So so«, sagte er, und in seiner Stimme schwang Widerwillen und Selbstmitleid mit, »aber was ist mit mir?«

Auf einmal wurde sie wütend. Sie war in Schwierigkeiten – in großen Schwierigkeiten –, und er hatte sie da hineingebracht. »Nein«, sagte sie und fuchtelte mit ihrer Zigarette in seine Richtung, um ihren Worten Nachdruck zu verleihen, »was ist mit *mir*?« Da stand er, ihr Liebhaber, ihr Vertrauter, der süße, lustige Kerl mit den großen Füßen, und er hatte sie verraten. »Du hast ihn ausgeliefert, stimmt's?« fragte sie und ging damit in die Offensive.

Seine Miene änderte sich. Sie liebte ihn, wirklich, aber er war innerlich schwach, und jetzt hatte sie ihn. »Du, du hast mir ja nie etwas gesagt«, stammelte er. »Ich seh ihn da auf deiner Veranda stehen, und mir fallen die vielen Dosen mit Makrelen in Sojasauce und Bambussprossen ein – was erwartest du denn von mir? Ich meine, wenigstens mir hättest du doch was davon sagen können.«

»Du Schwein, Sax.« Jetzt schluchzte sie. Ihre Schultern bebten ein wenig, und die Bettdecke rutschte ihr bis zu den Hüften. Sie griff danach, um ihre Brüste zu bedecken, ließ sie jedoch wieder fallen. Sie konnte sich wie durch den Sucher einer Kamera sehen, im Bett sitzend, von der Hüfte aufwärts nackt, schluchzend im Morgenlicht, von ihrem Mann verraten und der Gnade der Obrigkeit ausgeliefert. Es war ein ergreifender Moment, wie im richtigen Leben. Sie blickte zu Saxby empor. Er war wie vom Donner gerührt.

»Denkst du denn überhaupt nicht nach?« stieß sie hervor. »Weißt du nicht, was das bedeutet? Jetzt werden sie auch hinter *mir* her sein, sie werden auch *mich* verhören wollen – die könnten mich sogar verhaften, Sax.« Sie hatte sich in Stimmung geredet. Das Bett erzitterte, sie atmete schwer. Sie empfand Angst und Zorn, empfand Mitleid mit sich selbst.

Saxby trat näher. Sie spürte, wie er sich behutsam aufs Bett setzte und ihren Arm streichelte. »Schon gut«, sagte er. »Du weißt doch, ich würde nie zulassen, daß sie dir etwas tun.«

»Ich hab Angst«, sagte sie und klammerte sich an ihn. »Er war doch nur – er war so was wie ein herrenloser Hund für mich«, und dann fing sie wieder an zu schluchzen.

Sheriff Peagler ließ sich gegen Mittag sehen, flankiert von einem grimmig dreinschauenden Abercorn und einem noch grimmiger dreinschauenden Turco. Am Sonntagvormittag lief keine Fähre, deshalb hatten sie Hiro in eine alte Arrestzelle für Sklaven gesperrt, bis Ray Manzanar seine Acht-Uhr-Fahrt zum Festland und zurück unternahm. (Es ging auch eine frühere Fähre, um sechs, aber wie der Sheriff Ruth mit einem Henkerslächeln mitteilte, würden sie alles verfügbare Sonnenlicht brauchen, um den Tatort nach Beweismitteln zu durchkämmen.) Ruth kannte die Zelle – sie befand sich hinter »John Berryman«, dem Studio, das dem Großen Haus am nächsten lag; derzeit wurde es von Patsy Arena bewohnt. Saxby hatte ihr die Zelle am Tag ihrer Ankunft gezeigt, es war die Sorte Sehenswürdigkeit, die Touristen gern bestaunten. Eigentlich waren es zwei Zellen, Steinmauern und bröckliger Mörtel, schwere Eichenholztüren mit Eisenriegeln und ein vergittertes Fenster, dreieinhalb Meter über dem Erdboden. In die eine Zelle warfen die Pflanzer seinerzeit jeden neu eingetroffenen Sklaven – mit wildem Blick, fiebernd, frisch aus Goree oder Dakar, hinter sich die angsterfüllte Fahrt über die stürmische hohe See –, und in die andere steckten sie immer einen längst gebrochenen, klapprigen, alten, väterlichen Typen, damit der alte Sklave den neuen einlullte, seine Ängste beschwichtigte, ihn indoktrinierte. Die Zellen befanden sich in einem kleinen Gebäude hinter dem Studio, und wären nicht die Bäume, könnte man sie vom Großen Haus aus sehen.

Ruth hatte vier Stunden Zeit gehabt, sich zu sammeln, auch wenn die Neuigkeit sich sofort im ganzen Haus verbreitete. Sie hatte Saxby an der Tür postiert – Irving war dagewesen, Sandy, Bob, Ina, Regina, sogar Clara und Patsy, aber Saxby hatte keinen hineingelassen. Bei jedem Klopfen war Saxby aufgestanden, um die Tür zu öffnen und in den Gang hinauszutreten, und sie hatte sich angestrengt, um etwas von der geflüsterten Unterhaltung zu verstehen. Um elf erschien Septima höchstpersönlich, kämpfte sich in einem prächtigen blauen Seidenkleid mit Spitzenbesatz und Perlenkette die Treppe hinauf. Der eigenen Mutter konnte Saxby schlecht den Zutritt verwehren, also ließ er sie ein. Ruth lag noch im Bett, sie fühlte sich wie eine Kranke, hatte sich jedoch Shorts und eine Bluse angezogen. »Also, ich weiß ja nun überhaupt nicht, was da vorgefallen ist«, begann Septima im heiseren Tonfall der alten Aristokratin, »aber ich nehme doch an, du hast dir nichts zuschulden kommen lassen, Ruthie – oder?«

Ruth versicherte ihr, so sei es. »Wenn er wirklich da drin war, Septima – und es tut mir ja so leid, daß sie das schöne Holzhaus jetzt voller Löcher geschossen haben, und der Herrgott allein weiß, was mit meiner Schreibmaschine passiert ist und mit dem Manuskript, an dem ich die ganzen letzten sechs Wochen geschuftet habe –, also wenn er da drin war, das mußt du mir glauben, dann war es völlig ohne mein Wissen und meine Zustimmung. Wahrscheinlich hat er sich nachts eingeschlichen. Wie hätte man das verhindern können?«

Septima atmete tief ein. Sie richtete den Blick ihrer wäßrigen grauen Augen auf etwas draußen vor dem Fenster. »Und du hast nie bemerkt, daß irgend etwas nicht mehr an seinem Platz stand? Oder daß Dinge gefehlt haben?«

Auf diese Frage war Ruth vorbereitet. Sie lächelte gezwungen und zuckte die Achseln. »Es ist mir zwar ein bißchen peinlich«, sagte sie und wies mit einer Geste auf das Zimmer, das ein Tohuwabohu aus verstreuter Unterwäsche, Blusen, Socken, Schuhen, Büchern mit gebrochenem Rücken, Toilettenpapierrollen und zerlesenen Zeitschriften war, »aber weißt du, im Aufräumen war ich noch nie besonders gut. Ist wohl mein kreatives Naturell.« Sie blickte zu Sax. Er sah beiseite. »Sax kann es dir bestätigen: Alles bleibt liegen, wo es hinfällt.«

Sheriff Peagler stellte ihr dieselben Fragen.

Es war Mittag. Sie saßen im vorderen Salon – sie und Saxby, Peagler, Abercorn und Turco –, dessen Tür geschlossen war. Es war heiß und schwül, und obwohl die Fenster weit offen standen, war nicht der geringste Windhauch zu spüren. Im Haus war alles still. Die Unentwegten unter den Künstlern hatten sich auf ihre Studios verteilt, wo sie schrieben, malten, Ton formten und über Kompositionen brüteten; die anderen waren segeln oder angeln gegangen oder für einen Ausflug nach Savannah gefahren.

Sheriff Peagler – Theron Peagler, collegegebildet und kalt wie eine Schlange – beugte sich zu ihr. Er saß in einem Ledersessel, in der Hand ein volles Glas mit Eiswasser. In wenigen Minuten würde er Saxby bitten, sie allein zu lassen. Jetzt aber beugte er sich vor und fragte Ruth, ob ihr je etwas Ungewöhnliches im Studio aufgefallen sei – verstellte Möbel, offene Fenster, irgend etwas.

Ruth hatte etliche Zeit auf ihr Make-up verwendet und dabei alle Waffen ihres Arsenals aufgeboten. Sie hatte das Gefühl, sie könne sie brauchen. Beim Eintreten hatte sie Abercorn einen kurzen Blick zugeworfen, aber das war alles – in die Augen konnte sie ihm nicht sehen. Jedenfalls noch nicht. Sie ließ sich Zeit mit der Antwort. Strich ihren Rock glatt. Setzte eine ernste Miene auf. »Septima – also, Mrs. Lights – hat mich das auch schon gefragt. Aber Sie hätten das Zimmer mal sehen müssen, ich meine, bevor die alles kaputtgeschossen haben« – ein Seitenhieb, nur ein ganz kleiner – »da herrschte ein ziemliches Durcheinander. Tut mir leid. Ich habe wohl kein großes Talent für Ordnung. Ich meine, mir fällt so was gar nicht auf.«

An dieser Stelle wandte sich der Sheriff an Saxby und bat ihn, sie eine Weile allein zu lassen.

Saxby sah erst Ruth an, dann den Sheriff, ehe er sich langsam vom Stuhl erhob und den Raum durchquerte. Ruth zählte seine Schritte – acht, neun, zehn – und lauschte dem leisen, gut geölten Klicken der schweren Tür aus Walnußholz, die sich hinter ihm schloß. Auf einmal war ihr heiß und kalt zugleich, und das Blut pochte ihr in den Ohren. Von beiden Seiten hörte sie die Atemzüge der Männer. Sonst war kein Geräusch zu vernehmen.

Niemand sagte ein Wort. Heiß und kalt. Ruth starrte auf den Teppich und überlegte kurz, ob sie nicht einfach vor Hitze ohnmächtig werden sollte, verwarf aber diesen Gedanken sofort wieder – das würde sie nur noch verdächtiger wirken lassen. Sie spielten mit ihr, das wurde ihr jetzt klar, diese kleinen Scheißer spielten mit ihr. Sie spürte Abercorns Blick auf sich und hob den Kopf.

Die fleckige Haut, die roten Augen, das Haar, das wie ein angeklebter Bart aussah: Wie hatte sie ihn je auch nur im entferntesten attraktiv finden können? Er starrte sie unverwandt an, eine Wutfalte zwischen den harten rosa Karnickelaugen. Sollte er ruhig starren. Sie starrte einfach zurück.

»Miss Dershowitz.« Der Sheriff sprach sie an. Sie hielt Abercorns Blick eine Sekunde länger als nötig stand, dann wandte sie sich dem wettergegerbten kleinen Mann in Jeans und Arbeitshemd mit Sheriffstern zu. Er wirkte schlau und verschlagen, ein Mann, der schon alle Alibis gehört hatte und alle Ausreden kannte. Der Mut verließ sie. Sie würde zusammenbrechen, keine Frage. Zusammenbrechen und alles gestehen.

»Wegen des Essens. Wir haben in den Räumlichkeiten – wie nennt man das? – *orientalische* Nahrungsmittel gefunden, Seetang und getrocknete Wurzeln und dergleichen. Wie können Sie uns das erklären?«

»Keine Ahnung.« Die eigene Stimme klang fremd und fern in ihren Ohren. »Vielleicht hat er das Zeug nachts hereingebracht. Ich jedenfalls esse keine getrockneten Wurzeln.«

»Hören Sie auf mit dem Mist, junge Frau.« Turcos Stimme traf sie wie ein Tritt in die Seite, und sie durchbohrte ihn mit einem Blick. Er saß weit vorgebeugt auf seinem Stuhl, kaute an seinem Bart – ein kleiner Homunkulus, der böse Gnom aus dem Märchen, der die Jungfrau schändet. »Hören Sie bloß auf damit, ja? Sie führen uns jetzt seit sechs Wochen an der Nase herum.«

Ruth wandte sich ab von ihm. Ja, sie würde zusammenbrechen, aber auf anmutige Weise, dann, wann sie es für richtig hielt.

»Genug jetzt«, fauchte Abercorn, und Ruth war verblüfft über seinen wütenden Tonfall. Er war groß und kräftig auf eine schlaksige, sehnige Art, ein Sportlertyp. Vielleicht hatte sie ihn unterschätzt. Sie spürte, wie sich ein Gefühl in ihr regte, obwohl dies, gelinde gesagt, nicht gerade ein günstiger Zeitpunkt dafür war. »Ruth, hör jetzt mal zu« – seine Stimme wurde kaum merklich weicher, aus einem Knurren wurde ein Brummen – »wir haben genügend Beweise, um dich verhaften zu können, wegen Beihilfe im Mordfall Olmstead White und bei der Brandstiftung in Hog Hammock, weil du einem flüchtigen Verbrecher Unterschlupf gewährt und in Anwesenheit des Mitarbeiters einer Bundesbehörde falsch ausgesagt hast.« Er legte eine Pause ein, um die juristischen Fachbegriffe wirken zu lassen. »Mach es dir doch nicht so schwer, ja?

Ich meine, Sheriff Peagler kann dir ohne weiteres die Handschellen anlegen, wenn dir das lieber ist. Aber wir müssen ja nicht so häßlich miteinander umgehen. Wir möchten nur die Tatsachen von dir erfahren, sonst nichts.«

Abercorn lehnte sich in seinem Sessel zurück, als machte er es sich für den ersten Akt eines Theaterstücks bequem. »Also«, sagte er freundlich und einfühlsam, im Tonfall eines Mannes, der bereits hat, was er will, »wann hat die verdächtige Person, Hiro Tanaka, zum erstenmal Kontakt mit dir aufgenommen?«

Der Nachmittag preßte sich von draußen gegen die Fenster und raubte ihr die Atemluft, eine aufgedunsene, nicht enden wollende Last. Ruth schwitzte an Stellen, an denen sie noch nie geschwitzt hatte – zwischen den Zehen, in den Windungen ihrer Ohrmuscheln –, und an den üblichen Stellen sowieso. Ihre Oberschenkel trafen sich in klebriger Vereinigung, das Gummiband ihrer Unterhose war durchnäßt wie ein Schwamm, ihre Brüste lagen schwer und feucht auf den Rippen. Abercorn hatte ihr ihre verfassungsmäßigen Rechte vorgelesen, und das hatte ihr Angst eingejagt, so daß sie noch mehr schwitzte. In einem anderen Zusammenhang wäre das Ganze komisch gewesen, wie eine Szene aus *F.B.I.* oder *Miami Vice*, aber hier und jetzt wurde ihr ganz schlecht davon. Diese Rolle wollte sie nicht spielen. Als er ihr für den Fall, daß sie ihm alles erzählte – und dies später auch vor Gericht bezeugte –, volle Strafverschonung versprach, ergriff sie die Gelegenheit sofort. »Denn schließlich, Ruth«, hatte er gesagt, und dabei verengten sich seine Karnickelaugen boshaft, »von *dir* will ja niemand etwas. Obwohl ich doch betonen möchte, wie bedenklich dein kleiner, äh – *Scherz*, so wollen wir es einmal nennen – war. Ist, meine ich. Und wie ungern es meine Behörde sieht – gar nicht zu reden von meinem Chef und von dessen Chef in Washington –, wenn jemand die Arbeit der Justiz behindert und Elementen Vorschub leistet, die illegal in unser Land eindringen.« Er hielt inne, um seine Nägel zu mustern. »Besonders wenn sie verbrecherische Handlungen verüben und mutwillig ein Chaos anrichten.«

Noch mehr juristische Fachbegriffe.

Sie neigte den Kopf und pflichtete ihm bei. Er war weise, sie war bußfertig.

Insgesamt hielten sie sie fast zwei Stunden lang fest. Es war ein klassisches Kreuzverhör, wie aus dem Handbuch der Einwanderungsbehörde (falls es so etwas gab). Abercorn übernahm die Rolle des guten Kumpels, des Beschützers, der sie immer wieder vor dem Geknurre, den Flüchen und dem gepreßten, inkohärenten Geschrei von Turco und vor den beharrlichen, frettchenhaften Nachstellungen durch Peagler rettete, und sie sagte ihm, was er wissen wollte. Das meiste. Sie erzählte ihm, wie Hiro ihr das Essen stibitzt hatte, wie sie es bemerkt und Mitleid mit ihm bekommen hatte. Sie gab auch die Geschichte mit der orientalischen Dosennahrung zu – er sei eben wie ein streunender Hund gewesen. Oder eine streunende Katze. Sahen sie das nicht ein? Es war, als hätte sie eine Salzlecke oder ein Futterhäuschen für Vögel aufgestellt. In der Frage der Unterschlupfgewährung allerdings war ihr Standpunkt klar: Diesen Vorwurf wies sie glatt zurück. Davon, daß er in ihrem Studio geschlafen hatte, wußte sie jedenfalls nichts – die Tür hatte ja kein Schloß. Ihres Wissens war er immer nur mittags gekommen und hatte sich das Essen geholt, wie ein wildes Tier. Und nein, sie hatte ihm nie Geld zugesteckt, Kleidung oder sonst etwas besorgt, nur das Essen, und das hatte sie draußen auf der Veranda stehen lassen.

Und dann kam der Punkt, an dem die drei verstummten. Sie saß da, verschwitzt und gerötet, Frisur und Make-up völlig ruiniert, betrachtete ihre Zehen und spürte die Blicke der Männer auf sich. In diesem Augenblick wurde ihr bewußt, daß sie Kopfschmerzen hatte. Ein winziger, summender Bohrer trieb sich durch ihren Schädel, von vorn nach hinten, von hinten nach vorn, unaufhörlich. »Sie können jetzt gehen, Miss Dershowitz«, sagte der Sheriff, und Ruth erhob sich und verließ den Raum wie in Trance. Zum Glück war die Eingangshalle leer.

Sie schaffte es bis in ihr Zimmer, streifte die Kleider ab und ließ sich vom Ventilator im Fenster die verschwitzte Haut trocknen. Sie nahm ein Aspirin und zwei Schlückchen aus der kleinen Flasche mit Bourbon auf dem Nachttisch, daraufhin ging es ihr besser, wenn auch nur ein wenig. Jetzt erst dachte sie an Hiro. Er saß dort draußen in der infernalischen Hitze der alten Zelle, vor sich das Gefängnis, die Abschiebung und was immer die Japaner danach mit ihm anstellen würden. Sie dachte an das Massaker von Nanking, an den Todesmarsch von Bataan, an Alec Guinness in *Die Brücke am Kwai*, wie er aus dem glühendheißen Blechverschlag herauskommt, und dann warf sie sich mit dem Gesicht nach unten aufs Bett und massierte sich die Schläfen.

Hiro. Armer Hiro. Immerhin hatte sie mit ihm geschlafen – aus Neugier, ja, und weil es damals gerade das Richtige gewesen war –, aber da war auch Gefühl. Wirklich. Es tat ihr in der Seele weh, daß er in der sengendheißen, stickigen Zelle saß, bedrängt von Abercorn und Turco mit ihrer obszönen, unersättlichen Wißbegierde. Es tat ihr in der Seele weh, wirklich, aber sie hatte selbst eine ziemliche Tortur hinter sich, und jetzt, in der Stille des Nachmittags, schloß sie die Augen und glitt in einen abgrundtiefen, reinen Schlaf.

Sie erwachte von einem diskreten, zurückhaltenden Klopfen an der Tür. Es war fünf Uhr. Sie hatte einen schalen Geschmack im Mund – der Rückstand von Nikotin und Bourbon. »Ja?« rief sie.

Es war Saxby, der sie zum zweitenmal an diesem Tag weckte. Diesmal hagelte es keine Vorwürfe. Diesmal strahlte und grinste er, war bis in die Haarwurzeln von jungenhaftem Überschwang erfüllt. »Ruth! Ruth!« jubelte er schon an der Tür, und es klang wie das Bellen eines Hundes, und dann war er im Zimmer, auf dem Bett, ergriff ihre Hände und hielt sie fest.

»Ruth!« rief er noch einmal aus, als wäre sie jahrelang verschollen gewesen. Seine Augen glänzten. Er sah aus wie im Delirium. »Ruth!« schrie er, obwohl er direkt neben ihr auf dem Bett saß. Er wollte nicht wissen, wie sie sich fühlte, wie sie das Verhör überstanden hatte, ob man sie, an einen Trupp Gattenschänder gekettet, ins Zuchthaus marschieren lassen oder an den Daumen aufhängen würde – er wiederholte nur ihren Namen, immer wieder. Sie fragte ihn, ob er etwas getrunken habe.

»Getrunken? Quatsch, Blödsinn. Ruth!« – schon wieder – »Ruth!« – und noch einmal – »Ruth, Roy Dotson hat gerade angerufen!«

Ja? Na und?

»Er hat sie gefunden. Meine Zwergalbinos. Ich bin schon unterwegs.« Und dann sprang er vom Bett auf, trat von einem seiner großen Füße auf den anderen, fuchtelte mit den Armen und riß sich an den Ohren, als hätte er einen Tick.

»Wirklich?« Jetzt grinste sie auch, fühlte sich gut, freute sich für ihn, obwohl ihr das ganze Getue wegen der Fische nach wie vor ein ewiges Rätsel war. Wieso Fische? wollte sie ihn immer fragen. Was war daran so reizvoll? Seehunde, das würde sie verstehen, Otter, von ihr aus das grünfüßige Teichhuhn – aber Fische? Das waren dumme Kaltblüter mit weit aufgesperrten Mäulern und blöde glotzenden Augen. Sie haßte Fische. Sie haßte Aquarien. Haßte Kescher und Netze, Kanus, Flüsse, Seen und Sümpfe, fand das alles gräßlich. Aber wie er so im getüpfelten Licht der Spitzenvorhänge vor ihr stand und sie seine Aufregung spürte, war sie glücklich.

Dann bückte er sich und küßte sie, tief und heftig – der Kuß eines Expeditionsreisenden beim Aufbruch, der Kuß eines Schmetterlingskundlers oder Höhlenforschers, und dann war er aus dem Zimmer verschwunden. Aber er steckte noch einmal den Kopf herein. »Ach so«, sagte er, zwischen Tür und Angel, auf Hochtouren, nichts als Fische im Kopf, »das hätte ich beinahe vergessen: Wie ist es denn gelaufen? Mit dem Sheriff und so?«

Die Frage holte sie zurück, und einen Moment lang hatte sie wieder Angst, aber das ging vorüber. Sie war in Sicherheit, ihr war nichts passiert. Hiro saß im Gefängnis, ihre Novelle war voller Löcher – im wahrsten Sinne des Wortes –, aber ihr würden sie nichts tun. Sie konnte eine neue Novelle schreiben und die Japaner mit ihren seltsamen Sitten und Ritualen vergessen, Sex im Kimono und Selbstmord im Meer sollte irgend jemand anders schildern. Immerhin hatte sie Sax und Septima und Thanatopsis House, sie hatte Irving Thalamus und Laura Grobian – und Jane Shine war übers Wochenende nicht da. Nein, es gab keinen Grund zur Sorge, überhaupt keinen.

»Wie es gelaufen ist?« Sie wiederholte seine Frage und griff nach einer Zigarette, fühlte sich dabei majestätisch, unerschütterlich, unversehrt, La Dershowitz, der aufsteigende Stern. Sie ließ sich einen Augenblick Zeit mit der Antwort, während Saxby im Türrahmen stand und die Strahlen der späten Sonne die Vorhänge in Gold tauchten, so daß sie wie massive Säulen aussahen. »Prima«, sagte sie dann. »Einfach prima.«

Sonntags servierte Armand das Abendessen um sieben, manchmal auch etwas später, je nach seiner Laune und der Stimmung unter den Künstlern. Immerhin galt der Sonntag als Tag der Erholung, jedenfalls in Septimas Augen, und schon lange bevor sie den derzeitigen Küchenchef engagiert hatte, war der Zeitpunkt für Cocktails und das Abendessen am Tag des Herrn eine Stunde später angesetzt worden, so daß es mittlerweile Tradition auf Thanatopsis war. Die Sonntagnachmittage vergingen langsam und gemächlich, niemand rührte sich vor sechs, wenn sich allmählich die ersten Grüppchen von sonnenverbrannten Künstlern auf der Veranda oder im vorderen Salon zum Cocktail einfanden. Manchmal gab es Musik – eine Lyrikerin setzte sich ans Klavier, oder ein Biograph enthüllte sein verborgenes Talent auf der Klarinette und verzückte die Anwesenden mit dem Adagio aus einem Mozart-Konzert oder einem Gershwin-Medley –, und in den Gläsern und Cocktailshakern klickerten die Eiswürfel mit jenem rhythmischen Klang, der nach einem erschöpfenden, sonnenheißen Tag die reinste Erlösung ist.

Es war kurz vor sieben, als Ruth zum Essen nach unten ging. Sie hatte sich abgeschrubbt und geduscht und nochmals abgeschrubbt, hatte sich von allen Überresten der Schweißschicht befreit, die am Nachmittag an ihr geklebt, ihre Poren verstopft und ihr das Gefühl gegeben hatte, schmutzig und verletzlich zu sein, während Abercorn sie mit seinem unfertigen Gesicht und seinen kumpelhaften Fragen bedrängte. Sie trug eine weiße, mit leuchtendblauen Blumen bestickte Bauernbluse aus Guatemala und einen dazupassenden weiten Rock, und als sie die Stufen hinunterging und durch die Eingangshalle schritt, fühlte sie sich leicht, luftig und strahlend, ja sie fühlte sich wieder ganz und gar unbesiegbar.

Als sie den vorderen Salon betrat, saß Sandy am Klavier und streichelte die elfenbeinernen Tasten, als wären es Blütenblätter, spielte sich durch einen süßlichen Beatles-Song nach dem anderen. Die Melodien waren perfekte Rekonstruktionen von Tausenden von Erinnerungen, und dank dem dritten oder vierten Cocktail waren alle Anwesenden in recht gehobener Stimmung. Ruth trat durch die Tür und sah sie alle versammelt, ihre Freunde und Künstlerkollegen, ihre Gemeinschaft, ihre Familie, die sich auf Sofas und

Ottomanen räkelten, an der Theke lehnten, jeder und jede ein erfreulicher, tröstlicher Anblick.

Irving Thalamus rief als erster ihren Namen aus, wie üblich – das war seine Art, er hielt seine Chuzpe wie einen Schutzschirm vor sich, die krähende Legende –, dann erhob sich ein Raunen im Raum, und alles strömte zu ihr, als hätte sie soeben das Zielband eines Marathonlaufs durchquert.

»Du Schlauberger«, sagte Thalamus und schüttelte den legendären Kopf, »du gerissene Füchsin.« Und dann, indem er sich an die übrigen wandte: »Na, kann sie ein Geheimnis für sich behalten oder nicht?« Er strahlte sie an, umarmte sie, drückte an ihr herum, als wäre sie eine exotische Frucht. »Das«, verkündete er, »ist eine *Schriftstellerin.*«

Ruth drückte ihn auch, bedachte sie alle mit einem wissenden, wenn auch leicht zerknirschten Grinsen und wurde sogar ein klein wenig rot. Ina starrte sie ehrfürchtig an. Bobs Augen glänzten. Regina, die ein knappes Oberteil aus pfefferminzgrünem Leder trug und neuerdings Zigarren rauchte, sah von ihrem Patiencespiel auf, und Sandy brach mitten in »Fool on the Hill« ab, um über einen Barhocker zu flanken und Ruth einen spektakulären Martini zu mixen – nur ein Schuß Wermut und drei Oliven, genau wie sie ihn am liebsten hatte. Auch Clara und Patsy waren da, hielten sich eher am Rande des Gedränges und sahen aus wie Tweedledee und Tweedledum in zueinander passenden Hosenanzügen.

»He, La D. – kommst gerade richtig«, rief Sandy und bahnte sich einen Weg zu ihr, den Drink hochhaltend »wir haben uns gerade Sushi bestellt.«

Oh, wie sie darüber lachten, ihre Künstlerkollegen, die Stimmung war heiter und von Stolz durchdrungen, aller Augen waren feucht, man wärmte sich auf für den bevorstehenden Abend, die nächste Woche, den nächsten Monat, die gespickt sein würden mit Japanerwitzen, Räuber-und-Gendarm-Anspielungen und geprägt von dem kühnen, eindrucksvollen Thema, das alles überschatten würde: *Was La Dershowitz nicht alles für eine Story tut, was?* Und dabei hingen noch alle möglichen saftigen Fragen – wie lange und wie weit war es gegangen, hatte sie mit ihm geschlafen, und was hatte der Sheriff gesagt? – in der Luft und warteten auf Antwort.

Während der Suppe schaffte Ruth Gespräche unter vier Augen

mit Irving, Sandy, einer kurzsichtigen Lyrikerin in einem trägerlosen Gewand, mit der sie noch nie zuvor ein Wort gewechselt hatte, und mit der geistesabwesenden, großäugigen Ina Soderbord. Beim Salat fragten Clara und Patsy sie über Einzelheiten aus, und während sie sich über das Hauptgericht hermachte – sie merkte, daß sie nach den Aufregungen des Tages einen wahren Heißhunger hatte –, verlangte Septima persönlich von ihr eine Klarstellung diverser Äußerungen, die sie ihr gegenüber abgegeben hatte. Das war kein Abendessen, sondern die Reise nach Jerusalem. Als Rico das Dessert und die große, schimmernde Kaffeekanne hereinbrachte, war Ruth das Zentrum einer Gruppe, die sie planetenartig umkreiste wie tangential fliehende Himmelskörper, zusammengehalten von der unwiderstehlichen Zentripetalkraft des Klatsches.

Nach dem Essen wurden Drinks auf der Veranda serviert.

Ruth plauderte mit Bob und Sandy, genoß die relative Kühle des Abends, fühlte sich wie neugeboren, als sich plötzlich eine Hand in die ihre legte und sie in die unergründlichen, gehetzten Augen von Laura Grobian aufsah. Die fünfzigjährige Laura Grobian war die *doyenne* einer Schule geheimnisumwitterter dunkeläugiger WASP-Romanciers aus der oberen Mittelschicht und einstmaligen Bohème; berühmt geworden war sie mit einer blutleeren 209-Seiten-Trilogie, die im San Francisco von 1967 spielte. Seither hatte sie nur wenige schmale Bändchen publiziert (jeder Satz ziseliert wie eine Skulptur – oder wie eine Zahnprothese, je nach dem Standpunkt des Betrachters), und sie war von Yousuf Karsh, Richard Avedon und Annie Leibowitz fotografiert worden, so daß ihre eingefallenen Wangen, ihr schwarzer Pony und der gehetzte Blick sich dem Gedächtnis der Öffentlichkeit ebenso eingeprägt hatten wie Truman Capotes Hut oder Hemingways Bart. Sie entließ Bob und Sandy mit einem neurasthenischen Kopfnicken und zog Ruth beiseite.

»Ach, Ruth«, keuchte sie und fächelte sich Luft zu, während über ihnen Fledermäuse huschten und Moskitos sirrten, »man hat es mir erzählt, man hat mir alles erzählt. Das muß ja schrecklich für dich gewesen sein –«

Ruth musterte sie erstaunt. Irving Thalamus mochte eine Legende zu Lebzeiten sein, aber Laura Grobian war zeitlos, göttlich, und hier stand sie in Fleisch und Blut, und sie nahm nicht nur

Ruths Existenz zur Kenntnis, sondern sie suchte ihre Gesellschaft, unterhielt sich mit ihr, quetschte sie aus! Ruth beugte sich zu ihr und senkte die Stimme zu einem Bühnenflüstern: »Ich hab noch nie soviel Angst gehabt, Laura.« Sie wartete einen Augenblick ab, um zu erfühlen, wie Laura Grobian mit dem gehetzten Blick diese kleine Vertraulichkeit aufnahm, dann fuhr sie fort: »Also, der Sheriff – der war am schlimmsten. Er ist zwar höflich, wie man hier im Süden eben so ist, aber wenn er anfängt, einen in einem geschlossenen Raum zu verhören – also, ich kann dir sagen, einen so willensstarken und einschüchternden Mann habe ich noch nie aus solcher Nähe erlebt. Weißt du, was er von mir verlangt hat?«

Laura Grobians gespenstischer Blick fixierte sie total. Sie war ganz Ohr.

In diesem Augenblick legte sich das Spotzen und Brummen eines entfernt vertrauten Automotors über das Raunen der Unterhaltungen und die schrillen Töne der Insekten, und alle blickten kurz auf von ihrem Grand Marnier oder Rémy Martin und sahen kurz das Licht eines Scheinwerferpaars. Etwas Silbriges glitt unter den Lampen entlang der Einfahrt vorbei, man hörte den ersterbenden Motor und ein elegantes Schnappen, als erst die eine, dann die andere Tür ins Schloß fiel. Jane Shine war zurück.

Ruth spürte genau, wie die ganze Gruppe, die gesamte Künstlerkolonie, eben noch voll schwirrender Aufregung über *ihre* Taten, *ihre* Kühnheit und darüber, wie meisterhaft *sie* die Staatsgewalt überlistet hatte, einen Sekundenbruchteil lang schwankte. Das Geplauder rings herum verstummte, und ihr sank der Mut. Dann jedoch erklang Laura Grobians rauhe, aber vornehme Stimme und füllte das Vakuum – »Aber jetzt sag einmal ehrlich, Ruth: Du hattest diesen armen Mann doch schon von Anfang an bei dir versteckt, oder?« –, und der Augenblick war vorüber. Und ausnahmslos alle wandten sich wieder ihren Drinks und ihren Gesprächen zu. Jane Shine war also zurück. Und was gab's sonst noch Neues?

Für Ruth hätte es nicht besser laufen können. Nun war sie wieder die Bienenkönigin – sie bereitete sich sogar schon darauf vor, später am Abend Jane Shine bei deren unvermeidlichem Auftritt im Billardzimmer gnädigst Audienz zu gewähren, oder vielleicht würde sie sie auch schneiden, ja, vielleicht sollte sie das – es hätte wirklich alles nicht besser laufen können, bis auf einmal aus der

Richtung von John Berryman ein einzelner gellender Schrei ertönte, dann ein Gewirr von Stimmen und Klagen, bis schließlich laute Schritte die Veranda heraufgestürmt kamen. »Was ist denn los?« rief jemand, und Ruth sah das wütende, kreideweiße Gesicht des Sheriffs, sah Abercorn und Turco mit zusammengekniffenem Mund und funkelnden Augen, und dann richtete sich der Blick des Sheriffs auf sie, Ruth, als die erste im Raum, die er erkannte. »Das Telefon«, bellte er, »wo ist das Telefon?«

Sie erstarrte. Wieder fielen sie über sie her, hetzten sie wie die Bluthunde. In diesem Moment brach alles zusammen, Gesichter wogten rings um sie wie Bettlaken im Wind. »Telefon?« wiederholte sie verständnislos und benommen.

»Ja, verdammt noch mal!« schnarrte er und musterte sie voller Haß, echtem Haß, ehe er sich angewidert abwandte und auf Laura Grobian zustürzte. Und dann wandte er sich auch von dieser abrupt wieder ab, fuchtelte mit den Armen in Richtung der auf der Veranda versammelten Künstler, die süßliche Drinks und Schwenker mit dunklem, kreisendem Cognac in der Hand hielten. »Sie müssen uns helfen, Sie alle«, rief er, und dann wurde seine Stimme fast unhörbar. Er beendete den Gedanken so leise, als spräche er zu sich selbst: »Dieser Mistkerl ist nämlich ausgebrochen und läuft wieder frei herum.«

Vier Wände

Sie hatten ihn eingefangen. Zur Strecke gebracht. Ihn mit ihren Gewehren und Hunden und Negern überwältigt. Sie hatten ihn eingefangen, ja. O ja. Hatten ihm Schläge und Handschellen verpaßt, hatten ihm ihre Ellenbogen in die Rippen, in den Bauch, ins Kreuz gerammt. Hatten ihn geschlagen, beschimpft, erniedrigt und Spießruten laufen lassen, als wären sie wilde Indianer, hatten gejohlt und ihn bespuckt und als Japsen, Schlitzauge und Chinesen bezeichnet. Ja. Aber es waren keine Indianer. Sie hatten weiße und schwarze Gesichter, blaue Augen und krauses Haar, sie stanken nach Butter und Whiskey und nach dem Lehm, der ihre Fingernägel schwärzte, und sie waren es ja auch gewesen, die die Indianer mit einer so erbarmungslosen und primitiven Blutgier ausgerottet hatten, daß die Wilden dagegen richtig zivilisiert wirkten. Ja. O ja. Und sie haßten ihn. Haßten ihn so heftig und automatisch, daß es ihm kalt ums Herz wurde: Das war die Gewalttätigkeit, die den Amerikanern in den Knochen steckte. Dies war der Mob, der Volksaufstand, bei dem jeder über jeden herfiel.

Dieser Haß. Ihm schauderte davor, wirklich. Er war doch wie sie – darum ging es doch, sahen sie das denn nicht? Er war auch ein Bastard. Aber das sahen sie nicht, wollten es nicht sehen. Sie fesselten ihn und stießen ihn herum und spuckten ihm ihre Flüche ins Gesicht, und er sah den Haß in ihren kalten, verwaschenen *hakujin*-Augen, sah es im versteinerten, schwarzen Starren der Neger: Er war ein Insekt, eine Schlange, etwas, was man zertrat und eliminierte, in den Boden stampfte. Im Gesicht des Negerjungen hatte ein beinahe ekstatischer Haß geleuchtet, als er ihm auf dem Waldweg aufgelauert hatte, unbarmherzig und von seiner Leidenschaft verzehrt, schlimmer noch als die Hunde. (Auch die waren da, waren über ihm, direkt vor Hiros Gesicht hatten sie geknurrt und gegeifert und ihren Atem nach verwestem Fleisch verströmt, am ganzen Leib zitternd in dem Wunsch, über ihn herzufallen und ihn in Stücke zu reißen.) *Onkel!* rief der Junge immer wieder, als wäre es eine Art Kriegsruf, *Onkel! Onkel!*, mit geballten Fäusten, stechendem Blick, schwerer Zunge, sein Blut in Salzsäure verwandelt, so intensiv war sein Haß.

Und dann erschien der aufgeplusterte kleine Kerl im Tarnanzug, der den Jungen von ihm wegzog und Hiros Handgelenke in die Handschellen preßte, und der andere Neger, der die Hunde zurückrief, und das Fleckengesicht vom INS und schließlich der Sheriff. In keinem von ihnen glimmte auch nur ein Funken Menschlichkeit. Sie hatten noch nie gelächelt, gelacht, gutes Essen, Freundschaft, Liebe oder Zuneigung erlebt, hatten noch nie einen Hund getätschelt, eine Katze gestreichelt oder ein Kind zur Schule gebracht. Sie waren Jäger. Mörder. Und Hiro war ihre Beute, fremd und ausländisch, und sie verschwendeten auf ihn nicht mehr Gedanken oder Zeit als auf eine Küchenschabe, die von der Decke in ihre Frühstücksflocken gefallen war.

Ihre Hände packten ihn, feste Hände, eiserne Hände, und die Handschellen schnitten in seine Gelenke ein. Der Sheriff zerrte ihn auf die Beine und führte ihn den Pfad entlang, wütend und zielbewußt, riß hie und da an seinem gefesselten Unterarm, während ein Hilfssheriff ihn von hinten stieß. Irgendwo weiter vorn konnte Hiro sie grölen und fluchen und ihre Gewehre abfeuern hören, doch dann stieß der Sheriff einen kräftigen, heiseren Schrei aus, und die Schüsse hörten abrupt auf, hingen noch einen Moment lang als Echo in der Luft und verklangen dann. Stille legte sich über den Morgen, und auf einmal hatte Hiro Angst. Er behielt diese Angst als Klumpen in sich, als einen Tumor der Angst, und er senkte den Kopf und konzentrierte sich auf seine Füße.

Der Mann im grünen Tarnanzug und der Junge mit den Hunden hielten sich hinter Hiro und dem Sheriff – auch die Hunde waren jetzt verstummt, jaulten und hechelten nur wie Stadttiere, die im Park spazieren geführt werden –, dahinter gingen der Mann vom Einwanderungsamt und der spinnendürre Negerjunge, dessen riesengroßer, unstillbarer *amerikajin*-Haß Hiro gefällt hatte. Das Ganze war eine Parade. Zornig, stumm und wütend, eine Parade zur Feier des Hasses. Doch Hiro blieb keine Zeit zum Philosophieren – schon traten sie auf die Lichtung von Ruths Studio, und ein Raunen erhob sich rings um ihn. Er hielt den Blick zum Boden gesenkt, aber er spürte ihre Gegenwart, Schwarze und Weiße, spürte den Mob und roch das Schießpulver in der Luft. Niemand sprach ein Wort. Niemand fluchte oder beschimpfte ihn. Doch dann trat plötzlich ein Mann vor, ein Kerl so vertrocknet wie ein Stück Feuerholz – »Ihr Japanerschweine habt meinen Bruder Jimmy totgemacht«, fauchte er –, und Hiro spürte einen stechenden Schmerz in der Seite, als der Ellenbogen seine Niere traf, und dann bespuckten ihn auch die anderen – dieser Haß –, bis der Sheriff ihn in sein Auto schob und wegbrachte, aus dem Dschungel hinaus, die schwarze Asphaltstraße entlang und in die Zelle, die auf ihn wartete.

Und nun war er hier, gefangen in einer *gaijin*-Zelle, wo sich sein Schicksal erfüllte.

Vom Lagerraum auf der *Tokachi-maru* über das große Schlafzimmer in Ambly Woosters Haus und das schmale Sofa in Ruths Studio bis in diese trostlose Zelle aus bröckligem Mörtel und Stein – er blieb ein ewiger Gefangener, hoffnungslos unterlegen. Die Stadt der Brüderlichen Liebe war eine Illusion, ein Märchen – das war ihm jetzt klar. Und dann dachte er an Jōchō und Mishima. In der Niederlage gab es nur einen ehrenvollen Weg, und das war der Weg in den Tod. Am Tag seines Todes hatte Mishima den Soldaten der japanischen Armee eine Rede gehalten, hatte sie aufgerufen, sich gemeinsam mit ihm zu erheben, um Japan zu läutern, und als sie ihm nicht folgten, als sie ihn auslachten und verhöhnten, hatte er sich sein Schwert in die Eingeweide getrieben und sie alle gedemütigt. Allein in seiner Zelle, voller Schuldgefühle und Scham, besann sich Hiro wieder auf Jōchō. Den zerfledderten, zerlesenen Band hatte er nicht mehr bei sich – den hatte ihm der Sheriff abgenommen, zusammen mit dem Bild von Doggo und den komischen kleinen Münzen, die er von der Frau in dem Coca-Cola-Laden herausbekommen hatte –, aber er kannte den Text, wußte ihn auswendig. Je mehr sie ihn haßten, desto japanischer wurde er.

Es konnte nicht viel später als sieben Uhr früh sein, und schon lastete die Hitze auf ihm, Pfunde auf jedem Quadratzentimeter, ein Maß seiner Niederlage. Er saß auf dem Steinboden und griff sich versuchsweise auf den Bauch, fühlte dort ein Schwert, fühlte Befreiung und Ehre und noch etwas anderes: Hunger. Stinkend und schlammverkrustet, geprügelt, geohrfeigt und mißhandelt, erniedrigt bis zu dem Punkt, an dem es keinen anderen Ausweg als den Selbstmord gab, hatte er Hunger. Hunger. Das war peinlich.

Ein schlechter Scherz. Die Triebe des Lebens, die eigentlich in einem Begräbnisritual, in der Vorbereitung auf den Tod münden sollten, verflüchtigten sich zu Träumen von süßer Bohnenmasse und Eiscreme.

Aber gut. Vielleicht war er doch noch nicht geschlagen. Es war alles eine Sache der Interpretation, oder? *Kleinigkeiten sollte man wichtig nehmen*, sagte Jōchō. Nun, sein Hunger war eine Kleinigkeit, und er würde ihn überaus wichtig nehmen – die größere Sache, die Frage seines einsamen, unveränderlichen Schicksals, würde er dafür um so leichteren Sinnes angehen. Was die Kleinigkeit betraf, so war er überzeugt, daß sie ihm etwas zu essen geben würden – nicht einmal *hakujin* konnten so barbarisch sein, daß sie Häftlinge einfach verhungern ließen. Und was die größere Sache anbelangte, stand ihm ja wohl ein fairer Prozeß zu, nicht wahr? Er dachte eine Weile darüber nach, über diesen fairen Prozeß, über die Richter in ihren Begräbnisroben und über eine Geschworenenbank voller Langnasen, die berufen sein würden, ihrem Haß Luft zu machen, ihrem Haß auf ihn, Hiro Tanaka, das unschuldige Opfer, den *happa* aus Japan, der verschnürt wie ein Brathuhn dort sitzen und auf die abgetretenen Bodenplatten des Gerichtssaals starren würde, als könnte er ihrem Muster eine Lösung für seine prekäre Lage entnehmen … Und dann kam ihm mit einem Mal eine Idee, eine großartige Idee, die jeden Gedanken an faire Prozesse, wutschnaubende Sheriffs, Hunde, Neger und flintenbewehrte Hinterwäldler verfliegen ließ, als wäre das alles Blödsinn, nichts als die äußere Verpackung eines so süßen und nahrhaften Bissens, daß sich schon beim bloßen Gedanken daran sein *hara* regte: Er würde fliehen.

Flucht. Natürlich. Das war sie, die Lösung. Das Wort zuckte ihm durch den Kopf, und schon spürte er das Blut in seinen Adern pochen, bis in die feinsten Gefäße und Kapillaren. Er war ein Mann mit *hara*, ein moderner Samurai, und wenn er aus dem Lagerraum der *Tokachi-maru*, vor Wakabayashi, Chiba und den andern hatte fliehen können, dann besaß er wohl Verstand und Mut und Stehvermögen genug, um gegen alle *gaijin*-Cowboys in den endlosen Straßen, Gassen und Spelunken dieses ganzen von Buddha verlassenen Landes anzutreten, dann konnte er auch aus diesem Loch fliehen.

Seitdem sie die Tür hinter ihm zugeworfen hatten, sah er sich nun zum erstenmal um, sah wirklich hin, verweilte bei jedem Detail. Die Zelle war uralt und verdreckt, sie verwandelte sich allmählich wieder in das Chaos zurück, aus dem sie in ferner kolonialer Vergangenheit entstanden sein mochte. Sie war wie ein Koben in einem Stall, nur daß es weder Wasser noch Stroh gab und auch keine Möglichkeit, die Notdurft zu verrichten – nicht einmal einen Eimer. Die ganze Einrichtung bestand aus einer Holzbank, die fest in die eine Wand eingelassen war, und zwei Gartenstühlen – Aluminiumrohre und Plastikgeflecht –, die zusammengeklappt in einer Ecke standen. Über der Bank, etwa dreieinhalb Meter über dem Boden, gab es ein einziges vergittertes Fenster, hinter dem, dem Licht nach zu urteilen, offenbar ein Innenraum lag. Das war auch schon alles, bis auf die Tür, durch die sie ihn eine halbe Stunde zuvor gestoßen hatten.

Er saß auf dem Steinfußboden, wo sie ihn zurückgelassen hatten, wo sie ihn in einem Tohuwabohu von scharrenden Schuhen und schiebenden Füßen hingeworfen hatten, mit schmerzenden Rippen und einer langen, häßlichen Schramme, die sein linkes Schienbein verfärbte. Wenn er sich über die Lippen leckte, schmeckte er Blut in den Mundwinkeln, und er hatte eine empfindliche Stelle – und so, wie es sich anfühlte, auch eine leichte Schwellung – am Backenknochen unter dem rechten Auge. Wenigstens die Handschellen hatten sie ihm abgenommen, obwohl ihm dies kaum ein Grund zur Dankbarkeit war nach allem, was sie ihm sonst angetan hatten. Er rieb sich die Handgelenke. Und er sah sich nochmals in der Zelle um, in der Hoffnung, vielleicht irgend etwas übersehen zu haben. Hatte er aber nicht. Er war eingesperrt. Er war mißhandelt und entwürdigt worden. Es gab keinen Ausweg.

Dann aber musterte er das kleine Fenster hoch oben und die Gartenklappstühle in der Ecke, und dabei ging ihm das Bild von zwei Jongleuren durch den Kopf, die er als Kind im Fernsehen gesehen hatte. Der eine balancierte auf einem hohen Turm aus Klappstühlen und bekam von dem anderen ständig neue wirbelnde Messer, Keulen und brennende Fackeln zugeworfen, die er in einem hohen Bogen über seinem Kopf kreisen ließ. Wenn er diese Stühle irgendwie auf der Bank stapeln und hinaufklettern könnte, gelänge es ihm, das Fenster zu erreichen – und wenn er das Fenster erreichte, könnte er herausfinden, was sich dahinter befand und ob vielleicht einer der Gitterstäbe ein klein wenig locker war. Aber warum sollte er locker sein? dachte er, immer noch reglos dasitzend, in sich einen Schmerz von dumpfer Beharrlichkeit. Andererseits, warum nicht? Das alte Gemäuer stand seit langem leer, es war ein Überbleibsel aus den Zeiten, in denen man Neger in Ketten gelegt und Indianer niedergemetzelt hatte. Und diese Zelle – hier mußten die *hakujin* ihre Neger festgehalten haben, ehe sie sie hinauszerrten, um sie auszupeitschen, zu lynchen oder zu verbrennen.

Der Gedanke brachte ihn auf die Beine.

Einen Augenblick stand er an der Tür – ein schweres Eichenbrett, ohne Ritzen, solide wie ein Felsblock –, dann durchquerte er geräuschlos die Zelle und untersuchte die Gartenstühle. Sie waren zerschlissen und schmutzig, die Gelenke verrostet, dennoch gelang es ihm, sie auseinanderzuklappen. Was dann folgte, ähnelte weniger einem akrobatischen Kunststück als einer gut choreographierten Bauchlandung. Beim ersten Versuch krachte er auf den Steinboden und rammte sich dabei das Steißbein bis fast in den Schädel. Beim zweiten zog er sich eine Zerrung im Knie und eine Ellenbogenprellung zu, außerdem bekam das Alugestell eines der Stühle einen bleibenden Knick. Natürlich verursachte das Lärm – da war der klappernde Applaus der Stühle, wenn sie von der Bank zu Boden fielen, das Klatschen seines schwitzenden Körpers gegen den unnachgiebigen Stein, das leise, gepreßte Schnaufen und das qualvolle Keuchen –, aber niemand erschien an der Tür, während er hechelnd und schmerzgekrümmt am Boden lag. Dafür war er zutiefst dankbar.

Immer wieder stellte er die Stühle aufeinander, balancierte, schwankte, kippte und fiel. Endlich, beim achten Versuch, als die Stühle erneut bockig unter ihm wegrutschten und er die Arme nach oben riß, um wild entschlossen die hohen Gitterstäbe zu pakken, bekam er sie zu seinem Erstaunen zu fassen – zwei von ihnen jedenfalls. Einen Augenblick hing er so in der Schwebe, voller Genugtuung, bis die Stäbe nachgaben und er in die Zelle zurückfiel. Im Sturz streifte er die Bank und schürfte sich dabei die Schramme am Schienbein mit solcher Treffsicherheit wieder auf, als hätte er es darauf angelegt. Als er sich aufrappelte, hielt er nach wie vor die rostigen Gitterstäbe in der Hand wie zwei Hanteln. Das Fenster über ihm gähnte wie eine lückenhafte Mundhöhle. Wo eben noch sechs Stäbe gesteckt hatten, waren jetzt nur vier. Noch besser: er hielt Nummer 2 und 3 in der Hand, und die entstandene Lücke war groß genug, daß er sich problemlos würde hindurchzwängen können. Bei seinem kurzen Blick auf die andere Seite hatte er eine zweite Zelle gesehen, bis auf die Gartenstühle identisch mit seiner eigenen. Wie er so am Gitter hing, zwischen dem Augenblick des Hochschnellens und des Zurückstürzens in einer Wolke aus Staub und Mörtelbrocken schwebend, hatte er eine vertraut wirkende Holzbank, einen Haufen Kehricht und eine schwere, uralte, solide Holztür erkannt, letztere geschlossen und, wie er annehmen mußte, ebenso unüberwindlich wie die eigene Zellentür.

Falls er enttäuscht war, blieb ihm jedenfalls kaum Zeit dafür, denn in diesem Augenblick wurde mit protestierendem Kreischen der Riegel draußen aufgeschoben, und leises Stimmengewirr ließ ihn zusammenfahren. Hektisch sah er sich um. Die kaputten Stühle lagen auf dem Boden herum, das aufgebrochene Fenster starrte anklagend und höchst auffällig herab, und die Gitterstäbe – die Gitterstäbe hielt er ja immer noch in der Hand! *Schnell nachdenken!* Sagte man das nicht in Amerika? Sie werfen einem eine scharfe Handgranate in den Schoß und sagen: *Schnell nachdenken!* Hiro jedoch überwand in diesem Moment die Welt des Denkens und gelangte ins Reich der unvermittelten Reaktion. Noch während die Tür quietschend aufging, steckte er sich die kalten Eisenstäbe hinten in den Gummibund seiner Hose und ließ sich schwer in einen verbogenen Gartenstuhl sinken; gleichzeitig beförderte er den anderen mit einem diskreten Fußtritt zurück in die Ecke. Dann schlug ihm die Hitze von draußen wie eine Faust entgegen, und schon waren sie da, der Sheriff und die beiden Regierungsbeamten, schoben sich mißtrauisch in seine Zelle.

Eine Weile blieben die drei im Eingang stehen, beobachteten ihn, wie sie ein angepflocktes Tier beobachtet hätten. Sie schienen abzuschätzen, wie gefährlich er war und ob er unverhofft auf sie losspringen würde. Hiro saß auf seinen Eisenstäben und beobachtete sie beim Beobachten. Der Große, das Fleckengesicht, hatte kleine Nagetieraugen, rötlich und entzündet, die merkwürdigsten

Augen, die Hiro bei einem Angehörigen der eigenen Art je gesehen hatte. Diese Augen hefteten sich voller Staunen und Verwunderung auf ihn. Die Augen des Sheriffs waren die eines Dämons mit weißem Gerippe, hart und scharf und blauglitzernd wie eine Klinge. Der kleine Mann – und in diesem Moment bemerkte Hiro, wie sehr er mit dem langen blonden Haar und dem Bart Doggo auf dem Foto ähnelte, trotz der militärischen Staffage ein richtiger Hippie –, der kleine Mann wirkte leicht abwesend. Der Große sah ihn ehrfürchtig an, als wäre er soeben von einem fremden Stern auf die Erde gefallen, der Sheriff musterte ihn voll des unbarmherzigen *gaijin*-Hasses, aber die Augen des kleinen Kerls sagten: *Ich kenne das alles schon*. Der Augenblick zog sich in die Länge. Niemand sagte etwas, und obwohl es geradezu nach Beachtung schrie, obwohl es über ihnen hing wie ein großer, flatternder Vogel, schien keiner das Fenster zu bemerken.

»Hier«, sagte der Kleine schließlich und hielt ihm etwas hin – eine Papiertüte, eine weiße Papiertüte mit der Aufschrift HARDEE'S in grellen Druckbuchstaben.

Hiro nahm die Tüte und setzte sie ungelenk auf dem Schoß ab. Der kleine Kerl reichte ihm noch einen Styroporbecher, der nach Kaffee roch. Hiro griff danach und neigte automatisch den Kopf, um sich für die Geste zu bedanken. Dabei spürte er, wie die schweren, rostigen Stäbe sich in seine Hinterbacken gruben, und sein Herz begann zu rasen.

Zuerst sprach der Große, der mit der seltsamen Fleckenzeichnung im Gesicht. »Sheriff Peagler«, sagte er kühl und amtlich, wie ein Staatsanwalt beim Aufzählen von Beweismitteln, und der Sheriff zog die Tür ins Schloß. »Vielen Dank«, murmelte der Große und wandte sich wieder Hiro zu. Das Staunen war jetzt einem härteren, professionelleren Ausdruck gewichen. »Wir möchten Ihnen gern ein paar Fragen stellen«, sagte er.

Hiro nickte. Er konzentrierte sich auf ihre Schuhe – auf die Cowboystiefel des Sheriffs mit den Stahlspitzen, die unruhig wippenden, blitzblanken Slipper des Großen, die abgetretenen Wanderschuhe aus Wildleder, in denen die zierlichen Füße des Kleinen steckten. Die Schuhe rückten näher. Draußen, hinter der schweren Holztür, stieß ein Vogel einen schrillen, spöttischen Pfiff aus. Und dann gingen sie auf ihn los. Mit Unterstellungen, Drohgebärden,

Einschüchterungsversuchen nahmen ihn die drei fast vier Stunden lang in die Mangel.

Hatte er Beziehungen zu den Roten Brigaden? Was sagte ihm der Name Abu Nidal? Wo hatte er so gut schwimmen gelernt? War ihm die Strafe für illegales Einreisen in die USA bekannt? Wie lautete sein voller Name? Welchen Vorteil hatte er sich davon versprochen, den mittlerweile verstorbenen Olmstead White zu attackieren? War es ein Einbruch gewesen? Ein Raubüberfall? Seit wann war er mit Ruth Dershowitz bekannt?

Es wurde immer heißer. Hiro beugte sich über die Papiertüte und hielt den Styroporbecher umklammert, bis die schwarze Flüssigkeit darin lauwarm geworden war. Sein *hara* knurrte, die Eisenstäbe bohrten sich wie spitze Feilen in sein Hinterteil. Dennoch wagte er nicht, sich zu rühren, wagte nicht einmal an dem Kaffee zu nippen – bei der geringsten Bewegung konnte der Stuhl zusammenbrechen, und er würde zwischen klapperndem Eisen und Aluminium zu Boden krachen, seine Inquisitoren würden die aus dem Fenster gebrochenen Stäbe entdecken, und was geschähe dann mit ihm? Also hielt er sich stocksteif wie ein Denkmal.

Seine Peiniger waren unersättlich. Sie wollten alles von ihm wissen, von den Schulen, die er besucht hatte, über den Mädchennamen seiner Großmutter bis hin zur Zusammensetzung von Ruths Essensportionen, samt der exakten Anzahl von Samenkörnern in jedem Granatapfel, aber trotz all ihrer Wißbegierde blickten sie kein einziges Mal auf zu dem schreienden Beweis, der direkt über ihren Köpfen prangte. Während der ersten halben Stunde blieben alle drei stehen, pirschten um ihn herum, begleiteten ihre Fragen mit blitzschnellen Vorstößen von Fingern und Fäusten – Wann? An welchem Tag? Um wieviel Uhr? Warum? Wie? Wo? –, ließen sich von einem Strom aus Körpersprachen-Englisch und kalter *hakujin*-Wut tragen; dann aber, angefangen mit dem Großen, kapitulierten sie allmählich vor der Hitze und setzten sich auf die schmale Bank unter dem Fenster, Hintern neben Hintern. Von dort feuerten sie ihre Fragen als synchronisierte Salven ab und machten sich Notizen in kleinen schwarzen Blocks, die sie aus den Hemdtaschen zogen.

Hiro antwortete, so gut er konnte; mit geneigtem Kopf und gesenktem Blick antwortete er mit der Zurückhaltung und Demut, die seine *obāsan* ihm anerzogen hatte. Er versuchte, ihnen die Wahrheit zu sagen, ihnen von Chiba und Unagi zu erzählen, und wie der Neger ihn angegriffen hatte, wie er den alten Mann hatte retten wollen, als ringsherum das Feuer losbrach, aber sie hörten ihm nicht zu, es war ihnen egal, sie begriffen nicht das geringste von dem, was er sagte, und dann schrien sie ihn nieder. »Du wolltest dort etwas stehlen, stimmt's?« brüllte das Fleckengesicht. »Auf deinem Schiff bist du über einen Offizier hergefallen, hier hast du eine senile alte Dame und ihren behinderten Ehemann ausgenutzt und einem armen unbeteiligten Mann das Haus angezündet, weil er sich gewehrt hat – so war es doch?« Hiro bekam keine Gelegenheit zum Entgegnen. Sofort stieß der Kleine nach. Dann der Sheriff. Und dann war wieder Fleckengesicht dran, und so ging es immer weiter.

»Du bist ein Dieb.«

»Ein Lügner.«

»Ein Brandstifter.«

Sie kannten die Antworten alle, wollten nur noch die Bestätigung dafür.

Was sie jedoch am meisten zu interessieren schien, was sogar den zunehmend schläfrig wirkenden Sheriff wieder aufweckte, das war Ruth. Sie wollten ihr etwas nachweisen, und während der Vormittag sich in die Länge zog, schien ihnen dies das einzig Wichtige. Hiro war schon abgehakt, längst verschnürt und verurteilt – er war Geschichte. Aber Ruth war noch eine Unbekannte, und bei der Erwähnung ihres Namens schossen sie sofort heran wie Haifische auf einer Blutspur. Hatte er von ihr Nahrung bekommen? Kleidung, Geld, Sex, Drogen, Alkohol? Hatte sie ihn beherbergt, ihn abends in die Bettdecke eingekuschelt, plante sie, ihm bei der Flucht von der Insel und beim Überlisten der Behörden Beistand zu leisten? Hatte sie ihn zärtlich berührt, seinen Körper massiert, ihre Lippen oder Geschlechtsorgane mit den seinen in direkten Kontakt gebracht? War sie Kommunistin, verhöhnte sie das Gesetz, war ihr Lebenswandel ein lockerer? War sie Folk-Sängerin, trug sie Jesus-Sandalen, ging sie zu Demonstrationen, aß sie *blintze* und *gefilte fish*? War sie Jüdin? Das war sie doch, oder?

Nein, sagte er, nein. Nein auf jede Frage. »Sie mich nicht kennt«, sagte er. »Ich nehme ihr Essen, schlafe dort, wenn sie geht fort.«

Der Große war dabei besonders erregt. »Du lügst«, höhnte er und funkelte ihn an wie ein riesiges, scheckiges Nagetier. »Sie hat dich die ganze Zeit über versteckt, ihr Bett hat sie mit dir geteilt und dir Lebensmittel und Kleidung gebracht.«

»Nein. Stimmt nicht.« Hiro schmerzte jedes einzelne Gelenk, weil er sich krampfhaft reglos hielt. Er wollte die Tüte aufreißen und sich über das Essen hermachen, wollte seine Lippen mit dem lauwarmen Kaffee benetzen, aber er traute sich nicht. Die Eisenstäbe waren ein Teil von ihm geworden. Der Stuhl ächzte bei jedem seiner Worte. Das Fenster starrte herab.

»Na gut«, sagte der Große schließlich, erhob sich und sah zuerst auf die Armbanduhr, dann zum Sheriff. »Jetzt ist es Mittag. Ich werde ihn mir später noch mal allein vorknöpfen – nur ich und Turco, nachdem wir mit ihr geredet haben.«

Der Sheriff stand auf. Er streckte sich, legte den Kopf in den Nacken und massierte sich die Bänder und Muskeln. »Sicher. Tun Sie nur, was Sie tun müssen. Ihr Burschen müßt den Fall ja ohnehin übernehmen – diese Sache ist eine Nummer zu groß für uns hier.« Er seufzte, ließ seine Fingergelenke knacken, und der Blick, mit dem er Hiro bedachte, hätte ebensogut einer doppelköpfigen Schlange gelten können, die in einem Glas mit Spiritus konserviert war. »Ich für mein Teil habe genug gehört.«

Dann stand auch der kleine Kerl auf, die drei traten im Gleichschritt von einem Fuß auf den anderen, als zeigten sie eine gut einstudierte Steptanznummer, und dann gingen sie zur Tür hinaus und knallten sie hinter sich zu. Hiro spürte das Krachen der Tür bis ins Mark, und auf einmal merkte er, daß er wieder atmen konnte. Behutsam hob er erst ein Bein, dann das andere, und zog vorsichtig die harten Metallstangen aus seinem Fleisch, das sie inzwischen inkorporiert zu haben schien, so wie ein lebender Baum einen rostigen Nagel oder die vergessene Kette eines längst verstorbenen Hundes überwächst und in sich aufnimmt. Er legte die Gitterstäbe beiseite und mühte sich vorsichtig aus dem Stuhl hoch, Tüte und Becher immer noch in der Hand haltend. Seine Beine schmerzten, sie waren verkrampft und blutleer, aus seinem Sitzfleisch war jede Empfindung gewichen, und er fühlte sich, als hätte er Sumo-Ringer auf den Schultern transportiert, einen nach dem anderen, Tage, Wochen, Monate, jahrelang … dann aber sah er zu dem Fenster empor und mußte grinsen.

Ha! jubelte er. Ha! Diese Narren! Sie waren so unvorstellbar dumm. Vier Stunden hatten sie dort gesessen, und kein einziges Mal hatten sie zum Fenster aufgeblickt. Das war das amerikanische Naturell. Tölpel waren sie, voller Betäubungsmittel, gewalttätig und übergewichtig, und sie achteten nicht auf Details. Deshalb machten ihre Fabriken bankrott, deshalb ging es ihrer Autoindustrie an den Kragen, deshalb konnten drei professionelle Ermittler stundenlang in einer zwei mal drei Meter großen Zelle sitzen, ohne zu bemerken, daß in dem Gitterfenster zwei Stäbe fehlten. Hiro hätte am liebsten laut aufgelacht vor Vergnügen.

Und dann, noch im Stehen, wandte er seine Aufmerksamkeit der Papiertüte zu. Darin fanden sich zwei steinharte Brötchen, die jeweils eine Scheibe aus verklebtem Ei und ein zungenartiges rosa Ding enthielten, das früher einmal Schinken gewesen sein mochte. Er wunderte sich nur immer wieder, wie die Amerikaner dieses Zeug essen konnten – es war ja gar kein richtiges Essen. Essen bestand aus Reis, Fisch, Fleisch, Gemüse, und das hier waren eigentlich nur … Brötchen. Egal, er war so hungrig, daß er kaum kaute. Er verschlang die Brötchen, die nach Salz und Mehl schmeckten und nach Fett, so alt, daß es die Mutter allen Fettes hätte sein können, und spülte das Zeug mit dem kalten Kaffee hinunter.

Im nächsten Augenblick erklomm er wieder die Wand. Diesmal brauchte er nur zwei Anläufe. Wild fuchtelten seine Arme, die Stühle unter ihm schwankten bedrohlich. Seine Füße fanden Halt in dem groben Mauerwerk, und er klammerte sich eine Weile am Fenstersims fest, baumelte dort wie ein Kettenanhänger. Als er endlich Atem schöpfte, konnte er die beiden herausgebrochenen Stäbe wieder einsetzen, und er ging sogar so weit, die Ansatzstellen mit kleinen Häufchen aus krümeligem Mörtel zu bedecken. Er wußte, daß die *amerikajin*-Beamten am Nachmittag zurückkommen würden, und wollte sein Glück nicht unnötig strapazieren. Er wußte auch, daß sie ihn am Abend auf die Fähre und damit auf das geheimnisvolle *Festrand* bringen wollten, wo ihn eine moderne Gefängniszelle erwartete. Wie hätte ihm das entgehen können? Sie hatten ihre Pläne direkt vor seinen Ohren erörtert, als wäre er blind und taub, als hätte er plötzlich sein ganzes Englisch vergessen, obwohl sie ihm zuvor in ebendieser Sprache zirka sechstausend Fragen gestellt hatten. Nachlässig waren sie, o ja. Nachlässig und arrogant.

Hiro jedoch hatte nicht die Absicht, in dieser Zelle auf dem Festland zu landen – und auch in keiner anderen. Wenn sie mit ihm fertig wären, wenn sie über Chilibohnen, Grillfleisch und Bier hockten, wenn die hypnotische Stimme des Fernsehers von jeder Veranda und aus jedem Fenster murmelte und sogar die Hunde schläfrig und benommen wurden, dann würde er in Aktion treten. Dann würde er die Wand ein letztes Mal erklimmen und wie eine Katze hinunter in die Nachbarzelle springen, um dort an der Tür nach draußen sein Glück zu versuchen – immer darum betend, daß sie nicht verriegelt sein möge. Aber sie würde offen sein. Das wußte er. Wußte es so sicher und zweifelsfrei, wie er je im Leben etwas gewußt hatte, wußte es auch dann noch, als er sich von der Erschöpfung übermannen ließ und in Schlaf sank. Es war genau die Sorte von Detail, die die Butterstinker übersehen würden.

Er erwachte von grellem Licht und einem plötzlichen Hitzeschwall, sengend wie die Luft aus einem Hochofen. Er hatte fest und traumlos geschlafen, und sie überrumpelten ihn, der Große mit den Rattenaugen und sein kleinwüchsiger Begleiter. Es mußte Spätnachmittag sein, die Schatten in der Scheune, in der die Zelle lag, waren schon länger, einen Moment lang, als die Tür aufging, sah Hiro sattes, elektrisierendes Grün und die pferdewagengroße, weit offene Einfahrt der Scheune. Er setzte sich auf. Seine Kleider waren schweißdurchnäßt, seine Kehle ausgedörrt. »Wasser«, krächzte er.

Der Große schloß die Tür, und das Tageslicht war ausgesperrt. Der Kleine lachte. Er trug etwas in der Hand – einen Cassettenrecorder, wie Hiro jetzt erkannte, ein japanisches Modell, groß wie ein Koffer –, und er ging um Hiro herum und stellte das Gerät neben sich auf die Holzbank. Das Lächeln des kleinen Mannes hatte sich verändert – es war ein grausames Lächeln, unstet und nicht mehr versonnen. Wollten sie ein falsches Geständnis aus ihm herauspressen, so wie das bei der Polizei in Japan üblich war? Wollten sie das Verhör aufnehmen und die Schläge, Schreie und Bitten um

Gnade später herausschneiden? Hiro rückte ein Stück von dem Ding ab. Dann aber spannte der kleine Kerl seine Nacken- und Schultermuskeln an, drückte einen Knopf auf der Oberseite des Geräts, und im selben Moment war die Zelle von Musik erfüllt, von Disco-Musik. Hiro kannte den Song. Es war –

»Donna Summer«, sagte der Kleine und grinste ihn an. »Gefällt dir, was?«

Diesmal schien das Verhör tagelang zu dauern, aber später wurde Hiro bewußt, daß es in Wirklichkeit wohl nur zwei Stunden gewesen waren. Sie stellten dieselben Fragen wie beim erstenmal, wieder und wieder. Fragen über seine politische Einstellung, über Honda, Sony und Nissan, über Ruth und Ambly Wooster, den alten Neger und den Unfall in dessen Hütte. Dabei dröhnte ihm die ganze Zeit über der Disco-Rhythmus im Kopf, und seine Stimme zwängte sich kratzend durch den verdorrten Kloß in seiner Kehle. Sie versprachen Wasser als Gegenleistung: Spielte er mit, würde er dafür belohnt – wenn nicht, würden sie ihn verdursten lassen, ohne einen Finger zu rühren. Er spielte mit. Er erzählte ihnen, wieder und immer wieder, von Chiba und Unagi, von Ruth und den Mittagessen und alles andere, was er ihnen schon hundertmal erzählt hatte, nur daß er es diesmal zur Begleitung von Donna Summer und Michael Jackson erzählte. Dann und wann sagte er etwas, was der Kleine interessant fand, und dann unterbrach ihn dieser, um den Großen anzusehen und zu sagen: »Na? Was hab ich gesagt? Die biedersten Typen auf der ganzen Welt.« Schließlich ließen sie ihm einen Tupperware-Becher mit warmem Wasser und eine weitere Tüte von HARDEE'S zurück, diesmal war sie bis zum fettbespritzten Rand mit kalten, schmalzigen Kartoffelscheiben und zwei geometrisch perfekt geformten Hamburgern gefüllt.

Hiro zwang sich zum Essen. Und er trank auch das Wasser aus, bis auf den letzten Tropfen. Er wußte ja nicht, wann – und ob – er einen nächsten Schluck bekommen würde. Draußen vor der Tür standen zwei Hilfssheriffs – er hatte sie kurz gesehen, als seine Inquisitoren die Zelle betreten und wieder verlassen hatten. Er hörte die leise geraunten Unterhaltungen, roch die Tabakschwaden. Zwanzig Minuten. Er würde ihnen zwanzig Minuten geben für ihre Würstchen und Salzgurken und Eiscremeportionen mit Karamelgeschmack, zwanzig Minuten, sich mit Gin und Whiskey und Bier zu betäuben. Dann würde er seine Flucht versuchen.

Er zählte jede einzelne dieser nicht enden wollenden Minuten, Sekunde um Sekunde – *einundzwanzig, zweiundzwanzig, dreiund-* –, dabei hörte er das leise, aber unverkennbare Zischen der Bierdosen, dann wehte der Geruch nach heißem Fett und schließlich wieder Tabakrauch herein, und irgendwann hörte das Stimmengemurmel langsam auf. Der Zeitpunkt war gekommen. Der Zeitpunkt zum Handeln. Der Punkt, an dem ein Mann der Tat *sich innerhalb von sieben Atemzügen entscheiden muß*. Hiro brauchte nur einen einzigen. Er hechtete die Wand empor, kletterte die glatten Steine hinauf wie eine Eidechse, entfernte die lockeren Stäbe und quetschte sich in die Nachbarzelle. Zuerst mit dem Kopf, dann folgten Schultern, Oberkörper und das rechte Bein, bis er sich behutsam drehen konnte, um auf der anderen Seite auf die Bank hinunterzuspringen. Sein Blut rauschte. Er handelte, er hatte die Initiative, die Macht über das eigene Schicksal zurückgewonnen – und die Tür? Seine Finger lagen auf der rostigen Klinke, der Daumen ertastete die metallene Rundung – dies war der Augenblick der Wahrheit, von dem alles weitere abhing. Er drückte, sie ging auf. Ha!

Rostige Angeln. Einen Spaltweit. Ein Blick. Dort, auf einem nach hinten gekippten Stuhl, der an der Tür der Nachbarzelle lehnte, saß ein Hilfssheriff, rotes *hakujin*-Gesicht, weizenfarbener Schnurrbart, spitze Nase und aufgesprungene Lippen. Sein Kopf war zurückgeworfen, eine Zigarette verqualmte in seinen Fingern, neben ihm lagen die Bierdose und eine fettige Papiertüte, und seine Atemzüge gingen tief und regelmäßig, ganz ruhig, die Luft fing sich tief unten im Rachenraum und wurde mit kaum hörbarem Rasseln wieder ausgestoßen. Ja, dieser Idiot von Langnase war tatsächlich eingeschlafen!

Hiro hätte fast einen Luftsprung gemacht, als ihm das klar wurde: *eingeschlafen!* Doch er beherrschte sich – Disziplin, Disziplin – und huschte durch die Tür hinaus wie ein Schatten, ein Ninja, der lautloseste Mörder, der je auf zwei Füßen geschlichen war. Aber was war mit dem zweiten Wächter? Wo steckte er? Er war nirgends zu sehen. Leise, ganz leise. Die geröteten Wangen, der feuerrote Nasenzinken, das Pfeifen in der Luftröhre und das schnaubende Ausatmen – Hiro konnte nicht widerstehen. Er beugte sich über den schlafenden Hilfssheriff und nahm ihm die Zigarette aus den Fingern, was er als Vorsichtsmaßnahme rechtfertigte: Nur ein paar Minuten noch, und der Narr hätte sich verbrannt und wäre aufgewacht. Aber das Hähnchen – es war Hähnchen, paniert und gebacken, mit Flügeln, Keulen und Unterschenkeln –, das Hähnchen war eine andere Sache. Total lässig – so lässig wie Yojimbo, wenn er sich am Kimono zupfte, oder Dirty Harry, wenn er über sein Stoppelkinn strich – beugte sich Hiro vor und stibitzte eine Hühnerkeule aus der Tüte. Er kostete das saftige Fleisch, während er die Wand entlangschlich und nach einer Tür suchte, die ihn in den Hof hinausbringen würde.

Und die Scheune? Düster und geräumig war sie, mit Balken und Querträgern, es stank nach Urin, Schimmelpilz, Ausscheidungen von Tieren, die vor hundert Jahren gestorben waren. Er ging nach links, weg von dem Wächter, und näherte sich dem hohen Doppeltor der Scheune, wobei er sich dicht an die kühle Steinmauer preßte. Die Scheune war völlig leer. Eine alte Mistgabel lehnte an der feuchten Wand, ein paar Boxen, in denen früher einmal Vieh gehalten worden war, und hie und da lagen ein paar Strähnen vorsintflutliches Heu wie ausgefallene Haare. Etwas regte sich in den Deckenbalken, und Hiro sah auf in die Schraffur der Schatten, wo ein Schwalbenpaar im Dämmerlicht flatterte. Und der zweite Hilfssheriff? Hiro huschte auf leichten Füßen, er war unsichtbar, ein Geist an einem Ort der Geister. Am Ende der Boxen drang schwaches Licht um eine Ecke und erhellte einen Gang. Hiro ging darauf zu.

Er bog nach rechts in den Gang ein, stolz und spöttisch und zu allem bereit – er war ausgebrochen, wieder ausgebrochen! –, und das Licht wurde heller und umfing ihn. Vor sich sah er eine Türöffnung in der Wand, leer und voll grellem Sonnenlicht – eine Türöffnung ohne Tür, das Holzbrett war samt Schloß und Klinke offenbar irgendeiner längst vergangenen *hakujin*-Katastrophe zum Opfer gefallen. Hinter der Öffnung sah er Grün – den satten Schimmer der Freiheit, den brodelnden Dschungel des Lebens –, und er eilte darauf zu.

Ganz so einfach war es aber doch nicht.

Er hielt inne, als er in dem primitiv gemauerten Türrahmen

stand, blickte nach links und rechts – eine Auffahrt, Autos, Büsche, Bäume, eine Rasenfläche –, und dann stürzte er los, auf den grünen Waldstreifen zu, der sich hinter dem Rasen erstreckte, dicht und abgeschieden und keine dreißig Meter weit entfernt. Er lief geduckt und ruckartig wie eine Krabbe, schon hatte er seine Deckung zehn Schritt weit verlassen, war den Blicken aller potentiellen Beobachter ausgesetzt, als er plötzlich erstarrte. Direkt vor ihm stand ein Hund, der gerade an einem Baum das Bein hob. Ein Hund. Besser als vierzig Hunde, besser als die wütende, knurrende Meute, die vor Ruths Haus über ihn hergefallen war, aber doch ein Hund – kein Schoßhündchen, sondern ein großes, grobknochiges, schlaksiges Vieh vom Typ Schäferhund, das aussah wie aus Ersatzteilen zusammengebaut. In diesem Moment beendete das Tier sein Geschäft, und in seinen Augen sah Hiro so etwas wie Wiedererkennen aufblitzen, während es auf ihn zutrottete und sich ein Bellen – ein leises, großväterliches Bellen – seiner Kehle entrang. Hiro stand da wie angewurzelt, als ob er aus dem Boden wüchse, wie ein Strauch, regungslos und ohne Hoffnung. Das Bellen würde zu einem nicht enden wollenden Kläffen werden, zu einem improvisierten gebellten Riff, gefolgt von gebleckten Zähnen, schaurigem Geheul und den wütenden Rufen, wenn sie ihn entdeckten, und kontrapunktisch dazu würde das Klirren von Handschellen ertönen. War es aus? War alles vorbei?

Das wäre möglich gewesen, hätten nicht die Nervenenden in seinen Fingerspitzen eine rasche taktile Botschaft an Hiros Hirn gesendet: Er hielt ja eine halb abgekaute Hühnerkeule in der Hand. Fleisch. Hühnerfleisch. Saftig und unwiderstehlich. Und was fraßen Hunde? Hunde fraßen Fleisch. »Komm, mein Kleiner«, flüsterte er und machte ein schmatzendes Geräusch, »braver Junge«, und dann schob er die fettige Hühnerkeule in das sofort verstummende Maul. Doch noch während sich der Hund gierig und vollbeschäftigt von ihm abwendete, hörte Hiro schallendes Gelächter, und als er aufblickte, sah er drei *hakujin* – zwei Männer und eine Frau – aus eben jenem Wald auf die Wiese heraustreten, in den er zu verschwinden gehofft hatte. Sie waren in weißem Tennisdress und trugen Schläger in der Hand, und sie hatten ihn noch nicht entdeckt – jedenfalls machte es nicht den Eindruck, denn sie waren vor allem mit sich selbst beschäftigt. Die Frau knuffte gerade die beiden Männer in die Schultern, wobei sie einen vulgären Juchzer ausstieß, und alle drei krümmten sich krampfhaft vor Lachen.

Obwohl er sich in diesem Moment die Worte Jōchōs ins Gedächtnis rief – *Ein wahrer Samurai darf sich nie den Anschein von Mutlosigkeit oder Verzweiflung geben* –, stand Hiro am Rande von Panik, geistiger Zerrüttung und körperlichem Kollaps. *Er konnte sich nicht rühren.* Er war in einem bösen Traum gefangen, völlig machtlos, seine Glieder schienen so unnütz wie die eines Querschnittgelähmten, und sie kamen genau auf ihn zu, sie kamen, um ihn zu verschlingen und seine Knochen zu brechen. Sein Blick huschte in alle Himmelsrichtungen. Da war der Hund, der sich fröhlich mit seinem Hühnerbein vergnügte, da war der Erlösung versprechende Waldrand – und da, mitten zwischen ihm und seinem Ziel tauchten diese Tennisspieler auf, die jeden Augenblick aufsehen und Schreie des Entsetzens und der Bestürzung ausstoßen mußten. Was tun? Er hatte keine Ahnung. Bewegte er sich, war er tot. Blieb er still stehen, völlig still, war er genauso tot. Da wurde ihm die Entscheidung auf einmal abgenommen. Zwei stämmige Frauen mit Häubchen und in zeltartigen Sommerkleidern bogen weiter hinten um die Ecke der Scheune und brüllten sofort schallend los. »Wenn das nicht McEnroe und Jimmy Connors sind!« grölte die eine in Richtung der Tennisspieler. »Und Chrissie Evert ist ja auch dabei«, fügte die größere mit durchdringend schriller Stimme hinzu.

Das war's. Hiro reichte es. Blitzschnell setzte er sich in Bewegung, senkte den Kopf, kehrte ihnen den Rücken zu und marschierte zielbewußt und entschlossen los, als gehörte er hierher wie jeder andere Künstler, der auf dem Gelände spazierenging. Direkt vor ihm lag der asphaltierte Parkplatz, auf dem Autos standen, umgeben von Büschen und Bäumen und Blumen in gepflegten Beeten, und ein Stück dahinter erhob sich das große Haus. Dies war nicht die Richtung, in die er eigentlich hatte gehen wollen. »Patsy!« rief eine Frauenstimme hinter ihm aus, und: »Clara!« Dann bemerkte einer der Männer: »Wodka und Gin!« Danach folgte allgemeines Gejohle und ein Ausbruch von laszivem Gelächter.

»Wir gehen selber gerade rüber!«

»Kommt ihr mit uns mit?«

»Mit euch mit? Wir zeigen euch den Weg – oder noch besser: Wir rennen euch voraus!«

Lachen und noch mehr Lachen.

»Wer als letzter da ist« – außer Atem –, »ist ein fauler Sack!«

Hiro ging einfach weiter, der Hund, die Frauen und das Tennistrio blieben allmählich hinter ihm zurück, dennoch war er sicher, daß jeden Augenblick lautes Geschrei und Gezeter rings um ihn ausbrechen würde. Direkt vor ihm wand sich die Auffahrt zwischen den Bäumen, und ein riesiger Forsythienstrauch ragte so hoch auf, daß er das Haus verdeckte. Hiro sah einen Toyota, ein amerikanisches Auto, das auch wie ein Toyota aussah, und einen Mercedes – eine große, königsblaue Mercedes-Limousine –, der mit offenem Kofferraum am Rand des Wegs stand. Und dann, während das Gras unter seinen Füßen dem Asphalt wich und die Rufe hinter ihm zu leisem Kichern verebbten, schoß ihm etwas durch den Kopf, was Ruth einmal erwähnt hatte: *Bei dem ist der Kofferraum so groß wie der Grand Canyon.*

Der Rest war ein Durcheinander – ein planvolles Durcheinander. Neue Stimmen brandeten heran, Männerstimmen, und zu seiner Linken bemerkte er eine Bewegung. Jetzt oder nie. Er kämpfte den Impuls zum Davonlaufen nieder, überquerte mit forschen, geschäftsmäßigen Schritten den Asphalt – hinter der Forsythie ging es rund, Beine, Schuhe, Stimmengewirr –, und mit einer einzigen, glatten Bewegung warf sich Hiro in den Kofferraum des Mercedes, als fiele er ins Bett. Mehrere Dinge piekten und drückten ihn – Fischerausrüstung, ein Campingkocher –, aber er hatte keine Zeit, sich deswegen zu sorgen. Er hob die rechte Hand aus den Tiefen des Kofferraums, bekam die metallene Kante der Klappe zu fassen und dann, so ruhig, als zöge er sich die Bettdecke über den Kopf, machte er sie zu.

Das Weiss der Fische

Dieser Dreckskerl, dieser verdammte Dreckskerl. Der Blamagepegel schoß hier in die Höhe wie eine Rakete. Wie lange hatten sie jetzt gebraucht – sechs Wochen? –, um sich diesen Scherzkeks zu schnappen? Sechs Wochen, um einen einzigen lächerlichen, schwachbrüstigen, fettärschigen Japsen einzufangen, der aussah wie ein Zwölfjähriger. Und nun, als es endlich gelungen war, als er aufgestöbert, eingebuchtet und weggesperrt war wie ein Hamster in seinem Käfig, da ließen ihn diese Bauerntölpel wieder ausbüchsen. Tja. Also. Und was nun? Die Nationalgarde anfordern?

Lewis Turco war sauer. Er kochte vor Wut. Es dämmerte bereits, und die Sache sah schlecht aus. Kein Mensch wußte irgend etwas, schon gar nicht dieser Halbintelligenzler von Hilfssheriff, der die Tür aufgeschlossen hatte, um den Häftling auf die Fähre zu bringen, und eine leere Zelle vorgefunden hatte. O ja, ein paar Stühle waren schon noch drin gewesen, klar doch, übereinander aufgetürmt unterm Fenster, und im Fenster fehlten auch nicht sämtliche Gitterstäbe, aber dennoch war die Zelle leer, jedenfalls hundert Prozent japsenlos. Er hatte dann seinen Kumpel gefragt, was da passiert sei, aber der Kumpel war hinterm Haus schiffen gewesen, und dann waren sie übereingekommen, lieber dem Sheriff Bescheid zu sagen, und nun waren alle da, rannten in der Gegend herum wie Geistesgestörte und brüllten einander an. Währenddessen schwand das Licht fast völlig, diese Künstlertypen lungerten auf der Veranda herum und genossen das Schauspiel, die Hunde waren wieder zu Hause in Niggertown, und der Sheriff sah aus, als hätte er sich gerade in den Arsch gebissen und das Stück gleich runtergeschluckt. Und der Japse – der Japse war wahrscheinlich schon auf halbem Wege nach Hokkaido. Die Inkompetenz dieser Leute hier! Alles so beschissen und bescheuert. *Verdammt noch mal!*

Und diese Künstler. Mannomann, zum Kotzen waren die. Dieser Aberclown wanzte sich bei ihnen ran, vor allem bei dieser kleinen jüdischen Schlampe, die den Japsen die ganze Zeit über versteckt hatte – versteckt hatte sie ihn, alle angelogen und an der Nase herumgeführt. Ein Riesenspaß. Ha, ha, ha. Und jetzt stand sie auch wieder da oben, mitten in der Menge, hielt sich an einem Drink fest und machte große, unschuldige Augen, brav und rein wie Shirley Temple – *sie* hatte bestimmt keine Ahnung von der Sache.

Er hätte es schon rausgekriegt. Wenn von Aberclown nur grünes Licht gekommen wäre, hätte er hundertfünfzig Prozent von dem herausgefunden, was sie wußte, von der Kontonummer ihres Daddys bis zur Anzahl der Haare an ihrer Möse – er hatte schon etliche ziemlich brutale Verhöre durchgeführt, mit Männern und mit Frauen; Vietcongs, die hart und stumm wie ein Stein gewesen waren, hatte kein Mensch so viel Angst einflößen können wie er – aber bei ihr war es ja kein Verhör gewesen, sondern ein Teekränzchen. Zwei verschwitzte, stinkende Stunden hatte er mit Aberclown und dem Sheriff herumgesessen und sich die ganze Zeit über beherrscht, sie nicht an den Haaren zu packen und ihren Kopf nach hinten zu reißen, bis sie endlich den Mund aufmachte, als hätte man eine Schlange aus einem verstopften Abfluß gezogen. Aber Aberclown und dieser Bauernsheriff hatten sie behandelt wie eine Senatorengattin oder so, sich von ihr mit ein paar Brocken abspeisen lassen, und das war's dann gewesen. Nicht mal die Hälfte der Geschichte hatte sie ihnen erzählt. Warum sollte sie auch? Sie war schließlich Künstlerin, oder?

Wutschnaubend stand er herum, als ihn jemand am Arm berührte, und plötzlich starrte er in das aufgedunsene Gesicht einer weiteren Künstlerin, eines großen, stämmigen Weibsbilds mit Flötenstimme und Silberblick. »Was ist denn los hier?« stieß sie hervor. »Ist was passiert?«

Er konnte sich nicht zurückhalten, es ging einfach nicht – er spürte, wie er kippte, er stand ganz knapp auf der Kante – es fehlte nur noch ein einziger Stoß. »Was glauben Sie wohl, zum Teufel, was hier los ist?« fauchte er sie an und riß seinen Arm los. »Das Jüngste Gericht ist los, da draußen laufen räudige Hunde rum und fressen Menschenfleisch. Wach auf, du blöde Schabracke.« Die Wut toste in seinen Adern, als er sah, wie die Frau zusammenfuhr.

Aber was nun? Der Sheriff war im Großen Haus verschwunden, zu seiner Linken tauchte gerade Aberclowns gesprenkeltes Vollmondgesicht auf wie ein aus der Bahn geworfener Himmelskörper, und die Hilfssheriffs standen herum und bohrten in der Nase oder sonstwo – eine beschissene Situation. Er hatte schon aufbrechen wollen, seine Ausrüstung war gepackt, er hatte gerade in irgendeiner Küche ein letztes angebranntes Stück Grillfleisch mit ein paar warmen Dosen Budweiser heruntergespült und sich darauf gefreut, zu Hause die Beine hochzulegen, ein paar Joints zu rauchen, mit dem Boot rauszufahren, vielleicht mal bei dieser Kellnerin von Shucker's vorbeizuschauen – wie hieß die noch schnell, Linda? –, und jetzt würde er wieder ganz von vorn anfangen müssen.

In diesem Augenblick gingen im Haus die Lichter an, silberner Glanz ergoß sich über dreißig Paar feine Schuhe. Turco warf die Schultern nach hinten und sah sich um. Da befand er sich mitten in einer Krisensituation, und was zum Teufel tat er? Er stand genau so blöd herum wie die übrigen Schwachköpfe, untätig wie in den Fliesenboden einzementiert. Nicht mehr lange, und er hielte auch einen Drink in der Hand, und ehe er sich's versah, wäre er selber ein Künstler. »Lewis!« Das war Aberclown – jetzt hatte *der* seine Finger an ihm dran, heute war wohl Befummel-den-Turco-Tag – »Lewis, wir müssen –«

»Einen Scheißdreck müssen wir«, sagte Turco. »Leck mich doch.«

Genau in diesem Moment warf die Dershowitz den Kopf nach hinten und lachte – lachte und grölte wie ein schlechter Entertainer in einem schlechten Nachtclub, klopfte sich aufs Brustbein und schüttelte bei dieser Gelegenheit zur allgemeinen Ergötzung ihre Titten. Und die anderen – dieser Surfer-Knabe mit der süßen blondierten Schmachtlocke und der alte Knacker mit den behaarten Handgelenken –, die lachten auch. Dieses Gelächter – diese *Künstler* mit ihren Drinks in der Hand, ihren Fünfundzwanzig-Dollar-Haarschnitten und diesen strahlendweißen, wie gemeißelten Zähnen –, es war einfach zuviel für ihn. »Lewis«, sagte Aberclown dann noch, »Lewis, ich rede mit dir« – aber es drang nicht zu ihm durch.

Ohne Vorwarnung ging Turco auf sie los. Den alten Knacker erwischte er mit einem Ellenbogenstoß, so daß der sich in seiner eigenen Kotze krümmte, dem Surfer versetzte er einen Schlag aufs Brustbein, daß er sich flach hinlegte, und dann hatte er sie, die kleine Schlampe, hatte sie an den Haaren gepackt, ihr Glas zersprang klirrend auf den Fliesen, und er bog ihr die Arme auf den Rücken. »Wo ist er?« wollte er wissen, bellte es heraus, wutschnaubend, riß an ihrem buschigen Haar, als wäre es ein Seil, an dem er hochklettern wollte. »Wo ist der Kerl, du Dreckstück?«

Der Augenblick schwebte über ihnen wie eine Schockwelle, und dann fielen sie über ihn her – Aberclown, der haarige alte Kauz und der Surfer, der Schwule mit der Stoppelfrisur, alle miteinander, sogar die lahmarschigen Hilfssheriffs –, und wenigstens einer von ihnen kriegte noch einen saftigen Tritt in die Eier ab, einen zweiten erwischte er mit der Handkante, aber die Schlampe konnte sich von ihm losreißen, und dann überwältigten sie ihn dank schierer Überzahl. Wie die Hunde hechelten sie, aber er hörte sie gar nicht, jetzt waren alle mit dabei, und nun ging sie auf ihn los wie eine Furie, trat ihn wieder und wieder mit der schmerzhaften Spitze ihres kleinen roten Schuhs. »Dafür wird mein Vater dich bezahlen lassen«, geiferte sie, das Make-up verschmiert, die Sonnenbrille heruntergefallen, »du Schwein ... wenn Saxby nur hier wäre ...«

Saxby? Wer zum Teufel war Saxby? Nicht, daß es nötig gewesen wäre, denn Aberclown hielt ihn mit seinen Orang-Utan-Armen fest umschlungen, und ungefähr vierzehn andere Körper lagen auf ihnen beiden drauf, jetzt zerrten sie ihn hinaus auf den Rasen und in die Dunkelheit, die sich allmählich über die Bäume legte wie der Vorhang, der nach dem letzten Akt eines Theaterstücks fällt. Nein, nicht irgendeines Stückes: einer Tragödie.

In diesem Moment, im Moment der Auseinandersetzung auf der Veranda, als Ruth seinen Namen beschwor, befand sich Saxby gar nicht mehr auf Tupelo Island. Er saß im Mercedes seiner Mutter und donnerte mit hundertzwanzig die Schnellstraße entlang, in Richtung Waycross und Ciceroville zum westlichen Rand des Okefenokee-Sumpfes. Hinter ihm auf dem Rücksitz stand sanft vibrierend die schmutzige gelbe Sportlertasche, in die er Zahnbürste, Rasierapparat, frische Unterwäsche, drei Paar Socken, zwei Shorts, ein T-Shirt und ein Halstuch gestopft hatte. Neben der Tasche, als unförmige Nylonknäuel im Dunkeln, lagen sein Schlafsack und das Einmannzelt. Seine Reusen und die Stiefel, eine

Sauerstoffflasche und eine Rolle mit durchsichtigen Tüten aus festem Plastik – zum Fischtransport, mit einer Drahtschnur zum Zuziehen – hatte er im Kofferraum verstaut. Der Mercedes war nicht besonders praktisch als Fahrzeug für eine Expedition in die Sümpfe, aber der Pritschenwagen stand in der Werkstatt – diese Fords! Keine zehntausend Kilometer hatte das Scheißding drauf, und schon tropfte unten das Öl heraus –, und als Roy Dotson angerufen hatte, um ihm zu erzählen, er habe in einem Graben auf der Rückseite von Billy's Island einen Eimer mit Albinos gefangen, war einfach keine Zeit geblieben. Auf diesen Moment hatte er gewartet, seit er aus La Jolla zurückgekommen war.

Er war ganz aufgeregt, während er so durch die langen Schatten des Abends brauste, das Radio voll aufgedreht. Natürlich spielten sie Country-Musik – er stand ja eher auf Soft-Rock, so in der Richtung von Steely Dan, aber sobald man hier auf dem flachen Land war, kriegte man nichts anderes rein als das typische verspießerte Honkytonk-Gejammere mit Psychodramatexten –, aber er drehte es trotzdem voll auf. Albino-Zwergsonnenbarsche. Einen ganzen Eimer voll davon hatte Roy Dotson. Und sie gehörten ihm. Er brauchte sie nur abzuholen. Saxby war so glücklich, daß er auf dem Lenkrad den Takt schlug und mit schriller Jammerstimme derartig falsch mitsang, daß er die Grand Ole Opry in Nashville/Tennessee in zehn Sekunden leergefegt hätte:

I don't care if it rains or freezes,
Long as I got my plastic Jesus
Glued up on the dashboard of my car.

Er donnerte an schindelgedeckten Tankstellen vorbei, kam durch Orte, die aus drei Farmhäusern und einer einzigen Kreuzung bestanden, passierte Baracken, blöde vor sich hinglotzende Rinder, weite, weiß-rosafarbene Baumwollfelder und tauchte immer tiefer in das Zwielicht ein, während die Stahlgürtelreifen rhythmisch unter ihm sangen. Er fühlte sich so gut wie noch nie in seinem Leben, stellte sich vor, wie er den spiegelglatten Tümpel vor dem Großen Haus in einen Zuchtteich umwandeln würde, in dem milchigweiße Albinos an die Oberfläche schossen, sobald er das Trockenfutter hineinwarf, sah schon die Bestellungen von Aquarianern aus der ganzen Welt eingehen, den stetigen Strom von Vortragsangeboten und Beratungsanfragen ... dann aber dachte er an Ruth, und damit schaltete er innerlich auf ein anderes Programm um. Er hatte sie nur schweren Herzens zurückgelassen, aber Roys Anruf hatte ihn wie ein Blitz getroffen und völlig elektrisiert – sie würde schon zurechtkommen, hatte er sich gesagt, während das Adrenalin in seinen Adern pulsierte und er hektisch durchs Haus raste, um die Sechs-Uhr-Fähre noch zu erwischen. Und wenn sie nicht zurechtkam – hier mußte er sich eingestehen, wie verletzt er gewesen war –, war sie selbst daran schuld. Sie hatte ihm nichts erzählt, hatte ihm nicht vertraut. Er hatte sich hintergangen gefühlt. War wütend gewesen. Hatte sich an ihr rächen wollen. Deshalb war er zu Abercorn gegangen – wer hätte das nicht getan?

Aber so eiskalt, wie sie es dargestellt hatte, war er auch nicht gewesen. Er hatte sich von Abercorn versprechen lassen, daß sie sanft mit ihr umgehen würden – und nein, niemand denke an so etwas wie Strafverfolgung, natürlich nicht –, und er war ja bei dem Verhör dabeigewesen, bis Theron aufgestanden war und ihn hinausgebeten hatte. Sie war ihm ganz munter erschienen, als er sie zum Abschied geküßt hatte, war offenbar wieder die alte gewesen. Falls sie doch etwas gelitten hatte, dann geschah es ihr nur recht. Er glaubte ihr, daß dieser kleine Japaner nichts als eine Kuriosität für sie gewesen war – er war ja wirklich eine lachhafte, klägliche Erscheinung, mit einem Gesicht wie aus weicher Knete und einem Kopf, der viel zu groß für seinen Körper war –, aber sie hatte es zu weit getrieben. Die Vorstellung, daß sie das Ganze vor ihm geheimgehalten hatte, vor ihrem Partner, ihrem Freund – dabei würde er alles für sie tun, das wußte sie genau –, das tat weh, da ließ sich nichts beschönigen.

Aber Saxby war kein Kind von Traurigkeit. Er schaltete auf einen anderen Radiosender um, und in der kleinen, sanft beleuchteten Fahrerkabine des luxuriösen Gefährts erklangen jammernde Fiedeln und metallische Gitarren, und ehe er es selbst so richtig merkte, jodelte er bei einer Melodie über Fernfahrer und treue Hunde mit und vergaß Ruth wieder; an ihre Stelle schob sich die alabastern schimmernde Vision eines Zwergsonnenbarsches, der durch die stillen, krautigen Tiefen des Okefenokee glitt.

Es war dunkel, als Saxby in Ciceroville ankam. Er fuhr zum Auftanken zu Sherms Chevron-Station, dann bog er auf den Parkplatz des »Tender Sproats Motel« ein, dessen Eigentümer Mr. Gobi Aloo war. Bis auf unzählige Fliegen war die kleine Rezeption leer, aber als Saxby auf den Summer drückte, der mit der Wohnung hinter dem Motel in Verbindung stand, erschien Gobi lautlos wie ein Dschinn aus der Flasche. Die Miene des kleinen Mannes leuchtete vor Freude auf, als er sich durch die Tür schob und zur Theke watschelte, einen Hauch von Curry hinter sich herziehend. »Na, wenn das nicht der große Saxby Lights höchstpersönlich ist, direkt von Tupelo Island / Georgia.« Er quetschte die Silben zwischen seinen fleischigen Wangen heraus, sprach in einem gedehnten Südstaaten-Akzent, den er sich innerhalb weniger Tage nach seiner Emigration aus dem Pandschab zugelegt hatte. »Saxby, Saxby«, nölte er wie ein Einheimischer und wiegte den kleinen Kopf, dann aber verfiel er, wie es gelegentlich seine Art war, doch wieder in den melodischen Singsang des indischen Subkontinents: »Nun, was verschafft uns das Vergnügen? Es geht um Fisch, darf ich annehmen, ja?«

»Erraten, Gobi.« Saxby konnte sich kaum beherrschen, er platzte mit der Neuigkeit heraus. »Roy hat sie gefunden. Sobald ich hier eingecheckt habe, geh ich direkt rüber, um mir anzusehen, was er da gefangen hat. Morgen früh werfen wir die Netze aus, und dann haben wir hoffentlich Glück. Ich meine, richtiges Glück. Riesenglück.«

Gobi strahlte ihn an, ein schwabbliger kleiner Mann, der eine schmutzige Schiebermütze, ein ausgeleiertes T-Shirt und einen Overall trug. Wäre da nicht das Kastenmal auf seiner Stirn gewesen, hätte man ihn für einen sonnenverbrannten Einheimischen halten können. Sein Südstaatenakzent wurde noch breiter: »Wirst schon Glück haben. Tu ich überhaupt nicht dran zweifeln – weil verdient hast du's ja.« Er drehte den Kopf, um einen rötlich-braunen Schwall Kautabak und Betelnußsaft in den Papierkorb unter der Theke zu spucken.

Bei seinen letzten beiden Fahrten in den Okefenokee-Sumpf hatte Saxby hier übernachtet, im »Tender Sproats Motel« von Ciceroville. Es lag zwar fünfundsiebzig Kilometer von der Anlegestelle im Stephen C. Foster State Park entfernt, am westlichen Rand des Sumpfgebiets, aber es waren nur fünf Minuten Fußweg zu Roy Dotsons Haus. Und deswegen lag es für Saxby sehr günstig. Er trug sich in das Register ein, das Gobi ihm über die Theke schob.

»Also, bleibst du eine Nacht oder zwei?«

»Eine«, antwortete Saxby, drückte ihm einen Zwanziger in die Hand und ließ sich einen abgegriffenen Dollarschein und drei Fünf-Cent-Stücke herausgeben. Wenn alles gut lief, würde er morgen abend schon wieder nach Tupelo zurückfahren; falls nicht, hatte ihm Roy eine Sondergenehmigung besorgt, mit der er sein Zelt auf Billy's Island aufschlagen konnte, und zwar so lange wie nötig.

»Hör mal«, sagte Gobi und reichte ihm den Zimmerschlüssel. Sein whiskeygeschwängerter Tonfall war jetzt wieder ganz der des rauhbeinigen Pioniers und Südstaatlers. »Tu gut auf dich aufpassen, hörst du?«

Mit dem Zimmer gab sich Saxby gar nicht erst ab. Er steckte den Schlüssel ein, parkte den Mercedes auf dem Platz für Nummer 12 und ging die Straße entlang zu Roys Haus. Seine Euphorie war kaum noch zu bezwingen. Er fühlte sich mit allem verbunden, für ihn war alles heilig, whitmanesk, und er stand dicht vor einer besonderen Einweihung in die Geheimnisse der Natur und in das Weiß der Fische. Die Nacht verschwor sich mit ihm. Sie war vollkommen, so still und warm und friedlich, als wäre der Himmel ein Samthandschuh, der sich sanft über den Ort streifte, und er roch den Duft von Geißblatt und Jasmin, hörte von ferne kurz einen Hund kläffen und spürte im tiefsten Innern das schwirrende Pulsieren der Baumfrösche und Zikaden. Auf den Veranden glommen Lichter gegen die Erstickungsversuche der Nacht an. Die Straßen waren menschenleer. Ciceroville war eine trockene Stadt in einem County ohne Alkohollizenz, und seine gesamte 3237-köpfige Bevölkerung hatte es sich längst für den Abend auf den Sofas vor der Glotze bequem gemacht, in den Händen Dosen mit Cola, Limonade und Bier, die feucht perlten wie Schmuggelware.

Roy erwartete ihn auf der Veranda. Saxby ging federnden Schritts die Einfahrt hinauf, sein Herz pochte, und da saß er auf dem Schaukelstuhl, auf dem Schoß seine Tochter Ally und ein Bilderbuch. »N'Abend, Sax«, begrüßte ihn Roy.

»Roy.« Saxby war so aufgeregt, daß er sich nicht mit Höflichkeiten aufhalten konnte, er schaffte es gerade noch, die eine Silbe hervorzustoßen.

»Saxby, Saxby, Saxby!« quietschte Ally, und im nächsten Augenblick war sie von der Veranda gehüpft und ließ sich von ihm im Kreis herum wirbeln. Roy war im Schaukelstuhl sitzen geblieben und beobachtete ihn grinsend. Motten umflatterten die Lampe über seinem Kopf.

»Also, du hast sie gefunden«, sagte Saxby schließlich, während Ally kicherte und an ihm zerrte und er sich große Mühe gab, das Gleichgewicht zu wahren und außerdem Kopf und Arme des sorglosen Mädchens vom harten Geländer fernzuhalten.

Roy nickte. Er war einunddreißig, seine Stirn überragte ein Gesicht, das vor allem aus der Nase bestand, und sein weißblondes Haar trug er glatt zurückgekämmt und zum Pferdeschwanz gebunden. Sein Arbeitgeber war die Nationalparkverwaltung, und er war zweiter Leiter des Staatlichen Naturschutzgebiets Okefenokee. Er hatte Saxby auch die Sondergenehmigung zum Fischfang besorgt – wohl das mindeste, was man für einen ehemaligen Kommilitonen tun konnte, wie er einmal trocken bemerkt hatte. »Willst du mit reinkommen und dir die Fische ansehen«, fragte Roy, »oder möchtest du lieber hier draußen sitzenbleiben und dir mit Ally den Schluß von *Der Schinken und die grünen Eier* anhören?«

»Mach mich nicht schwach, Roy«, erwiderte Saxby. Er hatte Ally schon abgestellt wie ein Päckchen, das er später nicht vergessen wollte, und kam die Stufen hinauf. »Wo sind sie – im Haus oder in einem Aquarium in der Garage?«

Roy war aufgestanden. »Na gut, wenn du sie unbedingt sehen willst«, sagte er, »aber bist du sicher, daß wir uns nicht vorher lieber die Atlanta Braves ansehen sollten? Im Fernsehen bringen sie heute gleich zwei Spiele hintereinander.«

Saxby ließ ihm seinen Spaß, aber als Roy behende die Stufen hinuntersprang und um das Haus herumging, blieb er ihm scharf auf den Fersen. Sie bewegten sich auf die Garage zu, ein zweistöckiges, windschiefes Gebäude abseits des Wohnhauses, das dringend Farbe, Kitt, Nägel, Bauholz, Dielen, Stützbalken und vier- bis fünfhundert Dachschindeln nötig hatte. In der Einfahrt standen Roys Pritschenwagen und der Honda seiner Frau, unter ihren Schuhen knisterte totes Laub, und durch die schlierigen Fenster vor ihnen schimmerte ein weiches, verführerisches Licht.

Für Autos gab es keinen Platz in der Garage, die Roys Sammlung von Skeletten und taxidermischen Präparaten, seine Werkzeuge, Käfige, Fallen und ein Durcheinander aus altem Hausrat beherbergte, das zwanzig zukünftigen Archäologen genügend Material für wissenschaftliche Arbeiten geboten hätte: zusammengekrachte Spieltische und zerbrochene Stühle, Rollen von fleckigen Tapeten- und Teppichresten, bis an die Decke gestapelte Pappkartons, aus denen ramponierte Puppen, zerbrochenes Steingutgeschirr, zerfledderte Zeitschriften und rostige Allzweckmesser quollen, Stapel um Stapel von Farbdosen, leeren Weinflaschen und unzähligen Gläsern mit Lackverdünnung, Flüssigkeit zum Einbalsamieren und Formalin. Mittendrin hatte Roy ein paar Drahtkäfige aufgestellt, in denen Schlangen, Schildkröten und Opossums raschelten, außerdem ein halbes Dutzend uralter Aquarien mit Schieferboden, in denen es unter provisorisch verkabelten Lampen blubberte. Wenn er etwas Interessantes im Sumpf fand, nahm er es immer gleich mit nach Hause.

Zusammen mit Ally, die vor ihnen herflitzte und dabei in nasalem Singsang »Saxbys frische Fische, Saxbys frische Fische« vor sich hinträllerte, betraten sie nun diesen beengten, aber ehrfurchtgebietenden Ort. Was Saxby als erstes ins Auge sprang, war ein ausgestopftes Gürteltier, das auf einem Kleiderständer hockte, als nächstes die präparierte Pfote einer Wildkatze, die in einer Falle zurückgeblieben war, irgendein Käfigtier mit schwarzglitzernden Augen, und schließlich fiel sein Blick auf die Aquarien, die schwach erleuchtet und doch wie Juwelen schimmernd am anderen Ende des Raums standen. Er atmete schwer – er keuchte beinahe –, während er durch den Wust von Unrat zu seinen Füßen watete und sich der blitzenden Glasscheibe näherte, vor der Ally sich aufgestellt hatte. Er ging in die Knie, spähte erwartungsvoll durch den dicken Schleier aus Algen und sah … ein gekräuseltes Maul und zwei tote Saurieraugen, die ihn unbewegt anstarrten. Allys Lachen klang schrill wie ein Feueralarm. »Reingelegt!« quietschte sie.

»Eins weiter, Sax«, half ihm Roy. »Das nächste rechts.«

Saxby drehte den Kopf, und nun erlebte er seinen Augenblick der Gnade. Da waren sie. Seine Albinos. Ihre Kiemendeckel hoben und senkten sich, die Flossen schlugen sanft, kalte Lippen hauchten ihm Küsse zu. Kleine Wunderwesen waren das.

Er betrachtete sie eingehender. Keiner von ihnen – achtzehn waren es insgesamt – war länger als die Verschlußkappe eines Bic-Kugelschreibers, und die meisten wiesen Verletzungen an Schwanz- und Rückenflossen auf, weil sie von Artgenossen attakkiert worden waren. Obwohl sie so klein waren, handelte es sich um eine aggressive Spezies, die ein vehement territoriales und antisoziales Verhalten an den Tag legte. Roy hatte zwar ein paar Äste und Steine zum Verstecken ins Wasser getan, aber das war nur ein halbherziger Versuch, der die Fische nicht einmal ansatzweise voreinander schützte. Was glaubte der bloß? War ihm denn nicht klar, was er da vor sich hatte? Saxby spürte Ärger in sich hochsteigen, aber er schluckte ihn hinunter – da waren sie, seine Albino-Zwergsonnenbarsche, glatt und weiß wie winzige Seifenstücke, und alles andere war unwichtig.

Lange Zeit blieb er vor dem Aquarium hocken und sah zu, wie sie still im Wasser trieben, unter der Oberfläche kreisten, rasch aufstiegen und wieder zu Boden glitten und plötzliche, stürmische Angriffe auf ihre Artgenossen unternahmen. Sie waren tatsächlich weiß, und das verblüffte ihn. Er hatte es ja gewußt – vom Verstand her –, aber die Wirklichkeit überraschte ihn doch. Albino-Welse hatte er schon gesehen, Cichliden, blaßrosa wie Kirschyoghurt, blinde Höhlenfische, die Äonen des Herumhuschens in der Dunkelheit gebleicht hatten, aber das hier war etwas anderes. Es war legendäres Weiß, das Weiß der Reinheit, das Weiß von Junibräuten, von Christos »Running Fence«, das Weiß der Innenseite des Einwickelpapiers von Hershey-Schokoriegeln. Er würde sie züchten, das würde er, und zwar weil sie ungewöhnlich waren, Raritäten, Monstrositäten, weil sie so weiß wie die Laken und Kapuzen des Ku-Klux-Klans waren, so weiß wie Eis, herzlos, kalt und unerläßlich.

Er blickte auf. Ally war verschwunden. Roy stand neben ihm. »Können wir noch mehr davon kriegen?«

Roy lächelte sein stilles Lächeln. Er kannte die Aufregung, die den Atem schneller gehen läßt, wenn man eine ganz bestimmte Schmetterlings- oder Schneckenspezies oder einen blaß schillernden, fingernagelgroßen Fisch vor sich hat. »Jedenfalls können wir's versuchen.«

Am nächsten Morgen holte das Telefon Saxby aus seinen Träumen von der farblosen Tiefsee. Es klingelte nur einmal, schon packte er es wie eine Jagdbeute, als hätte er die ganze Nacht über nur deshalb stillgelegen, um das Ding in Sicherheit zu wiegen. »Ja?« keuchte er hinein.

Es war Gobi. »Aufgewacht und frischgemacht, junger Mann«, säuselte er in seinem indischen Südstaatlerakzent. »Es ist fünf Uhr fünfzehn.«

Zehn Minuten später stand Roy mit seinem Pritschenwagen und einem Bootsanhänger vor der Tür. Auf dem Anhänger war ein langes Boot mit flachem Kiel festgemacht; auf dem Bug stand *Pequod II* – einer von Roys kleinen Scherzen. »Morgen«, sagte Roy lakonisch, grinste breit und reichte Saxby eine Frühstückstüte von HARDEE's und einen Styroporbecher mit schwarzem Kaffee.

Saxby hätte den Kofferraum des Mercedes schon in diesem Augenblick aufklappen können – er tat es sogar beinahe und verfluchte sich später selbst, weil er dem Impuls widerstanden hatte –, entschied sich aber, es sein zu lassen. Wenn er seine Stiefel, die Fallen, die O_2-Flasche und den Rest herauszerrte und das ganze Zeug auf den Pritschenwagen umlud, würden sie damit nur wertvolle Zeit verlieren, und er wollte jetzt unbedingt los. Außerdem wäre es ohnehin besser, er hätte sein eigenes Auto dabei, falls er doch einen oder zwei Tage im Sumpf bleiben mußte. Also nahm er den Kaffee und die Tüte mit dem Imbiß entgegen und zuckte die Achseln. »Am besten, ich fahr dir einfach hinterher«, sagte er. »In Ordnung?«

Bis Fargo lag ein gespenstischer, bleicher Dunst dicht über der Straße, und als sie auf die Landstraße Nr. 177 einbogen, die direkt in den Sumpf führte, wurde dieser Dunst zu Nieselregen. Saxby hörte das Geräusch der Reifen auf der nassen Straße und sah vor sich das Boot auf dem Anhänger hin und her schwanken. Er verspürte einen tiefen Frieden in sich, fühlte sich gelassen und eins mit der Welt. Rehe standen wachsam neben der Straße, watende Wasservögel stießen den Schnabel ins Wasser und breiteten die großen Schwingen zum Abflug aus. Bald würde er finden, was er suchte; das wußte er.

Das Nieseln ging wieder in Nebel über, der sich noch verdichtete, und dann waren sie am Ziel. Er folgte Roy über den Parkplatz vor dem Touristenzentrum und blieb vor der schmalen Rampe des Landungsstegs hinter ihm stehen. Auf der einen Seite war der ausgebaggerte und verbreiterte Teich, in dem die Mietboote dümpelten, auf der anderen begann der schmale Wasserlauf, der zu Billy's Lake und in das sich ständig wandelnde Labyrinth von Kanälen führte, die sich durch den Sumpf schlängelten. Jetzt nieselte es wieder, und die Wolken hingen als trübe, metallische Klumpen knapp über den Baumwipfeln. Bis auf eine Handvoll Angler, die unter leisem, erwartungsvollem Raunen ihre Boote beluden, und die Häher und Spottdrosseln, die einander abwechselnd in den Bäumen beschimpften, war kein Laut zu hören. Das torfgesättigte, lauwarme Wasser hatte die Farbe von frischgebrühtem Tee.

Saxby stand neben dem Mercedes und sah zu, wie Roy den Anhänger langsam rückwärts auf die Rampe hinuntersetzte. Als der Anhänger im Wasser stand, schaltete Roy den Motor ab, zog die Handbremse fest und stieg aus, um das Boot zu Wasser zu lassen, während Saxby zum Kofferraum des Mercedes schlenderte, um seine Sachen zu holen. Den Sauerstoff und die Plastiktüten würde er erst später brauchen, wenn er mit nach Hause nahm, wovon er hoffte, daß es der Grundstock seiner Barschzucht werden würde, aber er dachte an seine hüfthohen Stiefel, die Reusen und Kescher, und auch an das kleine Zehn-Meter-Treibnetz, das ihm in halbwegs freiem Wasser vielleicht von Nutzen sein könnte. Er hatte den Kofferraum nicht mehr geöffnet, seitdem er ihn vor gut zwölf Stunden hastig vollgeladen hatte, doch als er jetzt den Schlüssel ins Schloß steckte, sah er seinen Inhalt vor sich und stellte sich vor, wie die ganze Ausrüstung sauber im Laderaum von Roys Boot verstaut sein und sie beide mit kräftigen, leisen Paddelschlägen dahingleiten würden. Das Schloß nahm den Schlüssel auf. Der Schlüssel drehte sich im Schloß.

Ein ganz alltäglicher Vorgang.

Ein Dschungel

Was war nur mit ihr los? Was stimmte nicht mit ihr? Wo war die visionäre Autorin, die morgens mit unbeugsamem Willen erwachte, auf das Frühstück verzichtete, um sofort durch den nachtfeuchten Wald zum Nonnenkloster ihres Studios zu streben, ans Kreuz ihrer Kunst? Ruth wußte es nicht. Sie wußte nur, daß sie sich ebenso erschöpft fühlte wie damals als Teenager, als sie am Pfeifferschen Drüsenfieber erkrankt war. Sie hatte Kopfschmerzen – es kam ihr vor, als hätte sie schon seit Tagen, Wochen, ja ihr halbes Leben lang Kopfschmerzen –, und sie bewegte sich so zaghaft, als wären ihre Gliedmaßen nicht richtig am Körper befestigt. Vielleicht hatte sie sich irgend etwas eingefangen, vielleicht war das die Erklärung.

Der Morgen graute eben, das Licht war noch fahl und bleich, sie hatte gerade etwas groggy, aber dennoch wachsam einen Ausfall zur Toilette am Ende des Gangs unternommen – Gott sei Dank war noch niemand auf – und war dann zurück in ihr Zimmer gehuscht, um dort wieder ins Bett zu fallen, als hätte man die Beine unter ihr weggeschossen. Noch dreißig Sekunden, und sie wäre wieder eingenickt, zurück ins Vestibül des Schlafs geglitten, doch da läutete tief im Innern des Hauses das Telefon und holte sie zurück. Das Geräusch war leise und fern, das Summen eines Insekts in der anderen Ecke des Zimmers – aber sie wußte, daß es ihr galt. Sie wußte es einfach. Ganz schwach, auch wieder von weit her, hörte sie Schritte – Owens Schritte –, die durch den Korridor im Erdgeschoß zum Telefon gingen, das in der Halle stand. Sie zwang sich, die Augen geschlossen zu halten, um es abzuschütteln, aber das Telefon läutete, und sie wußte, daß es für sie läutete.

Es läutete drei-, viermal, und beim fünftenmal brach der Ton abrupt ab. Owens Worte konnte sie unmöglich hören, aber sie stellte sie sich vor und horchte dann, als er sich wieder in Bewegung setzte, auf seine dumpfen, stetigen Schritte, die erneut die Halle durchquerten, die Treppe heraufkamen und sich nun durch den oberen Korridor näherten. Sie fuhr hoch. Es ging um ihren Vater, sie war sich ganz sicher. Die Ärzte hatten ihn gewarnt – der Streß im Gerichtssaal, zu wenig Schlaf, immer der volle Einsatz beim Tennis und Squash, die Zigaretten und Martinis, die T-Bone-Steaks. Ihr Vater! Kummer überwältigte sie. Sie sah das Gesicht ihres *tate* so klar vor sich, als stünde er neben ihr, das Blitzen seiner Nickelbrille, die grauen Strähnen in seinem Bart, den großmütigen Ausdruck in den Augen dieses gerechten, weisen und friedliebenden Mannes ... Natürlich würde es ein Begräbnis geben, und das würde bedeuten, daß sie Thanatopsis House eine Woche oder sogar länger verlassen mußte. Schwarzer Krepp. Sie würde gut darin aussehen, schmal in den Hüften, und ihre gebräunte Haut würde schimmern ... aber ihr Vater, es war doch ihr Vater, ihr Daddy, und jetzt stand sie ganz nackt und allein im Leben –

Die Schritte hielten vor ihrer Tür inne, und dann folgte Owens Klopfen und das gedämpfte Raunen – keine fremdsprachlichen Spielereien diesmal, kein Funken von Humor: »Ruth, es ist für dich. Ein Ferngespräch.«

Sie hatte es gewußt.

»Es ist Saxby.«

Saxby? Plötzlich verfinsterte sich das Bild. Mit ihrem Vater war alles in Ordnung, er war am Leben, so gesund wie der Gesundheitsminister persönlich, und schlief friedlich in seinem Haus, einer tadellosen Adresse in Santa Monica. Aber es war doch erst – was, sechs Uhr? Was konnte Saxby um sechs Uhr morgens wollen? In kurzer Panik schlug ihr Herz etwas schneller – war er verletzt? Aber nein. Warum sollte er anrufen, wenn er verletzt war – in diesem Fall müßte die Polizei oder das Krankenhaus am Apparat sein, oder? Und dann fielen ihr seine Fische ein. Wenn er sie nur wegen ein paar verdammten glubschäugigen Fischen aus dem Bett scheuchte –

»Ruth, wach auf. Telefon.«

Sie riß sich zusammen. »Ja, ja, ich bin schon wach. Sag ihm, ich komme gleich.«

Die Schritte entfernten sich. Sie bückte sich, um den wüsten Haufen auf dem Boden vor dem Bett zu durchwühlen, auf der Suche nach ihrem Frotteebademantel, den Zigaretten und vielleicht irgend etwas, was sie sich um den Kopf schlingen konnte, falls sie unterwegs auf jemanden traf. Auf den Bademantel stieß sie bald –

den hatte sie aus einem Hotel in Las Vegas mitgehen lassen, wo sie auf der Fahrt von Kalifornien abgestiegen war; inzwischen zierte ihn über der linken Brust ein satter rötlicher Fleck, er stammte von einem Glas Preiselbeersaft, das sie sich darübergekippt hatte –, und auch die Zigaretten fanden sich, aber weder das Feuerzeug noch ein Tuch für die Haare. Sie warf einen kurzen Blick in den Spiegel der Frisierkommode – eingefallene Augen, zuviel Nase, ein Gewirr von kleinen schraffierten Linien, die an ihren Mundwinkeln zerrten –, ehe sie, die Zigaretten in der Hand, in den Gang hinausschlich, wo sie unerwartet in die riesengroßen, erschrockenen Zigeuneraugen von Jane Shine starrte.

Jane war auf dem Weg zur Toilette. Sie trug einen alten Seidenkimono über einem Nachthemd aus Voile, und ihre Füße wurden von einem Paar hübscher rosa Satinpantoffeln umschlossen. Ihr vom Schlaf kaum zerwühltes Haar wirkte voller, lockiger und glänzender, als es für schlichte Sterbliche recht und billig war. Ihr Gesicht, frei von allem Make-up, war vollkommen.

Ruth hatte an den Füßen taiwanesische Gummisandalen zu neunundfünfzig Cent das Paar, der gestohlene Bademantel war ihr sechs Größen zu weit und starrte vor Schmutz, und ihr Gesicht war, wie die flüchtige Beurteilung im Frisierspiegel ergeben hatte, das einer lebenden Leiche. Verschlafen, nichtsahnend und völlig unvorbereitet war Ruth aus ihrem Zimmer getreten, ihre vagen Gedanken galten ausschließlich dem Telefon, und da stand Jane Shine, ihre größte Feindin, und sah noch dazu aus wie ein Filmstar aus den Vierzigern beim Frühstück im Bett in einem Studio von Metro-Goldwyn-Mayer.

Janes Augen zogen sich zusammen. Ihre Miene war wachsam, aber ungerührt. Sie blinzelte zweimal, machte einen kleinen Schritt zur Seite, als wäre Ruth nur eine geringfügige Belästigung, ein kleines, wenn auch unerfreuliches Hindernis für ihr majestätisches Wandeln – eine Topfpflanze, ein Stapel Gepäckstücke, den das Personal ungeschickt abgestellt hatte –, und entschwebte dann unter leisem Rascheln ihres Seidengewands. Oh, dieses Miststück, dieses Miststück! Kein Wort der Begrüßung oder der Entschuldigung, kein »Tut mir leid« oder »Bis später«, weder »Guten Morgen« noch »Hallo« noch »Verpiß dich« – überhaupt nichts. Oh, dieses eiskalte arrogante Miststück!

Ruth stand reglos da, starr vor Haß. Sie wartete auf das Zufallen der Toilettentür hinter sich, dann ging sie weiter den Gang entlang, wobei sie die Zähne so fest zusammenbiß, daß sie schmerzten, als sie das Telefon am Fuß der Treppe erreichte. »Sax?« Sie fauchte es praktisch in den Hörer.

Die Antwort kam sofort. Er war aufgeregt – zweifellos wegen seiner Fische –, und ihre ohnehin schon giftige Laune verschlechterte sich noch weiter. »Ruth«, begann er, »hör zu, ich muß dir unbedingt etwas sagen, bevor es jemand anders tut –«

Sie schnitt ihm das das Wort ab. Das einzige, was ihm etwas bedeutete, waren Fische. Lewis Turco hatte ihr weh getan, und ihm ging es nur um Fische. »Er hat mich an den Haaren gezogen und vor allen Leuten eine Schlampe genannt, eine verlogene jüdische Schlampe hat er mich genannt, hier auf der Veranda vor allen Leuten.« Im Telefon hallten ihre Worte wider – in ihrer Stimme hörte sie die Empörung zittern, helle Wut, die in Verletztheit umschlug. »Wenn er glaubt, daß er so was ungestraft tun kann, dann täuscht er sich ... Ich werde ihn verklagen. Das werde ich. Anzeigen werde ich ihn ... Sax«, stieß sie hervor, »ach, Sax.«

Am anderen Ende der Leitung herrschte Schweigen. Saxby war verwirrt, und wenn er verwirrt war, wurde er nervös. »Was erzählst du da? Jemand hat dich an den Haaren gezogen?« Dann machte er einen Gedankensprung. »Redest du von dem Japaner? War das bei seiner Flucht?«

»Japaner? Ich meine Turco. Lewis Turco. Diesen kleinen Nazischeißer, der mit Detlef herumzieht. Der ist gestern abend auf der Veranda ausgeklinkt und hat« – ihre Stimme überschlug sich – »er hat mich angegriffen. Auf Irving und Sandy ist er auch losgegangen. Du solltest die blauen Flecken auf Sandys Brust sehen. Wenn du hier gewesen wärst, hätte er mich nie angerührt, das hätte er sich nicht getraut, aber – aber –« Sie spürte, wie sie die Nerven verlor.

»Ruth, sei still. Hör mir jetzt mal zu.«

Saxby wollte nichts davon wissen, wollte ihr nicht zuhören. Er mußte ihr etwas erzählen, das wichtiger war als die Tatsache, daß so ein Muskelprotz, so ein Rüpel seine Freundin verprügelt hatte, wollte von irgendeinem wundersamen Fisch reden, den er gefunden hatte, von der Riesenneuigkeit, die ein Erdbeben verursachen würde in der Welt ewig Pubertierender, die ihr ganzes Leben damit verbrachten, Fischen beim Ficken in kleinen Glasschüsseln zuzusehen. Sie wurde wütend. »Nein, jetzt hörst du zu. Er hat mich angegriffen, verdammt noch mal –«

»Ruth, der Japaner ist hier. Hiro. Hiro Tanaka. Er ist hier.«

Was faselte er da? Ruth blickte auf und sah Owen um die Ecke in die Küche huschen. Ihr Ärger verpuffte. »Hiro? Was meinst du damit? Wo?«

»Hier. Im Okefenokee. Vorhin hab ich den Kofferraum aufgemacht, und da war er drin, zusammengerollt wie eine Schlange. Im *Kofferraum*, verdammt noch mal!«

Es war reichlich früh, und ihr tat der Kopf weh. Sie brauchte einen Moment, um diese Information zu verarbeiten. Saxby war weggefahren und stöberte am anderen Ende von Georgia nach seinen Zwergfischen. Hiro war geflohen. Der Himmel war oben, die Erde unten. Es gab so etwas wie Schwerkraft und magnetische Anziehung, es gab Protonen, Neutronen und Elektronen. Schön. Aber Hiro bei Saxby im Kofferraum, Hiro im Okefenokee-Sumpf? Das war einfach die Höhe. Es war ein Scherz, ein schlechter Witz, Saxby wollte sie auf den Arm nehmen. Da durchkämmten Abercorn und der Sheriff mit einer ganzen Armee hechelnder Hunde und schrotflintenbewehrter Insulaner das verfilzte Unterholz und die stinkenden Pfuhle von Tupelo Island, und Hiro – der flüchtige Häftling, der Ausbrecher, dieser große, tolpatschige Junge mit dem schwermütigen Blick und dem Schmerbauch – war längst hundert Meilen weit weg. In einem Sumpf. *Dem* Sumpf. Im Sumpf aller Sümpfe. Armer Hiro. Armer Detlef. Armer Sax. Aber nein, es konnte nicht sein. Es war einfach zu perfekt. »Bist du sicher?«

»Klar bin ich sicher.«

»Hast du –« begann sie und wollte eigentlich fragen, ob Saxby ihm weh getan hatte, ob er wieder den rasenden, den aggressiven, den brutalen Saxby hervorgekehrt hatte, besann sich aber eines Besseren. »Ich meine, hat er was gesagt, oder ist er gleich wieder weggerannt oder was? Hast du irgendwie versucht, ihm zu helfen?«

Saxby war voll aufgedreht, er sprach in atemlosen, heftigen kurzen Stößen. »Ich war mit Roy zusammen. Der Bursche steckte im

Kofferraum. Bis ich gemerkt hab, was los war, war er schon wieder weg.«

»Weg?«

Und dann erfuhr sie die ganze Geschichte. Saxby erzählte ihr, wie er am Nachmittag den Kofferraum gepackt hatte, viel zu aufgeregt, um sich später noch zu erinnern, ob er die Klappe selbst geschlossen hatte oder nicht, und wie sie dann draußen auf einer schmalen Landzunge gestanden hatten, auf drei Seiten von Wasser umgeben, und Roy gerade dabei war, das Boot rückwärts die Rampe hinunterzurollen. Er erzählte ihr, wie Hiro mit dem irren Blick eines Wahnsinnigen aus dem Kofferraum geschnellt war und sich in den Bootskanal gehechtet hatte – »Immer wenn ich diesen Typ zu Gesicht kriege, schmeißt er sich in irgendeinen dreckigen Tümpel« – und wie er ihn entlanggekrault war, bis er das Ufer auf der anderen Seite der Lagune erreicht hatte. »Der Kerl ist ein Fanatiker«, schloß Saxby. »Ein totaler Spinner. Aber falls er Tupelo ungemütlich gefunden hat, steht ihm hier eine noch größere Überraschung bevor.«

Plötzlich lachte Ruth – sie konnte sich nicht zurückhalten. Laura Grobian kam gerade mit weit aufgerissenen Augen die Treppe herunter, auf dem Weg zum Frühstück ins Stille Zimmer, und Ruth lachte und prustete, wurde nahezu hysterisch angesichts dieser Neuigkeit, konnte kaum noch den Hörer ans Ohr halten. Das Bild von Saxby mit seinen riesigen Füßen und hilflos erhobenen Händen, von Hiro mit den schiefen Zähnen in seinem runden Vollmondgesicht, der wieder einmal um sein Leben schwamm, die Entengrütze aufwirbelte und immer tiefer in die Wildnis entschwand, einen Sumpf gegen den nächsten eintauschte – das war zuviel für sie. Es war wie etwas aus Joseph Conrads *Herz der Finsternis* – oder wie ein Film mit den Keystone Kops. Genau, das war's: *Die Keystone Kops im Herzen der Finsternis*. Und die Ironie des Schicksals dabei – es war einfach zuviel. Ihr Plan hatte schließlich doch funktioniert. Hiros Wunsch hatte sich erfüllt – er war von Tupelo Island weggekommen, im Kofferraum von Septimas Wagen. Es war urkomisch, einfach urkomisch.

»Das ist nicht komisch, Ruth. Ganz und gar nicht.« Saxby war stinkwütend, seine Stimme klang gepreßt. »Also: Roy hat schon die Polizei verständigt. Deshalb rufe ich an. Um dich zu warnen.

Nach gestern ... ich meine, der Kerl taucht in meinem Kofferraum auf, und die sollen mir glauben, ich hätte keine Ahnung davon gehabt? Und du auch nicht?«

So hatte sie es noch gar nicht betrachtet. Es war trotzdem komisch. »Du bist unschuldig, Sax – und einen Unschuldigen würden sie doch nie aufhängen.« Sie wußte, daß ihr das noch leid tun würde, aber sie konnte sich nicht beherrschen. Ihre Laune hatte sich schlagartig gebessert. Sie war geradezu in Hochform. Die Geschichte machte ihr gewaltigen Spaß.

»Verdammt noch mal, Ruth. Das geht dich auch was an. Du warst es doch, die –« Saxby verstummte. Brach ganz einfach ab. Rauschen erklang in der Leitung. Draußen kam die Sonne hervor, um ein flaches Grab in den Dunst zu schaufeln.

»Sax?«

»Sag mir die Wahrheit!« verlangte er. »Und erzähl keinen Mist jetzt – du hast ihm doch nicht bei der Flucht geholfen, oder?«

Später – nach diesem Anruf konnte sie unmöglich wieder ins Bett gehen, und sie wußte ja, daß sie sie wieder ins Verhör nehmen würden, der Sheriff, Detlef und dieser kleine Kotzbrocken, aber mit dem würde sie nicht mehr reden, niemals, nie wieder – unternahm sie einen Spaziergang zum Studio hinaus, um den Schaden zu begutachten. Der bedeckte Himmel hatte alles ein wenig abgekühlt, und sie spürte im Nieselregen einen ersten Hauch von Herbst, der sie aufheiterte, aber sie war ziemlich durchnäßt, als sie die letzte Wegbiegung erreicht hatte. Ehe sie noch das Studio zu Gesicht bekam, fielen ihr Kleinigkeiten auf, Stiefelabdrücke im Schlamm, hier und dort zertrampeltes Unterholz, und dann, mitten auf dem Pfad, fand sie ein halbes Dutzend Patronenhülsen: rotes Plastik, grell blitzendes Messing. Sie hob die Hülsen auf, drehte sie prüfend hin und her und warf sie dann angewidert weg. Dann bog sie um die letzte Kurve, und das Studio lag vor ihr.

Von weitem sah es genauso aus wie am vorvorigen Abend. Da waren die Eichen, die mit ihren langen Bärten aus Louisianamoos über dem Dach sinnierten, da waren die Fächerpalmen und die Beerensträucher, da die Verandastufen, die Tür, die einladenden Fenster. Insekten schwebten durch die Luft, Vögel schossen über sie hinweg und ließen sich in den Bäumen nieder. Scheinbar hatte sich nichts verändert. Als sie jedoch näherkam, sah sie die Glassplitter auf den verwitterten Bohlen der Veranda glitzern, sah die zerfetzten Maschendrähte vor den Fenstern und die aus den Angeln gehobene Fliegentür. Überall vor dem Haus lagen Patronenhülsen, Holzsplitter, funkelnde kleine Nuggets aus Glas. Und die Veranda erst – das Holz war dermaßen von Einschlägen durchlöchert, daß es aussah, als hätten alle Spechte Georgias sich daran versucht, und aus einem der Stützbalken war ein faustgroßes Stück weggeschossen.

Mit einem Mal begriff sie, was das hieß – nicht als Abstraktion, nicht am Telefon mit einem Lachen in der Kehle und der Welt entrückt an den Rand des Horizonts, sondern hier in der Wirklichkeit, in der Nässe und Hitze und dem Gestank der Verwesung: *Sie hatten versucht, ihn umzubringen.* Die Provinzler, die Spießer, Turco und Abercorn: der Mob. Ein Schauer durchfuhr sie. Das war kein Witz mehr. Schußwaffen kannte sie aus der Nähe nur aus der vordersten Reihe im Kino – auf dem Wilshire Boulevard fuhr niemand mit dem Gewehr im Rückfenster seines BMW spazieren, dort bohrte man sich damit nicht in der Nase oder ging auf Pfeifenten- oder Wildschweinjagd, oder was immer sie hier am Ende der Welt abschlachten mochten. Aber daß jemand eine Waffe, eine richtige Schußwaffe auf einen richtete – konnte sie sich auch nur ansatzweise vorstellen, was Hiro durchgemacht hatte?

Im Innern war es noch schlimmer. Hier fand sie nicht mehr die Hülsen, sondern die Geschosse selbst. Die Holzpaneele waren wie mit Pockennarben übersät, das Sofakissen hatte ein großes Loch, eine ihrer Kannenpflanzen war zerfetzt worden. Glas auf dem Boden, dazwischen immer wieder deformierte Stückchen Blei, und in der Ecke lag ein umgekippter Schaukelstuhl. So ziemlich das einzige, was unversehrt geblieben war, war ihre Schreibmaschine. Sie stand auf dem Tisch, die obligate leere Seite rollte sich über der Tastatur.

Beinahe wünschte sie, die Maschine hätte es nicht überlebt, beinahe wäre sie ihr zur Unkenntlichkeit zerfetzt lieber gewesen, die Walze zerbeult und verbogen, die Tastenplättchen verstreut wie Reis nach einer Hochzeit. Sie betrachtete die Maschine, die sie stumm anzuklagen schien, und eine bodenlose, leere, ausgehungerte Empfindung überwältigte sie – man konnte es Nervosität oder Schuldgefühl nennen, den Fluch von Schriftstellern, die nicht schreiben. »Die Tränen und die Flut« war reine Zeitvergeudung gewesen – sie hatte nicht die Kraft zum Weiterschreiben, nicht jetzt. *Sie hatten versucht, ihn umzubringen.* Wie konnte sie darauf angemessen reagieren?

Aber was nun? Sie lebte in einer Künstlerkolonie, war umringt von Schriftstellern, doch seit einer Woche hatte sie keine Zeile geschrieben. Sie hatte nicht vorgehabt, heute etwas zu arbeiten – und das erwartete auch niemand von ihr –, aber ein Teil von ihr war enttäuscht, daß der Schaden nicht dramatischer ausgefallen war, umfassender und verheerender, jene Sorte Verwüstung, bei der Arbeit von vornherein undenkbar gewesen wäre. So allerdings konnte sie, wenn sie wirklich wollte, wenn es sie überkäme, einfach die Scherben zusammenfegen und sich jederzeit an die Arbeit setzen, ja sie müßte sich nicht einmal darum kümmern, die Fliegenfenster flikken, die Fenster neu verglasen und die Einschußlöcher kitten zu lassen; Owen würde einen Mann schicken.

Nur um etwas zu tun, nahm sie Schaufel und Besen und kehrte die Scherben und Glassplitter zusammen, hie und da auch ein plattgedrücktes Bleiklümpchen, das sich nicht irgendwo in eine Wand gegraben oder sein Ziel sauber durchbohrt und den Weg ins Unendliche weiterverfolgt hatte. Dann warf sie die zerschossene Kannenpflanze über das Verandageländer, fütterte eines der überlebenden Exemplare mit einer toten Schmeißfliege, die sie zwischen den Trümmern auf dem Fensterbrett fand, und setzte sich schließlich an den Schreibtisch – versuchsweise, so als probierte sie nur kurz den Stuhl aus.

Lange starrte sie durch die klaffenden Fenster, dann schob sie den dicken Packen bekrakelter Schreibmaschinenseiten zusammen, der in seiner Gesamtheit »Die Tränen und die Flut« ausmachte, und begrub ihn tief unten in der Schublade. Dort, noch etwas tiefer vergraben, entdeckte sie das Manuskript einer alten, halbfertigen Erzählung, die sie schon immer einmal hatte überarbeiten wollen. Sie trug den Titel »Zwei Zehen«, und das Thema hatte sie ebenfalls aus einer Nachrichtenmeldung entwickelt – es ging um einen Fall, der bundesweit Schlagzeilen gemacht hatte und seinerzeit dem ganzen verschlafenen und selbstverliebten Land unter die Haut gegangen war. Jeder erinnerte sich an die Geschichte von Jessica McClure, dem achtzehn Monate alten Mädchen aus Texas, das in einen Brunnen gefallen und in einem Rohr von kaum dreißig Zentimeter Durchmesser festgeklemmt war; erst nach zweieinhalb Tagen hatte es durch die heldenhaften Anstrengungen von Bergmännern, Feuerwehrleuten, Polizisten und Erweckungspredigern befreit werden können, allerdings um den Preis zweier Zehen des rechten Fußes. Das mit der Zehenamputation war Ruth nicht so recht klar – es hatte wohl mit abgequetschten Gefäßen zu tun; ihre Idee war es jedenfalls gewesen, Jessica als Teenager zu schildern, so mit siebzehn, achtzehn. Sie wäre erwachsen, lebte mit der Erinnerung an jene zwei schrecklichen Tage und der Last ihrer kurzen, verblassenden Berühmtheit, wäre mittlerweile selbstzerstörerisch und haßerfüllt. Würde fixen, saufen, herumhuren. Nie wieder würde sie es in die Nachrichten schaffen, das wäre ihr sonnenklar, ihr Leben bewegte sich spiralförmig abwärts, schon seit dem zarten Alter von anderthalb Jahren. Und was täte sie dann? Sie würde irgendeinen tätowierten Schmierlappen heiraten, fünfzehn Jahre älter als sie und Schlagzeuger in einer Rockabilly-Band, und dann – aber weiter war Ruth nicht gekommen. Und als sie jetzt überflog, was sie bisher geschrieben hatte, als sie ihre Notizen durchging, empfand sie nichts als Verzweiflung. Der Einfall war miserabel. Sie war miserabel. Die ganze elende, muffige, verregnete Welt war miserabel.

Sie erhob sich schwankend vom Schreibtisch und trat auf die Veranda hinaus. Es war erst zehn oder halb elf, obwohl das bei dem verhangenen Himmel schwer zu schätzen war. Sie fragte sich, ob Owen ihr wohl ein Mittagessen bringen würde. Hier hatten sie im Laufe der Jahre ja schon viel erlebt, von Nervenzusammenbrüchen über Faustkämpfe bis zu Herzanfällen und jeder erdenklichen Spielart von Trunkenheit und Ausschweifung – Künstler sind eben Künstler –, aber so etwas hatte es noch nie gegeben. Hiro Tanaka, der japanische Desperado, und La Dershowitz, seine aufopfernde Helferin – nein, das klang nicht richtig, lieber also: Beschützerin. Und dann, glorreich, mit allem Drum und Dran und in Dolby-Stereoton verstärkt, der Angriff der Rassisten! Noch nie zuvor war hier ein Studio zerschossen worden. Zumindest deshalb würden sie Ruth im Gedächtnis behalten – selbst wenn sie kein einziges Wort mehr schriebe. Noch Jahre später würden sie an der Bar lehnen, nach dem Essen den Teller von sich schieben oder am Geselligen Tisch irgendeinen naiven Neuankömmling anschnattern und genüßlich eine ungläubige Miene aufsetzen, wenn einer von ihnen – die jeweilige Bienenkönigin oder der Dschungelfürst – befremdet ausriefe: *Nein, wirklich? Du kennst die Geschichte der Einschußlöcher in »Hart Crane« nicht?*

Ja, natürlich würde Owen das Essen bringen. Alles ging seinen gewohnten Gang. So etwas hatten sie zwar noch nie zuvor erlebt, und wenn es auch zu einer Legende werden würde, Septima konnte niemals zulassen, daß irgend etwas den geordneten Ablauf des kreativen Prozesses störte, schon gar nicht das wahnsinnige Wüten des Mobs, mutwillige Zerstörung, Mordversuch, Anarchie und Vandalismus. Nur würde Ruth nicht da sein, wenn Owen das Mittagessen brachte. Sie war zu mutlos. Zu unruhig, zu deprimiert zum Arbeiten. Und dann hatte sie eine Idee: Vielleicht war es ja auch schon elf. Und dann müßte die Post gerade gekommen sein. Vielleicht sollte sie einfach zum Großen Haus hinüberwandern und nachsehen, ob etwas für sie dabei war. Sie konnte heute nichts arbeiten. Heute nicht. Und wer sollte ihr das auch vorwerfen?

Wie sich herausstellte, war wirklich Post für sie da. Sogar gleich zwei Sachen. Sie sah in ihrem Fach in der Garderobe nach, prüfte mit hungrigem Blick die Gevierte der Postfächer, wobei sie wie jeden Tag die Anzahl der Sendungen registrierte, die Lauras, Irvings und auch Janes Fach verstopften, während ihr eigenes meist auffällig und entwürdigend leer blieb. Sie bekamen Briefe von Verlegern, Agenten und Lektoren, Hochglanzzeitschriften, Rezensionsexemplare, Fanpost. Ruth bekam nie etwas. (Eine Zeitlang hatte sie erwogen, sich selbst dicke Briefumschläge zu schicken, aber sie hatte gefürchtet, daß der Poststempel sie verraten würde – Owen jedenfalls hätte es gemerkt. Er war es, der die Post sortierte – und jedes Geheimnis, jeder Informationsfetzen über irgendwen war auf Thanatopsis ein gefundenes Fressen; die Kolonie war der reinste Dschungel, wirklich –, und wenn *das* herauskäme, könnte sie sich nie wieder sehen lassen.)

Ruth beneidete Laura Grobian, die Fanpost aus der ganzen Welt bekam. Wenn sie allein bei den Postfächern war, wenn sie sicher sein konnte, daß niemand es sah, zog sie die Umschläge heraus und blätterte sie durch, musterte wie gebannt die Stempel, die Adressen, die exotischen Briefmarken und Aufkleber. Irving beneidete sie ebenfalls. Und Jane auch, obwohl sie sich das nur widerwillig eingestand. Jane erhielt natürlich Briefe ihres Verlegers, außerdem Korrekturabzüge, und einmal bekam sie sogar einen Umschlag von *Harper's*, der verdächtig nach einer Veröffentlichungszusage aussah, ganz zu schweigen von den schmalen blauen Aerogrammen aus Italien, die zwei- bis dreimal die Woche eintrafen. Ruth hatte meistens überhaupt keine Post – und jeder sah es. Wahrscheinlich machten sich alle darüber lustig – wer sollte ihr auch schon schreiben? Sie hatte keinen Verleger. Sie hatte keinen Agenten. Sie hatte weder Fans noch einen mysteriösen heißblütigen Liebhaber in Venedig, der als Absender nur mit den Initialen *C. da V.* zeichnete, nicht einmal Freunde hatte sie. Ihre Mutter schrieb ihr nie auch nur eine einzige Zeile.

Heute aber gab es eine Überraschung.

Schon als sie durch die Tür trat, sah sie den großen gefütterten Umschlag aus ihrem Fach ragen, und sie wußte sofort, was er enthielt. Es war das Manuskript von »Tage des Feuers, Nächte der Asche«, das ihr *Atlantic* zurücksandte. Vom *New Yorker* war die Erzählung schon abgelehnt worden, aber sie hatte Irving bekniet, ihre Sache mit seinem Namen und seinem Einfluß zu unterstützen, und auf *Atlantic* hatte sie deshalb große Hoffnungen gesetzt. Drei Wochen lang war das Manuskript in der Redaktion gewesen. Und jetzt war es zurück, ein toter Albatros, Ausschuß in sauberer, viereckiger Verpackung, wieder eine Abweisung, die ihr die weite Welt erteilte. Als sie den dicken Umschlag herauszog, flatterte eine zweite Sendung für sie zu Boden. Es war eine Postkarte, die in verführerischem Hochglanz den sonnenbeschienenen Strand von Juan-les-Pins zeigte. Auf der Rückseite standen sechs Zeilen von Betsy Butler, einer Dichterin, die Ruth noch aus Iowa kannte und die noch weniger publiziert hatte als sie, falls dies möglich war, weshalb Ruth auch gern Kontakt mit ihr hielt. Betsy lag also am Strand. Demnächst würde eins ihrer Gedichte in einer Zeitschrift abgedruckt, von der Ruth noch nie gehört hatte. Na gut. Schön. Aber da war noch ein P.S.: Ob sie schon das Neueste gehört habe? Von Ellis Disick, der mit ihnen in Iowa gewesen war? Sein erster Roman war gerade für 250000 Dollar versteigert worden, die Filmrechte waren an Universal gegangen, und das Buch war als Anwärter auf das Buch-des-Monats ausgewählt worden. War das nicht irre? Zähneknirschend riß Ruth den Umschlag von *Atlantic* auf. Wie vermutet, starrte sie, etwas mitgenommen an den Ecken, ihr Manuskript an. Das Ablehnungsschreiben war mit einem wilden, völlig unleserlichen Krakel unterzeichnet und kurz gehalten: »Zu scharf für uns. Versuchen Sie's bei *Hustler.*«

Den Nachmittag verbrachte Ruth grübelnd im Bett, leckte ihre Wunden, blätterte lustlos in einem tschechoslowakischen Roman, den ihr Peter Anscrine voll intellektueller Inbrunst und mit einem enthusiastischen Beben seiner Brahmanennasenflügel empfohlen hatte, und putzte dabei mißmutig eine Ein-Kilo-Schachtel mit Schokokeksen weg. Sie merkte, wie sehr ihr Sax fehlte – der Sax von früher, der feurige, sexy Sax, der seit neuestem seine ganze libidinöse Energie in der Jagd auf Zwergfische zu sublimieren schien –, und um ein Haar hätte dieser Kummer ihren Wunsch nach Cocktails und menschlicher Gesellschaft verdrängt. Doch sie zwang sich zu einem Rückblick und gelangte über die demütigende Szene mit Turco auf der Veranda und die Tristesse ihres Studios zurück zu ihrem Augenblick des Triumphs über die ganze Affäre mit Hiro, und dies munterte sie wieder auf. Daraus ließ sich noch eine Menge machen – außerdem war es der Tag, an dem die Neuankömmlinge ihren ersten Auftritt in Thanatopsis absolvieren würden, und es wäre doch eine Schande, das zu verpassen. Ruth widmete sich eine halbe Stunde lang ihrem Gesicht, durchwühlte den Kleiderschrank nach etwas in Rot und schritt zur Cocktailstunde die große Treppe hinunter wie eine Königin auf dem Weg zur Krönung.

Unten bekam sie als erstes Brie Sullivan zu Gesicht, die in einem Chaos aus bunt durcheinandergewürfelten Koffern verwirrt in der Halle stand. Ruth kannte Brie aus Bread Loaf; sie mochte sie wegen ihrer kurzsichtigen Schmollmundmiene – meist wirkte Brie leicht benommen –, wodurch sie den Eindruck der ewigen Landpomeranze vermittelte, und weil sie, wie Betsy Butler, noch nicht allzuviel publiziert hatte (was sich auch nie ändern würde, wenn man ihre Workshop-Erzählungen von damals betrachtete, in denen es immer nur um körperlose Gehirne oder sprechende Einhörner zu gehen schien). Sie hatte eine breite, glatte Stirn, kräftige Hände und Haare, die ihr Gesicht umflatterten wie in einem ständigen Sturmwind. »Brie«, rief Ruth zur Begrüßung und schwebte mit ausgestreckten Armen die Treppe hinab – *noblesse oblige*.

Bries Reaktion begann im tonalen Bereich zwischen Quietschen und Kreischen und setzte sich dann in Frequenzen fort, die nur für akustisch hoch empfindsame Lebensformen hörbar gewesen wären. »Ruthie!« war der ungefähre Inhalt des Geräusches, das sie erzeugte, dann lagen sich die beiden in den Armen, zwei vom Schicksal auseinandergerissene Schwestern, nach langer Zeit endlich wieder vereint. Nach einer Weile trat jede einen Schritt zurück, ohne die andere ganz loszulassen, und auf diese Distanz musterten sie einander kurz, aber mit scharfem Blick. Brie sah gut aus, das mußte Ruth zugeben – aber warum auch nicht, sie war schließlich erst sechsundzwanzig. »Ich bin total hin und weg«, stieß Brie hervor, dabei schweifte der Blick ihrer mattgrauen Augen durch die Halle und wagte einen verstohlenen Abstecher in die undeutliche Sphäre des Salons, wo man die verschwommenen Gestalten der Cocktailgäste fürsorglich über Drinks gebeugt sah, ehe er sich wieder Ruth zuwandte. »Nein, wirklich. Ich bin begeistert. Das ist ja phantastisch hier, viel schicker, als ich es mir vorgestellt hab –«

»Ja«, bestätigte Ruth mit gewissem Besitzerstolz, »hier ist wirklich alles erste Klasse. Septima – das ist die Mutter von meinem Freund Saxby, weißt du? –, die sorgt dafür, daß der Laden konkurrenzfähig bleibt, keine Frage. Vor allem wird man hier so richtig verwöhnt. Allein das Essen…« Ruth legte Daumen und Zeigefinger zusammen und machte eine anerkennende Geste.

Brie sah sie mit einer Miene an, in der unverfälschtes Staunen und ungetrübte Freude lagen. »Ich bin so froh, daß du hier bist«, bellte sie. »Ich dachte schon, ich wäre hier die einzige, die –« Brie zögerte. »Die einzige…«

Die einzige was? dachte Ruth. Die einzige naive Blondine? Der einzige blutige Anfänger? Das einzige sprechende Einhorn? Wollte Brie sie etwa beleidigen? Wollte sie damit zum Ausdruck bringen, daß sie befürchtet habe, hier gebe es nur Grobians, Anserines, Kleinschmidts und Thalamusse, nur Berühmtheiten und gesalbte Häupter, jetzt aber sehe sie, daß auch ein Laufburschentum existierte – und betrachtete sie Ruth etwa als Teil davon? So wie auch sich selbst? Ruth spürte, wie ihre Ohren sich röteten.

Brie beendete ihren Gedanken nicht. Sie quietschte etwas Unverständliches, dem sie ein »Ach, Ruthie, es ist so schön, dich hier zu treffen« folgen ließ. Nach einer zweiten obligatorischen Umarmung, die weniger inbrünstig als die erste ausfiel, führte Ruth Brie zur Cocktailparty in den Salon.

An der Bar stellte Ruth sie Sandy, Regina, Ina und Bob vor, die nacheinander mit dermaßen ehrfürchtigen und demütigen Blicken bedacht wurden, als wären sie Jerome D. Salinger, Louise Nevelson, Eudora Welty und John Ashbery. Sie alle wurden – sowohl als Gruppe wie auch einzeln – von Brie über die unbedeutendsten und banalsten Details ihrer Lebensgeschichte ausgefragt, und zu allem Überfluß endete sie mit der absoluten Tabu-Frage: »Und woran arbeiten Sie im Moment?«

Ruth lächelte dabei die ganze Zeit gelassen, wechselte gelegentliche Seitenblicke mit ihren Bekannten und zuckte bisweilen angesichts ihres unausgesprochenen Mitgefühls die Schultern. Immerhin war sie hier die unbestrittene Königin – jedenfalls solange die Prätendentin, Jane Shine, sich bedeckt hielt. Wo war eigentlich La Shine mit ihrer Flamenco-Frisur und dem gekünstelten Lächeln? Erstickte sie in ihrem fürstlich ausgestatteten Zimmer gerade an einer marinierten Trüffel? War sie mit ihrem nordischen Sklaven auf Spazierfahrt? Aber egal. Indem sie Brie den guten Dienst ihrer Gönnerschaft erwies – wenn La Dershowitz sie in Ordnung fand, dann war sie auch in Ordnung, Punktum –, fühlte sich Ruth als Wohltäterin, ja als Heilige. Es war das mindeste, was sie tun konnte.

Ruth wartete noch eine Weile – »Ach, Sie sind auch Skorpion?« plapperte Brie mit Ina und warf dabei wild die Schultern herum, daß ihre Haare flogen –, dann unterbrach sie das Schauspiel und ergriff Brie am Ellenbogen. »Du wirst jetzt sicher auspacken wollen«, sagte sie. »Owen wird dir dein Zimmer zeigen. Aber vorher –« eine Pause, beiläufig wie ein Gähnen »– möchtest du vielleicht gern Irving Thalamus kennenlernen?«

Brie war die Gewinnerin einer Quizshow, die Zweite im Wettbewerb um den Titel der Miss America, sie wirkte, als hätte sie sechs Richtige im Lotto getippt oder den Jackpot in Las Vegas geknackt. Ihr Juchzer, in dem sich Überraschung, ehrfürchtiges Staunen und Vergnügen mischten, überstieg bei aller Lautstärke die menschliche Gehörschwelle, und Sandy, Ina und Bob lächelten still in sich hinein, so wie sie auch die Tolpatschigkeiten eines Kindes oder eines jungen Hundes belächelt hätten; Regina setzte wieder ihre finstere Punker-Miene auf. »Wirklich?« gelang es Brie zu formulieren, als sie wieder zu Atem kam, »Irving Thalamus? Ist der auch hier?«

Ruth führte sie hinüber zu dem Sessel, in dem es sich Irving mit einem doppelten Wodka und der Ausgabe einer Literaturzeitschrift bequem gemacht hatte, die ausschließlich seinem Werk gewidmet war. Er war in die Lektüre versunken und hatte seine Umgebung vergessen. Seine patriarchalen Augenbrauen waren zusammengezogen, und die winzige Lesebrille saß wie ein Spielzeug weit vorn auf seiner Nase. Er schenkte ihnen ein Lächeln, und nachdem Brie ihm ihre Ehrfurchtsbezeugungen erwiesen hatte – auf deren Höhepunkt Ruth glaubte, sie würde gleich auf dem Boden herumrollen und sich anpinkeln –, ließ er den vollen Thalamus-Charme sprühen und gewährte ihnen eine eingehende, zeilenweise belegte Beurteilung sämtlicher Vorzüge und Schwächen der Kritiker, die die Zeitschrift zu seinen Ehren aufgeboten hatte.

Ruth holte Brie ein Glas Calistoga und sich selbst einen Bourbon und nahm zur Rechten Irvings Platz, während dieser sich mit all dem Verstand, Charme und selbstironischen Witz eines Mannes, der weiß, wofür er lebt, über einen gewissen Morris Rosenschweig von der Tufts University ausließ. Ruth sah und hörte ihm zu und fand seine Show ziemlich gut.

Als nächstes stellte Ruth ihr Clara und Patsy vor, im Anschluß daran eine Gruppe von weniger bedeutsamen Künstlern, die gerade hereinkamen, dann führte sie Brie langsam zurück an die Bar, und schließlich ging es zu Laura Grobian. Wie üblich saß Laura allein in der hinteren Ecke, ein zierliches Glas mit goldenem Sherry reflektierte das Licht der Leselampe neben ihr. Sie hatte ihr Notizbuch dabei – immer trug sie ihr Notizbuch mit sich herum, dieses Buch machte Ruth halb verrückt –, und sie schrieb, den Kopf tief über die Seite gebeugt. »Laura« – Ruths Stimme war fest, vertraulich, voller Frohsinn –, »ich möchte dir Brie Sullivan vorstellen, sie ist eben hier angekommen.«

Laura blickte durch den vielgerühmten schwarzen Pony zu ihnen auf, und Ruth bekam einen Schock. Sie sah furchtbar aus. Sie wirkte ausgemergelt, verwirrt, es schien, als tränke sie heimlich, lebte in der Gosse, suchte nachts Friedhöfe heim. *Krebs* – das Wort zuckte Ruth durch den Kopf –, *ein inoperabler Tumor. Zwei Monate. Vielleicht drei.* Dann aber lächelte Laura und war plötzlich wieder sie selbst, königlich, unangreifbar, die asketische Schönheit mittleren Alters mit dem verzehrenden Blick und der großartigen Figur. Sie reichte Brie die Hand. »Schön, daß Sie bei uns sind«, sagte sie.

Brie druckste herum, zog die Schultern nach hinten, blies sich das Haar aus der Stirn. Sie bereitete sich regelrecht für einen Auftritt vor. Laura blinzelte sie noch verwirrt an, da brach schon der Redeschwall los. »Ich fühle mich geehrt«, begann Brie, die sich bemühte, ihre Stimme zu beherrschen, aber sie kam zu hoch heraus, überschlug sich vor Ehrfurcht und Aufregung. »Ich meine, ich bin total hin und weg. Echt. Ich meine, Ihre ›Bay-Light-Trilogie‹, also nachdem ich die gelesen hatte, da konnte ich lange Zeit überhaupt nichts anderes mehr lesen, ein paar Jahre lang ... Ich glaube, ich kenne jedes Wort darin auswendig. Ich, ich bin – das hier ist wirklich großartig, es ist eine Ehre, es ist – es ist –«

»Kennen Sie die Geschichte von Masada?« fragte Laura plötzlich, warf einen Blick auf die Buchseite in ihrem Schoß und sah dann wieder zu ihnen auf – zu Brie und auch zu Ruth. »Ruth, du wirst sie doch bestimmt kennen?«

Masada? Wovon redete sie nur? War das ein Ratespiel oder was? »Du meinst, wo sich die Juden umgebracht haben?«

»73 nach Christi war das, am fünfzehnten April. Massenselbstmord. Ich lese gerade einiges darüber. Auch über Jonestown. Und über die Japaner auf Saipan und Okinawa. Hast du schon mal von Saipan gehört? Da stürzten sich Frauen und Kinder in den Abgrund, schnitten sich die Gedärme heraus, schluckten Zyankali und Benzin.« Lauras Stimme war ruhig, etwas heiser an den Rändern ihrer exotischen Zerstörtheit.

Brie prustete sich ins Stirnhaar, nahm ihr Glas von einer Hand in die andere; sie wirkte deutlich ratlos. Auch Ruth wußte nicht recht, was sie sagen sollte – das war kein Cocktailpartygeplauder, das war weder Klatsch und Tratsch über Verlage noch war es witzig, es war morbide und deprimierend. Kein Wunder, daß Laura immer allein saß, kein Wunder, daß sie aussah, als wäre sie halb tot.

»Wie schrecklich«, sagte Ruth schließlich und wechselte einen Blick mit Brie.

»Die US-Marineinfanterie stand kurz vor der Landung, und die Zivilbevölkerung war von der japanischen Armee im Stich gelassen worden. Es ging das Gerücht, um zur Marineinfanterie zu kommen, müßte man vorher die eigenen Eltern ermorden. Könnt ihr euch das vorstellen? So haben die von uns gedacht. Die Japaner – lauter Zivilisten, Frauen und Kinder – stürzten sich lieber von einer Steilküste ins Meer, als in die Hände solcher Ungeheuer zu fallen.«

Ruth sagte gar nichts. Sie nahm nervös einen Schluck von ihrem zweiten Bourbon – oder war es ihr dritter? Worauf wollte Laura hinaus?

»Ja, darüber hab ich mal was gelesen – die Leute waren wie Lemminge oder so«, verkündete Brie und ließ sich auf einer Sessellehne gegenüber von Laura nieder. »Wenn ich recht überlege, dann hieß die Erzählung auch ›Lemminge‹ – ja, so hieß sie, ganz sicher. Glaube ich.«

»Genau.« Laura Grobian fixierte sie mit ihrem gehetzten – und, wie Ruth allmählich fand, auch leicht irren – Blick. »Massenhysterie«, sagte sie und schien die Zischlaute zu genießen. »Massenselbstmord. Eine Frau tritt an den Rand des Abgrundes, ein Baby an die Brust gedrückt, neben sich ihr fünfjähriges Kind. Rings um sie herum springen die Menschen hinab, schreien und weinen. Alle ihre Instinkte sträuben sich dagegen, aber sie tut es dennoch, stößt das ältere Kind in den Abgrund, die kleinen Gliedmaßen fuchteln und schlagen in der dünnen Luft, und dann folgt sie ihm in die Tiefe. Und das alles, weil sie uns für Ungeheuer hielten.«

Ruth hatte einen harten Tag gehabt – das völlig ruinierte Studio, der totale Zusammenbruch ihrer schriftstellerischen Arbeit und jeglicher Inspiration, dazu die Aufregung über Hiros Ausbruch und Saxbys Anruf, ganz zu schweigen von der Szene mit Turco am Vorabend –, und sie konnte so etwas überhaupt nicht brauchen, nicht jetzt, nicht einmal von Laura Grobian. Aber wie dem entrinnen? Und weil sie nicht weiter wußte, weil die Situation ihr so unangenehm war, stellte sie die verbotene Frage: »Du arbeitest wohl gerade an einem Essay? Oder an einem neuen Roman?«

Laura antwortete nicht sofort, und für kurze Zeit fragte sich Ruth sogar, ob sie sie überhaupt gehört hatte. Dann jedoch murmelte sie, vage und wie aus großer Ferne: »Nein. Eigentlich nicht. Aber ich finde … das Thema … fasziniert mich wohl.« Und dann war sie wieder bei ihnen, zuckte die Achseln und nahm ihr Sherryglas vom Tisch.

Für Ruth klang es wie ein Abschluß, und sie überlegte schon, wie sie diesen wüsten, düsteren Auftritt Laura Grobians später im Billardzimmer persiflieren könnte und ob sie das wagen würde, als plötzlich das allgemeine Raunen im Raum verstummte und alle den Kopf zum Eingang wandten. Die zwei anderen Neuzugänge kamen gerade zum Cocktail herein. Beide. Zusammen.

Ruth sah Brie zur Tür hinüberblinzeln, in Erwartung einer weiteren Offenbarung, der nächsten Erscheinung von irdischer Prominenz, sie sah, wie Brie sich zu ihr umdrehte und stirnrunzelnd mit den Lippen eine Frage formte: »Ist das nicht –?«

»Orlando Seezers«, sagte Ruth.

Die Gestalt war unverkennbar. Ruth war ihm zwar nie zuvor begegnet, aber sie kannte ihn von Fotos. Er war ein etwa sechzigjähriger Schwarzer mit Spitzbart und an einen chromblinkenden Rollstuhl gefesselt. Während der Studentenunruhen in den sechziger Jahren war er schwer verletzt worden, in einer Auseinandersetzung mit einem Kommilitonen, der angeblich nur zu einer bestreikten Vorlesung gehen wollte. Das war an der New York University gewesen, erinnerte sich Ruth, auf einer Treppe. Vor seinem Unfall schrieb Seezers bittersüße Blankverse über Blues- und Jazzgrößen und wilde, feurige Polemiken, derentwegen er des öfteren mit James Baldwin und Eldridge Cleaver verglichen wurde; danach schrieb er Sestinen und eine Serie von enorm populären Sittenkomödien über das Leben der Leute auf der Upper East Side.

»Und –?« fragte sich Brie laut, wobei sie derartig die Augen zusammenkniff, daß ihr Gesicht in sich zusammenzuschrumpfen drohte.

»Mignonette Teitelbaum.« Auch sie kannte Ruth nicht persönlich, aber Septima hatte ihr erzählt, wer zusammen mit Orlando Seezers käme – »Wie ich höre, sind die zwei ja praktisch unzertrennlich«, hatte sie gesagt –, und gehört hatte sie natürlich von ihr. Teitelbaum – und Ruth hörte schon automatisch, wie diesem Namen ein gehauchtes »La« vorangestellt wurde – war einen Meter neunzig groß, plattfüßig, breithüftig, flachbrüstig und etwa dreißig Jahre jünger als Seezers. Sie hatte zwei Sammlungen mit minimalistischen Erzählungen verfaßt, die in der hintersten Provinz von Kentucky spielten, obwohl sie in Manhattan geboren und aufgewachsen war, am Barnard College und der Columbia University studiert und anschließend überwiegend in Europa gelebt hatte. Gerüchten zufolge hatten die beiden einander in einem Tanzclub im New Yorker Stadtteil SoHo kennengelernt.

Das Paar zögerte auf der Schwelle, bis Irving Thalamus sich erhob, eine dröhnende Begrüßung ertönen ließ – »Orlando! Mignonette!« – und den Raum durchquerte, um sie in die Arme zu schließen. Die Gespräche setzten wieder ein. Wie in Trance driftete Brie mit entrücktem Gesichtsausdruck auf das Triumvirat der einander umarmenden Löwen zu. In diesem Augenblick ergriff Laura Grobian Ruth am Arm. Brie schien die Bewegung irgendwie zu spüren und erstarrte. Ruth sah Laura an, noch nicht direkt beunruhigt, sondern nur besorgt, sie würde wieder mit ihrer Masada-Geschichte anfangen, während die kostbaren Minuten der Cocktailstunde zerrannen. »Ruth« – Laura fixierte sie mit ihren unergründlichen Augen –, »seh ich dich heute nach dem Abendessen, ja?«

»Ja, sicher«, sagte Ruth, obwohl der Boden unter ihr schon wieder wankte. Sie war Laura Grobians Vertraute, ja, aber was wollte sie jetzt von ihr um Himmels willen?

Laura lächelte sie an, als wären sie gerade von einer gemeinsamen Weltumseglung zurückgekehrt. »Nach Janes Lesung. Jane Shines. Die hast du doch nicht vergessen, oder?«

Bei Janes Erwähnung war Brie wie der Blitz wieder da. »Jane Shine?« stieß sie hervor und drängte sich dicht heran, als hätte man ihr soeben einen der geheimen Namen Jehovas enthüllt. »Die ist auch hier?«

Nun zitterten die tektonischen Platten vehement, mahlten knirschend mit grausigen Scherkräften aneinander. Ganz aus der Balance gebracht, konnte Ruth nur nicken.

»Oh, Ruthie« – Brie blickte aufgeregt zwischen Ruth und Laura hin und her –, »kennst du sie?«

Wo die Erde zittert

Wild und urtümlich, unbesiegbar und unergründlich, Bollwerk von Blutegeln, Wassermokassin- und Klapperschlangen, Mutter der Vegetation, Vater der Moskitos, Seele des Schlicks – der Okefenokee ist der archetypische Sumpf, ein Sumpf, in dem Legenden, das Artengedächtnis und Hollywood wurzeln. Hier entspringen zwei Flüsse, der St. Mary's River und der Suwannee, die sich über 175 000 laubüberwucherte Hektar Land ausbreiten, jeder einzelne davon vollgesogen wie ein Schwamm. Einhundertfünfundsiebzigtausend Hektar voll stechender, beißender und bohrender Insekten, voll jungfräulicher Zuckerrohrstauden, Tupelobäumen und Zypressen, voll Palmen, Sumpfkiefern und Torf, voll Schlamm und Dreck, voll Schleim und Schlick. Alles west vor sich hin, alles brodelt, zerfällt, zerfließt. Der Sumpf beheimatet zweihundertfünfundzwanzig Vogel-, dreiundvierzig Säugetier-, achtundfünfzig Reptilien-, zweiunddreißig Amphibien- und vierunddreißig Fischarten – jede einzelne bestens ausgestattet mit Schnäbeln, Klauen, Krallen, Mäulern, Stacheln und Giftzähnen –, gar nicht eingerechnet die wuselnden Galaxien der Mücken und Bremsen, winzigen Fliegen, Zecken, Milben, Hakenwürmern und Infusorien, die nur existieren, um das Elend des Daseins zu unterstreichen. Hier gibt es Alligatoren, Bären, Pumas, Wildkatzen und Schlammfische, es gibt Schmuckschildkröten und Schnappschildkröten, Opossums, Waschbären und Hechte. Sie fressen sich gegenseitig, sie scheißen und pissen auf den Bäumen, im Schleim und im Schlamm und auf dem schwimmenden Torfrasen, sie triefen vor Sperma und vergraben ihre Eier, sie kratzen und beschnüffeln sich, sie stinken, sie kreischen und jaulen in jeder Minute an jedem Tag ihres Lebens, daß es überall von ihren Schreien widerhallt wie in einem Höllenzoo.

Trockenlegen, sagte man damals, in jenen Tagen, als die Technik noch Hoffnung bot. Man versuchte es auch. Captain Harry Jackson, ein Mann mit Visionen, gründete 1889 die Suwannee Canal

Company, um den Sumpf trockenzulegen und das Wasser abzuleiten, samt Insekten, Alligatoren, Schleim, Schildkröten, Schlangen, Fröschen und Welsen, und den fruchtbaren Schlick, der übrigbleiben würde, in Ackerland umzuwandeln. Er trieb etwas Kapital auf, schaffte ein halbes Dutzend riesiger dampfbetriebener Bagger an, die einen vierzehn Meter breiten und zwei Meter tiefen Kanal aushoben, in einem Tempo von dreizehn Metern pro Tag. Er baute auch ein Sägewerk, in dem Holz zum Verheizen und zum Verkaufen geschnitten wurde, und er ließ die Bagger rund um die Uhr graben, aber je mehr sie gruben, desto mehr Wasser floß in den Graben. Er machte trotzdem weiter und trieb seinen Kanal mit einem Tempo von etwa drei Meilen pro Jahr voran. Das Problem war nur, daß schätzungsweise dreihundert Kanalmeilen erforderlich waren, um den Sumpf erfolgreich trockenzulegen, und selbst ein Mann mit Visionen konnte nicht erwarten, hundertvierzig Jahre alt zu werden. Auch Captain Harry Jackson nicht. Er starb 1895, nachdem er eine winzige Scharte in die Flanke des unbesiegbaren Sumpfs geschlagen hatte, eine Wunde, in die das Wasser strömte, als wäre eine Arterie durchtrennt worden. Die Bagger verrosteten und versanken, das Sägewerk wurde zur Ruine. Gras und Schlingpflanzen und frische junge Bäume wucherten darüber und deckten alles zu.

Aber wenn sich der Okefenokee schon nicht eliminieren ließ, so konnte man ihn doch immerhin plündern. Deswegen siedelte sich eine Holzfirma dort an. Sie verlegte auf hölzernen Strebepfeilern zweihundert Meilen Eisenbahngleise quer durch den Sumpf, um an die jungen Zypressenwälder zu gelangen, auf Billy's Island entstand eine Stadt – mit einem Hotel, einem Gemischtwarenladen und einer Telefonverbindung zur Außenwelt. Von 1909 bis 1927 beherrschte das Kreischen der Sägen den mächtigen Sumpf. Dann gab es keine gewaltigen Zypressen und bald auch keine Holzfirma mehr. Die Züge zogen sich in die Zivilisation zurück, die Pfeiler stürzten ein, das Hotel verschwand ebenso wie der Laden und die Telefonleitung, als wäre alles ein fahrender Zirkus, eine Luftspiegelung gewesen, und innerhalb von zehn Jahren erinnerten nur noch die von Unkraut verschlungenen rostigen Gerippe nutzloser Maschinen daran, daß es einmal einen Ort auf Billy's Island gegeben hatte.

1937 tat die Bundesregierung dann das einzig Vernünftige und erklärte den Sumpf zum Naturschutzgebiet; bei dieser Gelegenheit wurden die letzten Hinterwäldler, Wilderer, Alligatorenjäger, Schwarzbrenner und alle sonstigen inzüchtigen Primitivlinge und Desperados, die sich an diesen entlegensten Außenposten der Erde geflüchtet hatten, aufgespürt und vertrieben. Der Okefenokee wurde zum Zufluchtsort für jegliches Getier, das schwamm, flog oder auf dem Bauch umherkroch, nur den menschlichen Sumpfblüten und Gesetzesbrechern bot er keine Zuflucht mehr. Das Wasser stieg, der Wald wurde dichter, Zypergras, Wasserschlauch und Schneeballstrauch gediehen, im Schlamm wälzten und vermehrten sich die Alligatoren, und das Leben von einst, das älteste Leben, das ewige und unbesiegbare Leben triumphierte.

Natürlich wußte Hiro von alledem nichts. Er wußte nur vom Kofferraum des Mercedes, von Prellungen am Schienbein, von Muskelkrämpfen, schmerzenden Gelenken und Reisekrankheit, und allmählich dämmerte ihm, daß der unsichtbare Fahrer dort vorn, der da etwas von einem »Plastik-Jesus« grölte wie ein Betrunkener in einer *karaoke*-Bar, offenbar der König aller Butterstinker persönlich war, der *ketō*, die Langnase, sein schicksalhafter Rivale in der Liebe, Ruths großer, haariger *bōy-furendo* ... und er wußte auch, daß der Augenblick der Befreiung kommen würde.

Oh, wie er diesen Augenblick herbeisehnte, bei jedem Schaukeln und Schlingern und Rütteln des Wagens, in jeder scharfen Kurve, bei jedem Knirschen der Reifen auf Kies und während der langen, schwülen Nacht vor dem Motel – ja, es war ein Motel, er hörte die an- und abfahrenden Autos, das Zuschlagen der Türen, das Stimmengewirr. Als er im Wagen allein war, versuchte er, sich durch die Wand zwischen Kofferraum und Rücksitz in den Innenraum zu arbeiten, aber es war zu eng, um sich richtig zu bewegen, und die Wand gab nicht nach, eine kalte, von den Deutschen für die Ewigkeit errichtete Barriere. Und so lag er mit schmerzenden Gliedern da, massierte sich mühsam die Muskeln und atmete geduldig und konzentriert die heiße, abgestandene Luft; er wartete wie ein Samurai, wie Jōchō, wie Mishima, wie ein Japaner, auf den Augenblick, in dem sich der Schlüssel im Schloß drehen würde.

Als der Augenblick kam, war er bereit. Müde, wundgeschürft,

gierig nach Licht und Luft, in sich eine tiefe, brennende, unstillbare Wut wegen all seiner Verletzungen und Wunden, weil die Stadt der Brüderlichen Liebe ein krasser Betrug gewesen war und weil er Ruth verloren hatte, aber er war bereit, bereit für alles. Doch als sich schließlich der Schlüssel im Schloß drehte und die Kofferraumklappe über ihm aufging wie ein Sargdeckel, blendete ihn die Explosion des Lichts, und er zögerte. Er schirmte die Augen ab und blinzelte in das Gesicht über ihm, ein bekanntes Gesicht, das Gesicht des *bōy-furendo*, das ihn jetzt erschreckt und ungläubig anstarrte. Das genügte. Alles weitere ging so automatisch wie der Motor, der sein Herz antrieb, oder der Blutstrom, der durch seine Adern schoß.

Er sprang hinaus, sein Gegner war völlig überrascht. Er brauchte die Karatekünste nicht einzusetzen, die er sich durch minuziöses Studium der Diagramme in Kampfsportzeitschriften erworben hatte, brauchte nicht zu stoßen, zu treten oder Augen einzudrücken – der *bōy-furendo* war entsetzt zurückgewichen, seine Augen zwei stumpfe Nuggets, seine Miene ließ auf Impotenz und Verstopfung schließen. Gut. Gut, gut, gut. Hiro erhob sich aus der geduckten Angriffshaltung, blickte um sich und versuchte sich zu orientieren. Und dann, wie ein Schlag ins Gesicht, erlebte er die nächste Überraschung: Soweit das Auge reichte, sah er nichts als Wasser, Morast, Kriech- und Schlingpflanzen, jene verwünschte, faulig stinkende Wildnis von Amerika. Aber nein, das durfte nicht wahr sein. War denn hier alles Sumpf, das ganze hoffnungslose Land? Wo waren die großen Einkaufszentren, die Apartmenthäuser, die Tätowiersalons und die Supermärkte? Wo waren die rotleuchtenden Berge und das weite Land? Warum konnte dieser Butterstinker seinen Kofferraum nicht vor einem Lebensmittelgeschäft öffnen, vor einem Burger King oder vor Saks Fifth Avenue? Warum hier? Warum diese Bäume und Wasserlilien und diese übelriechende *gaijin*-Senkgrube? Sollte das ein schlechter Scherz sein?

Niemand rührte sich. Hiro stand sprungbereit auf der Schwelle zwischen Gefangenschaft und Flucht, der *bōy-furendo* bewegte sich nicht, sein Komplize steckte bis zu den Knien im Schlick und sah verdattert zu ihm herauf. Hiro hätte an dem *bōy-furendo* vorbei- und weiter auf den schmalen Streifen trockenen Landes zurennen können, aber hinter ihm standen weitere Butterstinker, ganze

Legionen von ihnen, mit Angelruten und Geländewagen und Bootsanhängern, und schon legten sich der Haß, der Abscheu und die Verachtung in ihre Blicke. Es gab keine Wahl: Zögern bedeutete Tod. Drei Schritte Anlauf, ein Hechtsprung, und er war in seinem Element, im Wasser, wieder einmal im Wasser, für das er geboren, gegen das er abgehärtet war, flink und behende und stromlinienförmig wie ein Delphin.

Ein Déjà-vu.

Diesmal jedoch war das Wasser nicht salzig – es war Badewannenwasser, dreckig und stinkend, die Lauge, die man gurgelnd in den Abfluß laufen läßt, nachdem ein ganzes Dorf eine Woche lang darin gebadet hat. Er schlug auf die Entengrütze und die schaumige Brühe ein, schwamm auf die andere Seite der Lagune, ehe die verdutzten Angler hinter ihm ihre Köderkisten fallen lassen und die Motoren ihrer schnellen, stumpfnasigen *hakujin*-Sumpfboote anwerfen konnten. Er erreichte das Ufer – aber das war gar kein richtiges Land, das war etwas anderes, etwas, das unter seinen Füßen federte wie ein straff gespanntes Trampolin –, während das schon vertraute Gebrüll hinter ihm losbrach und die Außenbordmotoren mit dem Grollen jagender Raubtiere zum Leben erwachten. Egal, er war schon verschwunden.

Ja, aber was jetzt? Wenn er die Insel unangenehm gefunden hatte, wenn er langsam genug hatte von Mooren und Moskitos und von Kleidern, die niemals trocken wurden, dann war dieses *Festrand* die Hölle selbst. Er bahnte sich einen Weg in den Busch hinein, fort von den Stimmen und dem Heulen der Außenborder, kämpfte sich durch das Gestrüpp, aber es gab keine Rast, keine Erholung, keinen Ort, an dem er sich ausruhen oder dem Schlick entkommen konnte. Das Wasser war knietief, hüfthoch, ging ihm einen halben Meter bis über den Kopf, und darunter war der Schlamm, der an ihm saugte, ihn bis zur Taille einsinken ließ, ihn unbarmherzig hinabzog. Mit jedem verzweifelt ausholenden Schwimmstoß sank er tiefer ein. Was für ein schimpflicher Tod, dachte er. Er rief Jōchō zu Hilfe, spannte sein *hara* an, aber dennoch ging er unter. Endlich, als seine Gliedmaßen vor Erschöpfung schon ganz taub waren, gelang es ihm, nach Luft schnappend und halb erstickt von den Fliegen und Moskitos, die die Luft rings herum schwärzten, sich an dem glatten, knochigen Wurzelknie eines Baums, der vor ihm aufragte wie ein Granitpfeiler, aus dem Morast zu ziehen.

Keuchend lag er da, zu ausgepumpt, um auch nur die Insekten von seinem Gesicht zu verscheuchen. Der düstere Schatten der großen, moosüberwachsenen Bäume verdunkelte den Vormittag, daß es Hiro fast vorkam, als wäre es Nacht. Ein Sumpf! Schon wieder ein Sumpf. Ein so gewaltiger Sumpf, daß er Ruths Bungalow, Ambly Woosters Grundstück, das Große Haus und die vielen unbedeutenden Sümpfe und Schlammpfützen auf Tupelo Island glatt hätte verschlucken können. »Mist«, stieß er hervor. »*Bakayorō!* Verfluchter Dreck.« Er fühlte sich wie ein Bergsteiger, der sich gerade Zentimeter für Zentimeter eine steile Felswand hinaufgequält hat, nur um festzustellen, daß dahinter eine zweite, doppelt so hohe Felswand aufragt. Was war mit ihm geschehen? Wie war er hierhergekommen? Doggo, seine *obāsan*, Chiba und Unagi, an ihre Gesichter konnte er sich kaum noch erinnern. Aber Ruth, die sah er klar und deutlich vor sich, sah sie in ihren vielen wandelbaren Erscheinungen: die schlanke Sekretärin mit den weißen Beinen, Verführerin, Liebhaberin, Beschützerin und Kerkermeisterin. Sie hatte ihr Essen und ihr Bett mit ihm geteilt, ihm ihre Zunge und ihre Schenkel hingegeben, und sie hatte ihn aufs *Festrand* schmuggeln wollen – nicht auf dieses *Festrand*, nicht auf ein *Festrand* von Fäulnis, Gestank und abnormer Natur, sondern auf das *Festrand* der Städte und Straßen und Geschäfte, wo reinrassige Amerikaner mit *happas* Hand in Hand gingen.

In diesem Augenblick – als er, kaum aus dem Kofferraum des Mercedes befreit, in den Sumpf zurückgestoßen war –, durchfuhr ihn ein Gedanke, der ihn erstarren ließ. Seit achtundvierzig Stunden, seit jenem Moment, da sie ihn mit ihren Gewehren und Hunden und dem kalten, glasharten Blick ihrer Augen aufgestöbert hatten, während seiner Flucht aus der primitiven Zelle und in den betäubenden, drückenden Stunden des Begrabenseins im Kofferraum, umschiffte er nun schon den harten Fels einer Frage, der er sich nicht stellen wollte – *Wer hatte ihn verraten?* –, und auch die dazugehörige, ebenso schmerzliche zweite Frage: *Wer hatte denn gewußt, daß er sich in dem Häuschen im Wald versteckte?* Jetzt kam ihm die Antwort, die Antwort auf beide Fragen, verpackt in einer einzigen, dumpfen Silbe: *Ruth*.

Es lag etwas Besonderes in der Art, wie man das Paddel ins Wasser eintauchte und durchzog, mit einer einzigen, raschen Bewegung des Handgelenks im Heben umdrehte und dann wieder eintauchte, ein Rhythmus und eine Koordination, die Vollkommenheit erahnen ließen, und das gefiel ihm. Es war etwas Ordentliches. Klares. Der Schlag konservierte Energie und gab sie zugleich ab – nicht wie diese Idioten in ihren Motorbooten auf den Touristenrouten –, und es war auch ein gutes Gefühl im Schultergürtel und im Trizeps. Und es war so still – beinahe kam er sich vor wie ein Seminole oder Creek auf der Pirsch nach Alligator und Ibis oder gar nach einem jener Bleichgesichter, die die Indianer in den Tagen von Billy Bowlegs in den Sumpf getrieben hatten.

Jeff Jeffcoat glitt durch einen Traum. Das hatte er sich seit seiner Kindheit in Putnam Valley im Staat New York gewünscht: mit eigener Kraft den größten Sumpf Amerikas zu durchqueren, Gefahren zu meistern, Wunder zu entdecken, Alligatoren beim Sonnen zu beobachten, den Schlangenhalsvogel in seinem Nest, die in den Ästen eines Baums zu einem tödlichen Signal gekrümmte Wassermokassinschlange. Und nun war er hier – achtunddreißig Jahre alt, seit kurzem in Atlanta ansässig, wo er im Kolorierungslabor von TBS tätig war, seine Frau Julie saß mittschiffs auf einem Kissen, sein Sohn Jeff junior bediente das Paddel am Bug –, hier war er und tat es wirklich. Und es war großartig – hinter jeder Ecke etwas Neues. Es war heiß, sicher, das mußte er zugeben, und die Insekten waren schrecklich, trotz der schützenden Lotion, die in den Augen brannte, die Mundwinkel verätzte und einem ständig von der Nasenspitze tropfte, vermischt mit zwei Litern Schweiß. Aber was war schon ein bißchen Unbequemlichkeit verglichen mit der Chance, eine echte Schnappschildkröte in freier Wildbahn zu sehen – fast siebzig Kilo schwer, ein Panzer so groß wie ein Cocktailtisch – oder den legendären schwarzen Puma oder den seltensten aller seltenen Vögel, den Elfenbeinspecht?

»Dad!« Jeff junior sagte es leise und eindringlich, im knappen Flüsterton des Waldläufers; Jeff spürte, wie sich auch Julie schlagartig anspannte, und sein Bick schoß sofort über den Bug hinaus und musterte die Büschel von jungem Schilfrohr und Saverbaum, die vor ihnen lagen. »Dad, halblinks vor uns, etwa dreißig Meter.«

»Was?« wisperte Julie und griff nach dem Feldstecher. Sie trug ein Moskitonetz über dem Gesicht, um die Quälgeister fernzuhalten, Shorts der Firma »Banana Republic« und den Tropenhelm, den Jeff ihr zum Spaß gekauft hatte. Sie war genauso aufgeregt wie er.

Jeff spürte, wie ihn ein Schauder durchfuhr. *Das* war das wahre Leben, das war Abenteuer, wie es die Forscher in jedem wachen Augenblick ihres Lebens empfunden haben mußten. »Was ist es, Jeffie – was siehst du denn?«

»Irgendein –«

»Pssst, scheuch es nicht auf.«

Ein geflüstertes Flüstern. »Irgendwas Großes. Seht ihr's nicht, da vorn, wo die Büsche sich bewegen?«

»Wo?« fragte Julie keuchend, den Feldstecher ans Gesicht gepreßt. »Ich sehe nichts.«

Jeff bewegte das Paddel im Wasser, ganz behutsam, und das Kanu schob sich mit dem eigenen Schwung vorwärts. Wahrscheinlich war es ein Alligator – der Sumpf wimmelte ja davon. Am Vortag, ihrem ersten Tag im Sumpf, waren sie fast eine Stunde lang unterwegs gewesen, ehe sie ihren ersten gesichtet hatten – und das war ein recht kümmerliches Exemplar gewesen, knapp über einen halben Meter –, aber trotzdem war es ein magischer Moment gewesen. Eine halbe Stunde lang hatten sie regungslos im Kanu zugebracht und ihn einfach nur beobachtet, wie er so träge dalag wie die Zypressen, die über ihnen aufragten. Jeff hatte allein auf dieses Tier an die zwei Filme verschossen, und jedes Foto würde gleich aussehen, das wußte er – Alligator im Schlick –, aber es hatte ihn einfach übermannt. Später am Tag, als die Alligatoren überall auftauchten, so selbstverständlich wie Pudel im Park, gewöhnte sich die Familie bald so sehr an ihre Gegenwart, daß Jeff junior etwas sehr Dummes getan hatte. Ein großer Alligator – drei, dreieinhalb Meter lang – hatte sich ans Kanu herangeschoben, als sie gerade die Sandwiches mit Hähnchenbrust und Avocadocreme verspeisten, die Julie am Vorabend zubereitet hatte, und Jeff junior, aus Langeweile, Unachtsamkeit oder weil ganz einfach ein kleiner Teufel in ihm saß, wie es bei Jungen vorkommen kann, hatte ihm Brot und Salat in kleinen Stücken ins Wasser geworfen, die der Alligator brav verschlang. Das war noch nicht weiter schlimm gewesesen. Aber aus Vertrautheit wird schnell Verachtung, wie Jeffs Vater oft gesagt hatte, und so schleuderte Jeffie irgendwann einen Apfel auf das Vieh. Gezielt. Und Jeffie war ein ziemlich guter Werfer, der Beste in seinem Juniorliga-Baseballteam, deshalb knallte der Apfel dem Alligator genau zwischen die Augen – worauf urplötzlich die Hölle losbrach. Das Tier war aus dem Wasser emporgeschnellt und wieder eingetaucht wie ein Turmspringer bei einer Wasserbombe, und dann war es weg, aber das Kanu schaukelte dermaßen heftig, daß das Wasser über die Ränder hereinschwappte und die Fototasche, den Picknickkorb und Jeffies Rucksack durchnäßte. Es war knapp gewesen, und Jeff junior war so durcheinander davon – große Augen und zitternde Schultern –, daß Vater Jeff sich die Standpauke für den Abend aufgehoben hatte, als sie ihr Lager aufschlugen.

Jetzt aber kamen sie immer näher auf etwas zu, was immer es war – er sah nun auch eine heftige Bewegung im Gestrüpp vor ihnen –, und plötzlich kreischte Jeffie auf: »Es ist ein Bär! Ein – ein – ein Braunbär, ein großer brauner Bär!«

Ein Bär! Jeff spürte, wie sein Puls sofort schneller ging – ein Bär konnte sie angreifen, das Kanu umwerfen, sie von einem Augenblick auf den anderen den Schlangen und Alligatoren und Schnappschildkröten ausliefern. Hastig paddelte er rückwärts, seine Augen suchten die Vegetation ab – ja, da war er, ein brauner Fleck, das junge Schilfrohr erbebte, es klatschte, dann noch einmal–

Es war doch kein Bär – alle lachten befreit auf –, es waren zwei Fischotter. Otter. »Du meine Güte«, keuchte Julie, »du hast mich ja zu Tode erschreckt, Jeffie.« Sie hatte den Feldstecher in den Schoß sinken lassen, und im Schatten des Tropenhelms war ihr Gesicht ganz bleich. Die Otter tauchten ab, kamen auf der anderen Seite des Bootes wieder zum Vorschein und musterten sie mit prüfendem Blick.

Sie waren wie Hundewelpen, daran erinnerten sie ihn, an zapplige, verspielte junge Hunde, und sie bezogen das Kanu augenblicklich in ihre wilde Verfolgungsjagd ein. Es war ein tolles Schauspiel, und sie sahen ihnen eine halbe Stunde lang zu, bevor Jeff sich besann, auf die Uhr blickte und sie sich wieder auf den Weg machten.

Sie mußten sich nämlich an einen amtlich vorgeschriebenen Zeitplan halten. Jeff hatte diesen Kanuausflug ein Jahr im voraus gebucht, sobald er die feste Zusage von Turners Filmfirma bekommen und sein Haus verkauft hatte. Die Nationalparkverwaltung ließ nur sechs Kanubesatzungen gleichzeitig im Sumpf übernachten, und die Konkurrenz um diese sechs Genehmigungen war erbittert. Jede Gruppe hatte sich an eine festgelegte Route zu halten und die vorgesehene Camping-Plattform laut Parkordnung bis sechs Uhr abends zu erreichen, dem Zeitpunkt, an dem die Rangers die Zufahrten für die Nacht schlossen und alle Angler, Ornithologen und sonstigen Tagesausflügler zur Anlegestelle zurückkehren mußten. In den Broschüren wurde erklärt, daß diese Zeitvorgabe – nach sechs durfte kein Paddel mehr im Wasser sein, und wer über Nacht blieb, mußte sich auf den erhöhten Plattformen aufhalten – den Kanutouristen zur eigenen Sicherheit diente. Der Sumpf war voller Gefahren, überall wimmelte es von Alligatoren, von Mokassin-, Korallen- und Klapperschlangen, und Jeff fand das auch höchst aufregend, aber er war ein vernünftiger, pünktlicher Mensch, der Überraschungen im Grunde nicht mochte, und Vorschriften befolgte er immer peinlich genau, sogar auf der Autobahn, wo er die 55-Meilen-Geschwindigkeitsbegrenzung stur einhielt, während die großen Laster und die japanischen Sportwagen mit derartigem Tempo an ihm vorbeiflitzten, als würde er auf der Fahrbahn parken. Die Nationalparkverwaltung gab ihnen acht Stunden, um von einer Plattform zur nächsten zu gelangen, und das ließ ihnen genügend Zeit, um sich alles anzusehen, aber nach der Begegnung mit den Ottern hatten sie eine leichte Verspätung. Jeff zog das Paddel fest durch.

Es war dreiviertel sechs, und er wurde schon etwas nervös – hatten sie irgendwo eine falsche Abzweigung genommen? –, als Jeffie krähte: »Ich seh sie, ich seh sie, direkt vor uns!« Da war sie, die erhöhte Plattform, auf der sie ihre zweite Nacht im Sumpf verbringen würden. Die verwitterten Stützbalken und das primitive Dach schälten sich aus der wie eine grüne Mauer gefügten Vegetation heraus, ein Graureiher flog mit schallendem Schwingenschlag auf, und sie waren angekommen, auf einem schimmernden Teppich aus Licht glitten sie auf ihren Lagerplatz zu. Genau wie die Plattform, auf der sie die Nacht zuvor verbracht hatten, war auch diese etwa dreißig Quadratmeter groß, mit porösen Bohlen überdacht und erhob sich einen bedenklich knappen Meter über den Wasserspiegel des Sumpfs. Die Ausstattung bestand aus einem Chemieklosett, einem Holzkohlengrill und einem Logbuch, in dem jede Gruppe, die über Nacht blieb, Datum und Uhrzeit von Ankunft und Aufbruch festhalten sollte.

Jeff junior und Julie hielten das Kanu ruhig, während Jeff auf die Plattform kletterte, immer auf der Hut vor Schlangen und Echsen, vor allem, was krabbelte, kroch oder kletterte. Am Abend zuvor hatte Julie einen Schrei ausgestoßen, der vermutlich bis nach Atlanta zu hören gewesen war, als aus einem der Dachsparren plötzlich eine Peitschenschlange hervorgeschossen kam, in den Kartoffelsalat fiel und sich quer über den Boden davonschlängelte, um auf der anderen Seite der Plattform in der Entengrütze zu verschwinden. Diesmal wollte Jeff kein Risiko eingehen. Mit gründlichem Blick überprüfte er die Balken und auch die Unterseite des Gerüsts, und mit einem Stock fuhr er in jede der Ritzen im Dach, wo Balken und Bohlen zusammengefügt waren. Dann wandte er sich dem Logbuch zu. Die letzte Eintragung stammte von den Murdocks aus Chiltonberry/Arkansas; in der Spalte für Bemerkungen hatten sie notiert: »Schnakenhölle.« Vor ihnen waren die Ouzels aus Soft Spoke/Virginia dagewesen, und sie hatten nichts weiter mitzuteilen gehabt als: »Wunderschöne Sterne.« Die Zeile über dem Vermerk der Ouzels fiel ihm sofort in die Augen – jemand, der sich nur als »Fritz« verewigt hatte, und zwar in einer so gedrängten und heimlichtuerischen Handschrift, daß Jeff sie kaum entziffern konnte, hatte dort geschrieben: »Achtung: Alligator über 4,25 m Länge *kann* Plattform erklettern.« Das »kann« war dreimal unterstrichen.

»Jeff, was machst du da so lange? Ich muß auf die Toilette.«

»Ja, gleich«, erwiderte er geistesabwesend. Dabei überlegte er, ob er das akrobatische Reptil erwähnen sollte, und beschloß, es zu tun, aber erst später, nach dem Abendessen, wenn sie es sich zum Schlafen bequem gemacht hatten. »Alles klar hier«, rief er der Einfachheit halber.

Jeff machte Feuer mit den Briketts aus echtem Eichenholz, die er aus Atlanta mitgebracht hatte, und Julie holte drei herrliche Filetsteaks aus der Kühlbox. Jeff junior bekam eine Cola, und sie teilten sich ein Bier, während die Steaks brutzelten und einen sauberen, scharfen, aromatischen Rauch aufsteigen ließen, der eine Zeitlang den dumpfen Gestank des Schlamms überlagerte und die Moskitos irritierte. Hinter der Plattform war das Wasser seicht – es ging höchstens bis zum Schienbein –, aber direkt davor lag eine recht tiefe Stelle, zweifellos eine große Suhle für Echsen, und Jeff behielt diese Stelle im Auge, um den agilen Alligator rechtzeitig zu erspähen, der sein Steak wohl am liebsten blutig aß, wie Jeff vermutete. Jeff junior holte seine Angelrute hervor, aber Jeff und Julie bestanden beide darauf, daß er zuerst noch auf der Klarinette üben müsse – sie legten Wert auf eine vielseitige Entwicklung ihres Sohnes, und obwohl Jeff junior erst zehn Jahre alt war, hatten sie schon seine Collegezeit im Auge. Und so erhoben sich, während das Essen gar wurde und Jeff seinen Schluck Bier in einer Plastiktasse schwenkte, die klagenden Melodien von Carl August Nielsen über Morast, Grasinsel und Suhle und fügten dem hirnlosen Geträller der Vögel und Baumfrösche eine kleine Note von Präzision hinzu.

Nach dem Essen bezog sich der Himmel, und Jeff spannte eine Plane von den Dachbalken herunter, um den Wind aus Südosten abzuhalten, wo jetzt Blitze den Himmel aufrissen und das ferne, dyspeptische Grollen des Donners erklang. Dann fütterte er das Lagerfeuer mit einem Bündel von Kiefernästen, die er vorsorglich während des Tages gesammelt hatte, und die Familie setzte sich rings herum, um Marshmallows zu grillen, Moskitos totzuschlagen und Geschichten zu erzählen. »Tja«, begann Jeff, als er neben Julie Platz nahm – die Plane flatterte, der Rauch wirbelte – »ihr wißt ja wohl, warum dieser gewaltige Sumpf hier Okefenokee heißt –«

»Ach, Mann, Dad – das hast du doch jetzt schon fünfzigtausendmal durchgekaut.«

»Jeffie, wirst du wohl nicht in diesem Ton mit deinem Vater sprechen –«

»– das Land der zitternden Erde, denn das ist wichtig für die Geschichte, die ich euch erzählen will, eine tragische, auf ihre Weise sogar grausige Geschichte.« Jeff machte eine Pause, damit die Adjektive ihren Zauber auf seine Zuhörer ausüben konnten, während das Rumoren des Donners immer näher kam. »Es ist die Geschichte von Billy Bowlegs, dem letzten der großen Seminolenhäuptlinge.«

Jeff junior saß im Schneidersitz auf einem der Schwimmkissen.

Er beugte sich vor, in seinen Augen lag jener wachsame Blick, den er immer hatte, wenn er übte oder seine Hausaufgaben erledigte, und auch seine Stirn runzelte sich kaum merklich. »Er heißt deswegen so, weil der Torf Inseln bildet, auf denen Bäume und alles mögliche wachsen können, und wenn man dann darauf gehen will, bricht man plötzlich durch – so wie Mom gestern. Mann, war das lustig. Es hat ausgesehen« – sein Tonfall hatte in den kehligen Bereichen von genervtem Zugeständnis begonnen, aber inzwischen genoß er es, ließ sich von der Freude über seine Kenntnisse mitreißen –, »als ob diese ganzen kleinen Bäume über sie herfallen oder so.«

Jeff holte ihn zurück. »Genau, Jeffie. Und was ist denn eigentlich Torf?«

»Äh, na, so was wie Kohle, oder?«

Jeff war sich selbst nicht so sicher, obwohl er jeden Reiseführer über den Okefenokee verschlungen hatte, den er hatte auftreiben können, aber für eine Lektion war es ohnehin genug, schließlich wollte er die Geschichte erzählen. »Genau«, sagte er. »Das ist nämlich wichtig, wenn man verstehen will, was mit Billy Bowlegs passiert ist, nachdem es zu einem der blutigsten Massaker in der ganzen Geschichte dieser Gegend gekommen war. Es war also ungefähr im Jahre 1820, glaube ich, und Billy Bowlegs wurde mit etwa dreißig Kriegern in den Sumpf gehetzt, nachdem sie das Blockhaus eines Siedlers angegriffen hatten. Er haßte die Weißen aus tiefstem Herzen, obwohl er gar kein Vollblutindianer war – der Legende zufolge war sein Vater ein Weißer gewesen, ein Verbrecher, der sich vor der Lynchjustiz in den Sumpf gerettet hatte...«

In diesem Moment trommelten die ersten windgepeitschten Regentropfen gegen die Plane, und Jeff hielt kurz inne, um sich insgeheim dafür zu loben, daß er die Zeltbahn auch am Boden befestigt hatte. Ein Blitz zuckte auf, gefolgt von einem dumpfen Donnergrollen; alle drei blickten sich um und bemerkten überrascht, daß es bereits dämmerte. Jeff sehnte sich nach einer Zigarette, aber er hatte das Rauchen aufgegeben – es war ungesund, außerdem fanden er und Julie, daß es ein schlechtes Beispiel für Jeff junior abgab –, deshalb zog er ein Päckchen zuckerfreien Kaugummi hervor und bot ihnen davon an.

»Der letzte Donnerschlag war ziemlich nahe«, sagte Julie. Der

Schein des Feuers spielte auf ihren glatten, verläßlichen Zügen. Sie sah gut aus, eine zähe Pioniersfrau, sie wäre imstande, mit der einen Hand Indianerattacken zu parieren und mit der anderen ihr Baby Bäuerchen machen zu lassen. »Gut, daß du daran gedacht hast, die Plane zu spannen. Meinst du, ich sollte das Zelt aufstellen – wo doch das Dach so durchlässig ist?«

Er war weise, väterlich, bestimmt. »Nein«, sagte er, »so schlimm wird es schon nicht.«

»Wie geht denn nun die Geschichte weiter, Dad?«

»Ja. Also. Es war eine stürmische Nacht, so wie heute, und auf Billy's Island beschmierten sich Billy Bowlegs und seine Männer die Gesichter mit schwarzem Schlamm, dann paddelten sie in ihren Einbäumen zum Rand des Sumpfs. Dort lebte eine weiße Siedlerfamilie, die erst vor kurzem angekommen war aus – aus New York –«

»Ach, komm schon, Dad – das denkst du dir jetzt aus.«

»Nein, nein, ich hab's gelesen. Wirklich. Jedenfalls waren sie zu dritt, ein Mann, seine Frau und ihr Sohn – ein Junge etwa in deinem Alter, Jeffie –, und sie hatten auch einen Hund und ein paar Rinder, dazu noch ein Maultier, glaube ich. Sie waren Bauern. Sie hatten ein bißchen Land trockengelegt und versuchten, auf dem fruchtbaren Boden Baumwolle und Tabak anzupflanzen. Soweit ich mich erinnere, waren sie erst wenige Monate zuvor angekommen – sie hatten noch nicht einmal ein Haus gebaut. Alles, was sie hatten, war ein notdürftiger Unterschlupf auf einer Plattform wie dieser hier, ein Dach über dem Kopf, aber an den Seiten war es offen –«

»Dad.«

Jeff überging die Unterbrechung. Jetzt hatte er ihn, er wußte es. Er zwinkerte Julie verschwörerisch zu. »Billy Bowlegs gab seinen Leuten den Befehl, die beiden Männer zu töten und die Frau zu rauben. Aber es regnete so stark, daß einer der Indianer ausrutschte, wobei seine Muskete losging, gerade als die Krieger aus den Büschen hervorstürmten. ›Rennt weg!‹ rief der Vater, und mit einem Mal flogen von überall her die Tomahawks und Pfeile. Der Sohn und die Mutter liefen davon, und der Vater feuerte sein Gewehr ab, um ihnen einen Vorsprung zu verschaffen, dann ergriff er selbst die Flucht. Aber weißt du was?«

Jeff junior beugte sich so weit vor, daß er sich mit den Ellenbogen abstützen mußte. »Was?« fragte er atemlos.

»Sie rannten auf eine dieser Torfinseln, die sich in dem Gewitter vom Land losgerissen hatte, und plötzlich war es, als liefen sie durch einen Traum: sosehr sie sich auch anstrengten, sie kamen kein Stück vorwärts, und da stand auf einmal Billy Bowlegs, das Gesicht mit schwarzem Schlamm bemalt, den Tomahawk hoch erhoben –«

In diesem Augenblick riß ein Windstoß die Befestigung der Plane los, so daß sie zusammenfiel und sie alle einen kräftigen Wasserschwall abbekamen. Wie Gischt im Ozean. Jetzt goß es in Strömen, der Regen peitschte durch die Öffnungen und rann durch das löchrige Dach herein. In dem Durcheinander kam Jeff rasch auf die Beine und warf einen Blick auf das hintere Ende der Plattform, während Julie und Jeff junior kreischend nach den Regenmänteln suchten. Was er dort sah, ließ ihn erstarren. Eine Gestalt hatte sich aus dem Zwielicht geschält, und es war weder der akrobatische Alligator noch der Bär, den sie im Unterholz vermutet hatten. Krummbeinig, abgerissen, mit Schlamm und Dreck beschmiert, stand dort die Gestalt von Billy Bowlegs höchstpersönlich.

Hiro wußte überhaupt nicht mehr weiter. Ein Gewitter war im Anzug, es wurde dunkel, und er war bereits von jedem einzelnen Moskito auf dieser Erde sechs- bis achtmal gestochen worden, gar nicht zu reden von deren Verwandten, den Zecken, Sandflöhen, Bremsen und Schnaken. Er würgte an Schlamm und Erbrochenem, fühlte sich vom Hunger ausgehöhlt wie eine Kalebasse und wankte, Vögel, Reptilien und Frösche aufscheuchend, aus dem Morast auf eine Baumgruppe zu, wo das Wasser etwas seichter, der Schlamm etwas fester war. Stunden zuvor, als die Sonne direkt über seinem Kopf stand, war er auf einen Strauch mit bitteren schwarz-lila Beeren gestoßen und hatte sich auf der schwankenden Matte niedergelassen, sich mit den Früchten vollgefressen, bis sie ihm wieder hochkamen wie der Bodensatz einer Flasche schlechten Weins. Lange Zeit lag er völlig mutlos da, verfluchte sich selbst, seinen *hakujin*-Vater und seine Mutter mit den festen Beinen, verfluchte Ruth – sie hatte ihn verraten, dieses Miststück, hatte ihn für ihre Erzählung, für ihre Geschichte benutzt, aus einer Laune heraus, und dann hatte sie ihn weggeworfen, als wäre er menschlicher

Müll. Das Wasser wiegte ihn in den Schlaf. Es hagelte Moskitos, er schloß die Augen und döste ein. Und dann, als die Sonne am Himmel sank und jedes Lebewesen im ganzen Sumpf sich seine stündliche Ration japanisches Blut holen kam, erwachten seine Sinne wieder. Zuerst weckte ihn ein Geräusch – eine leise geträllerte, etwas schräge Melodie übertönte hie und da die Kakophonie aus Quaken, Grunzen und Quietschen, die pausenlos an seinen Ohren zerrte. War das eine Flöte? Spielte da jemand Flöte, hier am hintersten Ende von Nirgendwo? Als nächstes meldete sich sein Geruchssinn und ließ die Erinnerung an Lagerfeuer und Fleisch in ihm aufleben.

Ringsherum brach das Gewitter los, gerade als er zwischen den Bäumen hervortaumelte auf die Matte aus halbfestem Schlamm, endlich hatte er wieder so etwas Ähnliches wie Erde unter den Füßen – an sich schon ein kleines Wunder –, aber was da vor ihm lag, war ihm ein Rätsel. Ein primitives Gerüst, im Grunde nichts als ein Unterstand, ragte da gut dreißig Meter vor ihm aus dem Gestrüpp, und bewohnt war es von Menschen, *hakujin*, die dort um ein Feuer saßen. War das ein Haus? Waren das »Hillbillies« – oder »Sumpf-Billies«? Und was war überhaupt ein *billy* – eine Art Ziegenbock, oder? –, und konnte überhaupt irgend jemand, Sumpfbilly oder sonstwer, ernsthaft hier leben wollen? Andererseits war dies Amerika, und ihn überraschte mittlerweile gar nichts mehr. Ob das nun Büffeljäger, junge Republikaner oder Crack-Dealer waren, es war ihm völlig egal: Er starb fast vor Nässe und Hunger und einer Verzweiflung, die sich wie Klauen in sein Innerstes krallte und ihn nicht loslassen wollte, und er brauchte diese Menschen.

Trotzdem, halbtot oder nicht, überstürzen wollte Hiro auch nichts. Er erinnerte sich an den glubschäugigen Neger, der um seine Austern gekämpft hatte, an das Mädchen im Coca-Cola-Laden, an Ruth, die ihn beschwichtigt und unterworfen hatte, um sich dann gegen ihn zu wenden und ihm das Herz herauszuschneiden. Er roch das Fleisch, sah den Unterstand, stellte sich vor, wie es wäre, im Trockenen zu sein, nur eine Minute lang … aber wie konnte er sich diesen Billies nähern? Was würde er sagen? Auf seinen Hunger hinzuweisen nützte nichts, wie ihm der Vorfall mit dem Neger gezeigt hatte; auch die Clint-Eastwood-Methode hatte sich als Fehlschlag erwiesen, obwohl er mit seiner Flucherei ganz zufrieden, sogar stolz darauf gewesen war. Richtig funktioniert hatte eigentlich nur die Irreführung: Ambly Wooster war überzeugt gewesen, er sei jemand namens Seiji, und wenn sie das geglaubt hatte, würden es ihm diese Leute vielleicht auch abnehmen. Aber er mußte vorsichtig sein. Wer hier draußen lebte – er konnte es immer noch nicht fassen –, der mußte primitiv und entartet sein. Wie hieß dieser Film, in dem die Städter auf Kanus fahren und die Hillbillies sie von der Steilküste aus attackieren?

Jetzt aber hatten sie ihn entdeckt. Die Blitze zuckten, der Regen prasselte auf ihn nieder. Auf der Plattform stand ein Mann, der eine verwirrte, verängstigte Miene machte – es sah wieder einmal schlecht aus –, er schrie irgend etwas, und die anderen beiden – eine Frau und ein Junge – erstarrten. Was sagte er da? Ach ja. Ja. Der Kriegsruf der *hakujin*: »Können wir Ihnen irgendwie helfen?«

Hiro starrte sie erst an, dann blickte er in dem regengepeitschten Sumpf um sich. Er war erschöpft, ausgehungert, übersät mit schwellenden Insektenstichen, schmutzig, aufgeweicht, anämisch durch den Blutverlust – und es kam ihm vor, als hätte er schon sein ganzes Leben so verbracht. Er entschloß sich zu einem Wagnis. Sollten sie ihn doch erschießen, aufknüpfen oder an ein Kreuz nageln, sollten sie ihm die Haut von den Knochen ziehen und ihn verspeisen, es war ihm egal. Ruth hatte ihn verraten. Die Stadt der Brüderlichen Liebe war ein Beschiß. Es gab nur den Sumpf, nichts als den Sumpf. »Tuu-rist!« rief er in Erinnerung an das Mädchen in dem Laden. »Aus Boot gefallen!«

Nichts. Keine Reaktion. Die beiden kleineren Gesichter flankierten das größere, und die drei ausgewaschenen Augenpaare durchbohrten ihn wie Speere. Der Wind heulte. Die Bäume tanzten. »Tuu-rist!« wiederholte Hiro und formte dabei die Hände zum Trichter.

Was dann kam, war ebenso unerwartet wie alles andere, was ihm widerfahren war, seitdem er seinen Sprung vom Seitendeck der *Tokachi-maru* gewagt hatte: Sie glaubten ihm. »Halten Sie aus!« rief der Mann, als spräche er mit einem ertrinkenden Kind, und dann sprang er schon von der Plattform hinunter und kam platschend durch den Morast auf ihn zu. Es war die reinste Rettungsaktion. Der Mann warf sich Hiros Arm über die Schulter, als hätte er einen

Kriegsverwundeten abzutransportieren, als wäre der Regen ein Schauer aus Kugeln und Schrapnellen, und rannte mit ihm zurück zu dem Unterstand, wo die Frau und der Junge in Bewegung waren, hastig eine Art Zeltplane als Schutz gegen die Elemente aufspannten. Innerhalb von Minuten knisterte das Feuer, er trocknete sich das Haar mit einem Handtuch, und der Mann hielt ihm einen Schlafsack hin, in den er sich einwickeln sollte. Dann sang der Kessel, und ein Styroporbecher mit heißen Instant-Nudeln wurde ihm in die Hand gedrückt, die er aß, während die drei anderen Feuerholz nachlegten, die Löcher im Dach stopften und ihn mit vor Mitleid weit aufgerissenen Augen beobachteten. »Noch mehr?« fragte der Mann, als Hiro aufgegessen hatte, und auf sein zustimmendes Nikken erschien wie durch Zauberei eine zweite Tasse mit Fertignudeln.

»Sie brauchen trockene Sachen«, sagte der Mann, und ehe er diese Notwendigkeit noch seiner Frau vermittelt hatte, durchwühlte diese bereits einen Rucksack, der mit Hemden, Shorts, Handtüchern und Socken vollgestopft war. Ein Rucksack? Waren es Camper? Und wenn ja, warum campten sie nicht in der sauberen, schönen, trockenen Weite der offenen Prärie statt in dieser Jauchegrube? Diese *gaijin*, er würde sie nie verstehen, und wenn er hundertvier Jahre alt wurde. Sie boten ihm Kleidung an – ein T-Shirt mit der riesigen, kindischen Abbildung eines grinsenden Gesichts und der Aufschrift BESTER VATER DER WELT, eine zu enge Unterhose und abgeschnittene Bluejeans, in die er nie hineingekommen wäre, wenn sein *hara* nicht derartige Entbehrungen erlitten hätte. Hiro verzog sich in die andere Ecke der Plattform, um sich umzuziehen, dies unter ständigen Verbeugungen und Dankbezeugungen, während er schon die Last des *on* abschätzte und soviel Erkenntlichkeit zum Ausdruck brachte, daß er ebensogut einen Schrein hätte errichten können. Ob er noch etwas zu essen haben wollte? Er wollte. Und dann brutzelte Fleisch auf dem Grill, dazu gab es Kartoffelchips, hartgekochte Eier, rohe Karotten, Kohlsalat und Früchtekuchen. »*Dōmo*«, sagte er immer wieder, »*dōmo arigatō*.«

Sie musterten ihn. Saßen in einem Halbkreis vor ihm, die Hände um die Knie geschlungen, in den Augen ein Schein von Besorgnis und Nächstenliebe. Sie sahen ihm beim Essen zu, so wie eine liebevolle junge Mutter ihrem Kind dabei zusieht, wie es seine pürierten Erbsen und Karotten auflöffelt; sie hingen an jedem seiner Bissen. Jetzt, da sie ihn errettet und gefüttert hatten, kamen unvermeidlich die Fragen. »Sind Sie von den Philippinen?« fragte der Mann, als Hiro sich eine ordentliche Portion Früchtekuchen in den Mund schob.

Vorsicht, Vorsicht. Er hatte sich ja entschieden, daß die beste – die einzige – Strategie im Lügen bestand. »Aus China«, sagte er.

Die Gesichter blieben ausdruckslos. Der Rauch wirbelte herum. Hiro griff nach dem letzten Stück Früchtekuchen. »Sie waren also auf einem Tagesausflug hier?« fragte der Mann beharrlich weiter.

Tagesausflug, Tagesausflug, wovon sprach der Mann? »Bitte und Verzeihung, aber was das ist: ›Tagesausflug‹?«

»Eine Fahrt in den Sumpf. Als Tourist – so wie wir.« Aus irgendeinem Grund lachte der Mann darüber, ein herzliches, wunderschön schallendes Lachen, das aus einem zahnärztlichen Wunder von Mund erklang und aus dem Gelassenheit, Gesundheit und beruflicher Erfolg sprachen. »Ich meine, ist Ihr Boot gekentert, wurde jemand verletzt? Oder waren Sie allein?«

»Allein.« Hiro ergriff dankbar die angebotene Antwort. Er fühlte, daß es ein guter Zeitpunkt für ein Lächeln wäre, also lächelte er sie an, samt schiefen Zähnen und so weiter. Das Lügen war eigentlich gar nicht so schwer. Es war die amerikanische Art, das begriff er jetzt. Es wunderte ihn, daß er damit bei Ambly Wooster soviel Probleme gehabt hatte.

Sie waren die Familie Jeffcoat, aus Atlanta/Georgia. Eigentlich aus New York. Jeff, Julie und Jeff junior. (Der Junge wurde rot, als sein Vater ihn vorstellte.) Hiro verbeugte sich vor jedem einzeln. Und dann betrachteten sie ihn wieder, diesmal mit erwartungsvoller Miene. Was denn? wollte er sie am liebsten fragen. Was wollt ihr von mir?

»Und Sie sind –?« half ihm der Mann.

»Oh!« Hiro stieß einen leisen Laut aus, in dem Verlegenheit und Überraschung lagen. »Wie dumm. Vergeßlich. Ich bin –« Hier verstummte er. Wer war er? Er hatte ihnen doch gesagt, er sei aus China, oder? Chinese, Chinese, wie nannten sich Chinesen denn? Li, Chang, Wong? Zwei Blocks von der Wohnung seiner *obāsan* gab es ein China-Restaurant namens »Yi Mi Lu«, aber das klang ja lächerlich – er, Hiro Tanaka, Bannerträger für Mishima und dessen

Vorbild Jōchō, er konnte sich doch nicht Yi Mi Lu nennen. Niemals.

»Ja?« Sie beugten sich ihm entgegen, grinsend wie Zombies, alle drei, sie waren absolut entzückt, hier in diesem verregneten Höllenloch mit einem schlammverschmierten Chinesen Höflichkeiten auszutauschen. Der Regen troff aus den Dachsparren herab und prasselte wie Schrotkörner auf die Wasseroberfläche vor ihnen.

»Ich heiße ... Seiji«, beschloß er schließlich – was wußten sie denn schon, diese Amerikaner, die konnten einen Chinesen doch nicht von einem Ugander unterscheiden. »Seiji ... Chiba.«

Und dann, als er trocken und warm in den Daunenschlafsack gehüllt dasaß, zum erstenmal seit Tagen mit vollem Magen, wurde er mitteilsam und erzählte ihnen die mitleiderregende Geschichte seines Mißgeschicks im Sumpf. Sein Boot war gekentert, ja, vor zwei Tagen – ein Krokodil hatte ihn angegriffen. Es war aus den Bäumen auf ihn herabgeschnellt, und er hatte mit ihm gekämpft, aber das Boot war dabei umgekippt, und er hatte alles verloren, all seine Tüten mit Fleisch und Karamelkeksen, seine Levi's und sein Surfbrett. Und so war er umhergeirrt, dem Tode nah, hatte Beeren gegessen und Sumpfwasser getrunken, bis sie ihn gerettet hatten – und er schloß seinen Bericht, indem er sie volle fünf Minuten lang pries, sowohl auf englisch als auch auf japanisch.

Als er fertig war, herrschte Schweigen. Das Gewitter hatte aufgehört, und das Sirren der Insekten durchdrang wieder die fieberheiße Luft; irgend etwas schrie draußen in der Nacht. »Na dann«, sagte der Mann und klatschte in die Hände wie ein Football-Schiedsrichter, »ich denke, wir legen uns jetzt alle aufs Ohr, was? War ja ein recht anstrengender Tag.«

Irgendwann mitten in der tiefen, stillen, vibrierenden Nacht, als das Zwitschern und Heulen und Kreischen zu einem dumpfen Raunen verebbt war und die neue Moskitogeneration darauf wartete, geboren zu werden, erwachte Hiro zitternd und merkte, daß der Regen wieder eingesetzt hatte. Er wußte sofort, wo er war, und er wußte auch, daß die wattierte Decke, die sie ihm gegeben hatten – diese *amerikajin* schienen alles in zweifacher Ausführung zu haben –, völlig durchnäßt war. Der Wind hatte gedreht; er kam jetzt aus Norden und brachte einen unverwechselbaren Duft von

Herbst mit sich. Aber welcher Monat war denn eigentlich? August? September? Oktober? Er hatte keine Ahnung. Er war schon so lange unterwegs, hatte wie ein Penner auf der Straße, wie ein Barbar in einer Höhle gelebt, daß er nicht einmal mehr den Monat wußte, geschweige denn Datum oder Uhrzeit. Fröstelnd dachte er darüber nach und empfand daraufhin heftiges Selbstmitleid.

Bald würden sie wieder hinter ihm her sein, das war ihm klar. Der *bōy-furendo* würde zur Polizei gehen, der müde kleine Sheriff mit der spitzen Nase würde seine Neger und Hunde zusammenrufen und mit einer ganzen Flotte in den Sumpf aufbrechen, mit Rennbooten und Pontons, mit Kanus und Dinghis und schwimmenden Gefängniszellen. Das Fleckengesicht und sein erbarmungsloser kleiner Kompagnon würden auch da sein, und Ruth und Kapitän Nishizawa – sie würden mit Hubschraubern die Bäume zerfetzen, mit Sirenen und dem langgezogenen, blutrünstigen Geheul ihrer Hunde den Himmel aufreißen. Wenn sie ihn vor zwei Tagen gehaßt hatten, so verabscheuten sie ihn jetzt aus tiefstem Herzen. Er hatte sie zum Narren gehalten. Und sie würden ihn mit allen erdenklichen Mitteln jagen.

Es war ein Jammer, wirklich. Hätte der Mercedes nur irgend jemand anders gehört als dem größten Butterstinker persönlich, hätte er nur einem umherziehenden Hausierer, einem Staubsaugervertreter, einem bezahlten Killer gehört, dann könnte Hiro inzwischen schon Tausende Meilen weit weg sein – im Big Sky Country, in Motown oder am Golden Gate. Aber es war anders gekommen, und deswegen war er hier. Was er brauchte, so begriff er plötzlich intuitiv, das war ein Boot. Wenn er ein Boot hätte, könnte er bis an den Rand des Sumpfes paddeln, von dort querfeldein gehen, bis er auf eine Straße stieß, und dann – was dann? Wieder ein doppeltes Spiel? Noch mehr Haß? Noch mehr *hakujin*-Hinterhältigkeit und Negergemeinheiten? Aber was blieb ihm schon für eine Wahl – sie würden ihn jagen wie ein Tier. So lag er naß und elend da, eingewickelt in sein Netz aus Lügen, und sein Herz wurde hart. Er wußte, wo es ein Boot gab. Ein Kanu. Schlank und flink und mit Proviant für eine ganze Armee.

Die Jeffcoats schliefen fest, das leise Prasseln ihres Atems ertönte synchron, der Schlaf war eine Belohnung, ihr Besitz lag um sie verstreut wie gewaltige Reichtümer. Das Kanu lag im Dunkeln am Rand der Plattform vertäut und schaukelte sanft. Von dort, wo Hiro lag, hätte er hineinspucken können. Aber was dachte er da? Sie waren gut zu ihm gewesen, wie Ambly Wooster. In ihren Augen lag kein Haß, nur Wohlwollen und Vertrauen. Wie konnte er sie bestehlen, wie konnte er sie hier draußen in der garstigen Wildnis einfach ihrem Schicksal überlassen?

Wie? Nun, ganz einfach. Sie waren immerhin *hakujin, hakujin* wie all die anderen, und sobald sie herausfänden, wer er war, würden sie ihn persönlich einsperren, die Handschellen an seinen Armen zuschnappen lassen, immer mit dem rechtschaffenen Schimmer in den Augen, wie gesprungenes Porzellan. Er war Japaner. Ein Samurai. Unbarmherzigkeit war seine einzige Hoffnung.

Schon wollte er in Aktion treten, wollte aus dem nassen Schlafsack schlüpfen und seinen Verrat in die Tat umsetzen, da seufzte der kleine Junge im Traum auf. Das Geräusch war ein fremder Ton, der die tiefschwarze Nacht zerriß. »Nggggg«, seufzte der Junge in den Fängen seines Traums, »nggggg.« Dieses Seufzen versetzte Hiro mit einem Schlag in die eigene Kindheit zurück, so daß er plötzlich die Dämonen vor sich sah, die damals in seinen Nächten gespukt hatten, und die vogelartige Umarmung des Großvaters spürte, und dann erhob sich eine Gestalt aus der Dunkelheit – der Vater, der Vater des Jungen –, und Hiro hörte die beruhigenden Worte, das Raunen von Schutz und Geborgenheit. Vater, Mutter, Sohn – dies war eine Familie. Er ließ sich von der Vorahnung erfassen, bis sie greifbar und unleugbar war, bis er genau wußte, daß das Kanu, seine einzige Hoffnung, bleiben würde, wo es war.

Das nächstemal erwachte er vom Duft nach Corned Beef und Eiern. Es war ein ungewohnter Geruch – abgesehen von dem Dreck, den Chiba zusammengebraut hatte, besaß Hiro nur wenig Erfahrung mit fremdem Essen –, aber er erkannte den allgegenwärtigen *hakujin*-Geruch nach gebratenem Fleisch. »Seiji!« flötete jemand, kaum daß er die Augen aufgeschlagen hatte. Es war Julie Jeffcoat. Sie trug Shorts und ein enges Oberteil, das ihre Brüste betonte und sie mütterlich und sexy zugleich wirken ließ. »Gut geschlafen?« fragte sie, kam über die Plattform zu ihm und reichte ihm einen Becher mit brühendheißem schwarzem Kaffee. Die Sonne war aufgegangen. Es war schon wieder heiß. Jeff junior hockte am Rand der Plattform und warf methodisch den Köder an seiner Angel weit hinaus ins Wasser und holte ihn dann wieder ein, während sein Vater über das Kanu gebeugt stand und die sauber verschnürten kleinen Bündel ihrer Ausrüstung verstaute. Er pfiff beim Arbeiten vor sich hin. »Hallo«, begrüßte er Hiro lauthals und warf ihm einen Blick über die Schulter zu, »schon Appetit aufs Frühstück, Partner?«

Etwas benommen von diesem Ansturm von Fröhlichkeit und Energie, konnte Hiro nur zustimmend nicken. Ihm war ein wenig übel – nicht weiter verwunderlich nach allem, was er durchgemacht hatte –, und er hoffte, das Essen würde ihn kräftigen.

Jeff Jeffcoat wandte sich wieder seiner Arbeit zu. Jeff juniors Angelschnur zischte durch die Führungsringe, dann hörte man ein weit entferntes Klatschen. Hiro setzte sich auf und pustete auf seinen Kaffee, und Julie Jeffcoat schob ihm einen Plastikteller hin, auf dem sich Rührei, Hackfleisch, Bratkartoffeln und Obstsalat aus der Dose türmten. So etwas hätte auch Chiba für eins seiner Essen nach westlichem Stil zusammenkippen können. »Ketchup?« fragte Julie, und als er nickte, spritzte sie eine rote Soße über alles.

»Denver-Omelett, ja?« fragte Hiro.

Julie Jeffcoat lächelte, und es war ein wunderschönes *amerikajin*-Lächeln, unkompliziert und offen, ein Lächeln, das auf die Titelseite einer Zeitschrift gehörte. »So ähnlich«, sagte sie.

Eine halbe Stunde später sah Hiro zu, wie Jeff Jeffcoat das Kanu festhielt, damit zuerst Jeff junior und dann Julie sich in die schmale, schwankende Röhre des Wasserfahrzeugs hinablassen konnten. Es war bis zu den Dollborden mit dem ordentlich verstauten Zubehör ihres Abenteuers in der Wildnis beladen, mit ihrer Kühlbox, dem Grill und dem Spiritus, dem Feldstecher, den Angelruten und Eßgeschirren, den Zelten, Schlafsäcken und der Wäsche zum Wechseln, den Taschenbüchern, Taschenlampen, den Lippenschutzstiften und den Lakritzbonbons. Für Hiro war kein Platz. Jeff Jeffcoat hatte ihm versichert, sie würden direkt zurück zur Anlegestelle paddeln und ihn von den Rangers abholen lassen. Jeff hatte eine schmerzliche Miene aufgesetzt – es schmerzte ihn auch wirklich –, weil sie ihn zurücklassen mußten. Aber Hiro – oder Seiji, wie sie ihn ja nannten – würde bestimmt nicht vergessen werden, darauf hatte er Jeffs Wort.

Ehe sie ablegten, sprang Jeff Jeffcoat noch einmal impulsiv aus dem Kanu heraus, streifte sich die Schuhe ab und reichte sie Hiro. »Hier«, sagte er, »ich hab noch zwei Paar im Rucksack, und Sie können sie viel besser brauchen als ich.« Hiro nahm die Schuhe mit einer Verneigung entgegen. Es waren Schuhe aus Segeltuch, von der Sorte, wie sie die blonden Surfer in der Bierreklame im japanischen Fernsehen trugen. Hiro streifte sie über und fühlte sich selbst wie ein Surfer in den abgeschnittenen Jeans und dem extraweiten T-Shirt, während Jeff Jeffcoat sich behutsam wieder ins Kanu setzte und es mit einem mächtigen Paddelstoß in Fahrt brachte. »Alles Gute«, rief er noch, »und keine Sorge: spätestens zu Mittag werden sie hier sein und Sie abholen. Versprochen.«

»Wiedersehen!« schrie Jeff junior, schrill wie ein Vogel.

Julie drehte sich um und winkte. »Auf Wiedersehn«, rief sie. Ihre Stimme klang genau wie Ruths und fuhr ihm kurz durch Mark und Bein. »Machen Sie's gut.«

Sie hatten ihm natürlich etwas zu essen dagelassen – sechs Sandwiches, einen Plastikbehälter, der mit Marshmallows, drei Pflaumen und zwei Birnen vollgestopft war, und eine Tüte Tortillachips von der Größe eines Wäschesacks, ganz zu schweigen von der Zwei-Liter-Flasche mit Orangenlimonade, mit der er das Zeug hinunterspülen sollte. »Danke«, rief Hiro ihnen nach, »danke ich vielmals«, während er sich fragte, ob sich wohl auch ein negatives *on* berechnen ließ, für Dinge, die man unterlassen hatte. Er war ihnen etwas schuldig, eine gewaltige Schuld – aber sie schuldeten ihm auch etwas. Er hatte sie nicht zu Tode geknüppelt, hatte ihnen nicht das Essen, das Kanu, die Paddel und Angeln und Holzkohlenbriketts geraubt. Wenn man es genau betrachtete, hatte er sich für sie geopfert – und war das etwa nichts?

Er blieb noch lange auf der Plattform stehen und sah ihnen nach, wie sie sich durch den schmalen Kanal schlängelten, wobei ihre Paddel in perfektem Gleichklang eintauchten: Vater, Mutter und Sohn.

Das Tor zur Wildnis

Es gab zwei Motels in Ciceroville, dem »Tor zur Wildnis des Okefenokee«, und beide waren auf dem Komfortniveau von Flüchtlingslagern, wie Detlef Abercorn die Sache sah. Das erste, »Lila's Sleepy Z«, hatte eine Minigolfanlage mitten auf dem Parkplatz, und im Fenster des Cafés offerierte ein handgemaltes Schild ein Frühstück für 99 Cents, wobei man beliebig oft Kaffee und Hafergrütze nachbestellen könne. Es war total ausgebucht. Das andere Motel, das »Tender Sproats«, lockte den müden Reisenden mit einem Swimmingpool, der bis zum Rand mit etwas gefüllt war, das aussah wie Erbswurstsuppe. Abercorn dachte an die vielen Reklametafeln entlang des Interstate Highway 80, auf denen selbstgemachte Erbswurstsuppe angepriesen wurde, als wäre irgend jemand nach dem ersten Löffel noch scharf auf Erbswurstsuppe. Immerhin ein Fortschritt: Hier konnte man darin baden. Er zuckte die Schultern und fuhr auf den Parkplatz.

Er hatte ohnehin nicht vor, allzu viel Zeit im Swimmingpool zu verbringen. Sein Job stand auf dem Spiel – seine ganze Karriere. Den le Carré, das Sechserpack Bier und das klimatisierte Hotelzimmer mit dem sanft flackernden Farbfernseher konnte er erst einmal vergessen. Ab jetzt würde es eher wie in einem Krimi von James M. Cain zugehen, eine Tasse Pissewasser mit einem Schuß Jod, viel Schweiß, Sonnenbrand und schmerzende Gelenke. Am frühen Morgen hatte er einen Anruf von Nathaniel Carteret Bluestone bekommen, seinem Vorgesetzten vom INS-Regionalbüro in Atlanta. Es war wirklich früh gewesen, halb sieben. Um 6.30 Uhr war er nie besonders gut in Form, aber in dieser Nacht hatte er sich bis nach zwei auf der Insel herumgetrieben, mit Turco und dem Sheriff und etwa sechshundert hechelnden Hunden die lauwarme Spur von Hiro Tanaka verfolgt, und als er den Hörer abgehoben hatte, war er so kaputt gewesen, daß er kaum noch denken konnte.

N. Carteret Bluestone hatte wissen wollen, was sich Spezialagent Abercorn eigentlich dabei dachte, die Einwanderungsbehörde zum Gespött zu machen. Ob er die Morgenzeitungen schon gelesen habe? Nein? Nun, vielleicht werde er diese Lektüre ganz informativ finden. Der Japse – der Japaner, korrigierte sich Bluestone – war plötzlich auf allen Titelseiten. Abercorn versuchte ihm zu erklären, daß die Zeitung immer erst mit einem Tag Verspätung auf Thanatopsis House eintraf, aber Bluestone redete ihn einfach nieder und zitierte in ätzendem Tonfall einige Schlagzeilen: »›6 Wochen auf der Flucht, 6 Stunden in Haft‹; ›1:0 für Japaner gegen INS‹; ›Gefängnisausbruch auf Tupelo Island – Kinderspiel für illegalen Einwanderer‹.« Und was war das für eine Geschichte, daß Lewis Turco irgendeine Frau tätlich angegriffen und mit wilden Anschuldigungen überschüttet hatte – konnte diese Frau die Behörde etwa verklagen? Jedenfalls war das eine miese Art, eine Untersuchung zu führen, erbärmlich mies.

Abercorn hatte dem nichts entgegenzuhalten, höchstens daß »erbärmlich mies« noch recht milde ausgedrückt war. Er hätte Entschuldigungsgründe anführen können – den Verdächtigen hatten ja die Leute des Sheriffs entkommen lassen; *er* hatte niemanden tätlich angegriffen, und für Turco konnte er nicht sprechen; alle Leute hier unten redeten wie Schafhirten und hatten auch einen entsprechenden IQ –, aber er unterließ es. Er sagte nur: »Ich werde mein Bestes tun, Sir.«

Bluestone kommentierte dies mit der Bemerkung, sein Bestes sei noch viel zu wenig. Bei weitem zu wenig.

»Ich werde mein verdammt-noch-mal Bestes tun, Sir«, sagte Abercorn.

Am anderen Ende der Leitung entstand eine Pause. »Tun Sie das«, sagte Bluestone schließlich. »Aber wenn Sie ihm diesmal Handschellen anlegen, dann fesseln Sie den Mann gleich an Ihr eigenes Handgelenk. Und tun Sie mir einen Gefallen –«

»Ja?«

»Verschlucken Sie danach den Schlüssel, ja? Damit er mit Ihrer restlichen Scheiße wieder rauskommt.«

Von dem zweiten Anruf, dem von Roy Dotson, hatte er erst um vier Uhr nachmittags erfahren. Kein Wunder, denn er war draußen in der Wildnis von Tupelo Island und gründelte dort in den Schlammtümpeln herum, als hielte das noch irgend jemand für sinnvoll. Sie waren längst im siebenten Himmel, hätten sie nach Fröschen gesucht. Oder nach Moskitos. Das Thermometer stand auf achtunddreißig Grad, die Sonne war direkt im Zenit knirschend zum Stillstand gekommen, und er glaubte schon, er würde gleich am Gestank ersticken, als einer von Peaglers Hilfssheriffs herangeplatscht kam und die Neuigkeit überbrachte, daß sie hier ihre Zeit verschwendeten. Der gesuchte Japaner war von der Insel geflohen. Und wo war er jetzt? Hockte er in der Hütte eines Kleinbauern? Trampte er nach Jacksonville? Schaufelte er sich in einer Sukiyaki-Bar im Zentrum von Atlanta mit Stäbchen eine Schüssel Rindfleisch mit Zwiebeln rein? Nein. Er war wieder einmal in einem Sumpf – in einem Sumpf, neben dem dieser hier das reinste Kneippbecken war.

Und so kam Abercorn ins »Tender Sproats« nach Ciceroville/Georgia, dem Tor zur Wildnis des Okefenokee. Es war halb acht Uhr abends, und die Neonreklame blinkte vor dem dunkler werdenden Himmel in einem halbherzigen Versuch, Zivilisation vorzugaukeln. Lewis Turco schlief auf dem Beifahrersitz und stank wie eine Kläranlage. Sein Tarnanzug und die Stiefel waren schlammverkrustet, Bart und Haare völlig verklebt. Wegen der Dershowitz-Geschichte hatten sie ziemlich Streit gehabt und den ganzen Tag keine zehn Worte miteinander gewechselt. Nachdem die Nachricht über Tanaka eingetroffen war, hatte Turco seinen Stock fallen lassen (er hatte gerade auf den Busch geklopft, im wahrsten Sinne des Wortes), sich ohne ein Wort umgedreht und war zum Großen Haus zurückgestapft, wo er seine Sachen in den Datsun warf und es sich auf dem Beifahrersitz bequem machte. Als Abercorn kam, schlief er wie betäubt.

Abercorn fuhr bei der Rezeption vor und schaltete den tuckernden Motor ab. Er hatte vor einzuchecken, kurz zu duschen, einen Kaffee zu trinken, sich mit dem hiesigen Sheriff ins Einvernehmen zu setzen und Roy Dotson einen Besuch abzustatten. Dann wollte er ein paar Stunden schlafen und am Morgen die Jagd wieder aufnehmen. Das war der Plan. Aber er war müde, hundemüde, und er roch selbst nicht allzu frisch.

Der Mann in der Rezeption war ein kleiner, dunkler Typ mit den schmalen Schultern und den dürren Gliedmaßen eines Kindes. Er hatte allerdings den Bauch eines Erwachsenen, einen ziemlich wohlgenährten, und trug ein Kastenzeichen unter dem verschwitzten Schirm seiner Schiebermütze. Der Blick der glitzernden dunklen Augen war direkt auf Abercorns Gesicht gerichtet – er hatte sich draußen im Sumpf verbrannt, daß wußte er, und der Sonnenbrand ließ die totenbleichen Verfärbungen seiner Haut noch deutlicher als sonst hervortreten. Plötzlich war er unsicher. »Ich brauche ein Doppelzimmer«, sagte er.

»Yeah, Sie meinen wohl 'n Zweibett, ja?« erwiderte der kleine Kerl gedehnt.

»Ein Doppelzimmer«, sagte Abercorn. »Mit zwei Betten. Eins für mich und eins für – für ihn.« Er deutete mit dem Daumen über die Schulter zum Auto hinüber, wo Turcos nach hinten gelegter Kopf samt Bart gerade noch über das Armaturenbrett hinausragte.

Der kleine Kerl grinste breit und entblößte dabei die grellroten Stummel seiner Zähne. Er bückte sich, um irgend etwas in einen Papierkorb unter dem Tisch zu spucken, dann kam er wieder hoch. »Also 'n Zweibett, wie ich gesagt hab. 'N kurzen Moment lang hätt ich fast – sagen Sie, aus Clinch County sind Sie wohl nicht, oder lieg ich da etwa total schief?«

Abercorn spürte, wie ihn die Erschöpfung wie eine Droge überwältigte, wie das Prickeln eines guten doppelten Tequila auf einen leeren Magen. Ein Japaner. Er hätte in Eagle Rock bleiben und dort Mexikaner hochgehen lassen sollen. »Aus Savannah«, brachte er heraus. »Ursprünglich aus L. A.«

»Mm-hm, mm-hm.« Der kleine Kerl nickte heftig. »Hab ich mir gleich gedacht. Ich mein, daß Sie 'n Yankee sind – und eine Minute lang hab ich sogar schon geglaubt, daß Sie 'n bißchen, na ja, Sie wissen schon, komisch sind. Wo Sie hier 'n Doppelzimmer für zwei erwachs'ne Männer haben wollten ...«

Abercorn war schlapp und kaputt, aber ein kleiner Funken Inspiration blitzte ihn ihm auf. »Aus dem Pandschab, stimmt's?« fragte er.

Der kleine Kerl strahlte. »Aus Chandigarh.«

»Ein Zweibett. Ich brauche ein Zweibettzimmer.«

»Gut«, sagte der Kleine, der immer noch strahlte, so sehr strahlte, daß er das ganze Zimmer erhellte. »Wir haben hier schon alle möglichen Typen gehabt.«

Am nächsten Morgen war Turco in höchst mitteilsamer Laune, er plauderte über den Japaner, als wären sie miteinander aufgewachsen, als hätten sie ein Bett im Waisenhaus geteilt und später zwei Schwestern geheiratet. »Das ist ein schlaues Kerlchen, dieser Japse – viel schlauer, als wir gedacht haben, das ist mir jetzt klar. Erst sucht er sich diese Braut aus, die ihn durchfüttert – zwei Bräute sogar, wenn man die alte Frau mitzählt –, und dann hat er den Schneid, aus dem Gefängnis auszubrechen und sich ausgerechnet dahin zu flüchten, wo wir ihn am allerwenigsten suchen würden.« Er hielt nachdenklich inne und kratzte sich seinen frischgewaschenen Bart. »Trotzdem, in der freien Natur kommen sie nicht gut zurecht, die Japsen – das ist ein Volk von Städtern, U-Bahnen und Tauben und so Zeug–, und letzten Endes wird er aufgeben müssen, da bin ich mir ziemlich sicher.«

Sie saßen im Datsun und waren auf dem Weg zum Sumpf. Es hatte in der Nacht geregnet, die Straße war glitschig, aber die Sonne stand schon hoch und brannte sie in verträumten, dahinwehenden Dunstschwaden trocken. Abercorn hatte etwa vier Stunden lang unruhig geschlafen, während Turco in seiner oberhalb des zweiten Betts aufgespannten Hängematte die ganze Nacht bis in die Dämmerung hinein friedlich geschnarcht hatte. Das Frühstück hatten sie ausgelassen, so früh war noch nichts offen, abgesehen von der Hardee's-Bude und einem Fernfahrertreff, in dem dermaßen viele schmerbäuchige, stiernackige Kerle herumhingen, daß Abercorn es nicht aushielt und nur einen Kaffee zum Mitnehmen bestellte. Turco machte das nichts aus, denn er schien in den Tiefen seines Rucksacks einen unerschöpflichen Vorrat an Wurzeln und Pökelfleisch aufzubewahren. Auch jetzt hatte er wieder eine Plastiktüte im Schoß, in der sich etwas befand, das wie getrocknete Guppys aussah. Von Zeit zu Zeit fuhr er mit der Hand in die Tüte und mampfte die Dinger wie Popcorn.

»Und wenn du jetzt an Discomusik und Designerklamotten denkst, dann werden die bei diesem Burschen nichts nützen«, fügte Turco hinzu, als wären der Ghettoblaster und die Boutiquenjeans Abercorns Idee gewesen. »Nein, da werden wir uns noch ein paar bessere Tricks ausdenken müssen.« Er kratzte sich den Bart, worauf sich ein leises Geriesel von zerbröckelten Guppys in seinen Schoß ergoß.

Abercorn blickte beiseite. Seit seiner Unterhaltung mit Roy Dotson machte ihm die Frage nach Saxbys Rolle schwer zu schaffen. Er mochte Saxby, wirklich. Und er traute ihm auch nicht zu, einem Verbrecher wissentlich Beihilfe zu leisten, noch dazu einem IAADA, aber es sah ziemlich schlecht für ihn aus. Ruth war zu allem fähig – wie er aus eigener Erfahrung wußte –, und sie könnte ihn dazu angestiftet haben. Ohne weiteres. »Was hältst du von Saxby, Lewis? Ich meine, was seine Rolle in der ganzen Geschichte angeht?«

Turco drehte sich um und sah ihn scharf an. »Von wem?«

»Saxby. Du weißt doch, von Ruth – ich meine, von der Dershowitz – der, äh –«

»Ach, der. Klar. Der ist schuldig. Genauso schuldig wie sie. Glaubst du etwa, es ist purer Zufall, daß er diesen Japsen hier rausschafft und ihn dann freiläßt wie Br'er Rabbit im tiefen Wald? Soll wohl 'n Witz sein. Der Kerl ist ebenso schuldig wie Charlie Manson oder Adolf Hitler – wenn nicht, wozu macht er dann eine Expedition mitten in den Okefenokeesumpf?« Er griff tief in seine Tüte mit Trockenfisch. »Die ganze Sache stinkt, wenn du mich fragst.«

Vor einiger Zeit waren sie an dem Schild vorbeigefahren, das sie im »Stephen C. Foster State Park« begrüßte, aber bis jetzt gab es keinerlei Anzeichen, daß außer der Straßenbaubrigade irgendwer schon vor ihnen dagewesen war. Die Straße schnitt eine vollkommen gerade Linie durch die Nässe und das Grün, ein so absolutes Grün, daß Abercorn ab und zu zum Himmel aufblicken mußte, um zu überprüfen, auf welchem Planeten er sich befand. Er nahm an, daß manche Leute diese Gegend schön oder inspirierend oder sonstwas fanden, aber für ihn war es nichts als eine weitere Strapaze – seinetwegen hätten sie aus der ganzen verfluchten Gegend einen Parkplatz machen können. Er mußte immer wieder an Saxby denken und daran, wie peinlich es sein würde, ihm Handschellen anzulegen, falls es so weit kam. Abgesehen von Saxby dachte er an den Japsen – ja, einen Japsen nannte er einen Japsen, zum Teufel mit der Etikette seiner Behörde – und fragte sich, ob er den Rest des Lebens damit verbringen sollte, sich einen Sonnenbrand in drei verschiedenen Farben zu holen und seine Ohren von Moskitos abfressen zu lassen, die so groß wie Kolibris waren. (Auch das nagte an ihm: Weshalb ausgerechnet die Ohren? Seine auch sonst nicht eben kleinen Ohren waren auf das Doppelte ihrer normalen Größe angeschwollen und sahen aus wie an seinem Kopf befestigte Salamischeiben.) Er fuhr weiter und versuchte, sich nicht im Rückspiegel zu betrachten.

Endlich tauchten doch ein paar Gebäude auf – langgezogene, niedrige Holzhäuser, ein Museum, ein Touristenzentrum –, und dann bog er auf einen Parkplatz ein, wo bereits eine Phalanx von Polizeiautos, zwei Feuerwehrwagen und eine Ambulanz standen. Außerdem war der Parkplatz mit Wohnmobilen und Pritschenwagen vollgestopft, und überall standen Menschen, obwohl es noch früh war, sehr früh, so früh, daß es eigentlich noch fast Nacht war. Die Menschen tummelten sich zwischen den Booten, spähten in die Fenster der Polizeiautos, drehten Feldstecher in den Händen, frühstückten aus Picknickkörben, hoben Flaschen in braunen Papiertüten an die Lippen. Barfüßige Kinder rannten über den Asphalt, versuchten in der unbewegten Luft Drachen steigen zu lassen, ein alter Mann saß auf dem Rücksitz eines Jeeps und sah fern, eine Frau mit dicken, fleischigen Armen und Brüsten entstieg einem klapprigen Ford, in der Hand einen Vogelkäfig, den sie mitten auf dem Parkplatz auf den Boden stellte. Es war verrückt. Wie das Volksfest am 4. Juli oder der Auftakt zu einem Popkonzert, nur schlimmer. Abercorn spürte, wie ihm flau im Magen wurde.

»Lewis, glaubst du etwa, all diese Leute –?« begann er, aber der Gedanke daran, die Angst davor, verschnürte ihm die Kehle, und er konnte nicht weitersprechen. Diese Leute hier waren nicht nur glückliche Camper und Urlauber, die um sieben Uhr morgens an einem ganz gewöhnlichen Tag rein zufällig hier zusammengekommen waren. Nein. Sie versammelten sich hier wie am Ort jeder Katastrophe, geduldig wie Geier. Sie warteten auf Blutvergießen, Gewalttaten, Verbrechen und Verzweiflung, warteten auf Exzesse und Erniedrigung, auf die Formel, die den Stumpfsinn in ihrem Leben auflösen könnte. »Aber wie konnte sich das bloß herumsprechen, verdammt noch mal? Wir haben das mit dem Japsen – äh, mit dem Japaner, äh, mit dem Japsen – doch selbst gerade erst rausgefunden. Oder?«

Turco antwortete nicht, aber er blickte grimmig drein.

In dem Augenblick, als Abercorn die Tür öffnete, löste sich ein kleines Grüppchen aus der Menge und kam auf ihn zu. Er hatte die Leute aus dem Augenwinkel gesehen, als er in die Parklücke gesetzt hatte – für Touristen waren sie zu gut gekleidet, und sie wirkten nervös, angespannt, als würden sie gleich in Laufschritt fallen, und was war das, eine Kamera? –, und mit einem Mal war ihm alles klar: die Medien. Sie gingen schon auf ihn los, bevor er noch richtig aus dem Auto gestiegen war, und da war sein Gesicht, mitsamt den geschwollenen Ohren, das ihm in drei grellen Farben aus dem dunklen Auge der Fernsehkamera zurückgespiegelt wurde.

»Mr. Abercorn« – sein Name, sie kannten seinen Namen –, »Mr. Abercorn!«

Eine Frau mit einem Gesicht wie aus Plastik und versteinertem Haar hatte sich breitbeinig vor ihm aufgestellt wie eine Ringerin. Sie kam ihm bekannt vor, sah aus wie jemand, den er im Fernsehen gesehen hatte, damals in den Zeiten, als er noch in einer Wohnung gewohnt, in einem Büro gearbeitet hatte, als er ein Mitglied der Gesellschaft gewesen war, mit einem öden Achtstundenjob wie jeder andere auch. Fernsehen, dachte er, huch, jetzt komm ich ins Fernsehen, und er fühlte sich ein bißchen aufgeregt, gegen seinen Willen. Dann aber wurde ihm klar, daß N. Carteret Bluestone garantiert auch zusehen würde, und er spürte, wie sich sein Magen zusammenzog, um den Tümpel aus billigem Imbißkaffee, der in ihm brodelte, tief drinnen, ihn zerfraß wie Batteriesäure.

Was als nebensächliche Geschichte begonnen hatte, als Sechszeilenmeldung auf Seite 28 des *Savannah Star*, als etwas, womit man die leeren Stellen auffüllte, nachdem die Sonderangebote für Hühnerfilet und Klopapier schon gesetzt waren, war jetzt eine Riesenstory, eine TV-Story. Er hätte es sich ausrechnen können. Schließlich war es ein echter Knüller, mit Sex, Gewalt, Fremdenhaß, haarsträubenden Gefängnisausbrüchen, mit vor Schlangen und Alligatoren wimmelnden Sümpfen, Gerüchten von offizieller Inkompetenz und heimlicher Beihilfe durch eine höchst suspekte Bande von Schriftstellern und Künstlern. Teufel auch, das gab genug Stoff für ein Fernsehspiel, für eine ganze Vorabendserie ab. *Sensation im Sumpf. Im Banne des Okefenokee. Ein Japse auf der Flucht.*

Die Frau mit dem Plastikgesicht wollte wissen, wieso die Einwanderungsbehörde gut sechs Wochen gebraucht habe, diesen flüchtigen Japaner zu fassen – und was es mit angeblich recht inkompetenten Aktionen auf sich habe. Sie legte die Stirn in forschende Runzeln, als täte es ihr eigentlich weh, solch bohrende Fragen stellen zu müssen. Ehe Abercorn sich eine Antwort zurechtlegen konnte, hielt ihm ein etwa fünfzigjähriger Mann mit markanter Nase und weiß behaarten Unterarmen ein Mikrofon hin und fragte, was bei der Absicherung des Gefängnisses auf Tupelo Island nicht geklappt habe – war da etwa jemand während des Dienstes eingenickt? Und wenn ja, wer?

Und dann schrien alle durcheinander: Wie beurteilte er die Zusammenarbeit mit den örtlichen Behörden? Wovon ernährte sich der Gesuchte dort draußen eigentlich? Rechneten sie damit, ihn bald einzufangen? War er bewaffnet? Wie gefährlich war der Morast? Die Schlangen? Die Alligatoren? Was war mit Ruth Dershowitz?

Abercorn wurde allmählich gegen sein Auto gedrängt, er fühlte sich noch einen halben Meter größer, als er ohnehin war, fühlte sich nackt und exponiert, mit einem Gesicht wie eine auf dem Grill geröstete Bratwurst. Es waren zu viele, und sie fielen alle gleichzeitig über ihn her. Er hatte noch nie in der Öffentlichkeit gestanden, ihm war noch nie auch nur eine einzige Frage zu seiner Arbeit gestellt worden, weder persönlich noch telefonisch, nicht einmal damals, als ein paar Hmong aus Laos einen Chihuahua im Mikrowellenherd grillten und der Hundezüchterverband das mit den Greueln der Nazis in Auschwitz verglich. Die Zunge klebte ihm am Gaumen. Er wußte nicht, was er sagen sollte. Und er wäre womöglich ewig so blöd rumgestanden, live und in Farbe, und hätte sich vor N. Carteret Bluestone und der halben restlichen Welt blamiert, wenn Turco nicht gewesen wäre. Mit mordlustigem Grinsen und einem geknurrten »Kein Kommentar« packte er Abercorn am Arm und brach durch das Dickicht der Mikrofone. Sie bahnten sich einen Weg und marschierten rasch auf die Deckung des Polizeikordons und auf den Trupp der frisch rasierten, uniformierten Männer zu, die sich dahinter aufgestellt hatten.

Abercorn erkannte den Mann im Zentrum dieser Gruppe: Sheriff Bull Tibbets von der Polizei in Ciceroville. Theron Peagler auf Tupelo Island war gewissermaßen eine Ausnahme gewesen – ein ruhiger Collegeabsolvent mit verständlicher Ausdrucksweise –,

Sheriff Tibbets dagegen entsprach allen Erwartungen. Er war ein grimmig dreinblickender, dicker Mann, dessen Backe von einem Pfriem Kautabak ausgebeult wurde, den breitkrempigen Westernhut trug er tief in den Nacken geschoben, und seine Augen, hinter einer Spiegelsonnenbrille verborgen, waren zu klein und stumpf, um wirklich menschlich zu wirken. Bei der Besprechung im Polizeirevier von Ciceroville am Abend zuvor hatte er Abercorn mit unverhohlener Verachtung gemustert, und jetzt wandte er nicht einmal den Kopf, um ihn und Turco zu begrüßen. Offenbar war gerade eine Diskussion im Gange, aber Abercorn verstand nicht recht, worum es ging – der Akzent hier war wirklich verteufelt, alle klangen, als kauten sie beim Sprechen auf ihren Socken.

»Nargn wargn, dröde schmitt«, sagte der Sheriff gerade.

Der Mann neben ihm – er wirkte wie ein Spielzeug neben dem Sheriff, so zapplig, düster blickend und schlaksig wie einer aus dem Snopes-Clan – beharrte auf seinem Standpunkt. Was er sagte, klang wie unter großen Schmerzen hervorgepreßt.

Einen Augenblick lang war es still, dann legte der Sheriff den massigen Kopf in den Nacken, wobei er eine Ansammlung grellroter Pusteln unter dem Kinn freilegte und das Licht des Himmels von seiner Sonnenbrille nach oben zurückspiegelte. »Nargn wargn«, sagte er noch einmal, »dröde schmitt.«

Turco verschränkte die Arme. Er wirkte gelangweilt und ungeduldig. In der Ferne flog wieder ein Vogel über den leergebrannten Himmel, flatterte mit Beinen und Flügeln. »Worum geht's hier?« fragte Abercorn.

Leise antwortete Turco: »Hasenzähnchen hier will mit Hunden losgehen, aber der Sheriff ist dagegen.« Er ließ seinen Blick über den Anlegeplatz, in die Büsche, den Schlamm und die wildwuchernden Bäume streifen, kniff die Augen zusammen, als rechnete er irgendwie damit, den gesuchten Japaner über den Horizont rudern zu sehen. »Hunde sind hier verboten«, setzte er erklärend hinzu. »Ist so Vorschrift im Park. Sie machen die Alligatoren völlig verrückt – die kippen ganze Kanus um und springen sogar aus dem Wasser raus, um sich die Viecher vom Pier zu schnappen. Wirkt wie Katzenminze auf Katzen.«

Abercorn war perplex. Alligatoren, du liebe Güte! Je mehr er über diese Gegend erfuhr, desto heftiger sehnte er sich an den Hollywood Boulevard zurück.

Sie standen noch eine Weile herum und hörten zu, wie der Sheriff und seine Leute mit Socken im Mund aufeinander einredeten, dann machten sie sich wieder auf den Weg, Turco ging voran, Abercorn folgte ihm. »Sind doch alles Vollidioten hier«, verkündete Turco, spuckte die Worte über die Schulter. Abercorn stimmte ihm uneingeschränkt zu, nur fragte er sich, wohin sie eigentlich gingen und wie sie es anstellen würden, Hiro Tanaka aufzuspüren, zu verfolgen, festzunehmen und zu deportieren, damit N. Carteret Bluestone ihm nicht mehr im Nacken säße. Außerdem sehnte er sich danach, aus dieser Hinterwäldlerprovinz wieder wegzukommen, zurück zu den verschlafenen, moosgrünen Straßen von Savannah und in die Gesellschaft von jungen Frauen wie Ginger und Brenda, die nichts weiter wollten als Bourbondrinks schlürfen, Austern essen und mit ihm auf dem Teppich vor der Klimaanlage eine sportliche Nummer schieben. Turco führte ihn zurück zu dem Polizeikordon und auf das dahinterliegende Touristenzentrum zu.

»Wohin gehen wir eigentlich, Lewis – was hast du vor?«

Turco blieb auf den Stufen vor ihm stehen, war auf gleicher Höhe mit ihm, Auge in Auge. »Ich bin dafür, wir nehmen eins dieser Motorboote und greifen uns diesen Clown Saxby. Der weiß, wo der Japse ist, glaub mir.«

Abercorn war gar nicht sicher, ob er Saxby wirklich festnehmen wollte – mit welcher Begründung eigentlich? –, aber es schien eine gute Idee, sich mit ihm zu unterhalten. Jedenfalls hatte er keinerlei Lust, länger bei der Anlegestelle herumzuhängen und sich mit dem Sheriff abzugeben, der etwa so umgänglich wirkte wie ein Kettenhund. Er zuckte die Achseln und folgte Turco in das Touristenzentrum, wo sechs Frauen, alle unterschiedlich alt und unterschiedlich stark blondiert, erwartungsvoll hinter der Theke standen und einander im Wettstreit um das breiteste Lächeln zu übertreffen versuchten.

Turco ging direkt auf die jüngste zu, ein Mädchen mit großen, wasserblauen Augen und einem Namensschildchen, das sie als Darlene identifizierte. »Wir brauchen ein Boot«, erklärte er und setzte seinen Blick des direkt aus der Dschungelhölle kommenden Indochinakämpfers auf.

Sie schien den Blick nicht zu bemerken. »Tut mir leid«, sagte sie, süß und plätschernd wie Regenwasser, obwohl ihr Akzent auf Mangrovensümpfe schließen ließ, »aber ich habe Anweisung von Mr. Chivvers und Mr. Dotson, heute keine Boote zu vermieten.«

»Der Park ist sozusagen praktisch geschlossen«, verkündete die Blondine neben ihr. Sie war etwa vierzig, und ihr Haar war zu einer kunstvollen, zuckerwatteartigen Turmfrisur gestaltet. »Wir bedauern die Unannehmlichkeit«, sagte sie, »aber da draußen läuft ein Wahnsinniger frei herum.«

»Ein Orientale«, fügte eine andere hinzu.

»Hat an der Küste wen ermordet, wie man so hört«, sagte die älteste, die ungefähr siebzig sein mußte und die Gabe besaß zu sprechen, ohne dabei die Lippen zu bewegen.

»Drei erwachsene Männer und ein Baby. Alle erdrosselt«, sagte die mit der komischen Frisur. Alle sechs ließen ihr Lächeln einfrieren.

Das war Abercorns Stichwort. Er hatte sich im Hintergrund gehalten, jetzt aber trat er vor. »Spezialagent Detlef Abercorn vom INS«, sagte er und ließ seine Dienstmarke aufblitzen. »Einwanderungsbehörde, Bezirksbüro Savannah. Wir sind hinter diesem Mann her.« Er probierte selbst ein Lächeln. »Deshalb brauchen wir ja ein Boot.«

»Ja, also« – das erste Mädchen, Darlene, geriet hinter ihrem offiziellen Lächeln ins Wanken – »ich weiß nicht...« Sie wandte sich an die Blondine neben ihr, eine Frau unbestimmten Alters mit einer Sekretärinnenbrille und einem buntgemusterten Halstuch. »Lou Ann, was meinst du?«

In diesem Moment kam Roy Dotson durch eine Tür am anderen Ende des Büros. Er trug seine Park-Ranger-Uniform und hüfthohe Stiefel. »Das geht in Ordnung, Darlene, geben Sie diesen Männern, was sie wollen.«

Darlene sah zu Abercorn auf. Sie konnte nicht älter sein als siebzehn, und ihr Lächeln war breit und herzlich. Abercorn hatte einen dieser kurzen, unvermeidlichen sexuellen Gedanken, aber ihr Ton wurde wieder ganz geschäftsmäßig. »Also dann bräuchte ich Ihren Führerschein«, sagte sie, »und eine Kreditkarte.«

Roy Dotson saß am Ruder des fünfeinhalb Meter langen Flachkielboots, dessen Motor auf voller Kraft lief, was nicht allzu viel war. Am Bug hockte Turco mit seiner gesamten Dschungelausrüstung: Von seinem Rucksack baumelten der Feldspaten, eine Drahtschere und alle möglichen anderen Dinge. Zwischen den beiden saß Detlef Abercorn und genoß beinahe die Fahrt, wider Willen. Er trug hüfthohe Stiefel und hielt eine Tüte mit Antihistaminika, Sonnenschutzcreme, Insektenspray und Zinksalbe so fest in der Hand, als hätte er Angst, ihr könnten Flügel wachsen und sie würde davonfliegen. Außerdem trug er eine grellorangefarbene Schwimmweste, obwohl er sich darin ein wenig albern vorkam. Auf der Weste hatte Roy Dotson bestanden, und Abercorn hatte ihm aus zwei Gründen nachgegeben. Erstens schlicht aus Diplomatie: Turco hatte Dotson, der sich immerhin gewaltige Mühe gab, ihnen behilflich zu sein, davon in Kenntnis gesetzt, er würde sie (die Schwimmweste) ihm (Roy Dotson) in den Arsch schieben, wenn er sie noch einmal erwähnte, deshalb hatte sich Abercorn die seine aus diplomatischen Erwägungen brav übergestreift. Der zweite Grund war ein weit weniger selbstloser: Er hatte panische Angst davor, sich zwischen die Alligatoren und Schlangen hinauszuwagen, und er fand, er könne jeden Schutz brauchen, der sich ihm bot. Mit den Stiefeln und der Schwimmweste konnte ihn nun seiner Ansicht nach eine Schlange nur noch im Gesicht erwischen, und er hatte vor, diesen Bereich seiner Anatomie hoch oben, trokken und außer Reichweite für Reptilien zu halten.

Trotz alledem war es eigentlich gar nicht so übel. Der Fahrtwind hielt die Moskitos von seinen zerstochenen Ohren ab und trocknete den Schweiß auf seinen Schläfen, und der Sumpf wirkte jetzt, da er mittendrin war, ein gutes Stück weniger bedrohlich. Nichts kroch in seine Stiefel, um ihn zu stechen, zu beißen oder auszusaugen, von den Bäumen fielen keine Schlangen herab, und der einzige Alligator, den er sah, hatte etwa die Größe einer Damenhandtasche. Er war zudem überrascht, daß es hier offenes Wasser gab – und zwar eine ganze Menge davon. Wenn er hinter den optischen Gläsern seiner Sonnenbrille mit dem durchsichtigen Plastikgestell die Augen zusammenkniff, fühlte er sich fast in seine Jugend zurückversetzt, auf eine Fahrt über den Lake Casitas mit seinen Eltern und seinem Bruder Holger.

Eine weitere Überraschung war die Anlegestelle auf Billy's Island. Es gab dort tatsächlich eine Anlegestelle, nicht viel mehr als zwei ins trübe Wasser getriebene Pfosten mit ein paar verwitterten Bohlen dazwischen, aber dennoch eine Anlegestelle. Und dahinter: terra firma. Oder beinahe. Langsam fühlte er sich ein wenig hochgerüstet in seinen Stiefeln und der Schwimmweste – er hatte es sich so ähnlich wie in *African Queen* vorgestellt, wo man bis zur Hüfte in schleimigem Treibsand versank, aber das hier war ja ganz gewöhnliche Erde. Oder Schlamm. Ein bißchen vollgesogen vielleicht, aber es hätte ihm sicher nicht den Tag verdorben, wenn er nur in Jeans, T-Shirt und Wanderschuhen angerückt wäre.

Roy Dotson ging voran, auf den Fersen gefolgt von Turco, der trotz der Last seines Rucksacks leicht, wachsam und umsichtig ausschritt. Abercorn bildete die Nachhut, schlenderte in seinem weit ausgreifenden, schlaksigen Gang dahin, duckte sich unter Schwadronen von Insekten weg, die sich bei jedem seiner Schritte vor ihm zusammenscharten und dann wieder für den nächsten Angriff ausschwärmten. Sie folgten einem primitiven Pfad auf die Rückseite der Insel, wo Saxby, laut Roy Dotson, am vergangenen Vormittag sein Fischfang-Lager aufgeschlagen hatte. (»Zwergbarsche«, hatte Turco verächtlich geknurrt, als Dotson ihnen davon erzählt hatte. »Nur ein Vorwand, wenn du mich fragst, nichts weiter.«)

Sie marschierten eine Viertelstunde lang im Gänsemarsch unter einem Baldachin aus Sumpfkiefern, der das Sonnenlicht zu gesprenkeltem Zwielicht abdämpfte. Die Luft war hier drückend und so geballt, daß sie wie ein anderes Element wirkte, und von der Schwüle lief ihnen dermaßen der Schweiß herunter, daß sie bald so durchnäßt waren, als wären sie den ganzen Weg vom Touristenzentrum hierher geschwommen. Salztabletten, dachte Abercorn und verfluchte sich, weil er sie vergessen hatte. Er fragte sich, was wohl passierte, wenn der Organismus kein Salz mehr in sich hatte – man kollabierte, oder? Es hatte mit Elektrolyten zu tun, oder verwechselte er das mit Batterien? –, als Turco Roy Dotson am Arm ergriff und die drei plötzlich stehenblieben. »Was denn?« fragte Dotson. »Was ist los?«

Turco packte noch fester zu. »Das Lager«, raunte er. Irgendwo schrie ein Vogel, laut und gellend, als würde er von einer unsichtbaren Hand bei lebendigem Leibe gerupft. Roy Dotson wollte etwas sagen, aber Turco schnitt ihm mit einem gezischten »Schhh!« das Wort ab, sein Blick war eiskalt geworden. »Bleibt hier, alle beide. Ich erledige das allein.«

Abercorn sah nichts als Baumstämme und Laub. Die Stiefel waren Schwitzpackungen, die Schwimmweste schnürte ihm die Brust zusammen. Er holte keuchend Luft und hustete Insekten aus.

»Psst!«

»Lewis –« warnte Abercorn, der darauf hinweisen wollte, daß sie sich, allem Anschein zum Trotz, nicht auf dem Ho-Tschi-Minh-Pfad befanden und daß Saxby kein verschlagener, bewaffneter kommunistischer Guerillakämpfer war, sondern ein anständiger Bursche, der Fische – und Ruth Dershowitz – liebte, außerdem amerikanischer Staatsbürger mit gewissen unveräußerlichen Rechten und in die ganze Sache vermutlich auch überhaupt nicht verwickelt, jedenfalls nicht allzu tief, aber Turco funkelte ihn mit derartig kompromißloser Wut an, daß er aufgab. Dafür wurde Turco schließlich bezahlt, dazu war er hergekommen – aufhalten konnte man ihn jetzt ohnehin nicht mehr. Abercorn wechselte einen Blick mit Roy Dotson, als Turco seinen Rucksack abstreifte und lautlos ins Unterholz abtauchte. Obwohl Abercorn immer noch nichts sah – weder Lager noch Zelt noch die geringste Spur von Zivilisation –, wühlte er nach seinem Diktafon und dem Notizblock, wobei er, ohne es zu wollen, leise Erregung in sich aufsteigen spürte. Vielleicht hatte Lewis ja doch recht, vielleicht versteckte sich der Japse wirklich da draußen mit Saxby, und sie könnten demnächst die Handschellen klicken lassen, ihre Sachen zusammenpacken und für immer aus diesem Drecksloch verschwinden.

Roy Dotson sah das anders. Sein Mund war zusammengekniffen, und auf seiner Stirn bildete sich eine zornige Falte zwischen den Augenbrauen. »Der Kerl ist ja verrückt«, flüsterte er gepreßt. »Ich sagte Ihnen ja schon, Sax war ebenso verblüfft wie ich, als dieser Mann aus seinem Kofferraum sprang.« Abercorn antwortete nicht. Er behielt das Pflanzengewirr, in dem Turco verschwunden war, fest im Blick, dann setzte er sich in Bewegung, so behutsam, wie man es von einem ein Meter fünfundneunzig großen Albino in hüfthohen Stiefeln erwarten konnte. Dotson zuckte die Achseln und folgte ihm.

Nichts rührte sich. Der Wald lag still im Würgegriff der Hitze. Der Vogel kreischte erneut auf, es klang gräßlich einsam und als wäre er an einer lebenswichtigen Stelle verletzt. Abercorn richtete den Blick auf ein Astgewirr direkt vor ihm, die Stiefel grunzten und quietschten unter seinen schweißnassen Füßen. Er stieg über den Stumpf eines gefällten Baums, dann über einen zweiten. Moskitos ließen sich auf seinen Armen, dem Gesicht, den Handrücken nieder, aber er gab sich keine Mühe, sie zu verscheuchen.

Und dann kam, worauf er gewartet hatte: ein Schrei. Er zerriß die Stille, ein einziger, irrer, abgehackter Schrei der Überraschung, der aufstieg und die Hitze in den Bäumen gefrieren ließ. Plötzlich rannten sie beide, und nichts war mehr wichtig außer den fauchenden Stimmen, dem knirschenden Krachen von Ästen und dem Geräusch eines Handgemenges im Unterholz. *Der Japse!* dachte Abercorn *Turco hat den Japsen gekriegt!* In seiner Aufregung lief er Roy Dotson davon, seine Beine arbeiteten, die Stiefel knatterten wie Segel in starkem Wind. Da! Direkt vor ihnen: ein Zelt – wie hatte er es übersehen können? –, ein Kreis aus rußigen Steinen, ein in den Bäumen aufgespanntes Fischernetz. Wieder ein Schrei. Fluchen. Und dann war er da, stolperte über die kalte Feuerstelle, während die Gestalten von Saxby und Turco sich aus der Tarnung von Gebüsch und Palmendickicht schälten.

Sie wälzten sich ineinander verschlungen auf dem Boden, ihre Beine traten wild ins Grüne. Turco lag auf Saxby, obwohl Saxby ihm um fünfzehn Zentimeter und zwanzig Kilo überlegen war. »Laß mich … los!« brüllte Saxby, aber Turco hatte ihn mit irgendeinem Geheimkommando-Griff festgenagelt, preßte sein Gesicht in die feuchte Erde, in einem Sonnenstrahl blitzten Handschellen auf. »Lewis!« rief Abercorn, aber schon riß Turco die Arme des großen Mannes auf den Rücken und ließ die Handschellen klikken. »Lewis, was zum Teufel –?« Abercorns Stimme überschlug sich. Alles lief völlig falsch. So hätten die Dinge sich nicht entwikkeln sollen …

»Detlef, sind Sie verrückt?« Wütend wehrte sich Saxby unter Turco, auf seiner Wange schimmerte ein rötlicher Strich aus Dreck wie eine Wunde. »Schaffen Sie mir den Typ vom Hals!«

Aber Turco hatte ihn, und er würde ihn nicht loslassen. Er hockte auf ihm wie ein Gnom, das Knie in Saxbys Lendenwirbelsäule gerammt, die linke Hand fest in seinen Nacken gepreßt. »Maul halten«, sagte er, und jetzt war seine Stimme richtig gelassen, ein bißchen Adrenalin schwang darin mit. »Du bist verhaftet, Arschloch.«

Billige Sensationen

Alle anderen hielten ihre Lesungen einfach im vorderen Salon ab, unter dem antiken Kronleuchter aus Messing, ganz informell und bequem; bei normalem Licht machte man es sich in den Sesseln gemütlich oder streckte sich wohlig auf dem Teppich aus. Es gab Kaffee, Sherry und immer irgend etwas Süßes – Napfkuchen oder Kekse, oft von Septima selbst gebacken. Es war heimelig, gefahrlos, eine Arena, in der jeder – ungeachtet von Status und Bekanntheitsgrad außerhalb dieses Raums – den Text, an dem er gerade arbeitete, in intimer, sicherer Atmosphäre präsentieren konnte. Wenn es überhaupt ein übergeordnetes Motto gab, dann war es »Anti-Performance«. Man stellte sich einfach hin und las. Keine Tricks, keine Spielerei, kein Theater. Man las mit sachlicher, unaufdringlicher Stimme und ließ das Werk für sich sprechen – alles andere wäre unpassend gewesen, eine Vergewaltigung der ungeschriebenen Gesetze und eine Brüskierung der Künstlerkollegen. Mit einem Wort: taktlos. Auf jeden Fall las man im vorderen Salon, unter dem Kronleuchter. Alle hielten es so.

Das heißt, alle bis auf Jane Shine.

Tja. Jane mußte ihre Lesung draußen auf der Veranda in pechschwarzer Nacht abhalten, im Schein eines steil von oben auf sie gerichteten Punktstrahlers, während aus den Azaleenbüschen eine zweite, theatralischere, diffusere Lichtquelle ihre Zigeunerinnenzüge zur Geltung brachte. Ruth konnte es nicht fassen. Die Künstler wurden nach draußen getrieben und gezwungen, auf Klappstühlen Platz zu nehmen, die in sauberen Reihen aufgestellt waren, als käme man zu »Shakespeare unterm Sternenzelt« zusammen. Drei Minuten auf einem dieser Stühle waren wie eine Stunde auf der Folterbank. Es war eine Frechheit. Was bildete sie sich ein?

Ruth kam mit Brie auf die Veranda, gerade als Septima nach vorne trat, um Jane vorzustellen. Sie verzichtete darauf, neben Sandy, Ina und Regina zu sitzen, und suchte sich lieber den Platz direkt hinter Mignonette Teitelbaum und Orlando Seezers aus, der mit seinem Rollstuhl am Rand der Stuhlreihe plaziert war. Nach einer Salve von leise geflüsterten Hallos und etlichen nachdrücklichen, mißlaunigen Schlägen nach den Moskitos setzte sich Ruth und betrachtete La Teitelbaum von hinten. Vögelten sie miteinander? Hing ganz davon ab, in welcher Höhe die Wirbelsäule verletzt worden war, oder? Teitelbaum machte sowieso nicht allzu viel her. Sie war nur ein paar Jahre älter als Ruth, aber man sah ihr ihr Alter an – und ihr Haar sah aus wie das Zeug, mit dem man Versandkisten auspolstert, wie hieß das doch gleich? Sogar im Nacken hatte sie Falten. Nicht nur Falten, nein: Furchen, Rillen, tiefe Gräben, in denen man halb versank.

Ruths Gedankenflug wurde von Septimas elektrisch verstärkter Stimme unterbrochen – ein Mikrofon, sie benutzte ein Mikrofon, um Himmels willen! Niemand hatte hier je ein Mikrofon benutzt, und jetzt, nur wegen Jane Shine, sprach Septima – die Gründerin und Kraftquelle von Thanatopsis House, die Hüterin von Geschmack und Tradition – durch ein Mikrofon. Es war widerlich. Ein Verrat an allem, wofür Thanatopsis stand. Ruth begriff nicht, wie die anderen dabei sitzen bleiben konnten, als wäre nichts geschehen, als hätte das Ganze, der Verstärker und die Light-Show, etwas damit zu tun, daß eine Autorin einen Text las, den sie gerade in Arbeit hatte. Ruth spürte, wie ihre Kopfhaut sich unter den Haarwurzeln zusammenzog. »Wie lächerlich«, zischte sie Brie zu, während Septimas Singsang über die Baumwipfel erscholl.

Brie wandte sich ihr zu, ganz verzückt, ihr Gesicht ausdruckslos wie das einer Kuh, ihre wäßrigen Augen weiteten sich unter ihren Kontaktlinsen. »Was redest du da?« zischte sie zurück. »Ich finde es – es ist *märchenhaft*.«

»... mir eine große Ehre und ein besonderes Vergnügen«, verkündete Septima gerade. Sie hielt das Mikrofon gepackt, als wäre es eine Kobra, die sie in ihrem Bett entdeckt und aus lauter Verzweiflung umklammert hatte. Ruth sah in ihren Augen Saxbys Augen, in ihrer Nase Saxbys Nase, vom Alter spitz geworden. Sie trug ein hellbraunes Leinenkostüm, beigefarbene Pumps, dazu die Perlenkette, die sie nie abzulegen schien, und beim Friseur war sie auch gewesen. »Ein ganz besonderes Vergnügen, Ihnen eine außergewöhnlich begabte junge Schriftstellerin vorzustellen, die Autorin einer preisgekrönten Sammlung von Erzählungen und eines Romans, der demnächst bei« – hier stockte Septima und blinzelte auf eine Karteikarte, die sie elegant in der feinen geäderten Hand hielt –, »bei« – sie nannte einen großen New Yorker Verlag, und Ruth fühlte, wie sie vor Haß und Eifersucht die Zähne zusammenbiß. »... die jüngste Gewinnerin, wie ich höre, der renommierten Hooten-Warbury-Goldmedaille für Literatur, die alljährlich in England für den besten ausländischen Roman vergeben wird, und des ebenso renommierten –«

Ruth wollte sie innerlich ausblenden, aber die Lautsprecher vereitelten diesen Versuch: Septimas schallende Lobesworte hallten in ihrer Brust, ihrer Lunge, ja in ihren Eingeweiden wider und vibrierten dort wie in einem Resonanzkörper. Dann ging Septima daran, Jane mit nahezu jeder Schriftstellerin in der Geschichte zu vergleichen, von Mrs. Gaskell über Virginia Woolf und Flannery O'Connor bis zu Pearl S. Buck, wobei sie den Begriff »renommiert« wie einen Zahnarztbohrer einsetzte. (Sie mußte ihn mindestens an die zwanzigmal benutzt haben – bei fünf hatte Ruth zu zählen aufgehört.) Und dann, endlich, nach einer halben Ewigkeit, kam sie mit dem Enthusiasmus eines Jahrmarktschreiers zum Finale: »Meine Damen und Herren, liebe Künstler und Thanatopsianer« – ja, sie sagte doch tatsächlich *Thanatopsianer* –, »hier ist Jane Shine.«

Rauschender Beifall. Ruth fühlte sich elend. Aber wo war sie? Wo war La Shine? Jedenfalls saß sie nicht still in der vordersten Reihe oder stand bescheiden neben dem Mikrofon. Alle im Publikum reckten den Hals, der Applaus wurde leiser. Aber dann, mit einem Mal, erhob sich ein Raunen, und es wurde wieder lauter geklatscht, noch lauter als zuvor – als müßte man sich schon gratulieren, daß sie geruhte, vor so schlichten Sterblichen überhaupt zu erscheinen –, und da war sie, Jane Shine kam durch die offene Glastür auf die Veranda gerauscht.

Ihr Haar – dieser unwahrscheinliche, schimmernde, elektrisch aufgeladene Bausch von tanzendem Flamencohaar – türmte sich so hoch auf ihrem Kopf, daß Ruth unwillkürlich an die Wachablösung vor dem Buckingham-Palast denken mußte. Ganz in Schwarz gekleidet – wieder eins dieser pseudoviktorianischen Kleidchen mit hohem Kragen, in denen sie ständig herumstolzierte wie eine verirrte Prinzessin –, ging sie ruhig und entschlossen durch die Menge, die Lippen leicht zusammengekniffen – o ja, dies war eine ernsthafte Angelegenheit, es war ein großer Auftritt –, sie blickte starr geradeaus, der Rücken kerzengerade, ihre Schritte klein und zart, die gezierten kurzen Trippelschritte eines kleinen Mädchens auf dem Weg zur Schule. Flamencohexe, viktorianische Prinzessin, Schulmädchen, wem wollte sie eigentlich was vormachen?

Das Licht brachte ihr Gesicht perfekt zur Geltung, grandios – selbst Ruth mußte das zugeben. Der Strahler direkt über ihr brachte ihr Haar zum Glühen, ließ es zum Strahlenkranz, zum Diadem werden, zu einem glitzernden Bündel aus Licht und Glanzlicht, während die zweite, weichere Lampe ihre außerirdischen Augen aufleuchten ließ und ihre üppigen Lippen – geschwollen wie von Bienenstichen – von unten weichzeichnete. »Kollagenspritzen«, flüsterte Ruth zu Brie hinüber, aber Brie war wie hypnotisiert von dem Schauspiel Jane Shine, von La Shine, die sich bis an die Spitze hinaufgebumst hatte, und achtete gar nicht auf Ruth. Jane verbeugte sich. Dankte Septima. Dankte dem Publikum. Dankte Owen und Rico und Raoul von Soundso für Ton und Beleuchtung, und dann fixierte sie die Zuhörer und hielt sie, in absoluter Stille, volle dreißig Sekunden in ihrem Bann.

Und dann fing sie an, ohne jede Einführung, ihre Stimme klang so natürlich und mit dem Mikrofon vertraut, ganz anders als bei Septima. Diese Stimme war eine Liebkosung, ein Flüstern, etwas, das einen einnahm und nicht wieder losließ. Die Erzählung, die sie las, handelte von Sex, natürlich, aber der Sex war in eine ausgefeilte, barocke Bildersprache verpackt, in der es selbst zur hohen Kunst wurde, wenn sich jemand die Zehennägel lackierte oder eine Monatsblutung bekam. Nach drei Zeilen war Ruth klar, daß es sich keineswegs um einen in Arbeit befindlichen Text handelte – es war eine Erzählung, die Jane vor zwei Jahren veröffentlicht und dann nochmals für ihre erste Anthologie überarbeitet – umgearbeitet – hatte. Es war etwas Fertiges. Etwas Altes. Nichts aus dem »demnächst erscheinenden« Roman oder gar ein paar Seiten von dem, was sie angeblich hier produziert hatte. Statt dessen gab sie eine Vorstellung, gab einen fertigen Text zum Besten, den sie schon Gott weiß wie oft in den Hörsälen von Notre Dame in Indiana, von Iowa State oder NYU gelesen hatte. Ruth war so empört – so angewidert, aufgestachelt und ganz einfach stinkwütend –, daß sie beinahe aufgestanden und gegangen wäre. Aber das konnte sie natürlich nicht tun. Wenn sie es täte, würden alle denken, sie sei, nun ja, neidisch auf Jane Shine oder so – und das durfte sie auf keinen Fall zulassen. Niemals. Es wäre schlimmer als mitten in der afrikanischen Steppe zerfleischt zu werden, über sich kreisende Geier und aus dem Busch das Lachen der Hyänen.

Also blieb sie sitzen, innerlich kochend. Orlando Seezers ließ ein dröhnendes, überlautes Lachen erschallen, sobald Janes Erzählung so etwas wie Humor versuchte, und gegen Ende, als sich die zwei unglücklich verliebten Vierzehnjährigen gegenseitig die Zehennägel lackierten, ehe sie für immer voneinander schieden, mußte Mignonette Teitelbaum ihm die Hand halten, sonst hätte er laut losgeheult. Jane war völlig schamlos. Nicht nur spielte sie ihrem Publikum eine billige Show vor, tobte wie eine Wahnsinnige und schob sich immer wieder eine sorgfältig zurechtgelegte Strähne aus dem Gesicht, sie fiel sogar in einen schwedischen Akzent, als hielte sie sich für Meryl Streep oder so (der Junge aus ihrer Geschichte war Schwede, ein nordischer Halbgott in kurzen Hosen; das Mädchen war natürlich eine Naive aus Connecticut, mit dem Haar einer katalonischen Schafhirtin und außerirdischen Augen). Als sie fertig war, herrschte benommene Stille, dann rief jemand – war es Irving? –: »Ja!«, und der Applaus ging auf sie nieder wie ein Erdrutsch. Brie hatte Tränen in den Augen, und das würde ihr Ruth nie verzeihen. Sandy pfiff durch die Zähne und klatschte in die Hände, bis sie ganz rot waren, und auch ihm würde Ruth niemals verzeihen.

Der Empfang danach war eine dieser Gelegenheiten, die man eben durchstehen mußte. Am allerwenigsten Lust hatte Ruth darauf, herumzustehen und Jane Shine zu gratulieren, aber im Grunde blieb ihr keine Wahl. Wenn es hart auf hart ging, konnte sie natürlich ein Gesicht aufsetzen und Theater spielen, kein Problem. Klar, sie fand Jane Shine prima. War mit ihr auf der Uni gewesen. Wünschte ihr alles Gute. Nicht wahr?

Wenn es nur so leicht gewesen wäre.

Jemand hatte eine Kassette mit alten Motown-Hits eingelegt – Marvin Gaye, Martha and the Vandellas, The Four Tops –, und beinahe hätte sich Ruth von dem Rhythmus anstecken, hätte sich gehen lassen, bis ihr klar wurde, daß diese Musik für Jane war, die sich in einer der letzten Ausgaben von *Interview* mit Lobhudeleien für den Motown-Stil hervorgetan hatte. Ein Exemplar der Zeitschrift war wie von Zauberhand gerade eben auf einem der Couchtische im Salon aufgetaucht. O ja, Jane habe Motown als kleines Mädchen praktisch *miterlebt* – als sehr kleines Mädchen natürlich, im Kindergarten, oder war sie schon in die erste Klasse gegangen? Es sei der Rhythmus und, nun, es lasse sich nicht genau sagen, der *Soul* eben, der diese Musik so großartig mache. Und genau dieses Gefühl versuche sie auch beim Schreiben zu vermitteln, obwohl sie natürlich niemals an »Papa's Got a Brand New Bag« oder »My Ding-a-Ling« herankommen könne, aber es liege darin etwas so Ursprüngliches, Sinnliches, ein *je ne sais quoi*, das auch sie erreichen wolle. Ruth hatte den Artikel heimlich gelesen. Ihr war das Essen hochgekommen.

Nachdem der Applaus verklungen war, war Ruth mit Brie zu der Party hinübergewandert – Owen hatte die Feier nach drinnen verlegt, wegen der Insekten, aber die Glastüren auf die Veranda standen offen, und die Lautsprecher blieben angeschlossen, falls irgend jemand den fleischlichen Bann von Janes Lesung mit einer lendenreibenden, hüftschwingenden Tanzeinlage brechen wollte. Ruth hatte dies nicht vor. Sie plante, relativ unauffällig zu bleiben – ein Persönlichkeit, das durchaus, immerhin war sie La Dershowitz, der Star der dramatischen Szene auf der Veranda vom Vorabend, regierende Bienenkönigin und Drahtzieherin des Hiro-Tanaka-Abenteuers –, eine im Hintergrund dräuende Gestalt, gewiß, aber nicht der Angelpunkt des Geschehens. Nicht heute abend. Brie begann, den Kopf zur Musik zu wiegen, dann kippte sie einen Drink, und bevor Ruth sie aufhalten konnte, brabbelte sie über die Lesung. »So etwas hab ich noch nie erlebt«, stieß sie atemlos hervor, »das war einfach unwahrscheinlich, irrsinnig, das war die beste Geschichte, die ich je gehört habe. Die beste *Lesung*, die ich je gehört habe. In meinem ganzen Leben. Echt.«

Brie glotzte sie an, mit leerem Blick und offenem Mund, ein kleines Schnurrbärtchen von bleichem Schweiß bebte über ihrer Oberlippe. Ruth blieb vollkommen ruhig. »Blödsinn«, schnappte sie. »Billige Theatralik war das, sonst nichts. Das nennst du eine Lesung? Das nennst du *andere an einem in Arbeit befindlichen Text teilhaben lassen*? Ich nenne es eine Schmierenkomödie für die Galerie. Ich nenne es eine Beleidigung.«

Brie wirkte betäubt und etwas ratlos; sie wußte nicht, wohin mit ihren Händen.

»Und die Erzählung selbst« – Ruth warf ihr einen vernichtenden Blick zu – »billigste Melodramatik. Ich bitte dich: vierzehnjährige Schweden, das ist doch das Letzte.«

»Ru-thie« – zwei knappe Silben in warnendem Tonfall, energischer Nachdruck auf der ersten, ein leises, nachklingendes Zungenschnalzen am Ende der zweiten –, »das meinst du doch wohl nicht im Ernst, oder?« Irving Thalamus war plötzlich direkt neben ihr aufgetaucht. Er trug ein grün-gelbes Hemd, das am Hals weit offen stand und den wirren schwarzen Dschungel seiner Brustbehaarung freilegte. Abrupt wurde Ruth klar, daß dies das passende Oberteil zu den Bermudashorts war, die sie für Hiro geklaut hatte. Irving lächelte sie an, die Lippen schmal und sarkastisch verzogen, es war ein Lächeln, das in seinen Mundwinkeln hängenblieb und sie zum Widerspruch aufstachelte.

Brie schluckte nach Luft, als träte sie Wasser in einem tiefen Swimmingpool. »Das hab ich ihr ja auch gerade gesagt, Mr. Thalamus –«

Er unterbrach sie mit erhobener Hand und einem sanften Druck auf ihren Ellenbogen, eine Geste, die ihn väterlich und lüstern zugleich erscheinen ließ. »Irving«, sagte er, »sag Irving zu mir«, mit einem Unterton, der volltönend und vielversprechend klang.

»Ja, das hab ich ihr auch gerade gesagt, Irving« – sie lächelte ihm zu, neckisch, sehr neckisch –, »ich meine, ich hab ja schon eine Menge Lesungen gehört, auf der Uni und dann in New York, aber vorhin, da war ich total hin und weg, ich meine, das war ja Wahnsinn, es war, als ob sie besessen wäre oder so was, ich meine, da lag so viel Talent drin, so viel Dramatik und Inspiration ...« Brie war so aufgeregt, daß sie nicht weiterreden konnte. Sie stand einfach da, mit nackten Schultern und großen Augen, glotzend und nach Luft schnappend wie ein Goldfisch.

»Und wie denkst du darüber, Ruthie?« Irvings Lider hingen schwer herab. Irgendwie war es ihm gelungen, Brie einen Arm um die Hüfte zu legen. Das Ganze bereitete ihm einen Riesenspaß.

Aber Ruth hatte nicht die Absicht, vor ihm eine Szene hinzulegen. Sie wollte nicht über Jane Shine reden, schon gar nicht sich in eine Debatte über dick aufgetragene Prosa und halbidiotische Theatralik hineinziehen lassen. Sie würde ganz cool sein. Erhaben. Über den Dingen stehend. »Ach komm, Irving«, sagte sie und sah ihm tief in die Augen. »Das war keine Lesung, sondern ein prämenstrueller Nervenzusammenbruch.« Dann drehte sie sich auf dem Absatz um und überließ die beiden sich selbst – sollte er sie doch begrabschen und seine Körperbehaarung zur Schau stellen.

Sie suchte Trost bei Sandy, aber Sandy war nicht viel besser als Brie. Er saß weiter hinten mit Bob zusammen, klopfte mit den Fingern im Takt zur Musik und gab sich genüßlich der Erinnerung an Janes Lesung hin. Ruth versuchte, ihn umzudrehen, ihn von seiner Götzendienerei abzubringen und die Saat der Mißgunst in ihm zu säen, aber es war sinnlos. Glückselig nuckelte er an einer Flasche Bier und spähte hinüber zu dem kleinen Grüppchen rings um Jane – Seezers und Teitelbaum, Septima, Laura Grobian, Clara, Patsy und ein halbes Dutzend andere –, als wären es Jünger, die sich um den Erlöser scharten. Oder die Erlöserin.

In der Ecke stieß sie auf Regina, die mürrisch in ihr Glas mit Rum starrte, und sie wußte, daß wenigstens diese Frau keine Hemmungen haben würde, Scheiße auch Scheiße zu nennen, und daß sie Jane als die Hochstaplerin sah, die sie war. Regina hatte sich die Augen mit Kajal geschwärzt und auch das Haar in interstellarem Schwarz gefärbt; sie sah aus wie eine Haremsdame, der man den Schleier vom Gesicht gerissen hat. »Also«, sprach Ruth sie an und näherte sich ihr, »begraben wir sie gleich neben Wordsworth, oder was? Oder vielleicht doch besser neben P. T. Barnum, dem Zirkusdirektor.« Sie lachte kurz und freudlos auf.

»Jane?« Regina drückte ihre Zigarette in einer Topfpalme aus. Sie richtete sich achselzuckend auf, blickte Ruth eine Sekunde lang direkt an und sah dann weg. »Ich weiß nicht – sie kann einem echt auf den Senkel gehen, diese kleine Primadonna, wenn du weißt, was ich meine, aber ich finde, ihre Show vorhin war wenigstens dramatisch.«

»Dramatisch?« Ruth war fassungslos.

»Bei den meisten dieser beschissenen Lesungen schlaf ich nach spätestens sechs Worten ein – aber vorhin, also, das war zumindest irgendwie interessant.«

Ruth konnte sich nicht bremsen – ihre Stimme machte sich einfach selbständig. »Ja ja, aber was war das? Schwindel. Mist. Aufgeblasene, gequirlte Scheiße, die nur verbergen soll, daß rein gar nichts dahinter steckt.«

Regina versuchte ein Lächeln, das aber so rasch welkte, wie es aufgeblüht war. Sie wühlte in ihrer Lederjacke nach der nächsten Zigarette.

»Verflucht noch mal«, schrie Ruth, quietschte es heraus – sie ging zu weit, sie wußte es, aber aufhören konnte sie nicht mehr –, »siehst du denn nicht, daß Jane« – sie gab sich Mühe, leiser zu sprechen, den Schaden möglichst klein zu halten –, »daß Jane Shine aus nichts weiter als heißer Luft und gequirlter Scheiße besteht?«

In diesem Moment wurde Ruth sich bewußt, daß Regina sie gar nicht mehr ansah – sie blickte ihr über die Schulter und versuchte, ihr mit dem Mund und den schwarzumrandeten Augen ein Zeichen zu geben. Ruth drehte sich um, als wäre sie in Karamelsoße oder Teer gefangen, als stünde sie bis zum Hals in den La Brea Pits.

Direkt hinter ihr stand Septima, deren Gesichtsausdruck die Gefühlsskala auf und ab kletterte. Keine drei Meter dahinter wiegte Jane Shine, eine königliche Figur, Hüften und Schultern elegant im pulsierenden Rhythmus des Motown-Funk, das Gesicht unter dem sich auftürmenden Tschako wie in einen Schraubstock eingespannt. Zwischen den beiden Frauen hatte sich der Ring von Speichelleckern und Scharwenzlern geöffnet wie ein Empfangsspalier. Alle Blicke lagen auf Ruth.

Jane kam immer näher. Als sie an Septimas Seite stand, reckte sie sich. »Ja«, sagte sie, und auf ihrer Stimme hätte man Grillfleisch aufspießen können, »und wir werden bestimmt alle die Luft anhalten, bis du dich da vorn hinsetzt, *La Dershowitz*« – sie spie den Beinamen aus, als hätte sie sich die Zunge daran verbrannt, dann machte sie eine Pause, um Kräfte zu sammeln. »Das heißt, *falls* du überhaupt etwas zum Vorlesen hast – aber das wirst du doch, oder? An *irgend* etwas mußt du ja die ganze Zeit über gearbeitet haben.«

Ruth wußte nicht, was sie tun sollte. In ihrem Kopf tanzte Marvin Gaye, alle Gesichter im Raum waren ihr zugewandt. Instinktiv hätte sie am liebsten zugeschlagen, ihre geballte weiße Faust in diese außerirdischen Augen gerammt, ihr den Spitzenkragen vom Hals gerissen, die Frisur ruiniert und sie als die berechnende, jederzeit die Beine breit machende Literaturhure beschimpft, die sie war, aber sie zögerte und verlor die Gewalt über den Augenblick. Ihre Gesichtsmuskeln zuckten. Ihr Hirn lief auf Hochtouren. Alle – ohne Ausnahme – warteten sie auf ihre Reaktion.

»Ruthie« – Septima ergriff ihre Hand und plauderte drauflos, als wäre nichts geschehen, als hätte dieses kalte, untalentierte Miststück sie nicht eben öffentlich herabgewürdigt und gedemütigt, den Bienenkorb zerschlagen und die Königin abgestochen –, »Ruthie, meine Liebe, wir – also, Orlando und Mignonette, Laura und ich – wir haben gerade darüber geredet, wie schön wir es fänden, wenn du auch einmal etwas aus deiner Arbeit lesen würdest, und du weißt ja, genau wie alle anderen hier, daß wir von unseren Gästen zwar weder Kost noch Logis verlangen, aber dennoch gelegentlich gern das Vergnügen genießen, eine Entschädigung anderer Art zu erhalten …« Sie blickte zur Decke empor, als wäre diese durchsichtig, auf ihren Lippen lag ein entrücktes Lächeln. »Was haben wir in diesem Raum schon alles hören dürfen …«

Eine Herausforderung, das war es. Das war der Schlag ins Gesicht, der vor die Füße geschleuderte Handschuh. Sie hatte unauffällig im Hintergrund bleiben und Jane für heute das Feld überlassen wollen, hatte sie mit List und Andeutungen befehden wollen, aber es war ihr mißlungen. Ihr Herz schlug heftig, ihr Blick mußte wild funkeln, aber sie kannte ihren Text, o ja, allerdings. »Septima«, sagte sie absolut ruhig und fest, und dabei sah sie in diese alten, milchiggrauen Augen, als wären es die einzigen Augen im ganzen Raum, als stünde Jane Shine nicht dreißig Zentimeter rechts von ihr, als existierte diese andere Person gar nicht, weder jetzt noch irgendwann, sondern als handelte es sich um ein privates Tête-à-tête mit der Frau, die ohne weiteres ihre zukünftige Schwiegermutter sein konnte, »es wäre mir eine Ehre.«

Die Doyenne von Thanatopsis House lächelte noch breiter, so daß ihre schmalen alten Lippen sich anspannten. »Wie wär's mit morgen abend?« fragte sie, und ein Fünkchen von Leben flackerte in den Tiefen ihrer sterbenden Augen auf.

Ruth nickte.

»Selbe Zeit wie heute?«

Marvin Gaye: was sang er da? *Ain't no mountain high enough / Ain't no river deep enough*. Ruth atmete tief durch. »Sicher«, sagte sie, »kein Problem.«

Am Morgen verfluchte sie sich. Wie hatte sie so dumm sein können? Warum hatte sie sich auf so blödsinnige Art überrumpeln lassen? Jane Shine. Sie wünschte ihr einen frühzeitigen Tod, wünschte ihr Hängebrüste und eitrigen Aussatz, sie wünschte, sie würde platzen wie der aufgeblasene Frosch in Äsops Fabel.

Aber Wünsche bringen einen nicht weiter.

Ruth saß schon schwer arbeitend in ihrem Studio, noch ehe irgendwer im Großen Haus auch nur die leiseste halbbewußte Vorahnung vom Anbruch der Morgendämmerung hatte und an Frühstück, Arbeit und die sachte, wundersame Enthüllung des Tages dachte. Sie arbeitete mit einer Leichtigkeit und Konzentration, die sie erstaunt hätten, wenn sie innegehalten und darüber nachgedacht hätte, sie hämmerte auf die Tastatur ein und handhabte die Korrekturflüssigkeit wie ein Schwert, während ein Stoß von sauberen, vollendet formulierten Seiten vor ihr in die Höhe wuchs. Gegen zehn Uhr hatte sie Teile von »Zwei Zehen« wesentlich umgeschrieben, ebenso wie »Die Tränen und die Flut« – eigentlich doch gar nicht so schlecht – und den Text, der von *Atlantic* zurückgekommen war und den sie in einem Anfall von Inspiration in »Sebastopol« umbenannt hatte, um so den Kampf anzudeuten, der sich zwischen den Hauptfiguren – zwei Paaren – abspielte. Sie hatte vor, kürzere Stücke aus jeder dieser Erzählungen zu lesen – echte in Arbeit befindliche Texte, so wie es im Grunde gedacht war, kein fertig gedrucktes Blocksatz-Artefakt –, und für den Schluß würde sie sich eine Passage aus »Tränen« aufheben, die Schilderung des stark an Hiro erinnernden Mannes der todgeweihten Heldin. Sie würden vor ihr sitzen – Irving, Laura, Septima, Seezers und Teitelbaum und Ms. E.T. persönlich – und an ihren, Ruths, Triumph über den Sheriff, Abercorn und diese kleine Macho-Kröte denken, die ihnen erst neulich einen Vorgeschmack auf wirklichkeitsnahes Drama geliefert hatte, da drüben auf der Veranda, direkt vor ihren staunenden Augen. Und zudem gäbe es sicher ein gewisses lüsternes Interesse an diesem Text – was wußte sie wirklich über Sex bei Japanern? Hatte sie mit ihm geschlafen? Hatte sie ihm bei der Flucht geholfen? Und sie würde ihr rätselhaftes Lächeln aufsetzen, das Lächeln von La Dershowitz, der unantastbaren Regentin, und alle Fragen offenlassen. Ja, sie würde ihnen zeigen, worum es bei einer Lesung wirklich ging.

Das Mittagessen ließ sie aus, sie arbeitete sogar durch das Hämmern, Sägen und den allgemeinen Baulärm hindurch, mit dem Parker Putnam – oder hieß er Putnam Parker? – einen Zimmermann bei der Arbeit imitierte. Das sehnige, bucklige, von der Sonne tabakbraun gebrannte Kerlchen war um elf Uhr mit einer Werkzeugkiste von der Größe eines Kleinwagens aufgetaucht und hatte mit stockender, belegter Stimme vorgebracht, »Miz Lights« habe ihn gebeten, herzukommen und das Studio wieder in Ordnung zu bringen. Er brauchte nahezu den ganzen Nachmittag, um das restliche Glas der zerschossenen Scheiben aus den Fensterrahmen zu schlagen, und fast eine Stunde allein dafür, die alte Maschendrahttür aus den Angeln zu heben, aber sie bemerkte es kaum. Normalerweise wäre sie dabei verrückt geworden, an diesem Tag aber war er ihr geradezu willkommen – er war da, um sie auf die Probe zu stellen, um ihr eine weitere schwere Last aufzubürden und zu prüfen, ob sie darunter zusammenbrechen würde. Aber sie hielt stand. Ihre Konzentration war perfekt.

Es wurde schon spät – vier? fünf? –, als er sein Werkzeug einpackte (was auch wieder eine halbe Stunde dauerte) und für diesen Tag Feierabend machte. Das Hämmern verstummte. Kein Splittern von Glas, kein Keuchen und Spucken, keine dumpfen, weithin hallenden Schläge mehr. Stille legte sich über das Studio, und in diesem Moment spürte Ruth einen ersten leisen Anflug von Unsicherheit. Was wäre, wenn – was, wenn ihre Sachen nun doch nicht so gut waren? Was, wenn es ihnen nicht gefiel? Was, wenn sie nach vorne trat und kein Wort herausbrachte? Sie stellte sich die Befriedigung vor, die Jane Shine empfinden würde, und sie spürte, wie sich ihr Magen zusammenkrampfte. Aber nein, das war der Hunger, sonst nichts, und erst jetzt fiel ihr auf, daß sie noch gar nichts gegessen hatte.

Sie saß an ihrem Schreibtisch und aß pflichtbewußt auf – Kirschtomaten, frisch aus dem Küchengarten, Lachsmousse mit Dijon-Senf und eine Art Salzbrot, das Armand selbst erfunden hatte –, und langsam fühlte sie sich besser. Sie dachte an ihr Make-up, ihre

Frisur und daran, was sie anziehen würde. Nichts Prätentiöses, das war sicher, keine Spitzenkragen und Jugendstilbroschen. Jeans und T-Shirt. Ohrringe. Ihre blaugrünen Sandalen, die Zehen und Rist freiließen. Alles sollte schlicht sein. Ehrlich. Echt. Das genaue Gegenteil von Shine-Extravaganz. Und wenn die Erzählungen auch nicht ganz fertig waren, noch nicht die Form hatten, die sie ihnen schlußendlich geben wollte, dann schadete das gar nicht – sie las ja nur einzelne Passagen, und die Passagen waren stark. Der Gedanke hob ihre Stimmung wieder – etwas Essen, mehr brauchte sie nicht –, und sie spürte die Kraft in sich zurückkehren.

Sie stand vom Schreibtisch auf und sammelte ihre Sachen zusammen, schob die blütenweißen, frisch getippten Seiten in einen alten, bescheidenen Umschlag. Im Zimmer war es ganz still. Die Sonne schien zum Fenster herein. Zum erstenmal an diesem Tag bemerkte sie die Vögel, die draußen durch die Schatten flitzten, sich im Gebüsch niederließen, nur für sie sangen. So stand sie am Fenster, mit dem Rücken zur Tür, rauchte eine letzte Zigarette, bevor sie zurückgehen und sich zurechtmachen wollte, als ein plötzliches Geräusch von der Veranda sie zusammenzucken ließ. Sie fuhr herum und erwartete, Parker Putnam nach irgendeinem vergessenen Werkzeug suchen zu sehen, doch dann traf es sie wie ein Schock: Es war nicht Parker Putnam. Es war Septima.

Septima. Ruths erster Gedanke war, daß sie sich vielleicht verlaufen hatte, ein peinlicher, altersbedingter Irrtum, aber der Blick in den Augen der betagten Dame belehrte sie eines Besseren. Septima blieb auf der Schwelle stehen, spähte schmallippig und mit prüfendem Blick in das Studio hinein, neben ihr stand Owen. Sie trug ihre Gartenkleidung – einen Sonnenhut aus Stroh, einen alten Kittel, Jeans und Männerschuhe. »Ruthie«, begann sie, und ihre Stimme klang hart und gepreßt, »ich störe dich hier nur ungern, aber ich – darf ich hereinkommen?«

Ruth war so überrascht, daß sie nicht antworten konnte – Septima hielt sich an die eiserne Regel, aus Respekt für die Privatsphäre der Künstler niemals eins der Studios aufzusuchen, außerdem war es für eine Frau ihres Alters ein weiter Weg nach »Hart Crane«. Wortlos durchquerte Ruth das Zimmer und öffnete schwungvoll die Tür.

Etwas stimmte nicht. Sie sah es Owens Gesicht an, sah es an der

Art, wie Septima ihrem Blick auswich, als sie an ihr vorbeiging und sich in einem Schaukelstuhl niederließ. »Puh!« stieß die alte Dame aus, »diese Hitze! Ich werd mich nie daran gewöhnen, ich schwör's. Hättest du bitte ein Glas Wasser für mich, Ruthie?«

»Natürlich«, sagte Ruth und goß auch gleich ein Glas für Owen ein, der in der Tür stehengeblieben war, als hätte er nie wirklich vorgehabt einzutreten. »Danke, Ruth«, sagte er und leerte das Glas auf einen Zug. »Ich werde mir mal von draußen den Schaden ansehen«, bemerkte er zu niemandem im besonderen und stellte das Glas auf dem Fensterbrett ab. Mit einem Blick auf Septima fügte er hinzu: »Sie rufen dann, wenn Sie mich brauchen.«

Als Owen gegangen und die Fliegentür mit einem leisen Klappen zugefallen war, hob Septima den Kopf und musterte Ruth lange und nachdenklich. In der unbewegten Luft hing schwer ein Vorgefühl von Regen. Die knisternden, knackenden Geräusche des Waldes strömten herein und erfüllten die Stille. »Wie ich sehe, ist Parker dagewesen«, sagte Septima schließlich.

Ruth nickte. »Ja, er hat hier den ganzen Tag herumgehämmert – aber es hat mich kaum gestört, eigentlich gar nicht. Ich war ganz in meine Arbeit vertieft.«

»Furchtbar«, seufzte Septima, und Ruth pflichtete ihr bei, obwohl ihr unklar war, was die alte Dame nun meinte – Parker Putnams schwache Leistung, das Wetter, die Gefahren, die einem drohten, wenn man sich zu sehr in die Arbeit vertiefte? »Wirklich furchtbar, wie sie dieses Haus zerschossen haben, Theron Peagler und all die anderen. Ein bißchen mehr Verstand sollten sie eigentlich haben. Und wie sie diesen armen Japanerjungen gehetzt haben –«

Wieder nickte Ruth. Und wieder hüllte sich die alte Dame in Schweigen. Draußen pfiff ein Vogel rasch hintereinander vier Töne der Tonleiter, auf und ab, auf und ab.

»Ruthie«, sagte Septima nach einer Weile, »ich störe dich nur äußerst ungern hier draußen, vor allem in einem Moment, wo du bestimmt gerade hart arbeitest, um dich für deine Lesung vorzubereiten, aber es hat sich eine Sache von höchster Bedeutsamkeit ergeben.«

Ruth war in dem kleinen Zimmer hin und her gegangen, auf eine unbewußt defensive, trotzige Art, jetzt aber ergriff sie die Armlehnen des zweiten Schaukelstuhls und ließ sich darin so behutsam nieder, als könnte jeden Moment ein Stromschlag von 50000 Volt hindurchfahren.

»Ich wollte dich etwas wegen dieses Japaners fragen – und ich will, daß du mir die volle Wahrheit sagst. Für die Kolonie wird diese Geschichte allmählich peinlich, vor allem seitdem der Junge wieder ausgebrochen ist – unser Telefon klingelt pausenlos, Ruthie, da melden sich Reporter aus New York und Los Angeles, von überall. Also, ich möchte die Wahrheit darüber wissen, wie sehr du in diese Sache verstrickt bist – die volle Wahrheit. Ich denke, darauf habe ich ein Recht, meinst du nicht auch?«

»Natürlich«, bestätigte Ruth, »natürlich hast du das, aber ich habe dir doch schon gesagt –«

Septima schnitt ihr das Wort ab. »Du weißt, daß ich sehr aufgeschlossen bin, Ruthie, und du kennst auch meine Meinung über die kreative Atmosphäre auf Thanatopsis und über das Tun und Lassen der Künstler, was ihre persönliche Moral und ihre sexuellen Maßstäbe betrifft –«

Ruth starrte sie sprachlos an.

»Ja, und als mein Sohn mir sagte, daß er ein jüdisches Mädchen mit herbringen würde, habe ich nicht mit der Wimper gezuckt – weshalb auch, wo wir doch im Laufe der Jahre schon so viele talentierte jüdische Künstler hier hatten ... Aber jetzt schweife ich von dem ab, was ich eigentlich sagen will. Ob du nun ein bißchen, äh, *intimer* mit diesem jungen Ausländer gewesen bist, als du selbst wolltest, darum geht es ja im Grunde gar nicht...« Sie verstummte, und die folgende Stille hätte Schiffe, ja ganze Ozeane verschlingen können. »Ruth« – der Klang ihres Namens ließ Ruth unwillkürlich zusammenzucken –, »Ruth, ich bin hier, um dir zu sagen, daß ich vorhin einen Anruf von Saxby bekommen habe.«

Ein Anruf von Saxby, ein Anruf von Saxby. Ja? Und?

»Er war im Gefängnis, Ruth. Im Bezirksgefängnis von Clinch County, in Ciceroville.«

»Im Gefängnis?« Ruth wäre nicht überraschter gewesen, wenn die alte Dame ihr erzählt hätte, er sei im Libanon als Geisel genommen worden. »Weshalb denn?«

Septima musterte sie mit scharfem, durchdringendem Blick. »Meine Rechtsanwälte kümmern sich darum, keine Sorge. Inzwischen müßte er schon wieder frei sein. Dieser Sheriff da unten und alle übrigen werden es noch bereuen, daß sie sich mit Septima Lights angelegt haben, glaube mir – aber das ist im Moment nicht das Problem. Das Problem ist, die beschuldigen ihn, diesem Japaner bei der Flucht geholfen zu haben. Er soll ihn in meinem Wagen, dem Mercedes, zu diesem Sumpf gebracht haben. Das Problem ist, Ruthie, daß ich mich frage, wer diesen Burschen in den Kofferraum meines Wagens geschafft hat und was du mir darüber zu sagen hast.«

Ruth war benommen. Wie gelähmt. Sie spürte ihren Rückhalt in Thanatopsis House schwinden, sah ihre Karriere gefährdet, Saxby drohte sich ihr zu entfremden, der Kellnerinnenjob dräute wie ein schwarzes Loch über ihrer Zukunft. »Ja, ich habe gelogen«, stieß sie hervor. »Ich gebe es zu, und es tut mir leid. Aber nur über Hiro, ich meine, wieviel ich ihm geholfen habe, als er noch ... frei war. Aber ich schwöre dir, daß er sich aus dieser Zelle befreien konnte, damit hatte ich nichts zu tun, davon hatte ich keine Ahnung – und Sax genauso wenig.«

Sie saßen eine halbe Stunde lang beieinander. Ruth vertraute der alten Dame die Krümel und Körnchen der Wahrheit über Hiro an – aber intim sei sie niemals mit ihm gewesen, das hob sie nachdrücklich hervor – und kehrte immer wieder zu der Rechtfertigung zurück, sie habe ihn für eine Erzählung verwendet, für Recherchen, für künstlerische Zwecke. Das war es: sie hatte es für die Kunst getan. Und sie hatte nichts Schlimmes anrichten wollen. Wirklich. Nichts Schlimmes.

Als sie geendet hatte, waren die Schatten vor dem Fenster deutlich länger geworden, und das Geschnatter im Wald hatte mit dem lauten Quaken der Baumfrösche und dem dröhnenden Baß ihrer in Tümpeln lebenden Verwandten eine abendliche Klangfarbe angenommen. Owen tauchte an der Tür auf. Septima räusperte sich. »Sie wollen, daß du morgen hinfährst, Ruthie – Mr. Abercorn will es, und es ist auch keine Bitte. Ich weiß alles von diesem abscheulichen Vorfall auf der Veranda, und ich könnte mich in den Hintern treten dafür, daß ich solche Leute überhaupt auf Thanatopsis aufgenommen habe ... also, ich weiß nicht, wie ich dir das schonend beibringen soll, aber *ich* will ebenfalls, daß du hinfährst.« Septima fixierte sie mit festem Blick. »Und leider ist auch das keine Bitte.«

»Aber – aber was die mir alles angetan haben: Sie haben mich an den Haaren gezogen und beschimpft –« Jetzt stieg die Wut in Ruth auf, sie konnte sich nicht bezwingen. Und dann ballte sich in ihrem Innern eine kleine Faust der Angst zusammen. »Was wollen sie denn von mir?«

Die alte Dame wählte ihre Worte sehr vorsichtig. »Ich weiß es nicht genau, Ruth, aber mir scheint, es ist das mindeste, was du tun kannst. Mein Junge mußte wegen dieser Geschichte ins Gefängnis.« Sie ließ diesen Satz einwirken, und der Gedanke erstarrte zwischen ihnen, übergroß und häßlich. »Übrigens würde ich es im Lichte dieser ganzen –« sagte Septima schließlich und suchte nach Worten –, »dieses emotionalen Aufruhrs gut verstehen, wenn du deine Lesung heute abend lieber verschieben möchtest…«

Die Lesung verschieben! Ruth sprang vor Freude und Erleichterung über diese Idee fast in die Luft – so käme sie davon, könnte den Kopf aus der Schlinge ziehen! –, aber dann riß sie sich zusammen. Wenn sie nicht las, ganz egal aus welchem Grund, wenn es nicht gerade ein Atomkrieg wäre, würden sie wie die Schakale über sie herfallen. *Ruth hat gekniffen*, würden sie sagen, *es war alles leeres Gerede; hast du schon gehört, was Jane Shine dazu gesagt hat?*

»Bist du sicher, daß es Saxby jetzt gut geht?«

»Ich kenne Donnager Stratton seit zweiundvierzig Jahren, und er ist persönlich hingefahren, um die Angelegenheit zu klären.« Septima seufzte. »Er ist ein alter Sturschädel, mein Saxby, schon immer gewesen. Hinter diesen kleinen weißen Fischen ist er her, Ruthie, und er wird wieder zurück in den Sumpf gehen, um sie sich zu holen, ob die da nun den Japaner jagen oder nicht. Das hat er mir gesagt.«

Ruth senkte den Blick. In der Hand hielt sie noch immer den braunen Umschlag. Als sie wieder aufsah, hatte sie ihren Entschluß gefaßt. »Nein«, sagte sie, »ich werde lesen.«

Die Macht der menschlichen Stimme

Wenn sie ihn hier wieder herausholten, würde er sich als allererstes diesen kleinen paramilitärischen Schläger mit dem Struwwelbart greifen und ihn so in den Arsch treten, daß er in den nächsten Bundesstaat flog. Und Abercorn auch, diesen Dreckskerl. Der sollte den starken Mann vor irgendwelchen armen, keuchenden Flüchtlingen aus Mexiko spielen, die fast im eigenen Schweiß ersoffen, aber er wollte verdammt sein, wenn er zuließ, daß irgend jemand ihn – oder Ruth – herumschubste. Es war unnötig gewesen, total unnötig. Empörend war es, einfach empörend.

Saxby Lights, Sproß eines ehrwürdigen Clans von Tupelo Island, Sohn des seligen Marion und der Septima Hollister Lights und Liebhaber einer unbekannten Literatin aus Südkalifornien, steckte in einer betonierten Zelle des Bezirksgefängnisses von Clinch County in Ciceroville/Georgia, als Gast von Sheriff Bull Tibbets und des INS-Spezialagenten Detlef Abercorn. In der Zelle gab es eine in den Fußboden eingemauerte Toilette aus rostfreiem Stahl und ein mit der Wand verschraubtes Klappbett. Drei der vier Wände waren limonengrün gestrichen und mit ambitionierten Graffitizeichnungen bemalt, die sich vor allem mit dem Herrn Jesus Christus, unserem Erlöser, der Wahrscheinlichkeit Seiner Wiederkehr und dem Geschlechtsakt in verschiedenen Varianten beschäftigten: zwischen Männern und Frauen, Männern und Männern, Männern und kleinen Jungen, Männern und diversen anderen Spezies. Primitive Abbildungen des bärtigen Christus samt Heiligenschein wechselten ab mit Darstellungen von riesigen gedunsenen Phalli, die wie Zeppeline über die Wände schwebten. Die vierte Wand, hinter der ein betonierter Gang lag, war vom Boden bis zu Decke vergittert, wie der Affenkäfig in einem Zoo. Es roch nach Desinfektionsmittel verschnitten mit Urin.

Saxby war auf den Beinen – zum Sitzen war er zu wütend. Zwischen den Schüben seiner Wut war er abwechselnd deprimiert und besorgt, hatte Angst um Ruth – und auch um sich selbst. Hatte sie diesem Burschen bei der Flucht geholfen? Ihn in seinem Kofferraum versteckt? Zuzutrauen wäre es ihr ja, vor allem weil sie ihm die ganze Geschichte verheimlicht, ihn angelogen hatte. Natürlich war er beunruhigt. Er hatte kein Gefängnis mehr von innen gesehen seit seiner Collegezeit, als er einmal wegen Trunkenheit und Erregung öffentlichen Ärgernisses eine Nacht im Knast von Lake George verbracht hatte. Aber das machte ihn ja nicht zum Gewohnheitsverbrecher. Und auch wenn er zugab, daß die ganze Geschichte mit diesem kleinen Japaner ziemlich verdächtig roch, besonders nach der Rolle, die Ruth in der Sache gespielt hatte, und wenn er auch verstand, daß Abercorn frustriert war, weil er allmählich ziemlich dumm dastand, so entschuldigte das gar nichts. Sie waren solche Idioten. Er war kein Krimineller, merkten sie das nicht? Das Auftauchen des Burschen hatte er ihnen doch erst gemeldet. Trotzdem hatten sie ihm diesen Kommandokämpfer auf den Hals gehetzt, hatten ihm alle Wirbel auskugeln und ihm Handschellen anlegen lassen, hatten ihn gedemütigt und in den Knast gezerrt wie einen sizilianischen Drogenschmuggler. Das war nicht nötig gewesen. Er wäre widerstandslos mitgekommen.

Oder vielleicht auch nicht. Nein, bei näherem Überlegen, ganz bestimmt nicht. Das war der springende Punkt. Nichts hätte ihn an diesem Tag von der Insel weggebracht – mit Ausnahme körperlicher Gewalt eben –, und sobald Donnager Stratton auftauchte und ihn herausboxte, würde er dorthin zurückfahren, Polizeikordon oder nicht. Worüber zerbrach er sich da den Kopf? – die Abrechnung mit Abercorn und seinem Häscher konnte warten.

Was ihn so magisch anzog, war natürlich *Elassoma okefenokee* (beziehungsweise *Elassoma okefenokee lightsei* – er konnte der Verlockung nicht widerstehen, den eigenen Namen anzuhängen, obwohl das gewiß etwas verfrüht war und, nun ja, auch ein wenig kindisch). Er hatte sie aufgespürt. Hatte sie endlich aufgespürt. Und er war mitten in der Arbeit gewesen, hatte seine Netze ausgeworfen und gerade einen Riesenschwarm gefangen, als dieser hirnrissige kleine Nazisöldner ihn von hinten angefallen hatte. Der Zeitpunkt war extrem ungünstig: da hatte er endlich seine Albinos gefunden, über zweihundert Stück waren ihm schon bei den ersten sechsmal ins Netz gegangen, und dann wurden sie ihm wieder entrissen. Oder, um genau zu sein, er wurde ihnen entrissen.

Dennoch war es erstaunlich. Da waren sie, genau dort, wo Roy gesagt hatte. Eigentlich hatte ihn Roy gar nicht mehr hinfahren lassen wollen – nicht nachdem dieser Ausbrecherkönig aus Nippon direkt vor seinen Augen aus dem Kofferraum gehüpft und kopfüber in den Sumpf gehechtet war. »Was in aller Welt war denn das?« hatte Roy gefragt, während er sich am Kopf kratzte und auf den Bootskanal starrte, wo Hiro Tanaka, eine schäumende Bugwelle vor sich aufwerfend, gerade dem gegenüberliegenden Ufer zustrebte. Saxby hatte ihm keine Antwort geben können. Er fragte sich, ob er vielleicht halluzinierte. Es war, als bliebe ein hochgeworfener Ball in der Luft hängen, als würde man den Gasherd anschalten und plötzlich züngelten einem Flammen aus den Fingerspitzen. Sein Mund klappte auf, seine Arme baumelten herab wie Wäsche von der Leine. Dann aber faßte er sich wieder, das Unmögliche wurde möglich, er zog die Verbindung zwischen Kofferraum, Tupelo Island und dem Boden unter seinen Füßen, und die Wut stieg in ihm auf wie tausend kleine Autos, die in wilder Jagd durch seine Adern rasten. »Du dreckiger Hurensohn!« brüllte er und stürmte ins Wasser wie ein massiger Alligator, schüttelte dem sich entfernenden Schwimmer die Faust hinterher, »du, du« – er hatte diese Worte noch nie in den Mund genommen, doch nun rutschten sie ihm heraus, als wären sie das Schmiermittel seines Vokabulars –, »du schlitzäugige gelbe Japsensau!« So stand er im knietiefen Wasser, schüttelte die Faust, fuchtelte mit den Armen und schrie: »Ich bring dich um, ich bring dich noch mal um!«, bis ihn Roy am Gürtel packte und wieder aufs Land zerrte.

Nachdem er sich beruhigt hatte, erzählte er Roy die ganze Geschichte, woraufhin dieser eine höchst offizielle Miene aufsetzte, die Miene des stellvertretenden Leiters und De-facto-Aufsehers des Okefenokee-Naturschutzgebiets mit Büro im Touristenzentrum des Stephen C. Foster State Park und einer unerschütterlichen Loyalität gegenüber den Säugetieren, Vögeln, Fischen und Reptilien des Sumpfs, ganz zu schweigen von der Loyalität gegenüber dem Innenministerium, wo man ein mehr als flüchtiges Interesse an Recht und Ordnung und an der öffentlichen Meinung hegte. »Wir können jetzt nicht auf die Insel rausfahren«, sagte er, »nicht nach diesem Vorfall.«

»Und warum nicht, zum Teufel?«

Roy gab sich schockiert. »Na, weil wir den Sheriff und die Behörden benachrichtigen müssen. Sie werden eine Jagd auf den Mann organisieren wollen, und dafür werden sie unsere Leute hier brauchen« – er sprach jetzt nicht mehr mit Saxby, sondern dachte nur laut nach – »... natürlich wird er da draußen nicht allzu weit kommen, ohne zerstochen, zerbissen und halb aufgefressen zu werden, falls er nicht vorher ertrinkt – und das ist eine durchaus ernstzunehmende Möglichkeit...«

»Roy?«

»Mmh?«

»Ich fahre trotzdem raus.«

Roy tat, als hätte er ihn nicht gehört. »Ein Japaner ist das, sagst du?«

Saxby nickte.

»Man kann nie wissen. Was man so von den Japanern hört – sind wohl ziemlich erfinderisch, was?« Roy zupfte an seinem Mützenschirm und rieb sich die Nase, als gehörte sie gar nicht zu seinem Körper. »Trotzdem, ich möchte mal wetten, so was wie das hier haben sie da drüben nicht, und alles läßt sich mit Erfindungsgeist auch nicht lösen, verstehst du, was ich meine?« Er blickte an Saxby vorbei zu dem flachen Holzbau des Touristenzentrums, dann wieder über die Lagune zu der Stelle, wo Hiro sich der Vegetation in die Arme geworfen hatte. »Ich würde sagen, gegen Sonnenuntergang haben sie ihn eingefangen.«

»Um so eher kannst du mich doch fahren lassen – Mann, der Park ist doch nicht geschlossen, oder?«

Beide warfen einen Blick auf Roys Boot, das vom Anhänger schräg ins Wasser ragte. Die leise gegen den schnittigen Kunststoffrumpf schwappenden Wellen tauften das Heck in einer sich regelmäßig wiederholenden Bewegung. Dies war Roys ganz spezielles Boot, das er selbst gebaut hatte, für diesen Sumpf, ein Wunder an Schnittigkeit und Manövrierbarkeit. Sie sahen auf den Namen am Bug – *Pequod II* –, und beide grinsten. Ringsherum standen Männer mit sonnenverbrannten Gesichtern, die blauen Augen zusammengekniffen, in den Händen Kühltaschen und Dosen mit Angelködern. Verstohlen beobachteten sie Roy und Saxby – ihnen erschien das Phänomen eines amphibischen Japaners nicht minder wundersam als ein fünfunddreißigpfündiger Wels oder ein Hirsch mit drei Beinen, trotzdem gingen sie weiter ihren Verrichtungen nach, als wäre es die natürlichste Sache der Welt. Motoren erwachten spotzend zum Leben, Boote durchschnitten die Oberfläche des whiskeyfarbenen Wassers. Nur ganz kurz entspannte Roy seine offizielle Miene. »Na gut, dann fahr schon«, sagte er. »Aber du mußt wissen, du bist ganz auf dich gestellt. Ich kann nicht nachkommen, jetzt nicht. Und wenn es hart auf hart geht«, fügte er hinzu, »dann muß ich dich holen kommen.«

Und so ging Roy in Richtung des Büros davon, zu dem Telefon, das Bull Tibbets, Detlef Abercorn und Lewis Turco herbeirufen würde, dazu noch eine ganze Horde von die Ohren spitzenden, die Hälse reckenden, ausnehmend neugierigen Leuten, die die nach Sensationen dürstende Presse der gesamten Nation repräsentierten, und Saxby brach mit Roys langem Flachkielboot allein in Richtung Billy's Island auf.

Es war noch früh, und als Saxby die Angler mit ihren Bambusruten, Strohhüten und frühmorgendlichen Budweiser-Dosen hinter sich gelassen hatte, lag der Sumpf still und ruhig da, ein Ort, der schon unendlich oft erwacht war und jetzt unter einem Hauch von Dunst dahintrieb. Roys Richtungsangaben waren perfekt – bei aller ländlichen Lässigkeit konnte er im Notfall präzise wie ein Gehirnchirurg sein –, und Saxby hatte keinerlei Probleme, den schmalen Kanal zu finden, der zur Rückseite von Billy's Island führte. Den Kanal durfte man nur mit spezieller Genehmigung benutzen, und da er für die motorbetriebenen Leihboote ohnehin zu eng war, wurde er kaum je befahren und war mit Kaskaden von duftendem Geißblatt und mit Stechpalmen überwachsen. Saxby mußte sich hindurchstaken und von Zeit zu Zeit anhalten, um die wuchernde Vegetation mit der Machete zu zerhacken, die ihm Roy klugerweise mitgegeben hatte. Gegen neun war er bis auf die Unterwäsche und die Feinrippsocken schweißdurchnäßt, und das Boot war eine dahintreibende Salatschüssel voll zerschnitzeltem Laub, Zweigen und fetten, verdutzten Spinnen. Das Nieseln hatte aufgehört, und die Sonne brannte kräftig herunter, als er auf den von Saverbäumen gesäumten Tümpel hinausglitt, den Roy ihm bis zum letzten Lilienbusch beschrieben hatte.

Der Tümpel sah ziemlich gewöhnlich aus – fünfzehn Meter im Durchmesser, zwei bis drei Meter tief, am anderen Ufer eine Lichtung, ein filziges Gewirr von Sumpfgras, Besenried und Schwertlilien, und dahinter die Kiefern von Billy's Island. Im Grunde war es nichts weiter als eine etwas überdimensionierte Alligatorsuhle – tatsächlich trieb auch direkt vor ihm ein Zweieinhalbmeter-Exemplar im Wasser, lag dort wie ein Fallschirmspringer im blauen Element, die Beine von sich gestreckt, der gezackte Schwanz reglos in der Tiefe baumelnd. Ja, der Tümpel sah ziemlich gewöhnlich aus – nicht anders als tausend andere –, aber für Saxby war es völlig einmalig, der Tümpel aller Tümpel, der Ort, an dem sich der Albino-Zwergsonnenbarsch in seiner ganzen seltenen, kostbaren Pracht verbarg.

Saxby konnte sich kaum beherrschen. Er wollte sofort die Fangnetze auswerfen, die Reusen stellen, so daß das Wasser von den harten, flachen Schwanzflossen seiner Beute gepeitscht wurde – aber er mußte vernünftig sein. Es war zwar wolkenlos, die Sonne brannte heiß, der Himmel über ihm schimmerte als blauer elektrischer Bogen, aber er wußte, daß das Wetter hier draußen von einer Sekunde auf die andere umschlagen konnte und daß er zuerst sein Lager aufschlagen mußte – einfach zur Sicherheit. Eine halbe Stunde, länger würde es nicht dauern.

Als er erneut aufs Wasser hinausfuhr, funkelte es in der Sonne. Der Alligator war verschwunden (was ihm nur recht sein konnte – er war nicht erpicht darauf, daß sich ein wütender Alligator in seinen Netzen verfing). Er legte Köder aus und stellte ein halbes Dutzend Reusen, dann zog er das Treibnetz quer über über den Teich. Sehr vertrauenswürdig war es nicht – wenn es unter Wasser scharfe Hindernisse gab, konnte das Netz reißen und die Fische entkamen wieder –, aber er hoffte auf ein wenig Glück. Abgesehen von Dynamit war das Treibnetz die schnellste und effizienteste Methode, um festzustellen, was sich unter der Oberfläche herumtrieb. Und es war eine höchst spannende Sache – wenn die beiden Enden des Netzes sich wie eine Tasche schlossen, sah man, wie die Fische darin kämpften, wie sie das Wasser zum Brodeln brachten und gegen die Maschen peitschten, und wenn man es dann an Land zog, hatte man sie vor sich liegen, silbern und golden blitzten sie in der Sonne wie wertvolle Münzen.

Der erste Versuch verlief ohne Ergebnis – das Netz blieb an einem gesunkenen Ast hängen. Aber dann, schon beim zweitenmal, zog er den Hauptgewinn. Da stand er, überzogen von einem dicken Film aus Schweiß und erschlagenen Moskitos, bis zu den Schenkeln im Schlick, das Netz trieb heran, die Enden zogen sich zusammen, und er spürte das Gewicht und das Leben darin. Und dann hatte er das Netz über den Rand des Boots gehievt, das neben ihm dümpelte, und da waren sie. Seine Albinos. Erst sah er zwei, dann drei, fünf, sechs und acht und zehn, zählte sie atemlos, während er sie aus den kunterbunt durcheinanderschwänzelnden Fischen heraussammelte und die Grundbarsche, die Kärpflinge und die gewöhnlichen, dunkel gefärbten Zwergsonnenbarsche wie Abfall beiseite warf. Die guten, die Albinos, verstaute er in einer Reihe von schwappenden Eimern im Bootskiel, dann warf er das Netz wieder und wieder aus. Schließlich, am späten Nachmittag, zwang er sich dazu, aufzuhören und seinen Schatz ins Lager hinüberzuschleppen (er war wie ein Veteran der Goldrauschzeit, ein verrückter alter Prospektor, der die ergiebigste Ader in den Bergen entdeckt hatte, und er wollte und konnte nicht aufhören, aber er mußte einfach – die Sonne ließ die Temperatur in den Eimern langsam ansteigen, und er mußte befürchten, alles zu verlieren, wenn er nicht zum Ende kam). Ja, und dann kehrte er zurück zum Zelt, um die Eimer im Schatten unter den Bäumen abzustellen. Ja. Und dann fiel Turco über ihn her.

Den ganzen langen Weg zurück zur Anlegestelle, die rohen Holzplanken entlang, durch die Phalanx der Reporter und Fotografen in das Touristenzentrum hinein zu Sheriff Bull Tibbets, der dort mit mahlenden Kiefern saß und sich über den Bauch strich, als wäre es eine Kristallkugel, beteuerte Saxby seine Unschuld. Er tobte, er schmeichelte, er argumentierte, apellierte und drohte, aber Abercorn ging nicht darauf ein. Abercorn war sauer. Er schob das Kinn vor, die rosa Augen blickten hart. »Keine Höflichkeiten mehr«, sagte er, und seine Stimme klang kalt und kompromißlos, »ich bin es leid, mich verarschen zu lassen.« Saxby wisse etwas, was er ihnen vorenthalte – und Ruth auch –, behauptete er, und es werde Anklage erhoben werden. Es drohe sogar Gefängnis. Das Ganze sei ernst. Todernst. Andererseits, wenn Saxby mit ihnen zusammenarbeite – wenn *Ruth* mit ihnen zusammenarbeite –, werde man sich schon einigen, könne die Anklage fallengelassen werden. Er wolle nichts als diesen illegal eingewanderten Ausländer. Und er werde ihn auch kriegen.

Saxby war wütend und verunsichert zugleich. Egal was er sagte, sie glaubten ihm nicht. Er wußte gar nichts. Aber solange er nichts wußte, solange er ihnen nicht genau mitteilte, wo Hiro Tanaka sich aufhielt, weshalb und wie er ihm bei der Flucht geholfen hatte, solange würde er in einer Zelle sitzen, um seinem Gedächtnis nachzuhelfen. Zuerst konnte er gar nicht richtig denken – sein einziger Wunsch war, vom Stuhl aufzuspringen, die Handschellen zu sprengen wie ein Superheld und auf dieses säurefleckige Gesicht einzuprügeln, bis es platzte wie eine Tomate. Abercorn aber ließ ihn irgendwann angewidert abführen, und sie verfrachteten ihn ins Bezirksgefängnis von Clinch County nach Ciceroville, wo ihm das eine Telefongespräch gestattet wurde, das ihm gesetzlich zustand. Er rief seine Mutter an. Sie war eine gewaltige, allmächtige Persönlichkeit, sie war die Frau, an die sich der kleine Junge ohne Vater geklammert hatte, der in einer Südstaaten-Schule mit einem Yankee-Akzent überleben mußte. Sie zwang ihren Zorn in klare Worte der Besänftigung und der Drohung: »Donnager Stratton wird dich in einer Stunde aus dieser Zelle herausgeholt haben, das garantiere ich dir, und bis heute abend schalten wir den Gouverneur persönlich in die Sache ein – ich kann es immer noch gar nicht fassen –, und für diese geschmacklosen, miesen kleinen Beamten wird es dann sehr brenzlig werden, das kannst du mir glauben.«

»Mama«, sagte er darauf zu ihr, »Mama, sie wollen, daß Ruth hierherkommt.«

»Ruthie?« wiederholte sie, und fast hörte er ihre Gehirnwindungen klicken. »Aber sie denken doch nicht etwa –?«

»Sie denken alles mögliche, Mama. Sie wollen sie hier haben und mit einem Megafon oder so in den Sumpf schicken, damit sie dort seinen Namen ruft – sie sagen, daß sie die einzige ist, die er gut kennt, und daß er auf sie hören wird –«

»Aber das ist doch absurd.«

»Das hab ich ihnen auch gesagt.« Er dachte daran, wie Abercorn, der eiskalte, lächerliche Abercorn, ihm erklärt hatte: *Sie werden sich wundern, welche Macht die menschliche Stimme besitzt.* »Aber sie bitten sie nicht darum, Mama. Sie wollen, daß sie morgen früh hier ist, sonst sperren sie sie auch ein.« Er stockte. Er stand in einem großen Raum mit langsam rotierenden Deckenventilatoren und Fahndungsplakaten an den Wänden. Ein Hilfssheriff beobachtete ihn. »Sag ihr das.«

Septima sagte es ihr. Und sie hörte es nicht gern. Ganz und gar nicht. Ruth spürte plötzlich, wie sie ihren Rückhalt verlor – bei Saxby, bei Septima, auf Thanatopsis House und in der strahlenden, großen weiten Welt von Berühmtheit und Anerkennung, die damit verbunden war. Sie fühlte sich, als klammere sie sich an einen Felsvorsprung über einem jähen Abgrund, während Jane Shine, Detlef Abercorn und sogar Septima mit Mikrofonen und der flachen, harten, unnachgiebigen Planke des Gesetzes auf ihre Finger einschlugen. Sie hatte keine Wahl. Am nächsten Morgen würde Owen sie zum Okefenokee-Sumpf fahren, und dort würde sie in einem Boot mit Detlef Abercorn und Lewis Turco und jedem anderen, den sie sonst dabeihaben wollten, losfahren und Hiros Namen schreien und ihn bitten, sich zu ergeben. Das würde sie tun – für Saxby und auch für Septima. Vielleicht sogar für Hiro.

Aber das war erst morgen. Vorher mußte sie lesen.

Um neun Uhr versammelten sich die Künstler im vorderen Salon und machten es sich auf den vertrauten Sesseln, Couchen und Sofas bequem, beim gedämpften und ganz gewöhnlichen Licht der Leselampen, die im Raum verstreut standen. Keine Punktstrahler und kein Mikrofon. Ruth erschien um Punkt neun, angezogen wie für eine Grillparty. Auf Gesicht, Nägel und Haare hatte sie einige Zeit verwendet, die Kleidung aber ganz schlicht gehalten – T-Shirt, Jeans und Sandalen, wie sie es von Anfang an vorgehabt hatte. Sie war fest entschlossen, bis ins kleinste Detail dieser Lesung einen krassen Gegensatz zu jener vom Vorabend herzustellen. Heute abend würde es keine billigen Sensationen geben, weder schwedischen Akzent noch gefühlsduselige Theatralik – nur Arbeit, ehrliche Arbeit, vorgetragen mit ehrlicher Stimme.

Als Ruth auf dem großen Sessel unter dem Kronleuchter Platz nahm, fiel ihr als erstes auf, daß Septima nicht frisch frisiert war. Sie hatte noch die gleiche Frisur wie bei Janes Lesung, und obwohl sie elegant wirkte, sie wirkte ja immer elegant, sah ihr Haar etwas zerdrückt aus, als hätte sie darauf geschlafen. Als nächstes bemerkte Ruth Jane. La Shine hatte sich auf der Damastcouch zwischen Irving und Mignonette Teitelbaum niedergelassen, neben der Seezers in seinem Rollstuhl thronte. Das Haar trug sie heute offen, die große starre Tschakofrisur vom vorigen Abend war jetzt ausgekämmt zu einem dicken Teppich, die Medusententakeln ringelten sich um Irving und Teitelbaum, verwoben sich mit dem Stoff der Couch, boten Deckung für ihre eiskalt glitzernden, unmenschlichen Augen. Ganz kurz sah Ruth weite weiße Seidenhosen unter dem haarigen Taifun. Jane war völlig entspannt – sie sah aus, als wäre sie aus einem vorbeifliegenden Jet in die Couch herabgeschwebt. Sie beobachtete Ruth, auf ihren Lippen lag unveränderlich, schmal und perfekt ein verächtliches Lächeln.

Ruth versuchte sie zu ignorieren, versuchte sie alle zu ignorieren – aber nein, das war falsch. Sie mußte warm und sympathisch sein, überströmen vor Kameradschaft und Freude über das Reservoir an Talent, das der Raum beherbergte. Sie zwang sich zu einem Blick in die Runde und lächelte in jedes einzelne Augenpaar. Und dann stand Septima auf, legte die Hände ineinander und sagte ganz schlicht: »Ruth Dershowitz.«

Ruth erhob sich unter höflichem Beifall, dann setzte sie sich wieder – sie würde nicht stehen, würde sie nicht dominieren, sie weigerte sich hartnäckig, eine Vorstellung zu geben. Dies war die Lektion ihrer Lesung, sie war das Korrektiv, die Rückkehr zur wahren Form, das Beispiel, das Jane Shine ein für allemal in ihren Schranken weisen sollte.

Sie begann mit »Zwei Zehen«, leitete ihre Auswahl mit leiser, kaum modulierter Stimme ein, im Ton einer Unterhaltung unter Gleichgesinnten, leichthin und vertraulich. Während sie sprach, erwärmte sie sich für die Situation. Sie blickte in die Gesichter ihrer Künstlerkollegen und spürte etwas in sich aufsteigen, etwas wie Liebe. Sie beschrieb ihnen die Entstehungsgeschichte der Erzählung – vielleicht in zuviel Einzelheiten, möglicherweise war das ein Fehler –, erzählte ihnen von der kleinen Jessica McClure, an die sich alle erinnerten, von ihrem heldenhaften Säuglingskampf ums Überleben in jenem dunklen Brunnenschacht in Texas, schilderte, wie sie, Ruth, sich auf ihre schlichte, bescheidene Weise daran versucht hatte, die nackten Fakten in Kunst zu verwandeln. Und dann fing sie an zu lesen, legte ihre ganze Kraft und auch das seltsame Schwingen, das in ihr war und aus einer Art Liebe für sie alle bestand, sogar für Jane, in die stille Autorität der menschlichen Stimme – die nackte, unverfremdete, unmodulierte menschliche Stimme.

Sie begann mit der Passage, in der die kleine Jessica, zu einem aufsässigen Teenager herangewachsen, nicht in der Lage ist, ihr seelenloses Leben in Texas mit dem stundenlangen Höhepunkt zu vereinen, den sie in jenem Freudschen Tunnel in dunkler Tiefe durchlebt hatte. In dieser Passage gab es Sex, ziemlich viel sogar – hier würde sie Jane Shine über-shinen –, und eine Spielart von heftigem Negativismus, der die Thalamusse und Grobians begeistern mußte. Dann las sie ein längeres Stück, in dem das Brunnenschacht-Mädchen, die kleine Heldin der Nation, in eine brutale Ehe mit einem tätowierten Gammler gestoßen wurde, der fünfzehn Jahre älter war als sie. Als sie geendet hatte, sah sie vom Blatt auf und schenkte ihren Zuhörern das spontanste und herzlichste Lächeln ihres ganzen Lebens. Die Sache war nur, sie wirkten nicht eben begeistert – im Gegenteil. Ihre Mienen waren unverbindlich, verschlossen, leblos: der Begriff »betäubt« drängte sich ihr auf. Aber nein, sie interpretierte den Ausdruck falsch – überwältigt waren sie, das war es. Sie hielt ihr Lächeln, und ein flatternder Applaus kam auf.

»Danke«, sagte sie leise, grinste selig und bewegte lustvoll die Beine, eine Katze, die aus einem Schlummer in der Sonne erwachte. Sie konnte es kaum glauben – hier saß sie, La Dershowitz, hielt sie alle in Bann, spielte die Rolle der wahren, bescheidenen Künstlerin und ertrank beinahe in der Freude darüber. »Als nächstes«, sagte sie leise, schlicht und dankbar, »möchte ich euch an einem Abschnitt aus einer Erzählung teilhaben lassen, an der ich gerade arbeite und die den Titel ›Sebastopol‹ trägt« – hier hielt sie inne und sah Irving Thalamus mit strahlendem Lächeln an –, »ein Text, bei dem Irving so großzügig war, mich – wie soll ich sagen? – zu beraten, wofür ich ihm ewig verpflichtet bin. Vielen Dank, Irving.«

Irving befreite sich für kurze Zeit aus dem Gewusel von Janes Haaren und ließ das breite Thalamus-Pferdezahngrinsen aufblekken und erwiderte etwas, was alle zum Lachen brachte – Ruth verstand es nicht ganz, aber dem Klang nach war es etwas Einnehmendes, ein kleiner Tribut an die Bescheidenheit und Demut von La

Dershowitz, der Künstlerin, die andere teilhaben ließ und zum schlichten Organ ihrer Arbeit wurde. Sie fuhr dann fort, auch diesen Text vorzustellen – ausführlich, zu ausführlich, wie sie rückblickend meinte –, ehe sie eine langatmige Passage las, die ausschließlich aus einem inneren Monolog bestand. Eine verheiratete Frau – Babe hieß sie, um die dreißig und von zierlicher Schönheit – putzte gerade Krabben und schnitt Oktopus für eine Bouillabaisse, während sie über ihr unausgefülltes Leben mit ihrem Mann Dexter, einem Rechtsanwalt, und die einstweilen unerfüllte Leidenschaft nachsann, die sie für Marvel empfand, der ebenfalls Rechtsanwalt war, außerdem der Mann ihrer besten Freundin Clarice; dies war das andere Ehepaar. In dieser Geschichte gab es mehr als eine Prise Sex – es handelte sich um die Erzählung, die *Atlantic* wegen zuviel Sex abgelehnt hatte –, aber Ruth wich dem aus, ja sie hatte die Passage extra deshalb ausgesucht, weil sie als einzige einigermaßen frei davon war. Von Jane hatten sie nichts als Sex zu hören bekommen, und darauf hatte Ruth mit dem Stück aus »Zwei Zehen« reagiert – aber man mußte ja nicht übertreiben. Außerdem würde es im letzten Text – ihre Glanznummer und der Höhepunkt des Abends – ohnehin wieder genug davon geben.

Während des Vortrags von »Sebastopol« war sie nicht völlig konzentriert – wohl war sie dabei, las bedächtig und mit angemessenem Mangel an Emotion, aber ihre Gedanken schweiften ab, gingen ein paar Stunden zurück in die Vergangenheit, als sie ihre Lesung vorbereitet und Sax aus Ciceroville angerufen hatte. »Sax«, hatte sie ins Telefon gehaucht, »geht es dir gut?« Brie und Sandy – waren sie ein Paar? – hatten auf dem Fensterbrett in der Halle gesessen und Klatsch und Tratsch ausgetauscht, über Verlagslektoren und Sternzeichen, über Autoren, die sie beide kannten und die mittlerweile fett, kahlköpfig und ausgebrannt waren, und sie hatten etwas lauter gesprochen, um ihr ein wenig Privatsphäre zuzugestehen. Es war der quintessentielle La-Dershowitz-Augenblick, samt Publikum und allem – hier fand echtes Drama statt, das wirkliche Leben: Ihr Mann im Gefängnis, eine Menschenjagd im Gange, die Presse klopfte an alle Fenster (an diesem Nachmittag hatten schon sechs Zeitungen für sie angerufen).

»Alles in Ordnung«, sagte er. »Stratton hatte mich innerhalb von zwei Minuten draußen, und er hängt ihnen eine Anzeige wegen Freiheitsberaubung an, der ganzen Bande« – er hielt inne und holte tief und angewidert Luft –, »trotzdem meint er, wir sollten guten Willen zeigen und mitkommen, weißt du, mit ihnen zusammenarbeiten. Sie haben nichts gegen uns in der Hand – meine Güte, ich rede ja schon wie in einem Film –, also, wir haben nichts Schlimmes getan, und sie werden die Beschuldigungen natürlich zurückziehen und uns anbetteln, auf die Anzeige zu verzichten und so weiter, aber Stratton findet, wir müßten trotzdem mit ihnen zusammenarbeiten.«

»Aber Sax« – ihre Stimme war wie Butter und Honig, Weihrauch und Myrrhe –, »warum gerade du? Du bist doch vollkommen unschuldig, und das wissen sie.«

»Abercorn ist einfach ein kleiner Scheißer, sonst nichts. Er glaubt, daß wir – du und ich – mit diesem kleinen Japaner alles verabredet hätten, daß wir ihn irgendwie aus der alten Zelle hinter Patsys Studio befreit und dann in dem Mercedes versteckt hätten – und das haben wir doch nicht, oder, Ruth?«

»Ich liebe dich, Sax«, flüsterte sie. Es war ein Signal. Wenn jemand sagt: »Ich liebe dich«, antwortet man: »Ich liebe dich auch.« Das ist wie Hallo und Bis später, Wie geht's und Was tut sich. Saxby reagierte nicht darauf. »Sax«, wiederholte sie, »ich liebe dich, Sax.«

»Ich liebe dich auch«, sagte er schließlich, aber es klang nicht sehr überzeugend, und das erschreckte sie.

»Ich hab es dir doch gesagt, Sax«, sagte sie, »ich schwör's dir, ich hatte nichts damit zu tun. Ich will jetzt nur noch, daß Hiro Tanaka ins Gefängnis kommt und daß der ganze Spuk vorbei ist.«

Das schien ihn zu besänftigen. Er würde in dem Motel bleiben, er machte sich Sorgen wegen seiner Fische. Ja – und hier kehrte der Lebensfunke in seine Stimme zurück, er war wieder ihr Sax, jungenhaft und enthusiastisch –, er hatte sie! Sie waren draußen auf Billy's Island in ein paar Eimern, aber er hatte keine Zeit mehr gehabt, das Sauerstoffgerät anzustellen, deshalb würde er gleich frühmorgens hinausfahren. Natürlich erst, nachdem sie eingetroffen war. Sie würde doch kommen, oder?

»Ja, Sax«, hauchte sie, »natürlich. Ich würde alles für dich tun.« Und dann schwand ihre Stimme fast völlig dahin. »Das weißt du doch.«

Und so kam es, daß sie einen Moment lang – einen langen Moment, mindestens über zwei oder drei Seiten hinweg – zwar las, aber nicht recht konzentriert dabei war, nicht ganz. Auf der letzten Seite kam sie wieder zu sich und brachte die Erzählung gedämpft, schlicht und untheatralisch zu Ende. Sie sah auf. Lächelte. Der Beifall war nur ein leises Plätschern, wie Regen in der Wüste. Ihre Künstlerkollegen wirkten ausgelaugt, abgespannt. Laura Grobian sah aus, als hätte sie gerade ein Zugunglück überlebt. Orlando Seezers gab aus der Tiefe seines Rachens eigenartige Rassel- oder Brummlaute von sich, Sandy machte den Eindruck, als sei er eben aufgewacht. Las sie etwa zu lange? Der Gedanke durchzuckte sie kurz, aber sie verwarf ihn – schließlich sollte das Hauptereignis, die *pièce de résistance*, erst noch kommen. Sie hatten den Kuchen gehabt, jetzt war es Zeit für den Zuckerguß.

Bei »Die Tränen und die Flut« ging Ruth behutsam vor, sie bemühte sich sehr, neben der Erinnerung an den dramatischen Vorfall auf der Veranda vor zwei Tagen (und ihre damit zusammenhängende Beziehung zu Hiro, an ihren Triumph über Abercorn und den Sheriff) zugleich mit jedem Satz und jeder Geste hervorzuheben, daß sie, im Gegensatz zu der theatralischen Jane Shine, eine Künstlerin war, die am tiefen Grund der Literatur werkte. Ihre Einleitung ähnelte dem Geplauder mit einer kranken Freundin. Sie klang gütig, vertraut, unaufdringlich, und sie spielte darin auf die Ereignisse der letzten Tage (und auch der letzten Wochen) an, ohne Hiro, Saxby, das ständig in der Halle läutende Telefon oder das Bezirksgefängnis in Ciceroville direkt zu erwähnen. Sie sprach vor allem von Japanern, sprach wiederholt von ihnen. War sie hier Expertin? Hatte sie konkrete, greifbare Erfahrungen? Sie sah mit rätselhaftem Lächeln in die Runde, wie sie es vorgehabt hatte, dann begann sie zu lesen.

In der Mitte der Erzählung fing Orlando Seezers zu schnarchen an. Es war nichts wirklich Empörendes, keine trompetenden Luftzüge durch verengte Nasenlöcher, keine tiefen, furzenden Blasebalgtöne aus der Tiefe seiner Lunge, aber es war doch ein Schnarchen. Ruth sah von ihrem Blatt Papier auf. Wie ein Erschossener lag Seezers weit nach hinten gelehnt in seinem Rollstuhl, das drahtige Bärtchen reckte sich gen Himmel, und sein kariertes Mützchen, das er niemals abnahm, haftete aller Schwerkraft zum Trotz an seinem Hinterkopf. Sein Schnarchen war leise, beinahe höflich, aber dennoch deutlich vernehmbar – und alle vernahmen es auch.

Jedenfalls alle, die noch wach waren. Als Ruth näher hinsah, war sie entsetzt. Septima war auf ihrem Stuhl eingenickt. Laura Grobian hatte ihre Lampe ausgeschaltet und sich eine dünne Decke bis über die Schultern gezogen, die berühmten gehetzten Augen starrten ins Leere. Brie hatte den Kopf gegen Sandys Schultern gelehnt. Sandy selbst litt an einem Zucken der Unterlippe. Ina und Regina wirkten unsäglich gelangweilt. Ganz vorn, auf dem Sofa, kämpfte Irving gegen die Müdigkeit, Teitelbaum war peinlich berührt – sollte sie Orlando einen Stoß geben oder nicht? –, und Jane, Jane triumphierte sichtlich.

Ruth riß sich zusammen. Sie sah auf die Standuhr in der Ecke und wurde sich in plötzlichem Entsetzen – nein, wirklich? – bewußt, daß sie seit etwa zweieinhalb Stunden las. »Um Gottes willen«, entfuhr es ihr, und erstmals an diesem Abend belebte sich ihre Stimme. »Ich bin ja ganz – ich habe gar nicht gemerkt, wie lange ich schon...« Ein paar der Zuhörer witterten die Wende, witterten Blut und richteten sich mühsam auf. »Ja, also«, murmelte Ruth und deckte ihren Rückzug nach besten Kräften, aber sie hörte bereits den neuen Dauerwitz im Billardzimmer – *Ruths Lesung? Drei Monate in der Strafkolonie sind nichts dagegen* –, »ich danke für eure Aufmerksamkeit und für eure Geduld.«

Benommen kamen die Künstler in Bewegung, scharrten mit den Füßen, rieben sich die verklebten Augen. Irving brachte den Beifall in Gang – sie konnte es nicht fassen, vorhin hatte sie noch soviel Freude und Liebe für sie empfunden, und jetzt fühlte sie nichts als Scham und Verlegenheit und Haß: sie hatten sie nicht einmal zu Ende lesen lassen –, und ein matter, verwirrter, unwillkürlicher Applaus weckte alle im Raum vollends auf. Sie las es in ihren Blikken – *schnell etwas trinken*, dachten sie, *vielleicht nur ein Glas, und dann ab ins Bett.* Irving stand auf, um ihr zu gratulieren; Septimas Kopf kam ruckartig hoch, und die milchiggrauen Augen fixierten mit Mühe einen Punkt.

»Na, La D., Ruthie«, dröhnte Irving und schloß sie in seine breiten Arme, »das war ja ziemlich stark. Bist phantastisch, Mädchen.« Hinter ihm stand Sandy und lächelte schwach, neben ihm Brie, die sich haltsuchend an ihn klammerte und nach einem netten

Wort rang. Und noch weiter hinten sah sie, wie Jane Shine sich von der Couch erhob, sich räkelte und theatralisch gähnte, ihren Haarschopf in diese und in jene Richtung warf und irgendein gemeines Witzchen mit Mignonette Teitelbaum und Orlando Seezers wechselte, der blinzelte, seine glasigen Augen rieb und sich schneuzte. Die drei brachen in ein Lachen aus, das wie berstendes Metall klang, und dann warf Jane ihr Haar zurück, so daß Ruth sehen konnte, was sie anhatte.

Ruth spürte einen glühenden Stich in ihrem Inneren. Das war kein Hausanzug, keine Tunika und keine Djellaba, hier ging es nicht um eine modische Aussage – nein, was Jane Shine da trug, war eine Beleidigung, ein Schlag ins Gesicht, die entscheidende, vernichtende Antwort auf Ruths kraftlose Parade: sie trug ihren Pyjama. So einfach war das: Jane hatte sich zum Einschlafen angezogen.

Ruth sah weg, aber der Schaden war bereits angerichtet. Der Abend wurde zur Katastrophe, sie stürzte aus dem Thanatopsis-Himmel zur Erde, zu Asche verbrannt wie ein armer, erloschener Meteor, und sie mußte ständig daran denken, wie sich die anderen im Billardzimmer hemmungslos über sie kaputtlachen würden.

Haha

Die Jeffcoats verschwanden, wie sie gekommen waren: auf schimmerndem Licht. Hiro sah ihnen nach, bis sie außer Sichtweite waren, bis die eintauchenden Paddel, das glänzende Boot und die kräftigen, eckigen, rhythmisch arbeitenden Schultern vom gnadenlosen Grün der Ufer verschluckt worden waren. Sie waren unterwegs zurück zur Anlegestelle, dorthin, wo feuergesichtige *hakujin* über ihrem Fang kauerten und die Sheriffs und Parkwächter unter den breiten Krempen ihrer Hüte mit dem Finger am Abzug lauerten. Sie befanden sich auf einer Rettungsmission, sie hielten sich nicht an die geheiligte Marschroute und änderten ihren Zeitplan für ihn, Seiji Chiba, den chinesischen Touristen, der von Krokodilen angegriffen worden war.

Hiro fühlte sich etwas benommen. Er ließ sich auf der Plattform neben der Tüte mit Essen nieder, das sie ihm dagelassen hatten, und warf einen sehnsüchtigen Blick auf die Kurve, hinter der sie entschwunden waren. Schon bald würden sie ihn hassen. Mit offenen Mienen und vertrauensvollem Blick würden sie an den Pier herangleiten, erstaunt und unsicher witzelnd über das Polizeiaufgebot, das sie dort erwartete, über die kläffenden Hunde, die heulenden Motoren, die grimmig vorgeschobenen Kiefer. *Da draußen ist jemand in Not*, würden sie sagen. *Wo?* würden die Sheriffs bellen, *wo ist er? Plattform auf der roten Route*, käme die Antwort von Jeff Jeffcoat, *wieso, stimmt etwas nicht? Ein Ausbrecher ist das*, würden die Sheriffs fauchen. *Ein Japse und ein Brandstifter noch dazu. Hat 'n paar Leute tätlich angegriffen, vielleicht auch einen armen unschuldigen alten Schwarzen umgebracht. Aber nein*, würde Jeff Jeffcoat einwenden, *das stimmt ja alles gar nicht, der Mann ist als Tourist hier, sein Boot ist gekentert. Zum Teufel noch mal*, würde Jeff Jeffcoat sagen, *außerdem ist er Chinese*.

Bald würden sie hinter ihm her sein, würden auf diese Plattform zusteuern wie thermosensible Lenkwaffen, wie Racheengel. Er mußte sich aufraffen. Mußte wieder zurück in den Schlamm und das schultertiefe Wasser, mußte zurückkriechen in den dunklen Schlund des primitiven Amerika. Aber er fühlte sich entnervt und geschwächt, als wäre aller Kampfgeist aus ihm gewichen und als wäre Jōchō nur ein verrückter, sabbernder unbedeutender Mönch. Er war krank, jetzt wurde es ihm klar. Er hob die Hand an die Stirn und fühlte das Fieber in sich brennen. Und dann brannte es in seinen Innereien, etwas bohrte in ihm wie Mishimas Schwert, und er krümmte sich zusammen und kotzte das Corned Beef, den Ketchup, den Kaffee und die Eier, das Nudel-Schnellgericht, die Kartoffelchips und den Napfkuchen aus, er kotzte, bis er die bitteren purpurschwarzen Beeren und den eigenen Gallesaft schmeckte. Lange Zeit lag er so da, unfähig sich zu bewegen, winzige schillernde Fliegen ließen sich auf dem Erbrochenen nieder, das langsam durch die Ritzen der Plattform tropfte, um die unten wartenden Mäuler zu füttern. Dann aber packte ihn neuerlich der Schmerz, und er kam schwerfällig auf die Beine und wankte in Richtung des primitiv gezimmerten Toilettenhäuschens.

Die Fliegen hießen ihn willkommen. Sie erhoben sich aus dem chemischen Maul dieses Scheißhauses, in einem Miasma von tanzenden Schnaken und dem Gestank nach Chemikalien und menschlichem Kot. Er zog die Hose herunter, ein Messer arbeitete in seinen Gedärmen, der schwarze, dampfende Geruch nach Scheiße – nach amerikanischer Scheiße, nach Julie Jeffcoats Scheiße – stach ihm in die Nase. »*Amerikajin*«, fluchte er laut, während seine Gedärme aus ihm herausplatzten. Was für dreckige Wesen sie doch waren, ließen sich da auf Plastikbrillen nieder, wo sich vor ihnen schon tausend andere niedergelassen hatten, nahmen den Dreck ihrer Verdauung mit an den Tisch, aßen ungerührt wie Felsbrocken, während Hinterteil und Schuhe noch nach Toilette stanken. Mein Gott, dachte er, und schlug sich heftig auf die Brust, um nicht vor Schmerz ohnmächtig zu werden, das waren ja Tiere, ja, Tiere waren sie, und er haßte sie.

Er wußte nicht, wie lange er so dagesessen hatte – er mußte eingenickt sein –, aber er erwachte von einem Stich in den Fußknöchel und vom ekelhaften, fauligen Gestank der eigenen Exkremente. An seinen Schläfen klebte kalter Schweiß. Er war krank – er hatte Gelbfieber, Dysenterie, Enzephalitis, Hakenwürmer, Malaria, alle Schmutzkrankheiten eines schmutzigen Ortes –, und er brauchte

Medizin, ein Bett, seine *obāsan*. Aber nein, nicht seine *obāsan* – seine Mutter, seine tote Mutter, seine Mama. »*Haha!*« schrie er heraus wie ein Säugling, mit gepreßter Stimme, die seltsam in seinen Ohren klang. »Mama!« Und dann schlief er wieder ein, auf dem Plastikthron sitzend, auf dem auch schon Julie Jeffcoat gesessen hatte, und Jeff Jeffcoat und Jeffie und Legionen namenloser Butterstinker vor ihnen, weiße Gesichter, die seinen Traum überrannten wie eine Invasionsarmee.

Als er wieder aufwachte, fühlte er sich besser. Er überlegte kurz, wo er war, dann wußte er es, und die Angst vor den *hakujin* und vor den Jägern packte ihn wieder. Sie waren da draußen, ganz bestimmt, und er saß in der Falle. Er dachte an Musashi, den legendären Samurai, der sich einst vor seinen Feinden in einer Latrine versteckt hatte, unter dem Kot begraben, nur mit einem Strohhalm zum Atmen, und dieser Gedanke ließ ihn in Aktion treten. Er sprang von dem Toilettensitz auf, als hätte er einen elektrischen Schlag bekommen, zog sich hektisch die abgeschnittenen Jeans wieder hoch und spähte durch den Türspalt. Er rechnete mit Dämonen, Langnasen, *ketō*, dem ganzen Alptraum, in den er sich vom Seitendeck der *Tokachi-maru* hineingestürzt hatte, rechnete mit Schrotflinten, Megafonen, den gebleckten Fängen und dem bedrohlichen Knurren der Hunde … doch da war nichts. Nichts als der in der Sonne dumpf dahinvegetierende Sumpf, Mutterschoß und Grab allen Lebens. Er öffnete leise die Tür. Schob sich hinaus. Und dann spürte er die Hitze, der Kopf tat ihm weh, und in seine Augen traten Tränen, als ihn das Fieber erneut packte.

Die Tür fiel hinter ihm zu, und die Planken knackten unter seinen Füßen, ehe ihm klar wurde, wie sehr er sich geirrt hatte. Er war doch nicht allein auf der Plattform. Da war unbestreitbar etwas, viel zu groß, als daß man es übersehen konnte, etwas Kaltblütiges, Vorsintflutliches, Muskelstrotzendes, das in diesem Moment seine langgestreckte, grinsende Schnauze auf ihn richtete und ihn mit eisigem Blick fixierte. Das riesige Vieh ließ die Plattform winzig erscheinen, der gezackte Schwanz und ein klauenbewehrter Fuß hingen über die Kante in den Tümpel, der gewellte Bauch erstreckte sich über die gesamte Länge der Plattform, und im Vordergrund legte sich der harte, blasse, lange Kiefer über die Tüte mit den Sandwiches und dem restlichen Essen, preßte sie mit dem Gewicht eines Ambosses gegen das Holz. Hiro betrachtete das Tier und spürte schlagartig, wie das Fieber seinen Griff lockerte. Sein Herz hämmerte gegen die Rippen, hinter den Schläfen bohrte der Schmerz. Er mußte im Geiste die Worte formen, bevor er begriff: er stand keine zwei Meter vor einem Krokodil, das so lang wie ein Kanu war, und es sah ihn an und er sah es an. Es war keine angenehme Situation. Es war eine böse, gefährliche Situation. Es war eine Situation, die sogar Jōchō vor Probleme gestellt hätte.

Lange Zeit verstrich, während der ihn die Bestie nur aus diesem reglosen Auge anblickte, wie erstarrt in ihrer ganzen Länge und Masse, die Statue eines Krokodils, aus Stein gehauen. Hiro konnte es riechen, die Poren des Tiers verströmten einen wilden Geruch nach der tiefsten Tiefe, nach Verwesung und Einsamkeit und dem dunklen, stillen Entweichen von Sumpfgas. In einem kurzen lichten Moment überlegte er, ob er in die Latrine zurückschlüpfen und die Tür verrammeln sollte, um sich an den Deckenbalken hochzuziehen und sein Leben aufs Dach zu retten, oder sich lieber von der Plattform hechten und durch den nassen Schlick auf die Bäume zusprinten sollte. Keine dieser Optionen schien ihm wirklich überzeugend. Letztlich stand er reglos da, segelte in den Hafen der Bewußtlosigkeit hinein und wieder hinaus, wollte in einem Moment den Arm ausstrecken, um die Bestie zu streicheln, auf ihr in die kühlen Tiefen hinabreiten, um dort sein Essen mit ihr zu teilen, und im nächsten Augenblick sah er den eigenen Tod in den eisernen Kiefern vor sich, sein Fleisch in Fetzen, seine Verdauung und letztendliche Umwandlung in Krokodilkacke. Schließlich erwachte das träge, aufgedunsene Vieh zu plötzlichem Leben, als hätte es genug von der ganzen Sache, und glitt mit rasanter, überraschender Grazie von der Plattform ins Wasser, wobei es unabsichtlich die Tüte mit den Nahrungsmitteln mitriß.

Egal, dachte Hiro. Er hatte sowieso keinen Hunger.

Als er das nächstemal zu sich kam, lag er auf einem Schlammhügel, und die gewohnten Wesen ernährten sich von ihm. Er sah an sich hinab und stellte fest, daß er die Segeltuchschuhe verloren hatte und daß seine Füße wundgescheuert, geschwollen und an Hunderten von Stellen aufgerissen waren. Kleine, formlose Dinger, wie er sie sich vor einer Ewigkeit bei dem Coca-Cola-Geschäft von den

Beinen gezupft hatte, klebten ihm dick und fett an Waden und Schenkeln. Er setzte sich auf und zog sie herunter, eins nach dem anderen, und jedes hinterließ einen feuchten blaßrosa Blutfleck, der von seinem Vordringen ins Körperinnere zeugte. Inzwischen viel zu sehr mit seiner Umwelt verwoben, um auf die Moskitos und Schmeißfliegen zu achten, blickte Hiro durch die verschränkten Finger zum Himmel und sah, wie die Wolken auf die schwindende Sonne vorrückten.

Er mußte weg, hatte einen weiten Weg vor sich, das wußte er. Aber er fühlte sich leicht, nicht nur im Kopf, sondern auch in den Knochen, er fühlte sich berauscht – großartig, selig, wonniglich berauscht. Hatte er Sake getrunken? Ja, er lag auf einmal in der Koje, und sie überquerten den Pazifik mit der dicken grünen Wasserhaut, er und Ajioka-san hatten in der Kantine Sake getrunken und einander von Amerika vorgeschwärmt, von den aufregenden Dingen dort, vom Amerika der Filmstars, vom Rock 'n' Roll, den langbeinigen Frauen und dem Rindfleisch. Ganz zu schweigen vom Wechselkurs. Ein gewöhnlicher Matrose, sogar ein Hilfsmaschinist wäre dort ein gemachter Mann. Und es gab soviel Platz dort, das sah man an den Villen der *amerikajin* mit vier Badezimmern und ihren Cadillacs mit Whiskey-Bars auf dem Rücksitz. Den Sake hatten sie erhitzt, weil draußen ein starker Wind blies, der Hiro bei der Deckswache ausgekühlt hatte, und jetzt war er betrunken.

Aber es war wunderbar. Ein ganzer Zirkus spielte sich vor seinen Augen ab, während er so dalag. Vögel mit Beinen, die größer als ihre Flügel waren, sprangen von Lilienblatt zu Lilienblatt, ein heiliger Kranich flog ungelenk über ihn hinweg, ringsherum bliesen sich Frösche auf und ließen wieder Luft ab. Er drehte die Wange ein Stück auf dem schlammigen Kissen, und da saß ein Frosch direkt vor ihm, hockte mit dickem Bauch über den sprungbereiten Beinen. Und dann pumpte dieser Frosch sein *hara* wie durch Zauberei auf und entließ ein schallendes Rülpsgeräusch, das alle übrigen Frösche für einen Sekundenbruchteil verstummen ließ, bis sie ihrerseits Luft holen und eine Antwort zurückrülpsen konnten. Es war witzig. Urkomisch. Besser als jeder Zeichentrickfilm. Er lachte, bis er auf einmal wieder das Schwert in den Gedärmen spürte, und dann mußte er aufstehen und mit seiner Hose kämpfen.

Der Tag mochte eine Komödie gewesen sein, doch die Nacht war tragisch. Sie legte sich um ihn wie ein Leichentuch, sie war tödlich und gespenstisch. Die Kälte sank herab, überall im Sumpf erklangen Schreie des Protests, und Hiro zitterte in seinem nassen T-Shirt und den nassen Bermudas. Die Insekten fraßen ihn auf, inzwischen schlug er auch nach ihnen, aber er war ein Nadelkissen, eine Blutbank, seine Haut war schon so zu Hügeln und Tälern geschwollen, daß sie sich anfühlte wie ein Brief in Blindenschrift. Spät, sehr spät, als der Mond ein gefrorenes Pünktchen am Himmel war, schlängelte sich ein Reptil von der Dicke seines Fußknöchels heran, um an seiner Körperwärme Anteil zu nehmen. Er spürte, wie es in seine Achsel und zwischen seine Beine glitt, den kahlen Kopf zu seinen Nasenlöchern reckte, um sich in seinem heißen Atem zu wärmen.

Am Morgen ging es ihm schlechter. Er bibberte in seinem schlammigen Bett, bis die Sonne aufstieg, um ihn zu erlösen, und dann lag er reglos da wie ein Kaltblüter, wie ein ans Ufer gehievter Alligator, und in seinen Adern kochte das Blut. Diesmal trug ihn das Fieber zurück nach Kioto, und er war ein kleiner Junge an der Hand seiner *obāsan*, mit der er am Freitagabend durch die festliche Menge in der Kawaramachi-Straße spazierte. Es war eine Neonparade, Gerüche nach *gyoza, soba,* gegrilltem Aal in süßer Soße, und überall Menschen. Seine *obāsan* nahm ihn zu seinem Großvater mit, um an diesem Abend seinen Geburtstag zu feiern – seinen sechsten. Sie wollten bei Tante Okubo *udon* und *tempura* essen und dann in das Café um die Ecke gehen, wo es amerikanische Süßigkeiten gab, Schokolade-Karamel-Shakes und Banana-Split. Seine freie Hand, die linke, ruhte fest im Griff eines neuen Baseballhandschuhs, auf dessen Leder in fließenden amerikanischen Buchstaben der Namenszug des großen Reggie Jackson verewigt war. Auf dem Weg ein Pachinko-Salon: »*Obāsan*, bitte, laß mich spielen, nur ein einziges Spiel«, und er zerrte sie am Arm, verlor plötzlich das Gleichgewicht und taumelte gegen eine Passantin, eine alte Dame, die nicht westlich gekleidet war wie alle anderen, sondern einen Kimono mit *obi* trug. Sie sah ihn scharf an. »*Sumimasen*«, sagte er und verneigte sich tief, »verzeihen Sie bitte vielmals.« *Obāsan* baute diese Entschuldigung noch aus, aber die alte Dame durchbohrte ihn mit ihren harten schwarzen Augen.

»*Gaijin*«, zischte sie schließlich und wandte sich zum Gehen, aber Hiro verlor den Kopf, die Beleidigung brannte wie Essig in einer offenen Wunde, und er grabschte nach dem weiten, fließenden Ärmel ihres Gewands. »*Amerikajin desu*«, sagte er, »ich bin Amerikaner.«

Aber das war er nicht. Immer noch nicht. Er hatte den Haß in den Augen gesehen. Er erhob sich von dem Schlammhügel, der Schweiß brannte auf seinen Schläfen, und er dachte an die Limonade, die ihm die Jeffcoats dagelassen hatten. Und wo war sie? Zermalmt unter dem stummen, hirnlosen Gewicht dieses Viehs auf der Plattform, dieser Bestie, dieses Dinosauriers, der Amerika war. In diesem Moment sah er sie, die orangefarbene Flüssigkeit, die unter dem Alligatorbauch hervorquoll wie Urin, wie verdünntes, blaßrosa Blut. Aber es war kein Blut, es war Limonade, und er sehnte sich danach. Der Schweiß brannte ihm in den Augen, das Fieber raste in seiner Kehle: er konnte kaum noch atmen vor Durst. Benommen kam er auf die Beine und sah das Wasser rings um sich, ein Ozean, ein ganzer Planet voll Wasser. Und dann bückte er sich, obwohl er wußte, daß er das nicht tun sollte und daß es alles nur verschlimmern würde, aber er bückte sich und trank, bis es ihm wieder hochkam.

Irgendwann im Laufe des Nachmittags ballten sich im Westen die Wolken zusammen, wie nackte Knöchel, deren Weiß sich erst grau, dann blaugrau und schließlich schwarz verfärbte. Der Himmel wich zurück, die Sonne schmolz dahin. Ein mäßiger, aber steter Wind kam auf, in dem ein Hauch der Golfküste zu spüren war. Hiro lag auf dem Schlammhügel, alle Gelenke taten ihm weh, und er war mit Blasen übersät und so verbrannt, daß er sich schon fragte, ob man ihn für einen Neger halten würde, und der Schlamm nahm ihn auf, formte sich um die Wölbung seines Kopfes, die wie Löffel gerundeten Schultern, und seinen vor Krämpfen taschenmesserartig zuckenden Unterleib, das eingefallene Hinterteil und die dünnen Schenkel. Regen zog auf und eine weitere Nacht voller Kälte und Feuchtigkeit stand bevor, mit Schüttelfrost und Fieber und dem Schwert in den Gedärmen, aber Hiro fehlte die Energie, sich aufzuraffen. Und was hätte er auch tun sollen? Sein wasserdichtes Zelt aufschlagen und sich in einen Daunenschlafsack verkriechen? Seinen Grill anwerfen und sich einen Cheeseburger braten – halb durch, ohne Zwiebeln bitte –, über der weißen Glut der Holzkohlenbriketts? Ein Traum, nichts als ein Traum. Er sah zu, wie die Wolken sich ballten, aufrissen und sich wieder ballten, und dann ließ er die Augen zufallen.

Er war wieder in Kioto, elf Jahre alt – schon ein Mann, sagte sein *ojisan*. Seine Großmutter war arbeiten, und er und Großvater sahen fern, eine amerikanische Serie, in der ein Colliehund mit viel *hara* einen strohblonden kleinen Jungen aus den unwahrscheinlichsten Gefahren rettete, Woche für Woche, im praktischen Halbstundenformat. »Großvater«, bat Hiro, »erzähl mir von meiner Mutter.« Großvaters Beine nahmen sich unter den Falten seines Hauskimonos dünn wie Zaunpfähle aus. Sie saßen Seite an Seite auf dem Mattenboden. An den Wänden türmten sich Kommoden übereinander, vollgestopft mit Kleidung, Seife, Zwirn, Spiegeln, Kämmen und dem vielen Kleinkram eines Haushalts. »Nichts zu erzählen.« Sein Großvater zuckte die Achseln.

»Sie ist gestorben«, sagte Hiro.

Großvater betrachtete ihn. Im Fernsehen stand eine lange Kette von nordischen Männern mit nackten Oberkörpern an einem Strand und hob perfekt synchronisiert Krüge mit Kirin-Faßbier an den Mund. »Sie ist gestorben«, bestätigte er. Und dann, weil Hiro inzwischen ein Mann war, weil der Fernseher zuckende Schatten an die Wand warf und weil er alt war und es einfach tun mußte, erzählte ihm Großvater die Geschichte, und er ließ dabei nichts aus.

Sakurako war eine Versagerin gewesen. Ein Dämon war in sie gefahren, und sie hatte ihr Studium, die Aussicht auf eine anständige Ehe und eine eigene Familie, die Liebe und die Achtung ihrer Eltern, alles aufgegeben für ausländische Musik – und dann für einen ausländischen Mann. Einen Hippie. Einen Amerikaner. Als der sie dann verließ, was Großvater von Anfang an vorausgesehen hatte, sank sie in eine Schande, die schlimmer war als die der Mischehe, schlimmer als der Tod ihrer Familie. Sie wurde eine Barhostess, eine »Mama-san« für hundert Männer. Wenn sie durch die alten Straßen von Kioto radelte, ihren kleinen Bastard auf den Rücken geschnallt, starrten ihr alle Leute nach. Sie war verloren, und sie wußte es. Schlimmer noch: ihr Kind war ebenfalls verloren. Ihr Sohn war ein *happa*, ein *gaijin*, für immer ein Ausgestoßener. Ihr einziger Ausweg war es, nach Amerika zu fahren, diesen Doggo zu finden und dort unter den amerikanischen Hippies zu leben, in einer Erniedrigung, die weder Lichtblick noch Tiefpunkt kannte. Aber sie hatte kein Geld, keinen Paß und keine Hoffnung und wußte nichts über ihren Hippie-Gatten. Sie wollte nach Hause zurück. Großvater verriegelte ihr die Tür.

Der elfjährige Hiro, kurz abrasiertes Haar, Augen wie zwei Schildpattknöpfe, lauschte wie gebannt. Das Fernsehgerät sprach zu ihm, aber er hörte nicht zu. Dieser *happa* war er. Er war verloren.

»Und dann«, sagte *ojisan*, »und dann tat sie eines Nachts, was sie tun mußte.« In diesem Augenblick wußte Hiro, was passiert war, das Wissen sank tief in sein Blut wie ein Stein in einen Teich, ertränkte schlagartig und für immer das fadenscheinige Lügengebäude der Großmutter. Seine Mutter war nicht irgendeiner seltsamen Krankheit erlegen – immer nur eine seltsame Krankheit, nie hatte sie einen Namen. Nein. Sie starb von eigener Hand. Aber der Schock der plötzlichen Erkenntnis war nur ein sanfter Stups im Vergleich zu dem, was noch kam: Sie hatte versucht, Hiro mit sich zu nehmen, hatte *oyako-shinjū* – Eltern-Kind-Selbstmord – begehen wollen, doch auch darin hatte sie versagt. Er kannte doch die Gärten beim Heian-Schrein, oder? fragte ihn der Großvater.

Hiro kannte sie gut – seine *obāsan* ging oft mit ihm dorthin, um die *koi*, die Karpfen, in den Teichen zu füttern und über die aus der Natur perfekt geformten Skulpturen zu meditieren. Die Mäuler – als der Großvater sprach, sah er die weit aufgesperrten Mäuler der *koi* an der Oberfläche.

Und die Brücke auch?

Hiro nickte.

Einmal kam sie spät nachts betrunken aus ihrer Bar und fuhr auf dem Fahrrad davon, den Säugling auf den Rücken geschnallt – sie litt an Schlaflosigkeit, die ihr die Scham bescherte. Die Tore des Schreins waren versperrt, die kahlgeschorenen Mönche längst zur Ruhe gegangen. Sie lehnte das Fahrrad gegen die Mauer und kletterte hinüber. Im Dunkeln tastete sie sich zu der niedrigen überdachten Brücke und legte dort das Kind ab. Hektisch, stoßweise atmend und in wütendem, gebrochenem Flüstern Selbstgespräche führend, wankte sie auf den Pfad zurück und zerrte dort an einem Stein, einem ornamentalen Block, kratzte mit den Fingernägeln in den Ritzen, bis die Steine daneben blutbeschmiert waren. Sie zog an dem Stein, stemmte sich dagegen, schob und preßte und drehte ihn heraus. Endlich gelang es ihr, ihn über die Bretter der Brücke bis dorthin zu bugsieren, wo das schlafende Kind lag, ihr Hiro. In einer letzten wahnwitzigen, übermenschlichen Anstrengung hob sie den Block auf das Geländer, schob ihn sich in die Brustfalte ihres Barmädchen-Kimonos, preßte das Kind an sich und übergab sich dem unwiderstehlichen Zug der Schwerkraft und der schwarzen Verklärung des Wassers unter ihr.

Wasser. Hiro erwachte davon, vom Regen auf seinem Gesicht. Seine Mutter war tot, aber er blieb am Leben, war ihr aus den Armen gerutscht, als sie ins Wasser fiel, und wurde in den Schlamm geschleudert, in den Schlamm, in dem er auch jetzt wieder steckte, verzweifelt, schreiend, und die kahlköpfigen Mönche kamen herbeigerannt. Er setzte sich mühsam auf. Blitze zerrissen den Himmel. Der Regen peitschte übers Wasser, mit bleiernen Kugeln, die die Oberfläche zum Schäumen brachten und auf sein Schlammkissen einhämmerten. Diese Mönche, dachte er, wo waren sie, wenn man sie brauchte? Und dann lachte er, keuchend, delirierend, krank und verhungernd und gejagt, er lachte wie ein kleiner Junge in der Vormittagsvorstellung.

Aber Moment: was war das? Da hinten, durch die Bäume und das Krachen des Gewitters hindurch? Eine Stimme. Eine menschliche Stimme. Der Donner polterte über den Himmel, rauh und zornig. Ein Blitz fauchte. Aber da war sie wieder – er kannte diese Stimme. Das war, das war –

»Hiro, Hiro Tanaka, kannst du mich hören? Ich bin es, Ruth. Ich – Will – Dir – Helfen!«

Helfen.

»Hiro! Hör mir zu. Ich – Will – Dir – Helfen!«

Das war, das war – seine Mutter, seine *haha*, seine Mama!

Er war jetzt auf den Beinen, der Regen schlug ihm ins Gesicht, das blöde grinsende T-Shirt flatterte in Fetzen um ihn. »Mama!« schrie er. »Mama!«

Stille, tief und erwartungsvoll, eine Stille, die sich über den ganzen Sumpf und das Unwetter legte. *»Hiro?«* rief die Stimme, und sie kam von überall her, von nirgendwo, war so allgegenwärtig wie die Stimme eines Engels.

»*Haha, haha!*« schrie er wieder und wieder, bis er keine Luft mehr hatte, bis er fühllos wurde, bis sein Gehirn zuklappte und die Sprache kein anderes Wort mehr bereithielt. Und dann sah er es, das Boot, das wie in einem Traum den Nebel durchschnitt, auf ihn zusteuerte, am Bug ein besorgtes weißes Gesicht – seine Mutter, das war seine Mutter, die ihn endlich holen kam –, und dahinter, neben ihr kauernd, mit Hippiehaar und Hippiebart, dieses Gesicht kannte er – das war Doggo, ja, Doggo, sein eigener Vater, der *amerikajin*.

Und er stand auf, stand aufrecht im Regen und rief sie, rief sie, bis er heiser war, rief die Mutter, rief den Vater.

Dritter Teil
Der Hafen von Savannah

Journalismus

Es war ein klarer, strahlender Tag, warm, aber nicht drückend, und so trocken, wie es in Savannah nur werden konnte. Es war Mitte September, die Jahreszeit wechselte widerwillig, und die sengenden, feuchten, endlosen Tage des Hochsommers wichen langsam einer milderen, erwartungsvolleren Zeit, dem langen Spätsommer, der den Herbst bis an den Rand des Winters drängen würde. Ruth packte aus, suchte Bügel für ihre Sachen, entfernte die Preisschildchen von einem neuen, knielangen italienischen Stoffmantel mit capeartigen Ärmeln und überdimensionalen Knöpfen und einem atemberaubenden schwarz-weißen Kostüm, dessen Muster aus schnittigen Dreiecken auf einem Grund von fließenden Parabeln bestand. Saxby hatte es ein Fischkostüm genannt. Wieso Fisch? hatte sie gefragt und ihm den Rock zur Begutachtung hingehalten. Es war in ihrem Zimmer auf Thanatopsis gewesen, und sie hatte nur Slip und BH angehabt, weil sie die neuen Sachen für ihn anprobiert hatte. Weil es aussieht wie geschuppt, Baby, kam die Antwort, der Kosename heiser und lüstern ausgesprochen wie von einem Disc-Jockey. Denkst du denn immer nur daran? hatte sie gefragt, worauf er sagte: Nein, gerade jetzt versuche ich, an etwas ganz anderes zu denken. Das mußt du erst beweisen, sagte sie und ließ den Rock zu Boden fallen.

Aber jetzt war sie für eine Woche in Savannah, Gast in der schikken, hellen, großzügigen Villa von Dave und Rikki Fortunoff, einer Villa, die schon in *Architectural Digest* und im *New York Times Magazine* abgebildet worden war. Dave war ein alter Freund ihres Vaters aus den Zeiten des Jurastudiums, und er hatte sie oft in Los Angeles besucht, wenn ihn seine Geschäft dorthin führten – Ruth kannte ihn schon seit ihrer Kindheit. Trotzdem hatte sie eigentlich nicht bei den Fortunoffs wohnen wollen – es waren dreißig Minuten mit dem Taxi bis zum Krankenhaus, in dem Hiro unter starker Bewachung langsam wieder zu Kräften kam und sich weigerte, mit der Presse, der Polizei oder seinem fleckengesichtigen Peiniger vom INS zu sprechen –, doch die Vorteile dieser Lösung lagen auf der Hand: Es kostete sie nichts. Im Hotel hätte sie mindestens sechzig oder achtzig Dollar pro Nacht gezahlt, dazu die Mahlzeiten, und soviel Geld hatte sie einfach nicht. Noch nicht.

Sie betrachtete sich lange Zeit im Spiegel und beschloß, ihrem Haar noch eine Glanzspülung zu gönnen, ehe sie zum Krankenhaus aufbrach. Das würde ihre Bräune gut zur Geltung bringen – und das neue Kostüm auch. Draußen im Garten, vor den Glastüren, lag die grelle Leere des Pools, und dahinter der buschige Oleander und Töpfe mit Begonien, die sich im Wasser spiegelten. Sie wünschte, Saxby wäre auch da, aber der erwartete ihre Rückkehr zu Hause auf Thanatopsis, wo seine Aquarien und Eimer geradezu überquollen von bleichen kleinen Fischen, die in Größe und Farbe an Radiergummis erinnerten. Als sie nach Savannah aufgebrochen war, hatte er mit einem gelben Bauhelm auf dem Kopf das Ausbaggern des Teichs beaufsichtigt, der zukünftigen Heimstatt seiner Zwergbarsche und ihrer glücklichen Nachkommen. Er hatte ihr mit verzückter Miene nachgewinkt, als sie den Kiesweg entlanggefahren war.

Ruth warf die Preisschildchen in den Papierkorb und ging durch das Zimmer, um den Mantel in den Schrank zu hängen. Der Mantel war ziegelrot – nicht neonrot, nicht flammendrot, nicht hallo-kennen-wir-uns-schon-rot, sondern ein verhaltenerer, dramatischerer Ton. Ein reiferer Ton. Im Laufe der letzten Woche hatte sich in Ruth ein Wandel vollzogen, ein Wandel, der sie nach der weniger schrillen Farbe greifen ließ, ein Wandel, der sie nach Savannah gebracht und sich tausendfünfhundert Dollar von ihrem Vater hatte leihen lassen, für drei neue Kleider, zwei Handtaschen, ein Paar schillernder (aber reifer) schwarzer Schlangenlederpumps und den italienischen Mantel, Geschehen war folgendes: Sie war jetzt Journalistin. Mit einem Auftrag. Wohl würde die Belletristik immer ihre erste Liebe und ihr wahres Metier bleiben, und sie hoffte auch, eines Tages wieder zu ihr zurückzukehren – recht bald hoffentlich –, aber man hatte ihr ein Angebot gemacht, das sie unmöglich ausschlagen konnte.

Angefangen hatte das Ganze mit Hiro. An jenem grausamen Morgen, als sie in die Dienste des INS gepreßt worden war, am

Morgen nach dem allerschlimmsten Abend ihres Lebens. Nichts hätte sie an diesem Abend aufheitern können. Ihre Lesung war eine grausige Katastrophe gewesen, für alle Zeiten eine lächerliche Reminiszenz in den Annalen von Thanatopsis House, und Jane Shine hatte sie mit der Endgültigkeit einer Totengräberin niedergemacht. Sandy hatte sein Bestes getan, sie auf andere Gedanken zu bringen, und Irving war besonders bemüht um sie gewesen, aber sie fühlte sich, als wäre die Welt rings um sie zu Asche verbrannt. Schlimmer noch, ihr standen jetzt noch Saxbys Zorn, Septimas Unversöhnlichkeit und die Verachtung namenloser Sheriffs, des gescheckten Abercorn und seines widerlichen kleinen Faktotums bevor. Nach einem einzigen Drink ging sie zu Bett, die anderen Künstler sahen ihr mit leichenbitteren Blicken nach, und sie zog die Dunkelheit fest über sich und fiel in den Schlaf wie in ein bodenloses Loch.

Am Morgen der Sumpf. Und Saxby. Er war wütend, verwirrt, grimmig, in seinen Augen blitzten Vorwürfe und Verletztheit. Sie traf ihn vor dem Tender Sproats Motel und warf sich in seine Arme wie eine Soldatenbraut, vor den Augen von Owen und einem spitzbäuchigen kleinen braunen Kerlchen mit Schiebermütze. Sie hatten einen knappen Zeitplan, die Polizei wartete auf sie, weit draußen darbten die Zwergfische in ihren Eimern, trotzdem ergriff ihre neue Rolle sofort von ihr Besitz. Sie wurde verkannt und mißverstanden, sie war aufopfernd und tapfer, lieferte sich ihren Feinden aus, damit ihr Mann in Freiheit blieb ... und menschenfreundlich war sie auch, wenn sie sich da in die tiefste Wildnis hinauswagte, Moskitos, Schlangen, Zwergfischen und Schlimmerem trotzend, um einen armen irregeleiteten Japanerjungen zu retten. Sie spürte bereits, wie ihr von der Vielschichtigkeit ihres Tuns die Tränen kamen. »Gib mir fünf Minuten, Sax«, flüsterte sie, »mehr verlange ich nicht. Fünf Minuten allein mit dir.«

Er zögerte. In seinen Augen waren Fische – und noch etwas anderes, etwas Hartes, Unnachgiebiges. Dann aber ergriff er ihre Hand, führte sie in sein Zimmer und zog die Tür fest hinter ihnen zu.

Es war nicht der rechte Zeitpunkt für Sex, obwohl sie der Gedanke daran in einem unwillkürlichen kleinen Krampf durchzuckte, und ihr Puls beschleunigte sich kaum merklich. Sie warf sich in seine Arme und ließ die Tränen fließen. Wieder und wieder versicherte sie ihm, daß zwischen ihr und Hiro nichts gewesen sei, eine völlig unschuldige Sache, ein Irrtum, und daß sie ihn nur für ihr Schreiben benutzt habe, nie daran gedacht habe, ihm bei der Flucht zu helfen oder ihn in den Kofferraum des Wagens zu bringen. Er mußte ihr glauben. Er glaubte ihr doch, oder?

Drei Stunden im Gefängnis von Clinch County hatten seine Laune keineswegs verbessert, aber er war so fischbesessen, daß er seinen Zorn nicht länger wirklich auf eine Sache konzentrieren konnte. Sie waren da draußen, seine Albinos, in fünf Plastikeimern, völlig schutzlos. Er mußte sie holen gehen und sich um alles übrige später kümmern. »Ich glaube dir«, sagte er.

Es kam dann so, daß sie beide zusammen im Mercedes in den Sumpf fuhren und Owen ihnen mit dem Mazda folgte. Beim Fahren, den Unterarm locker aufs Lenkrad gelegt, das Radio voll aufgedreht, entspannte sich Saxby allmählich, plapperte von seinen Fischen, seinen Netzen und Aquarien, bis Ruth irgendwann dachte, es könnte doch noch alles ins Lot kommen. Als sie eintrafen, warteten Abercorn und Turco auf sie, außerdem der Bezirkssheriff, an die zweihundert sonnenverbrannte Schaulustige mit Wohnmobilen, Kühlboxen und qualmenden Holzkohlengrills und ein Haufen von Presseleuten, die mit gezückten Mikrofonen und wild geschwenkten Notizblocks über Ruth hereinbrachen … *Das alles wegen des armen Hiro?* dachte sie, und dann erwachte der Gedanke, keimte langsam: *Und meinetwegen?* Sie fuhr sich durchs Haar, setzte für die Fotografen eine engagierte, teilnahmsvolle Miene auf. War sie hier, um Hiro Tanaka zu retten? wollte jemand wissen. Hatte sie romantische Beziehungen zu ihm unterhalten? War er wirklich so gefährlich, wie man sagte? Diese Rolle lag ihr, der Teil war leicht. »Kein Kommentar«, flötete sie und schritt rasch aus, ging ungerührt weiter, bis sich der Polizeikordon für sie öffnete und der Fliegenschwarm der Reporter von ihr abließ.

Im nächsten Moment stand sie Turco und Abercorn gegenüber. Ruth spürte, wie sich Saxby neben ihr anspannte, aber sie hielt ihn fest an der Hand, und er beherrschte sich. Abercorn trat vor, sein Fleckengesicht und das perückenhafte Haar waren unter der Krempe des lächerlichsten Hutes verborgen, den sie je außerhalb eines Zirkus gesehen hatte. Er überragte alle anderen in der Menge um einen ganzen Kopf. »Schön, daß Sie gekommen sind«, sagte er, und darin schwang keinerlei Freundlichkeit mit. »Das Boot ist da drüben.« Sie gab Sax einen getupften Kuß, den klickende Objektive und zischende Blitzlichter hinter der Polizeiabsperrung aufzeichneten, dann ging sie mit den Männern davon.

Als nächstes kam der Sumpf. Mit voller Wucht. Zunächst einmal der Gestank – die ganze Gegend roch wie die Gasse hinter einem Fischmarkt. Dann die Insekten, ganze Legionen von ihnen, jede Art und jeder Appetit war vertreten, und dazu die Schlangen in den Zweigen und der blasige Schaum auf dem Wasser. Sie blickte über die verfilzte Wasserfläche zu den gespenstischen Bäumen in der Ferne und hinauf in die Bäume, die Schatten auf sie warfen, und so weiter bis zum Horizont, und das Ganze erinnerte sie an ein Diorama, das sie einmal gesehen hatte und das die Dinosaurier während ihrer Blütezeit gezeigt hatte. Das Diorama allerdings war in einem kühlen, dunklen, antiseptischen Museum gewesen, mit aufgemalten Bäumen.

Und dann half ihr ein Mann, den sie bis dahin nicht bemerkt hatte, ins Boot – er war glattrasiert, weder jung noch alt, und er trug eine Baseballmütze, an deren Schirm eine herunterklappbare Sonnenbrille befestigt war. Sie saß ganz vorn zwischen zwei Lautsprechern – eine Anordnung, wie sie Lokalpolitiker bevorzugen, wenn sie mit dem Dopplereffekt öffentliche Straße und Plätze beschallen –, während der Mann mit der Mütze hinten einstieg und sich am Motor zu schaffen machte. Es war ein großes Boot, lang, breit, mit flachem Kiel und angenehm stabil. Sie sah starr geradeaus, als Abercorn sich in der Mitte plazierte und Turco, in seiner Dschungelkämpfermontur, direkt hinter ihr in Stellung ging. Der Motor spotzte, hustete, dann erwachte er zum Leben, und sie fuhren los.

Um elf Uhr war sie heiser, durstig, verschwitzt, sonnenverbrannt und an den Schlüsselstellen ihrer Anatomie zerstochen. Sobald sie einmal kurz innehielt, um Luft zu holen oder einen Schluck Wasser zu trinken, erfüllte Turcos widerliche Stimme die Stille, um sie weiterzutreiben: »Kommen Sie schon, kommen Sie, machen Sie weiter – ich sag Ihnen, das funktioniert, ich kenne diese Burschen, ich kenne sie.« Bald wurde ihr klar, daß das Ganze seine

Idee war – eine weitere wahnwitzige Variante der Methode Kofferradio-und-Designer-Kleidung. Sie sah ihn nicht einmal an, sprach nicht mit ihm, wandte nicht ein einziges Mal den Kopf, aber sie machte weiter – für Saxby, für Septima, für sich selbst und für Hiro –, sie machte immer weiter, bis ihr die Stimme versagte.

Es mußte gegen vier gewesen sein, als Wolken aufzogen und ein Gewitter über sie hereinbrach. Abercorn und der Mann mit der Mütze – er hieß Watt-soundso und war ein Mitarbeiter des Sheriffs – wollten zurückfahren, aber Turco wollte nichts davon wissen. Er war angespannt wie eine geballte Faust, seine Miene düster und zornig, sein Ton fraglos pathologisch. »Ich kann ihn riechen«, zischte er. »Irgendwo hier ist er, das weiß ich.« Und dann zu Ruth: »Weiter, verdammt noch mal, machen Sie weiter.«

Sie hielt sich das Mikrofon vor den Mund und rief Hiros Namen, immer wieder, obwohl sie es für absurd und hoffnungslos hielt, ebenso hirnverbrannt wie die Donna-Summer-Serenaden für die Moskitos. »Hiro!« schnauzte sie die Baumfrösche und Schildkröten, die Vögel und die Bären und die stummen, immergleichen Stämme an, »Hiro!«, während ihr die Schnaken in die Nase und in die Kehle schwirrten. Sie schrie weiter, auch als das Gewitter losbrach und der Regen auf sie niederpeitschte, windgetrieben und schroff. Und dann packte sie Turco plötzlich am Arm und bedeutete ihr, still zu sein, und da war es, dünn und kläglich, das ferne, regenverhangene Wimmern von Niederlage und Unterwerfung: »*Haha! Haha! Haha!*«

Hiro rannte in ihre Arme, stapfte herbei, schmutzstarrend und aus allen Poren blutend, seine Kleider hingen in Fetzen, er platschte durch den Schlick wie ein kleiner Junge, der vom Spielplatz heimkam. »*Haha! Haha!*«, schrie er, »*Okāsan! Okāsan!*« Er war im Wahn, er delirierte, das sah sie, sah es in seinem Gesicht und in den irren, starr geweiteten Augen. Turco kauerte hinter ihr wie ein Insekt, und Hiro breitete die Arme aus, rannte, platschte, torkelte auf sie zu, und sie fühlte in diesem Augenblick, daß nichts auf der Welt wichtiger war als dieser arme, gemarterte Mann, dieser liebe kleine Mann, dieser Mann, den sie zu sich eingelassen, den sie genährt und geliebt hatte, und sie rief noch einmal seinen Namen – »Hiro!« –, und dieses Mal, zum erstenmal, meinte sie es ernst.

Der Regen strömte herab. Der Sumpf brodelte und summte.

Und dann fiel Turco ihn an wie ein Parasit, würgte ihn, preßte sein Gesicht ins Wasser, riß ihm die Arme auf den Rücken, bis sie in den Schultern spannten. Sie hievten ihn über den Bootsrand wie einen großen Fisch und legten ihn mit dem Gesicht nach oben in den Kiel. Seine Lebhaftigkeit war jetzt gewichen – er wirkte halbtot, wie er so dalag, sein Kopf war nach hinten gesunken, und seine entzündeten, hellbraunen Augen schwammen in ihren Höhlen. Sie ließen nicht zu, daß sie ihn berührte. Sie wollte nichts weiter als ihn im Arm wiegen, seinen Kopf auf ihren Schoß legen, aber sie ließen sie nicht. Daraufhin verlor sie die Beherrschung, nur für einen Augenblick, und gab Turco einen Stoß, beschimpfte ihn, worauf er mit einer Heftigkeit auf sie losging, daß ihr das Herz stehenblieb. Er faßte sie nicht an, diesesmal nicht, aber seinen Gesichtsausdruck würde sie nie mehr vergessen – nur ein feiner, hauchdünner, ausgefranster Faden hielt ihn davor zurück. Während der ganzen langen Fahrt zur Anlegestelle saß sie im niederprasselnden Regen und starrte ins Leere, fühlte sich hilflos, wie eine Abtrünnige, fühlte sich vergewaltigt.

Das war der Tiefpunkt.

Als sie zur Anlegestelle kamen, als die Menschenmenge die dünnen Reihen der Polizei durchbrach und sich vorwärtsschob, um einen Blick auf Hiro Tanaka, den Desperado, den Ausbrecher, den Ausländer zu erhaschen, lauter unscheinbare, sonnenverbrannte Gesichter und ruhige, hellblaue Augen, die sich gegen jedes empörende, skandalöse Extrem gewappnet hatten, als eine Art Raserei die Presseleute erfaßte und selbst die Polizisten angestrengt auf ihre Kautabakpfrieme bissen und mühsam ihren Gleichmut wahrten, da kam die Wende für Ruth. Die Menge überflutete sie, überflutete ihn. Die Polizei bahnte ihnen den Weg, machte eine Schneise zum Krankenwagen frei, dann die weißen Ärmel und Hosen, die sicheren Hände der Sanitäter, und der Regen ging nieder, nieder und nieder. Lichter rotierten, Sirenen heulten, dann war Hiro weg, und Ruth klammerte sich wie betäubt an das Bild, wie er eben noch auf der Trage gelegen hatte, über ihm Turco wie ein Vampir. Sie gaben ihr fünf Minuten Zeit, und wie durch einen Nebel fand sie den Weg in die Damentoilette des Touristenzentrums, wischte sich die klebrige Schicht Insekten und Schweiß aus dem Gesicht, band das Haar mit dem Tuch zusammen, das ihr eine der

Angestellten gegeben hatte, und trat dann in die Lobby hinaus, um sich ihnen zu stellen.

Dann, erst dann wurde ihr klar, was für eine großartige Story das Ganze war. Und was für eine großartige Rolle sie dabei gespielt hatte. Und wieviel sie wußte, was niemand sonst wußte. Zum Teufel mit Jessica McClure und der Frau im Meer, das hier war die Story der Stunde, und sie stand mitten im Zentrum. Sie rammten ihr Mikrofone vors Gesicht, richteten grelle Lampen und Blitzlichter auf sie, und sie wußte, daß sie hier eine Story hatte, keine Short story, keine mühsam formulierte Geschichte, die sich um eine obskure künstlerische Wahrheit bemühte, sondern eine richtige, echte Geschichte, eine harte, brutale und schmerzliche Geschichte aus dem wirklichen Leben – und noch dazu war sie die Heldin. Diese Erkenntnis durchfuhr sie in einem kurzen, grellen, blitzlichterhellten Augenblick der Erleuchtung.

Sie lächelte in die Kameras.

Am nächsten Tag hatte Jane ihren Unfall.

Ruth war wieder auf Thanatopsis, zurück in Septimas Gunst, zurück im Bienenkorb, die Einwanderungsbehörde hatte ihren Mann, und Saxby hatte seine Fische. Sie hatte ihre entzündete Epidermis abwechselnd mit heißen und kalten Bittersalzbädern behandelt, jede ihrer unzähligen Pusteln mit Alkohol und lindernden Lotionen betupft und bis Mittag geschlafen. Als sie beim späten Frühstück auf der Veranda saß – niemand hätte erwartet, daß sie nach all den Strapazen arbeitete –, hatte sie Irving Thalamus getroffen, der gerade mit Hilfe eines großen Gin mit Calistoga und der *New York Review of Books* seinen Kater pflegte. Sie unterhielt sich mit ihm ausführlich über ihre Idee, einen längeren Zeitschriftenartikel oder sogar ein Buch über den ganzen Vorfall zu schreiben, und Irving stellte für sie einen Kontakt mit seinem Agenten Marker McGill von der ehrwürdigen Agentur McGill-Madden her. Das war ermutigend gewesen, aber sie fühlte sich immer noch mies wegen ihrer katastrophalen Lesung, obwohl ihr alle versicherten, es habe eigentlich ganz gut geklappt, auch wenn es ein bißchen lang gewesen sei, und wegen Hiro fühlte sie sich noch mieser. Sie konnte den Schock nicht vergessen, wie er ausgesehen hatte mit seinem fiebrigen Blick, den zerschundenen Gliedmaßen, den eingefallenen Wangen und der blutenden Haut – und diese Blutegel, überall Blutegel, sie klebten an ihm wie Heftpflaster – und wie er auf sie zugewankt war. Deswegen fühlte sie sich am allermiesesten. Er liebte sie. Er vertraute ihr. Und sie hatte ihn verraten. Andererseits hatte sie ja keine andere Wahl gehabt. Und letzten Endes war es auch für ihn am besten – kein Gefängnis konnte schlimmer sein als der Sumpf, und es stand ganz außer Frage, daß er dort draußen umgekommen wäre.

Ruth befand sich gerade im vorderen Salon und wartete auf Marker McGills Rückruf, als sie Jane hereinbrachten. Ein paar Stunden vorher, es mußte so gegen drei gewesen sein, hatte sie von der Zeitschrift aufgeblickt, in der sie teilnahmslos blätterte, und Jane in einem englischen Reitkostüm durch die Halle gehen sehen, als wollte sie für eine Rolle in *National Velvet* vorsprechen. Im Laufe des frühen Nachmittags hatte Ruth bereits mit der *New York Times*, dem *San Francisco Chronicle*, diversen Blättern aus Atlanta, Savannah und Charleston gesprochen, außerdem mit einem Sendeleiter von CBS und Mr. Shikuma von der Japanisch-Amerikanischen Gesellschaft, der ihr wärmstens für ihren Beitrag beim Ergreifen seines vom rechten Weg abgewichenen Landsmanns dankte, sich lang und breit für jegliche Unannehmlichkeiten und Ärgernisse bei ihr entschuldigte, die der Seemann Tanaka ihr bereitet haben mochte, und ihr schließlich versicherte, die überwiegende Mehrheit der Japaner – ja im Grunde das ganze Volk, bis auf den Seemann Tanaka, der natürlich geistesgestört sei – achte Gerechtigkeit und anständiges Benehmen hoch. Die Telefongespräche hatten ihre Laune verbessert, und sie hatte sich sogar schon diversen Tagträumen über das Buch, das sie schreiben wollte, über die Höhe des Vorschusses und dessen Verwendungsmöglichkeiten hingegeben, als sie plötzlich aufblickte und Jane sah, worauf es sie gleich wieder heiß und kalt durchlief.

Der nordische Sklave stand an der Tür bereit – oder war er nur ein schwedischer Bauer? –, und Jane stolzierte auf ihn zu, um ihn öffentlich zu umarmen, wobei sie ungemein selbstbewußt und schick wirkte in ihren Kniehosen, den Stiefeln und der lächerlichen kleinen Kappe, die wie eine Serviette auf ihrem buschigen Haar saß. Sie ging reiten. Ruth stand im Zentrum eines Mediengewitters, Ruth hatte in den Sümpfen ihr Leben aufs Spiel gesetzt, bei der Ergreifung eines verzweifelten Flüchtlings assistiert und den Behörden eine lange Nase gedreht, aber Jane ging reiten. Der ganze Haß, den Ruth für sie empfand, stieg brodelnd an die Oberfläche, und sie kniff die Augen zusammen, um diese Frau mit einem ätzenden Blick zu durchbohren. Aber Jane erwischte sie – gerade als sich Ruth wieder der Zeitschrift auf ihrem Schoß zuwenden wollte, wirbelte Jane herum und fing ihren Blick auf, ertappte sie beim Beobachten, beim Schnüffeln, beim Spionieren, beim Beneiden der nordischen Umarmung, und sie setzte kurz ein perfektes Schmollmundlächeln des Triumphs auf.

Zwei Stunden später brachten sie sie herein. Das Pferd war auf sie gestürzt und hatte ihr eine dreifache Fraktur des rechten Beins zugefügt. Janes Gesicht war schmerzverzerrt, auf ihren Kniehosen war Blut, dort wo die schroffe Spitze des Knochens die Haut durchstoßen hatte. Sie trugen sie hastig in den Salon und betteten sie auf die Couch, der schwedische Bauer und Owen, der sich dabei das Hemd mit dem Blut der Erhabenen beschmierte. Jane kreischte wie eine Frau, die gerade Drillinge gebar, sie kreischte atemlos und ununterbrochen, außer um ab und zu in heisere Flüche und Schluchzer auszubrechen. Ruth hielt sich im Hintergrund, während die gesamte Kolonie durcheinanderwuselte. Sie hatte sich noch nie an den Schmerzen anderer Menschen weiden können, ganz egal wie verachtenswert sie waren und wie sehr sie es verdient hatten, oder? Nein. Das konnte sie nicht. Und doch wirkte sich ein feiner Faden von Befriedigung in den Vorfall – noch während Jane sich krümmte und schrie, nach ihrer Mutter rief und den schwedischen Bauern beschimpfte: »O Gott, o Gott – faß mich nicht an, Olaf, du Idiot, du – auuu, Mammi, Mammi, das tut so weh!« –, und der Faden endete so: Jane würde vorerst ruhiggestellt sein. Jedenfalls eine Zeitlang. Schade war das, wirklich schade. Im Geiste feilte Ruth schon an ihrem Auftritt im Billardzimmer.

Sie brachten Jane ins Krankenhaus. Das Abendessen an diesem Tag verlief in gedrückter Stimmung, es war eine freudlose Angelegenheit mit geflüsterten Unterhaltungen und verstohlenen Blikken, bei der die Künstler Armands Hummer-Tortellini wortlos zum Munde führten und nach den Ereignissen der vergangenen Tage in eine Art Schockzustand verfielen. Janes Platz blieb auffällig leer. Düstere Gerüchte machten die Runde – über Hiro, über Ruth, über Jane. Nach dem Essen, als Saxby – der als einziger der ganzen Gesellschaft fröhlich und unverdrossen geblieben war – nach seinen Fischen sehen ging, nahm Irving Thalamus Ruth beiseite.

»Also, erzähl mal«, sagte er und schwenkte die bernsteinfarbene Flüssigkeit im Glas, »wie ist es gelaufen mit Marker?«

McGill hatte angerufen, als die Aufregung wegen Janes Unfall gerade etwas abgeflaut war: Er würde Ruth übernehmen. Er war sich sicher, das Buch verkaufen zu können. Er hatte ein paar Anrufe getätigt, und schon trafen die Angebote ein. »Oh, Irving« – sie klatschte in die Hände wie ein naives Früchtchen, wie Brie –, »er nimmt meine Sachen.« Und dann schenkte sie ihm einen so schmelzend dankbaren Blick von so sternfunkelnder, demütiger und ehrfürchtiger Verbundenheit, daß er sein Glas abstellte und ihre Hand mit beiden Händen ergriff. »Irving«, sagte sie noch einmal, und ihre Stimme klang angemessen rauh, »wie kann ich jemals –?«

»Ach, das war doch selbstverständlich«, murmelte er und betrachtete sie dabei, musterte sie mit einem listigen Blick der lidverhangenen thalamudischen Augen. »Furchtbar, das mit Jane«, sagte er nach einer Weile. Er hielt immer noch ihre Hand.

Ruth sah ihm prüfend in die Augen. Was wollte er, das sie antwortete? War er doch auf ihrer Seite, ging es ihm darum? »Ja«, sagte sie. »Furchtbar.«

Dann sah er weg, tätschelte kurz ihre Hand und gab sie frei. Er hob das Glas an die Nase, atmete tief ein und stellte es dann wieder ab. »Ruthie« – und er zögerte, griff dann erneut nach ihrer Hand –, »Ruthie, ich wollte dich etwas fragen … du weißt doch, daß ich in zwei Wochen von hier weggehe?«

Ruth nickte. Ihr Herz schlug plötzlich schneller. Sie war sich in höchstem Maße des Drucks von Irvings Hand auf ihrer bewußt.

»Ich hab mir nämlich ein Haus auf Key West gemietet – da ist das herrlichste Wetter der Welt –, etwa drei Blocks vom Strand entfernt. Schöne große Zimmer, überall riesige Fenster. Hemingway hat mal einen Winter darin verbracht.«

Sie nickte wieder.

»Also«, sagte er und musterte sie zwischen den Falten seiner schweren Lider hindurch, »was ich sagen will, ist folgendes: Ich möchte, daß du mit mir kommst. Daß du dort wohnst – mietfrei, keine Verpflichtungen.« Er machte eine Pause. »Mit mir.«

Es geschah ganz unwillkürlich, die Namen kamen ihr einfach in den Sinn: Ruth Thalamus, Mrs. Irving Thalamus, Ruth Dershowitz-Thalamus. Sie sah sich an seiner Seite in New York literarische Salons durchstreifen, an seinem Arm in eine Veranstaltung beim Bread-Loaf-Workshop hineinschlendern, sah sich im Bett mit ihm, diese viele Behaarung, seine kräftigen weißen New Yorker Zähne. Ihr Puls raste, ihre Augen glänzten. Und dann dachte sie an Saxby, ihren süßen Sax, mit seinen Fischen und seinen breiten Schultern und seiner Art, aus dem Mundwinkel heraus zu lächeln, sie dachte an Thanatopsis House und an Septima, an Laura und Sandy und alle anderen. Sie war hier die Bienenkönigin; dies war ihr Zuhause. »Du bist lieb, Irving«, sagte sie endlich, »und ich werde dich immer mögen. Du wirst immer mein bester Freund sein, mein Mentor, mein Ratgeber –«

Irving hatte sich hinter seine Lider zurückgezogen, hinter die mageren Wülste seiner Lippen. »Aber –?«

»Aber« – sie seufzte, nun konnte sie zu Boden sehen, dann wieder zu ihm auf, sie konnte den Blick durchs Zimmer schweifen lassen, ehe sie sich wieder ihm zuwandte, sie hatte unendlich viel Zeit –, »aber ich kann Sax nicht verlassen.«

Der erste Anruf am nächsten Morgen war von Marker McGill. Er hatte eine Angebot für sie und wollte wissen, was sie davon hielt. Ein großer Verlag – er nannte den Namen – wäre bereit, ihr 500 000 Dollar Vorschuß auf eine fünfzehnprozentige Beteiligung am Buchverkauf zu zahlen, und die Rechte für den Erstabdruck in einer der größten Frauenzeitschriften – er nannte sie – brächten noch einmal 75 000, für drei Folgen. Wie klang das?

Und deshalb war sie nun hier, zu Gast bei den Fortunoffs, hatte Verträge in der Post, neue Kleider auf dem Bett – eine Journalistin auf dem Weg ins Krankenhaus, um dort Hiro Tanaka zu interviewen und sich ein paar Notizen zu machen. Es war warm, aber sie würde den Mantel trotzdem überziehen – immerhin hatte der Herbst begonnen –, und, ach ja, sie würde ihr Haar noch ein bißchen aufhellen, um die Rot- und Goldtöne etwas besser zur Geltung zu bringen. Anschließend würde sie in Strümpfe und die hohen Schuhe schlüpfen, das neue Kostüm anziehen, ihren Recorder, Notizblock und Stifte einstecken und ein Taxi rufen. Vor dem Krankenhaus würden Fotografen warten, und sie würde schick für sie aussehen – verführerisch und attraktiv, ja, aber mit einer gewissen Reife, auf stilvolle, geschäftsmäßige Art. Schließlich war sie jetzt Journalistin – wie Joan Didion, wie Frances FitzGerald – und hatte ein Image zu wahren. Der Journalismus – und sie sagte es laut vor sich hin, während sie in die Dusche stieg –, das war ein achtbarer Beruf.

Im Krankenhaus konnte sich Ruth davon überzeugen, wie sehr die Hiro-Tanaka-Story immer noch im Blick der Öffentlichkeit stand. Überall waren Reporter und quetschten Sekretärinnen, Polizisten, Ärzte, Schwestern, sogar die Hausmeister nach Auskünften über Hiros Zustand aus. Er hatte sich beharrlich geweigert, mit irgend jemandem zu sprechen – nicht einmal mit dem vom Gericht gestellten Pflichtverteidiger und dem Dolmetscher. Er hatte eine Septikämie (und deshalb vierzig Grad Fieber), außerdem Bakterienruhr und Hakenwürmer, und der Bundesstaat Georgia legte ihm zweiundzwanzig Vergehen zur Last, denen die Einwanderungsbehörde noch weitere zwölf Anklagepunkte hinzufügte.

Ruth posierte für die Fotografen auf der Krankenhaustreppe – nicht etwa aus Gewinnsucht, andererseits waren Fotos von ihr so gut wie bares Geld –, die Reporter dagegen wimmelte sie ab. Wozu denen etwas erzählen? Jetzt war es ihre Story. Ihr war klar, welche Probleme Hiro hatte, und er tat ihr sehr leid, auch wenn sie wußte, daß ein paar Leute – die Jane Shines dieser Welt – sagen würden, sie habe sehr wohl aus Gewinnsucht gehandelt, habe aus seinem Leid Kapital geschlagen und sei gelassen aus dem Gerichtssaal spaziert, während er die Sache ausbaden mußte. Vor allem da man aufgrund einer Abmachung mit Abercorn und dem Staatsanwalt die Anklage gegen Saxby fallengelassen und auch ihr Straflosigkeit zugesichert hatte. Aber darum ging es ihr gar nicht. Das war eine böswillige Verzerrung der Tatsachen. Natürlich tat ihr Hiro leid, aber als sie im Fahrstuhl hinauffuhr, versuchte sie sich innerlich ein klein wenig hart zu machen. Schließlich hatte niemand von ihm verlangt, von seinem Schiff zu springen oder sich auf der Veranda ihres Studios niederzulassen – das mußte allen klar sein. *Ihm* mußte es klar sein. Und wenn sie sich im Tausch für Straffreiheit bereit erklärt hatte, vor Gericht auszusagen, so würde sie bei ihrem Auftritt dort alles tun, was in ihrer Macht stand, um Hiros Unschuld zu beteuern und zu erklären, daß die ganze Geschichte nur eine Eskalation von Mißverständnissen gewesen war, daß er im Grunde nur ein großes Kind war, ahnungslos und naiv, das nichts weiter wollte, als in einer billigen Mietwohnung in Little Tokyo leben und sich unter die Menge mischen. Er war kein Verbrecher, er war eine traurige Gestalt, sonst nichts.

Sie kam auf Hiros Etage an. Die diensthabende Schwester, eine kleine Schwarze mit tausend Zöpfchen und Ohrringen von Briefbeschwererformat, bedachte Ruth mit einem ehrfürchtigen Blick von der Sorte, die sie sich vielleicht für Lady Di oder Fergie oder Donna Summer persönlich aufsparte, und führte sie an einem gelangweilten Polizisten vorbei in Hiros Zimmer. Hiro saß aufrecht im Bett und sah fahl aus, seine Haut und die Iris seiner Augen wirkten leicht gelblich, als wären sie stumpf geworden. Sein Gesicht war völlig ausdruckslos, tot, das Gesicht eines steinernen Buddha, doch es belebte sich, als er den Blick zu Ruth hob. »Rusu«, sagte er, und obwohl er deprimiert war, obwohl er verletzt, krank und besiegt war, konnte er seine Freude nicht verbergen, und ganz kurz flackerte sein schiefes Lächeln auf.

Ruth gab sich keinen Illusionen über die Story hin – über Hiros Story. Ihre Story. Sie würde vermutlich eine Halbwertszeit von etwa drei Tagen haben. Es war eins dieser Themen, die aus unerfindlichen Gründen das gesamte Land in fieberhafte Aufregung versetzen, um sofort wieder ins Nichts dahinzuschwinden, als Schnee von gestern, ein vager Schimmer in der kollektiven Erinnerung. Das wußte sie. Aber sie war zuversichtlich, das Buch in sechs Monaten fertigzuhaben – es war ja ihre eigene Geschichte, sie kannte alle intimen Einzelheiten –, und aus diesem Schimmer noch einmal Funken auflodern zu lassen. Und offenbar teilte ihr Verleger diese Zuversicht. Die Reporter vor der Tür verschafften ihnen eine Publicity, die man mit Geld nicht kaufen konnte. »Hiro«, begrüßte sie ihn und ging durch den Raum auf ihn zu.

Sie setzte sich neben das Bett. Sie schwiegen. Der Polizist steckte den Kopf zur Tür herein, dann verschwand er wieder. »Wie geht's dir?« fragte sie schließlich und wühlte in ihrer Handtasche nach der kleinen in Geschenkpapier verpackten Schachtel mit süßem Bohnenkonfekt. »Ich hab dir was mitgebracht«, sagte sie und legte das Päckchen auf den Tisch. Der Polizist sah wieder kurz ins Zimmer, dann trat er ein, kam entschlossen auf sie zu, nahm das Päckchen und streckte die Hand nach Ruths Tasche aus. »Durchsuchen werd ich Sie nicht gleich«, sagte er, »aber beobachten tu ich Sie«, dann kehrte er auf seinen Posten zurück.

»Also, wie geht's dir?« wiederholte Ruth. »Behandeln sie dich hier gut? Kann ich dir irgendwas besorgen?«

Hiro antwortete nicht.

»Was ist mit deiner Großmutter? Möchtest du, daß ich ihr schreibe? Oder sie anrufe?«

Hiro zeigte keine Reaktion. Wieder herrschte Schweigen. Nach langer Zeit richtetete Hiro einen freudlosen Blick auf sie und sagte: »Du mich angelogen hast, Rusu.«

Jetzt war sie an der Reihe. Sie wartete ab.

»In dem Haus«, sagte er mit einer Stimme, die ausgetrocknet klang, verdorrt und an den Wurzeln herausgerissen, »du schuld gewesen. Du ihnen sagst, daß ich bin dort.«

Das war es also. Sie würde keine Rechenschaft wegen des Boots im Sumpf und wegen Turco ablegen müssen – offenbar hatte er das alles vergessen. Er war wieder auf Tupelo mit ihr. Die ganze Zeit hatte er geglaubt, daß sie es war, die ihn verraten hatte. »Nein«, sagte sie.

»Ja. Du niemals mich mitnehmen wolltest nach *Festrand*.«

»Nein. Das war Saxby. Er hat dich draußen auf der Veranda gesehen und ist zur Polizei gegangen, ohne mir etwas davon zu sagen. Ich habe es erst erfahren, als es zu spät war.« Sie sprach jetzt leiser. »Ich wollte dir helfen. Wirklich. Ich will es immer noch.«

Er starrte aus dem Fenster. Sie befanden sich im fünften Stock. Es gab nichts zu sehen außer toten Wolken an einem toten Himmel. »Ich bin müde«, sagte er nach einer Pause.

Sie wollte ihm sagen, daß er sich keine Sorgen zu machen brauchte, daß sie sich um ihn kümmern und ihren Vater zu seiner Unterstützung holen würde, und auch David Fortunoff – der hatte gute Beziehungen in Savannah –, aber sie konnte es nicht. Sie war verlegen. Er sah fürchterlich aus. Der Polizist beobachtete sie.

»Okay«, sagte sie und erhob sich vom Stuhl, »ich verstehe. Ist schon gut. Ich komme morgen wieder, in Ordnung?«

Er sah zu ihr auf, hob mühsam die Hand vom Laken und spreizte die Finger in einer Abschiedsgeste. »Ich jetzt sage auf Wiedersehen.«

In diesem Augenblick stieg in ihr ein Gefühl für ihn auf, eine plötzliche, spürbare Ausschüttung hormoneller Drüsen, und sie beugte sich vor, um mit den Lippen seine Wange zu berühren, Polizist hin oder her. »Bis morgen dann«, sagte sie.

Er gab keine Antwort.

Die Stadt der Brüderlichen Liebe

Die Träume handelten von Dingen, die er sich nicht eingestehen konnte, Träume von Qual und Entsetzen und Haß. Sie übermannten ihn, als er in einem körperlosen Reich dahintrieb, wo ihn grelle Farben blendeten und Gesichter unvermittelt und zusammenhanglos ineinander übergingen. Und ein Zischen, immer ein Zischen, wie Luft, die aus einer verletzten Lunge entweicht. Er sah, wie Chiba zu Wakabayashi wurde, wie Wakabayashi zu Unagi wurde, und er spürte die Schläge all dieser Hände. Er sah seine Mutter am Grunde des Teichs, ihre zerschundenen Hände, ihr verzerrtes Grinsen, und das Zischen wurde zum Schrei, lautlos und langgezogen. Er sah Ruth, und ihr Gesicht war das Gesicht seiner Häscher und Peiniger, in ihren Augen brannte derselbe Haß. Und dann sah er sich selbst, und er lag auf dem Grund des toten, schwarzen, endlosen amerikanischen Sumpfes, mit weiß verfärbter Haut, die sich ablöste, mit dem Fleisch von den Knochen fiel, und dann stieg er auf, von sich selbst losgelöst, über sie alle hinweg stieg er auf zum zitternden, wäßrigen Licht der Oberfläche.

Er tauchte in einem Krankenhauszimmer bei hellem Tageslicht auf. Über ihm schwebte eine Flasche mit einer klaren Flüssigkeit, die durch einen Schlauch in seinen Arm hineinträufelte. Er versuchte, den Arm zu heben, stellte aber fest, daß es nicht ging. An der Tür stand ein Mann, eine Langnase in Uniform. Eine Schwester – sie war Negerin – beugte sich über ihn. »Na endlich«, sagte sie. »Fühlen Sie sich besser?«

Besser? Er fühlte nichts, überhaupt nichts. Er war vom Krokodil verschlungen worden und hatte in dessen Bauch gelebt. Er blickte die Krankenschwester an und sah das grinsende Maul, den gezackten Schwanz, und die Augen fielen ihm zu und die Träume übermannten ihn wieder.

Am Morgen – zumindest sagten sie ihm, daß es Morgen war, und in Ermangelung eines Vergleichs, an dem er diese Information ermessen konnte, glaubte er ihnen – wurde ihm wieder das große

Glück des Bewußtseins zuteil. Oder vielleicht war es gar kein so großes Glück. Er sah die Langnase an der Tür und begriff, ohne sich wirklich an alle Einzelheiten zu erinnern, aber auf syllogistische Weise begriff er, daß er versagt hatte, daß er wieder zum Gefangenen geworden war, daß die Welt und sein Leben in ihr ohne Hoffnung waren. Ein Arzt untersuchte ihn und stellte alberne Fragen. Wie fühlte sich dies oder das an? Wußte er, wo er war? Wer er war? Es fühlte sich mies an. Er war in der Gewalt der *hakujin*-Polizei. Er war ein *happa*, ein Butterstinker, eine halbe Langnase. Er machte sich nicht die Mühe zu antworten.

Am Nachmittag tauchte eine weitere, sehr gut gekleidete Langnase auf und stellte sich als sein Rechtsbeistand vor. Mit ihm kam ein Japaner – ein Nicht-Butterstinker, ein reinblütiges Mitglied des erhabenen und unvergleichlichen Geschlechts der Yamato –, der erste seiner Art, den Hiro zu Gesicht bekam, seitdem er vom Seitendeck der *Tokachi-maru* gesprungen war. Er war klein und weich, dieser Japaner, mit aufgedunsenem Gesicht, kurzrasiertem Haar und einer Brille, die für sein Gesicht zu groß war. Er hieß Hanada und sprach mit nördlichem Akzent und einer Heiterkeit, die der Situation nicht ganz angemessen schien. Dann aber fing die Langnase zu sprechen an, und Hanada-san wurde zu einem Apparat, der in mechanischem, monotonem Tonfall die Worte des *hakujin* verdolmetschte. Für eine Gerichtsverhandlung, so erklärte er, sei Hiro zu krank – da bestehe kein Zweifel –, deshalb werde er hier, im Krankenhaus, zur Anklage vernommen, auf Video. (Und tatsächlich, noch während er dies sagte, drängten sich drei weitere Butterstinker ins Zimmer, zwei von ihnen tätschelten ihre Aktentaschen, der dritte balancierte eine Videokamera auf der Schulter.)

Hiro wollte sich nur noch verstecken. Er war besiegt und erniedrigt worden, er war ein Versager wie seine hoffnungslose Mutter und sein Hippievater. Er weigerte sich, mit ihnen zu sprechen, sowohl auf englisch als auch auf japanisch. Die erste Langnase, sein Verteidiger, hörte sich eine lange List von Anklagepunkten an und plädierte für ihn auf »nicht schuldig«.

Na gut, ja, natürlich war er nicht schuldig – das verstand sich ja wohl von selbst. Nicht schuldig, jedenfalls was ihre sinnlosen Anklagepunkte betraf. Wessen er schuldig war, das war Dummheit, Naivität, er war schuldig, geglaubt zu haben, daß die *amerikajin* ihn in den Schoß der Menschheit aufnehmen würden. Er hatte unrecht gehabt, und das war sein Verbrechen. Er hatte versagt, und das war sein Schicksal.

Am Abend kamen die Reporter, und er hatte seinen schwachen Moment, den einzigen Moment, in dem er schwankte und nahe daran war, seinen Entschluß zu verwerfen. Sie wollten seine Geschichte hören, und einen Moment lang wollte er sie ihnen erzählen, sie ihnen unter ihre Langnasen reiben, einen Moment lang stellte er sich vor, wie diese Geschichte in den Zeitungen und im Fernsehen erscheinen und irgendwie, irgendwo Doggo aus seinem Schlummer reißen könnte, und er stellte sich vor, wie sein Vater ihm zu Hilfe käme wie ein Cowboy auf seinem Pferd. Aber das war dumm. Albern. Der ausgebrannte Kern eines Traums – Asche, sonst war das nichts. Der Polizist drängte die Reporter in den Flur zurück, von wo sie ihre Fragen auf Hiro abfeuerten. Hiro blickte zum Gewirr ihrer Stimmen hinüber, und dann wandte er den Kopf ab.

Und dann kam Ruth. Sie saß auf dem Stuhl neben dem Bett, mit ihren langen weißen Beinen, die ihn gefangengenommen und versklavt hatten, und sie war auch eine Reporterin. Er blickte ihr in die Augen und sah, daß sie ihn gar nicht kannte. Sie schwor, sie habe ihn nicht verraten – es sei Saxby, ihr *bōy-furendo*, der Butterstinker gewesen: das hätte er doch wissen müsssen! –, und er wurde weich, gab beinahe nach. Aber das war nicht seine Rusu, ihr war das alles nicht wichtig, nicht wirklich. Sie spielte nur eine weitere Rolle, sie benutzte ihn, so wie sie ihn vorher benutzt hatte. Er sagte ihr, er sei müde. Verabschiedete sich von ihr.

Eins aber wußte Ruth nicht, eins konnte weder der Anwalt noch der Butterstinker an der Tür noch die Krankenschwester wissen, nämlich daß Hiro einen Plan hatte, daß er noch nicht am Boden und besiegt war: Er würde ihnen entfliehen, er wußte es, und dieses Wissen verlieh ihm Kraft. Sie hatten ihn mit ihrem typischen Essen gefüttert, mit dem *amerikajin*-Wackelpudding, den Pfirsichhälften, den Makkaroni mit Käse, aber sie hatten ihm keine Stäbchen dazu gegeben, nicht einmal Messer und Gabel. Sie gaben ihm einen Löffel, ein jämmerliches Ding, keine drei Millimeter stark. Aber der Löffel war fest und kalt, und er würde seinen Zweck erfüllen. Er versteckte ihn unter dem Kissen.

Er wartete auf die Nacht. Auf die langen, pulsierenden, matt erleuchteten Stunden, in denen die Schwestern leiser auftreten, in denen das Stechen und Schießen und die Bandenkriege nachlassen und die unheilbaren Patienten ihre gnadenlose einsame Nachtwache aufnehmen würden. Es war die Zeit, in der dem *hakujin*-Wächter, wie den anderen Wächtern vor ihm, die Augen zufallen würden, für eine Minute zumindest...

Ja. Und den ganzen Tag über – sobald sie ihn einmal allein ließen, sobald der Wächter an der Tür einem Paar Beine oder einem Hinterteil durch den Gang nachblickte oder von Essen, Sex oder Gewalt träumte und die Augen schloß, sobald die Schwester Bettpfannen leerte, sich die Nägel manikürte oder im Schwesternzimmer vor einem Sandwich mit Thunfischaufstrich hockte – hatte Hiro den kalten, harten Griff seines Löffels an der Betonwand hinter dem Bett geschärft. Strich für Strich. *Ssst. Ssst, ssst, ssst.* Der Löffel war aus gehärtetem Stahl und verursachte nur ein leises, liebevolles Wispern. Ja. Und jetzt war es kein Löffel mehr: Es war eine Klinge, ein Messer, ein Samuraischwert.

Er hatte jede Menge Zeit, sagte er sich, kein Grund zur Eile. Tue es richtig. Tue es in Ehrenhaftigkeit und Würde und Eleganz. Er setzte sich im Bett auf und lehnte sich gegen die Wand. Sein Haar war verfilzt, er wußte und bedauerte es. Und auch seine Haut – hätte er doch daran gedacht, Ruth um etwas Puder oder Rouge zu bitten, irgend etwas, das ihm ein wenig Farbe gegeben hätte. Aber er war krank und ausgehungert, gehetzt und geschunden, was konnte man erwarten? Er benetzte die Finger mit Spucke und fuhr sich damit durchs Haar, immer wieder, bis es glatt lag. Der Wächter saß auf einem Stuhl direkt vor der Tür. Seine Schultern waren herabgesunken, der Kopf lehnte am Türrahmen. Auch wenn er nicht richtig schlief, sehr aufmerksam war er jedenfalls nicht.

Wie hatte Jōchō gesagt? – *In einer Krise auf Leben und Tod, die so oder so ausgehen kann, entscheide dich ganz einfach für den sofortigen Tod.* So oder so. Das war ein Witz. Wenn die Chancen nur fiftyfifty stünden, wenn er wenigstens soviel Optimismus hätte, wenn er nur jene närrische Gelassenheit wiedererlangen könnte, wie sie ihn bei seinem Sprung in den ölig-schwarzen Atlantik durchströmt hatte. Fünfundneunzig, dachte er, fünfundneunzig zu fünf, alle Chancen standen gegen ihn. Eine Kleinigkeit, nicht wahr?

Er schärfte die Kinge noch einmal, ein tödliches Wispern, Stahl auf Beton. *Solange wir leben, ist der Tod ohne Bedeutung; wenn wir tot sind, existieren wir nicht mehr. Es gibt also keinen Grund, den Tod zu fürchten.* Eine Kleinigkeit. Im gedämpften Licht des Korridors betrachtete er den Hinterkopf des Wächters, den schlaff herabhängenden Arm, und dann holte er tief Luft, schob das dünne Krankenhemd hoch, um sein *hara* freizulegen, und tastete nach dem *kikai tanden*, nach der Stelle, wo der Geist auf seine Befreiung wartete. Er hielt den Atem an und richtete die Klinge, das Messer, das Schwert gegen sein Fleisch. Ein Schlag seines Herzens, zwei, und dann stieß er es hinein, mit aller Kraft, die er hatte.

Es war wie ein Hieb, ein mächtiger Hammerschlag, aber schlimmer, viel schlimmer, heiß und durchdringend, ein Schmerz, wie er ihn noch nie verspürt hatte: Er hatte geschmolzenes Blei, glühende Lava geschluckt, bestand nur noch aus Schweiß und Gehirn. Und Willen. Er trieb die Waffe tiefer, und er hielt es nicht aus, er fuhr mit der Klinge kreuz und quer, zog sie durch und hackte drauflos, sein Arm wurde ganz lahm davon. Wieder und wieder zwang er sich und grub noch tiefer, dicht am Rande der Ohnmacht. Und dann gebar er etwas: die eigenen bleichen Gedärme quollen aus dem Loch, das er in sich selbst gerissen hatte, dazu die Hitze und der Schmerz und der reglose, schlaffe Arm des Wächters, noch immer umrahmt von dem erbärmlichen Licht ... und nun stieg ihm der Geruch in die Nase, die Wärme seines Bluts und der faulige, scharfe Verwesungsgestank des Schlamms, der ihn gewiegt hatte, der ihn zur Strecke gebracht hatte ...

Und dann fühlte er auf einmal sein *hara* aufsteigen – es war nichts Konkretes mehr, war nicht mehr feucht und heiß und schwer in seinen Händen, es war so leicht wie die Luft. Er ging fort, aber nicht in die Stadt von Mishima und Jōchō, nicht in die Stadt seines *ojisan*, seiner Mutter und der vielen Generationen von Samurai und Kamikaze aus dem reinen, untadeligen Geschlecht der Yamato. Nein. Er ging in die Stadt der Brüderlichen Liebe, dorthin und nur dorthin.

Er schloß die Augen. Er war schon da.

Inhalt

Erster Teil
Tupelo Island
9

Zweiter Teil
Okefenokee
221

Dritter Teil
Der Hafen von Savannah
377